¡Bienvenido, lector!

Leer es como hacer un viaje por muchos mundos diferentes. Este año leerás sobre personas, lugares y sucesos emocionantes. Conocerás a gente atrapada en un terremoto y sabrás por qué los volcanes estallan.

Los volcanes, el tiempo tormentoso, Paul Revere a galope sobre su caballo para avisar a los colonos... Historia, ciencias y matemáticas se hacen reales en este libro.

Cada día aprenderás muchas palabras y destrezas nuevas leyendo cuentos, poemas, no ficción y teatro.

Así que da vuelta a la página. ¡Que comiencen las expediciones!

HOUGHTON MIFFLIN

Lectura

Expediciones

Autores principales
Principal Authors
Dolores Beltrán
Gilbert G. García

Autores de consulta
Consulting Authors
J. David Cooper
John J. Pikulski
Sheila W. Valencia

Asesores
Consultants
Yanitzia Canetti
Claude N. Goldenberg
Concepción D. Guerra

HOUGHTON MIFFLIN
Lectura
Herencia y futuro

 HOUGHTON MIFFLIN

BOSTON

Front cover and title page photography by Tony Scarpetta.

Front and back cover illustrations by Gary Aagaard.

Acknowledgments begin on page 687.

Printed in the U.S.A.

ISBN-13: 978-0-618-85083-9
ISBN-10: 0-618-85083-X

23456789-VH-12 11 10 09 08 07 06

Expediciones

Naturaleza
feroz

VOLCANES
SEYMOUR SIMON

no ficción

Biblioteca del lector

- **Resistir la tormenta**
- **Dragón blanco: Anna Allen enfrenta el peligro**
- **Las inundaciones**

Libros del tema

Paricutín: La montaña de fuego
por Margarita Robleda ilustrado por Steve Cieslawski

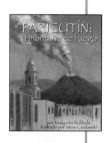

Esos destructores terremotos
por Anita Ganeri ilustrado por Mike Phillips

Los volcanes
por Núria Roca y Marta Serrano ilustrado por Miquel Ferrón

De cerca

Cuentos exagerados

Contenido
Tema 2

Supera tu meta

 **Ensayo personal** 158

Mae Jemison:
Científica espacial
por Gail Sakurai

biografía

Biblioteca del lector

- Conozcamos a Yo-Yo Ma
- Víctor cose
- Caerse de un tronco
- Buck Leonard: El gran caballero del béisbol

Libros del tema

El palacio de papel
*por José Zafra
ilustrado por Emilio Urberuaga*

Abuelita Opalina
por María Puncel

Quiero ser la que seré
*por Silvia Molina
ilustrado por Ángel Esteban Lozano*

De cerca

Poesía

Voces
de la
Revolución

James Forten
por Walter Dean Myers
ilustrado por
Leonard Jenkins

biografía

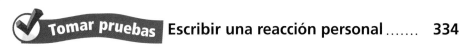
Biblioteca del lector

- **La ensenada de Bunker**
- **El niño tamborilero**
- **Deborah Sampson: Soldado de la Revolución**

Libros del tema

La bandera americana
por Lynda Sorenson

Pink y Say
por Patricia Polacco

La Revolución a todo vapor
Texto e iconografía: Claudia Burr, Óscar Chávez, María Cristina Urrutia

De persona a persona

Mariah conserva
la calma
por Mildred Pitts Walter

ficción realista

La mejor amiga
de Mamá
Sally Hobart Alexander
fotografías de George Ancona

no ficción

Lensey Namioka
Yang Segunda y sus
admiradores secretos
ilustrado por Kees de Kiefte

ficción realista

Biblioteca del lector

- **Música a gusto de todos**
- **Para ser gata, está muy bien**
- **Trevor, de Trinidad**
- **El otoño en el norte del estado**

Libros del tema

La Bici Cleta

    por Daniel Múgica ilustrado por Carlos García-Alix

Antonio en el país del silencio

    por Mercedes Neuschäfer-Carlón ilustrado por Ángel Esteban Lozano

Jeruso quiere ser gente

    por Pilar Mateos ilustrado por Alfonso Ruano

De cerca

TEATRO

Un territorio, muchos senderos

ficción histórica

✓ **Tomar pruebas** Escribir una respuesta a una pregunta **570**

Biblioteca del lector

- Flor de Caracol
- Viaje a un pueblo libre
- La galopada de Zacarías
- Estados Unidos: Un sueño

Libros del tema

La Declaración de Independencia
por Dennis Fradin

¡California, aquí vamos!
por Pam Muñoz Ryan
ilustrado por Kay Salem

El niño que conversaba con la mar
por Enrique Pérez Díaz
ilustrado por Conxita Rodríguez

De cerca

Autobiografía

Vida
salvaje

ficción realista

Tomar pruebas Escribir un ensayo de opinión 672

Biblioteca del lector

- **El damán de la isla Top-Knot**
- **Salvar a las tortugas marinas**
- **Kat la curiosa**

Libros del tema

Goig
por Alfredo Bryce Echenique y Ana María Dueñas ilustrado por Charlotte Roederer

Gata García
por Pilar Mateos ilustrado por Petra Steinmeyer

Las ballenas cautivas
por Carlos Villanes Cairo ilustrado por Esperanza León

19

Naturaleza
feroz

El viento es un caballo:

óyelo cómo corre

por el mar, por el cielo.

—de "El viento en la isla" (Pablo Neruda)

Naturaleza feroz

Contenido

Biblioteca del lector

- **Resistir la tormenta**
- **Dragón blanco: Anna Allen enfrenta el peligro**
- **Las inundaciones**

Libros del tema

Paricutín: La montaña de fuego

por Margarita Robleda ilustrado por Steve Cieslawski

Esos destructores terremotos

por Anita Ganeri ilustrado por Mike Phillips

Los volcanes

por Núria Roca y Marta Serrano ilustrado por Miquel Ferrón

Libros relacionados

Si te gusta…

Terremoto aterrador

por Peg Kehret

Si te gusta…

El ojo de la tormenta: a la caza de huracanes con Warren Faidley

por Stephen Kramer

Entonces lee…

Entonces lee…

Lejos del polvo

por Karen Hesse

Una niña crece en la Cuenca Polvorienta de Oklahoma durante la época de la Depresión.

Los volcanes

por Núria Roca y Marta Serrano

Descubre el poder de los volcanes a través de un texto que combina ilustraciones, tablas e información accecible.

Huracanes y tornados

por Norman Barrett

Este texto acompañado de fotos impresionantes nos explica la devastación que producen algunos huracanes y tornados.

La furia de la naturaleza: el poder del clima

por Andrew Gutelle

Observa con detenimiento las variaciones extremas del clima alrededor del mundo.

Si te gusta...

Volcanes
por Seymour Simon

VOLCANES
SEYMOUR SIMON

Entonces lee...

El tiempo
por Miquel Àngel Gibert

¿Por qué cambia el clima? ¿Cómo se produce la lluvia? ¿De dónde viene el viento? Averigua todas las respuestas en este libro.

Los icebergs
por Jenny Wood

Cuando los témpanos de hielo se separan de los glaciares, representan un gran peligro para quienes navegan en los mares del norte.

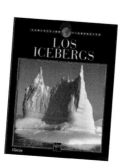

Tecnología

En Education Place

Añade tus informes de estos libros o lee los informes de otros estudiantes.

Education Place®
www.eduplace.com/kids

Desarrollar conceptos

Terremoto aterrador

Vocabulario

devastadores
falla
ondulante
sacudida
temblor
terremoto

Estándares

Lectura

• Problema o conflicto principal

26

PRESIÓN Y EXPLOSIÓN

¿Qué tipo de fuerzas causan el **terremoto** en *Terremoto aterrador*? Encontrarás la respuesta en las profundidades de la tierra.

La presión aumenta

La presión se ha ido intensificando a lo largo de una profunda grieta en la corteza terrestre conocida como la falla de San Andrés, en California. Las rocas de un lado de la **falla** se van comprimiendo más y más contra las del otro lado, hasta que…

¡Terremoto!

¡Hay demasiada presión! Las rocas de cada lado de la falla se deslizan con una **sacudida**. La energía que se libera provoca un suelo **ondulante** por millas a la redonda. El **temblor** puede tener efectos **devastadores** sobre todo lo que esté en pie.

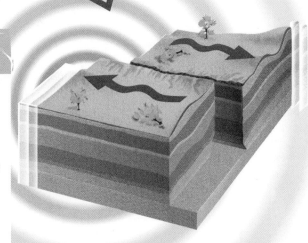

La falla de San Andrés empieza en el sur de California y llega hasta el norte de San Francisco. La autora ubica sobre esta falla el islote de las Urracas, un lugar imaginario donde ocurre *Terremoto aterrador.*

San Francisco

Falla de San Andrés

Los Ángeles

OCÉANO PACÍFICO

En esta carretera en las montañas de Santa Cruz, al sur de San Francisco (California), vemos los extensos daños causados por el "Terremoto de la Serie Mundial de Béisbol" que sacudió una sección de la falla de San Andrés en octubre de 1989.

27

PEG KEHRET

Terremoto aterrador

Lo que comenzó como una aventura…
se convirtió en una pesadilla.

Piensa en el título y observa la ilustración de la portada de la selección. ¿Qué puedes **predecir** que hará Jonathan para protegerse él y a su hermanita en medio de un fuerte terremoto?

Lectura Inferencias/generalizaciones

Las vacaciones de la familia Palmer comienzan plácidamente en el bosque del islote de las Urracas. Pero la mamá de Jonathan y Abby se rompe el tobillo, y el papá tiene que llevarla al hospital a toda prisa. Promete regresar en tres horas y le pide a Jonathan, de doce años, que cuide a su hermanita de seis, la cual padece de parálisis parcial en las piernas. Alce, el perro de la familia, les hace compañía. Sin embargo, Jonathan se queda intranquilo.

Jonathan imaginó a su padre desenganchando el pequeño remolque del carro. Pensó en la estrecha carretera llena de curvas que iba desde el campamento y pasaba por el bosque. Vio en su mente el puente tan alto que había que cruzar para llegar al islote donde estaba el campamento.

Imaginó a su padre al volante, a toda velocidad por el puente con su mamá acostada en el asiento trasero. O quizás no iba acostada… Tal vez llevaba el cinturón de seguridad abrochado, pese a tener el tobillo roto. Siempre se lo abrochaba, y les insistía a Jonathan y a Abby que siguieran su ejemplo.

Alce levantó la cabeza como si hubiera oído algo. Salió corriendo hacia el sendero, olfateando el suelo.

—¡Alce! —gritó Jonathan—. ¡Vuelve aquí inmediatamente!

Alce se detuvo brevemente, miró a Jonathan, y ladró.

—¡Ven!

Alce regresó, pero seguía husmeando el suelo y deambulando de un lado para otro.

—Alce extraña a mamá —dijo Abby.

De repente, el perro se detuvo con las patas tiesas y la cola erguida. Volvió a ladrar.

—¡Qué raro está el perro hoy! —dijo Abby.

"Alce sabe que algo sucede", pensó Jonathan. "Los perros tienen mucha intuición. Sabe que estoy preocupado por mamá". Le acarició la cabeza.

—No pasa nada, Alce. Tranquilo.

Alce ladró de nuevo.

—¡Qué calor! —dijo Abby—. Hace demasiado calor para comer.

—Regresemos. A la sombra hará más fresco, y terminaremos de comer en el remolque.

Tal vez en el remolque lograría relajarse, porque donde se encontraban Jonathan estaba nervioso. No le gustaba estar incomunicado del mundo exterior. Cuando se quedaba en casa solo o cuidando a Abby, estaba acostumbrado a tener a mano un teléfono o a poder recurrir a algún vecino. Si tenía cualquier problema podía llamar a sus padres, a la señora Smith, que vivía al lado, o incluso al 911.

Pero aquí estaba incomunicado. "Qué mal guardabosques sería yo", pensó Jonathan. "¿Cómo pueden soportar los guardabosques estar siempre solos?"

Envolvió la comida que les quedaba, se puso la mochila a las espaldas, y le puso la correa a Alce. Con lo travieso que era el perro, tenía miedo de que se escapara corriendo por el sendero.

Jonathan ayudó a Abby a ponerse de pie y le colocó el andador delante. Emprendieron el regreso por la arena y por el bosque, avanzando despacito por el sendero que serpenteaba entre los árboles.

A Jonathan le hacía falta un reloj. Parecía haber pasado suficiente tiempo para que sus padres estuvieran casi en el pueblo, pero era difícil estar seguro. Para Jonathan, el tiempo pasaba volando cuando hacía algo interesante, como organizar sus tarjetas de béisbol o leer una buena novela de misterio. Pero cuando estaba en el dentista o tenía que esperar a que alguien lo recogiera, el tiempo parecía eterno. Le resultaba difícil calcular cuánto tiempo había pasado desde que sus padres se habían ido. ¿Serían cuarenta minutos, o sería una hora?

Abby iba delante; así Jonathan no la perdía de vista en caso de que necesitara ayuda, y tampoco él caminaría demasiado rápido. Cuando él iba primero solía adelantarse demasiado, a pesar de que se esforzara en ir al ritmo de su hermanita.

Por el camino, Jonathan iba pensando en lo que él podría hacer cuando regresaran al remolque. Tan pronto dejara a su hermanita en la cama pensaba prender la radio para escuchar el partido de béisbol. Los Gigantes de San Francisco eran su equipo favorito, y quería que ganaran la Serie Mundial.

A Jonathan le llamó la atención de nuevo el silencio que reinaba. No se oían ni los graznidos de las urracas ni el susurro de las hojas. El aire era sofocante y no corría ni una pizca de brisa.

Alce ladró, sobresaltando a Jonathan. Era el ladrido de advertencia de Alce, el que usaba cuando llamaba a la puerta un desconocido. Se paró junto a Jonathan y volvió a ladrar. Su mirada tenía un aire de pánico. Estaba temblando, igual que cuando había una tormenta.

—¿Qué te pasa, Alce? —le preguntó Jonathan.

Fue a acariciarlo, pero el perro lo arrastró en dirección a Abby y ladró.

—¡Cállate, Alce! —exclamó Abby.

Jonathan miró en todas direcciones y no vio nada fuera de lo común. No había a su alrededor ninguna persona ni ningún animal que pudiera asustar al perro. Jonathan escuchó con atención, pensando que quizás Alce había oído algo que él no alcanzaba a percibir.

Abby se detuvo.

—¿Qué fue eso? —dijo.

Jonathan prestó atención y oyó un retumbo a lo lejos.

¿Sería un trueno? Levantó la mirada. El cielo estaba resplandeciente y despejado. El ruido se iba acercando; era demasiado seco para tratarse de un trueno. Era más bien como si un millón de rifles dispararan a la vez.

"¡Cazadores!", pensó. "Deben ser cazadores que andan por el bosque y nos han confundido con algún venado o con algún faisán. Debe ser que Alce los habrá visto, o los habrá oído… O quizás los olió".

—¡No disparen! —exclamó.

Al gritar sintió una fuerte sacudida. Perdió el equilibrio y tuvo que abrazarse a un árbol. Sonó otro fuerte estruendo y Jonathan casi se cayó.

Soltó la correa del perro y Abby gritó.

"¿Será una bomba?", pensó Jonathan. "Pero, ¿quién va a poner una bomba en un campamento desierto?"

El ruido continuó y el suelo comenzó a moverse. Al sentir cómo se elevaba, comprendió que aquel ruido no era ninguna escopeta de cazador. Tampoco era una bomba.

"¡Es un TERREMOTO!" La palabra se le apareció en el cerebro como escrita con luces de neón.

Sintió como si estuviera en una tabla de *surf* y una ola gigantesca lo levantara y lo bajara, con la diferencia de que estaba en tierra firme.

—¡Jonathan!

El grito de Abby se ahogaba entre el estruendo. Vio caer a su hermanita, y el andador salió volando por los aires. Jonathan se abalanzó sobre su hermanita con los brazos abiertos para atraparla antes de que llegara al suelo, pero no llegó a tiempo.

El suelo se hundió a sus pies, abriéndose como si fuera una trampa. A Jonathan se le doblaron las piernas y cayó de rodillas. Trató de agarrarse al tronco de un árbol para no perder el equilibrio, pero el árbol se movió antes de que pudiera alcanzarlo.

Se le subió el estómago a la garganta, como si estuviera en un ascensor bajando a mil millas por hora.

Desde que los Palmer se mudaron a California, cuando Jonathan estaba en primer grado, en la escuela había participado todos los años en simulacros de terremoto. Sabía que la mayoría de los terremotos se produce en las costas del océano Pacífico, a causa de la falla de San Andrés, que recorre el estado de norte a sur y mide cientos de millas. Esta falla hace que California tienda a sufrir más terremotos de lo normal. Jonathan sabía que, si le sorprendía un terremoto en la escuela, debía meterse debajo del escritorio o de una mesa, porque lo más peligroso era que el techo le cayera encima.

Pero eso era en la escuela; ahora estaba en el islote de las Urracas. ¿Qué podía hacer para ponerse a salvo en el bosque? ¿Dónde podría refugiarse?

Se puso de pie a duras penas. Abby estaba en el suelo lloriqueando junto a Alce, que tenía la cabeza agachada.

—¡Cúbrete la cabeza con los brazos! —exclamó Jonathan.

El suelo volvió a temblar y Jonathan casi perdió el equilibrio.

—¡Ya voy! —gritó—. ¡Quédate donde estás, que ya voy!

Pero no fue donde Abby. No pudo hacerlo.

Jonathan se tambaleaba de un lado a otro, y no podía mantener el equilibrio. Se sentía como en una montaña rusa, pero parado y con el suelo moviéndose no sólo hacia arriba y hacia abajo, sino en todas direcciones.

Un grupo de pequeños abedules se balancearon como bailarines y luego cayeron al suelo.

El estruendo, que parecía venir de todas partes a la vez, no cesaba y lo envolvía todo. Era como pararse en medio de una orquesta enorme rodeado de timbaleros por todas partes.

Los gritos de Abby y los ladridos de Alce se confundían con el ruido.

Aunque no tenía encima ningún techo amenazante, Jonathan se cubrió la cabeza con las manos al caer al suelo. En los simulacros de la escuela había aprendido que hay que protegerse la cabeza, y así lo hizo lo mejor que pudo.

¡Un terremoto!

Era el primer terremoto que le tocaba vivir; siempre se había preguntado cómo sería. Ese mismo año le había preguntado a su maestra cómo podría saber si se trataba de un terremoto de verdad. —Si es un terremoto grande, lo sabrás enseguida —le respondió ella.

Y tenía toda la razón. A Jonathan no le cabía la más mínima duda, y esa certeza le puso los pelos de punta. Estaba viviendo un terremoto, y era uno de los grandes.

El suelo subía y bajaba, lanzando a Jonathan por los aires.

Aterrizó violentamente, y sintió el impacto de la caída en cada hueso. De repente, el suelo volvió a moverse y salió disparado por los aires de nuevo.

Al caer de vuelta en el suelo, vio temblar el tronco de una secoya gigantesca. El descomunal árbol se tambaleó por unos momentos, y luego se inclinó hacia donde estaba Jonathan.

Arrastrándose desesperadamente, Jonathan se apartó para evitar que le cayera encima.

Las raíces del árbol comenzaron a soltarse lentamente, como si no quisieran desprenderse del suelo que las sustentaba desde hacía un siglo.

Jonathan trató de ponerse de pie y guardar el equilibrio en un suelo que no dejaba de trepidar. Apretó los dientes y se preparó para el impacto.

El árbol cayó a tierra. Jonathan sintió el aire que desplazó a su caída, y las ramas le rozaron el hombro arañándole los brazos. La secoya se estrelló estrepitosamente a sólo unos pies de donde él estaba. Cayó encima de otro árbol derribado, levantando una polvareda de tierra y hojas secas que fue descendiendo lentamente hasta posarse en el suelo.

Todo se estremeció, pero Jonathan no sabía si era por el impacto del árbol o por el terremoto mismo.

Con el corazón en la garganta, Jonathan se arrastró hacia donde estaba su hermanita. El terreno se ondulaba bajo sus pies como si se tratara de una ola en el mar. Incapaz de mantener el equilibrio, cayó al suelo boca abajo dos veces. A la segunda caída, se quedó tumbado en el suelo con los ojos cerrados. ¿Es que aún no iba a terminar el terremoto? Quizás lo mejor sería quedarse ahí tumbado y esperar a que pasara.

—¡Mamá! —gritó Abby por encima del estruendo.

Con el corazón en la boca, Jonathan siguió intentando llegar a donde estaba su hermanita. Cuando finalmente lo logró, se quedó tumbado a su lado abrazándola. Llorando, ella lo agarró fuerte.

—No nos pasará nada, no te preocupes —dijo Jonathan—. No es más que un terremoto.

"No es más que un terremoto". Comenzó a recordar fotografías de los efectos devastadores de los terremotos: casas derribadas, autopistas dobladas como si fueran de goma, carros patas arriba y gente aplastada por los escombros. "No es más que un terremoto"...

—Tenemos que refugiarnos debajo de algo —dijo—. Intenta arrastrarte conmigo.

Agarrando a su hermanita con un brazo, comenzó a avanzar a gatas por el suelo ondulante.

—¡No puedo! —gritó Abby—. Tengo miedo. El suelo se mueve.

Jonathan la agarró con más fuerza y la arrastró. Un árbol pequeño les cayó al lado. La polvareda que levantó les entró por la nariz.

—¡Mamá! ¡Mamá! —gritaba Abby.

Jonathan la arrastró hasta el tronco caído de la descomunal secoya.

—Quédate aquí debajo —dijo Jonathan metiendo a su hermanita en el espacio que quedó bajo el tronco de la secoya abatida al caer sobre otro árbol.

Una vez que Abby estaba a salvo, Jonathan se tumbó boca abajo a su lado, con un brazo debajo del estómago y otro protegiendo a su hermanita. Se arrimó a ella todo lo que pudo, y ambos quedaron apretujados entre el suelo y el tronco de aquel árbol gigantesco.

—¿Qué está pasando? —dijo Abby sollozando y apretando con las uñas el brazo desnudo de Jonathan.

—Es un terremoto.

—Yo quiero irme a casa.

Abby intentó quitarse a su hermano de encima.

—No te muevas —le dijo Jonathan—. Este árbol nos protegerá.

El suelo reseco del bosque le raspaba la mejilla y respiraba la fragancia penetrante de las hojas muertas. El descomunal tamaño de aquel tronco lo hacía sentirse insignificante y se esforzaba por no pensar en lo que habría pasado si le hubiera caído encima.

—¡Alce! —gritó—. ¡Ven aquí, Alce!

El suelo volvió a estremecerse. Jonathan apretó a su hermanita con más fuerza y le puso la cara cerca. Sonó un crujido seco muy próximo a donde estaban; era otro árbol derribado. Jonathan volteó la cabeza para comprobar qué ocurría, y vio las ramas de la secoya agitarse por el impacto.

¿Y si el terremoto movía la secoya de nuevo? ¿Y si se deslizaba del árbol en que estaba apoyada y los aplastaba? Jonathan estaba tan preocupado que tenía un nudo en el estómago.

El suelo volvió a temblar. Abby hundió la cara en el hombro de su hermano, humedeciéndole la camisa con las lágrimas. Aquel último temblor había sido menos intenso, pero quizás fuera porque ahora estaban tumbados.

Respirando trabajosamente por el miedo, Alce se acurrucó junto a Jonathan, tocándole el hombro con la pata. Aliviado al comprobar que su perro estaba bien, Jonathan le pasó el brazo derecho por encima y lo apretó.

Con la misma rapidez con que había comenzado, el temblor paró de repente. Jonathan no sabía con certeza cuánto tiempo había durado. ¿Cinco minutos? ¿Diez minutos? El tiempo parecía haberse detenido durante el terremoto y Jonathan llegó a pensar que aquel terremoto no terminaría jamás.

El bosque quedó en silencio.

Permaneció inmóvil, con un brazo encima de Abby y el otro sobre Alce, esperando para comprobar que, efectivamente, el terremoto hubiera terminado definitivamente. No corría ni una gota de aire. Pasado el estruendo del terremoto, aquel silencio era reconfortante e inquietante a la vez.

Pese a no haber gente alrededor, antes de que todo ocurriera Jonathan había oído el graznido de las urracas y el reproche de una ardilla cuando él lanzó una piedra.

Ahora no se oía ni un alma. Ni un pájaro, ni una ardilla, ni siquiera el susurro del viento entre las hojas.

Jonathan se preguntaba si sus padres habrían sentido el temblor porque, como él sabía, a veces los terremotos afectan a zonas relativamente pequeñas.

Una vez, la abuela Whitney los había llamado desde Iowa alarmada al ver en los periódicos que se había producido un terremoto a menos de cien millas de la zona de California en que vivían los Palmer.

—¿Están todos bien? —gritó la abuela apenas la señora Palmer levantó el teléfono—. ¿Están todos sanos y salvos?

La abuela apenas podía creer que nadie de la familia supiera nada de ningún terremoto.

Tras varios minutos de silencio, Jonathan salió despacito de debajo del árbol. Se sentó y dio un vistazo a su alrededor. Alce, que todavía no había dejado de temblar, le lamió la mano.

Jonathan abrazó al perro y le acarició las orejas. Había sido su idea escoger a Alce en aquel refugio de animales hacía más de seis años. Los Palmer pensaban escoger un perro más pequeño, pero nada más ver aquel Labrador grandote, que por aquel entonces tenía un año, Jonathan tomó la decisión inmediatamente.

La señora Palmer había dicho que era demasiado grande para ser perro doméstico, y el señor Palmer comentó que, por su tamaño, parecía medio alce.

—Entonces así lo llamaré: Alce —respondió Jonathan riendo.

Sus padres trataron en vano de que se interesara por otros perros más pequeños, pero finalmente se dieron por vencidos y se llevaron a casa a Alce.

Pese a ser tan grandullón, Alce siempre había sido un perro doméstico nato, y dormía todas las noches en la cama con Jonathan. Jugaban juntos a perseguirse, y Jonathan le lanzaba cosas para que fuera a recogerlas y se las trajera. También les gustaba salir juntos a dar largos paseos por el parque, y en verano nadaban juntos siempre que tenían ocasión.

Cuando Abby tuvo el accidente, sus padres le tuvieron que dedicar tanta atención que Alce se convirtió en el amigo inseparable de Jonathan.

Y ahora, ante el desastre causado por el terremoto, Jonathan buscaba consuelo en su amigo inseparable. Lo soltó y miró a su alrededor.

—¡Caramba! —dijo tratando de que no se le quebrara la voz—. ¡Menudo terremoto!

—¿Ya ha pasado? —preguntó Abby con voz frágil y aguda.

—Creo que sí.

Agarró a su hermanita de la mano y la sacó de debajo del árbol. Abby se incorporó, y comenzó a sacarse del pelo las hojas secas; no parecía estar herida.

—¿Estás bien? —le preguntó Jonathan.

—Me corté la rodilla.

Se tocó la rodilla y su tono de voz se hizo más agudo.

—¡Tengo sangre! —dijo con el labio tembloroso—. Es que me empujaste demasiado fuerte para meterme debajo del árbol.

Jonathan le miró la rodilla. Tenía un pequeño corte, pero sabía que si le daba demasiada importancia, su hermanita rompería a llorar. Ya la conocía de sobra: si su madre se mostraba preocupada, Abby se ponía como loca, pero si su madre se comportaba como si no tuviera importancia, Abby se calmaba también. Era como si esperara a ver la reacción de sus padres para decidir si le dolía o no.

—No pasa nada —dijo—. Si este cortecito es lo único que tienes, se puede decir que tuviste suerte. Y yo también; podíamos haber muerto.

—¿En serio? —preguntó Abby con los ojos grandes como platos.

Jonathan se apresuró a responder: —Pero no nos ocurrió nada, y el terremoto ya pasó.

Conozcamos a la autora
Peg Kehret

Ropa favorita: Pantalones vaqueros y una sudadera

Plato favorito: Espaguetis

Cuando no escribe: Lee, toca el piano, hace pan, trabaja como voluntaria en la Sociedad Protectora de Animales.

Su casa: Una casa de ochenta años en el estado de Washington con manzanos y perales, arbustos de moras y un gran huerto

Popularidad: Kehret ha sido premiada por niños de quince estados. Dos veces al año viaja con su esposo por todo el país en su casa rodante para ir a hablar a distintas escuelas y conocer a sus lectores.

Otros libros de Peg Kehret: *Volcano Disaster, Blizzard Disaster, Nightmare Mountain, The Richest Kids in Town, Shelter Dogs: Amazing Stories of Adopted Strays*

Conozcamos al ilustrador
Phil Boatwright

Niñez tejana: Boatwright se crió en Mesquite, Texas, en las afueras de Dallas.

Libro infantil favorito: *La isla del tesoro,* por Robert Louis Stevenson

Ilustradores favoritos: Gennady Spirin, Jerry Pinkney, John Collier y N. C. Wyeth

Consejos para alcanzar el éxito: "Les tiene que encantar dibujar y deben tomar todas las clases de arte que puedan, leer todos los libros de arte que encuentren y estudiar a los artistas que admiran".

Internet

Para saber más acerca de Peg Kehret y Phil Boatwright, visita Education Place. **www.eduplace.com/kids**

PEG KEHRET
Terremoto aterrador
Lo que comenzó como una aventura...
se convirtió en una pesadilla.

Piensa en la selección

1. Antes de producirse el terremoto, ¿cómo crea suspenso la autora? Busca ejemplos en la selección.

2. Haz un resumen de lo que hace Jonathan para protegerse y para proteger a Abby durante el terremoto.

3. En varias ocasiones durante la narración, la autora cuenta sucesos que ocurrieron antes. ¿Crees que esto hace que el cuento sea más interesante? ¿Por qué?

4. ¿Qué aprendiste de la falla sobre la que se encuentra el islote?

5. ¿Cómo describirías la relación de Jonathan con su hermanita? Da ejemplos de la selección que demuestren lo que sienten el uno por el otro.

6. Jonathan piensa que el tiempo pasa pronto cuando está emocionado o interesado en algo, y muy despacio cuando no lo está. Da ejemplos de tu propia experiencia de estas situaciones.

7. Conectar/Comparar ¿Crees que *Terremoto aterrador* es una buena selección para dar comienzo a un tema titulado *Naturaleza feroz*? ¿Por qué?

Narrar

Escribe una aventura

Usa lo que aprendiste sobre Jonathan y Abby en *Terremoto aterrador* para escribir un cuento de aventuras en el que ellos sean los protagonistas. El cuento puede relatar cómo sobreviven a otro desastre natural, como un incendio, una inundación o una tormenta.

Consejos

- **Piensa primero en el problema que los personajes enfrentan y escribe los detalles.**
- **Muestra lo que sienten los personajes.**
- **Incluye detalles sobre el lugar.**

Lectura | **Características de los personajes**
Escritura | **Escribir narraciones**

Demuestra medidas de seguridad

En las páginas 35 y 36 de la selección, Jonathan recuerda algunas medidas de seguridad para los terremotos que aprendió en la escuela. Usa la información para demostrar a tus compañeros lo que deben hacer en caso de un terremoto.

Presenta un noticiero

Presenta con un compañero o compañera un noticiero sobre el terremoto del islote de las Urracas. Pueden representar al presentador de la televisión y a un reportero que esté en el lugar de los hechos. Usen datos de la selección para dar detalles.

Consejos

- **Planea el orden en que vas a presentar la información.**
- **Toma apuntes en tarjetas o en papelitos.**
- **Usa detalles precisos.**

Internet

Escribe una reseña

Escribe una reseña de *Terremoto aterrador.* Explica lo que te gustó o no te gustó de la selección. Visita Education Place. **www.eduplace.com/kids**

Destreza: Cómo leer un artículo científico

Antes de leer...

❶ Mira el título, las leyendas y las ilustraciones.

❷ Identifica el **tema** y pregúntate lo que sabes sobre él.

❸ Predice lo que vas a aprender del artículo.

Mientras leas...

❶ Identifica la **idea principal** y los **detalles secundarios** de cada párrafo.

❷ Cuando no entiendas algo, hazte preguntas y luego vuelve a leer.

Estándares

Ciencias

• **Océanos y patrones meteorológicos**

El Niño

por Fred Pearce

En el invierno de 1998, las fuertes lluvias en California provocaron deslizamientos de tierra que arrasaron con las casas de los barrancos. Las tormentas de hielo de la costa este derribaron tantos postes y cables eléctricos entre Maine y Quebec que miles de personas tuvieron que vivir a oscuras y pasar frío durante varias semanas. No llovió en las selvas tropicales de Indonesia, y los meses de sequía convirtieron el bosque indonesio en el montón de leña más grande del mundo. Mientras tanto, Nueva Guinea sufrió la peor sequía del siglo, que arruinó los cultivos e hizo que algunas de las personas más aisladas del planeta sufrieran hambrunas. Al otro lado del planeta, la falta de lluvia hizo descender tanto el nivel del agua del canal de Panamá que los barcos grandes no podían pasar.

Deslizamientos de tierra en California

48

A comienzos de 1998, varias tormentas intensas azotaron zonas en donde antes no solían ocurrir. Kenia sufrió las peores inundaciones en 40 años, que ocurrieron precisamente durante la temporada *seca*. Uganda, su país vecino, estuvo aislada durante varios días porque las corrientes de agua se llevaron por delante carreteras y vías de tren. En América del Sur, las inundaciones destruyeron los hogares de medio millón de peruanos en una costa donde suelen pasar años sin caer una sola gota de agua. Ecuador declaró que tardaría 10 años en reparar los daños. Y en el norte del Tíbet, la peor nevada en 50 años causó la muerte a cientos de habitantes mongoles a causa del frío y del hambre.

¿Fue sólo por mala suerte que hizo tan mal tiempo en tantas partes del mundo a la vez? Hace cincuenta años, la mayor parte de la gente habría dicho que sí.

Inundaciones repentinas en Ecuador, en América del Sur

Inundaciones en Kenia, en África Oriental

Incendios forestales en Indonesia, en Asia Sudoriental

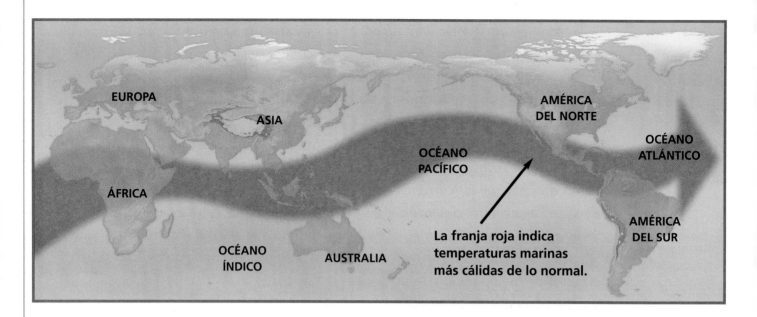

EUROPA

ASIA

ÁFRICA

AMÉRICA
DEL NORTE

OCÉANO
PACÍFICO

OCÉANO
ATLÁNTICO

AMÉRICA
DEL SUR

OCÉANO
ÍNDICO

AUSTRALIA

La franja roja indica
temperaturas marinas
más cálidas de lo normal.

Sin embargo, hoy en día los meteorólogos (los científicos que estudian el tiempo) le echan la culpa de casi todos los desastres de 1998 a una gigantesca alteración del sistema meteorológico llamada *El Niño*. Hace muchos años, los pescadores peruanos notaron que los peces desaparecían de repente cada vez que llegaban aguas cálidas a las costas. Le llamaron El Niño a ese aumento de la temperatura del agua, porque solía ocurrir en Navidad. El Niño es la consecuencia de un cambio repentino en los vientos y en las corrientes marinas, que hace que se desplace por la superficie oceánica una capa de agua cálida que lleva consigo los sistemas meteorológicos.

El Niño es parecido a una ola en una bañera, sólo que la bañera es enorme y la ola tarda meses en llegar de un lado al otro. La gran bañera en este caso es el Pacífico, el océano más grande del mundo. Casi siempre, los

vientos y las corrientes marinas del ecuador cruzan el Pacífico desplazándose de este a oeste: de las Américas hacia Asia. Los vientos y las corrientes van impulsando las aguas del océano hacia Asia. Tras unos años de este fenómeno, el nivel del mar que rodea a las islas de Indonesia es un pie más alto que el del costado de las Américas. Lógicamente, la situación no puede seguir así para siempre. Al final, como una ola que llega al otro extremo de la bañera, el agua rebota y regresa hacia las Américas. Los científicos han medido la velocidad de la ola, y es de 125 millas por día.

El agua que rodea a Indonesia es el agua más cálida del mundo; suele estar por encima de los 80°F, que es la temperatura de muchas albercas. A medida que la ola se va desplazando hacia las Américas, va esparciendo una capa de agua cálida de Indonesia por todo el océano.

Como las corrientes marinas y los vientos dependen unas de otros, las condiciones del tiempo de Indonesia también se van desplazando. Esto significa que las fuertes lluvias que normalmente azotan a Indonesia, la mayor parte del año, se desplazan miles de millas al este, bañando las islas del Pacífico y las costas desde Perú hasta California, que normalmente son secas. Mientras tanto, en Indonesia, donde normalmente llueve mucho, se produce una sequía.

Nadie sabe desde cuándo existe El Niño. Dan Sandweiss, de la Universidad de Maine, ha encontrado señales claras de inundaciones como las producidas por El Niño en antiguos sedimentos en Perú. (Los sedimentos son las partículas sólidas que viajan en el agua y se van depositando en lugares como las desembocaduras de los ríos.) Cuando no llueve, crecen pocas plantas y hay poco polen en los sedimentos. Pero cuando llega El Niño a estas regiones que normalmente son secas, crecen más plantas y hay más polen. Gracias a la cantidad de polen que hay en los sedimentos, Sandweiss sabe que "El Niño ha existido por lo menos desde hace 5000 años. Antes de esa época parece que hubo una interrupción".

El Niño no es solamente una tormenta californiana de 1998, sino toda una serie de fenómenos del clima que viene sucediendo en todo el mundo a lo largo de toda la historia.

Segundo episodio: ¡La Niña regresa!

El Niño suele durar unos 18 meses, y por lo general regresa entre cada tres y cada siete años, probablemente cuando se acumula suficiente agua cálida de nuevo en el borde oeste del Pacífico. Pero cuando las aguas cálidas de El Niño se retiran, a veces las sigue una ola de agua *fría*. Los científicos llaman a este enfriamiento del Pacífico *La Niña*. El efecto de La Niña sobre las condiciones del tiempo es más difícil de predecir que el de El Niño. Pero durante los años en que se produce La Niña, las condiciones normales del tiempo en algunas regiones son más *extremas*: hay más humedad todavía en la húmeda Indonesia y el clima se hace todavía más seco en el seco Perú. Es también cuando ocurren las grandes sequías en el Medio Oeste norteamericano. Se cree que la gran sequía que ocurrió en la década de los 30 en los Estados Unidos, conocida como el *Dust Bowl* (Lugar polvoriento), se debió a que las condiciones del tiempo estaban influenciadas por La Niña.

Foto de Arthur Rothstein, *Tormenta de polvo, condado de Cimarron*, 1936

Descripción

Una descripción es una imagen formada con palabras que ayuda al lector a entender la experiencia del escritor. Usa como modelo lo que escribió esta estudiante cuando escribas tus propias descripciones.

En el mar

El **principio** dice lo que se va a describir.

Mi abuelo tiene un apartamento, y todos los veranos vamos a pasar unos días con él. Mi lugar favorito es una playa donde mi familia juega y camina por la orilla.

Las **imágenes** permiten a los lectores visualizar cómo se ve, suena, huele y sabe algo, y la textura que tiene.

Cuando hace buen tiempo, el cielo está azul y las nubes muy blancas. El mar es de color azul verdoso y cuando las olas rompen, la espuma es blanca. Por la orilla, hay caracoles de almejas, cangrejos y pequeños camarones. ¡Una vez mi hermano encontró una estrella de mar! Las gaviotas se pasean como hormigas, buscando almejas y cangrejos para comer. A veces me siento como si fuera una gaviota, porque ambas paseamos en busca de algo especial. Las algas se acumulan cerca de la orilla. Son verdes y largas, y cuando se te pegan a las piernas te hacen cosquillas. Cuando jugamos en el agua, siempre tenemos cuidado con las medusas. Algunas son rojas y otras son transparentes, pero todas pican.

Los **símiles** le dan al lector una imagen mental clara.

Lectura
Escritura
Lenguaje figurativo
Establecer tema y eventos en orden

Cuando el tiempo está nublado y tormentoso, el cielo está gris y las olas rompen en la orilla. Suenan como truenos, o como el rugido de un león. No paseamos por la orilla durante las tormentas, pero las miramos desde el paseo de madera.

La parte más bonita del día es cuando el sol se pone sobre la bahía. Parece que cada vez que miramos, los colores del cielo cambian. Al principio, hay rosado, azul y un poco de verde. Luego, los colores se oscurecen y son rojo, anaranjado, azul grisáceo y morado. Finalmente, el cielo se vuelve de color azul oscuro, y el sol se pone.

¡Me encanta la casa de mi abuelo en la playa!

> Una buena descripción contiene **detalles** en orden cronológico, en orden de posición o en orden de importancia.

> Un buen **final** resume la descripción.

Conozcamos a la autora

Dena S.

Grado: quinto
Estado: Nueva York
Pasatiempos: patinar sobre hielo, cantar y jugar al básquetbol
Qué quiere ser cuando sea mayor: cantante

Desarrollar conceptos

por Stephen Kramer
fotografías de Warren Faidley

El ojo de la tormenta
A LA CAZA DE TORMENTAS CON WARREN FAIDLEY

**El ojo de la tormenta:
A la caza de tormentas
con Warren Faidley**

Vocabulario

- achicharrante
- embudo
- girar
- pasaje
- rayos
- tornados
- voltios

Estándares

Lectura

- Usar la secuencia para analizar el texto
- Datos, inferencias, opiniones

Fotografiar los extremos del clima

El ojo de la tormenta **es sobre Warren Faidley, un fotógrafo profesional de fenómenos meteorológicos y un cazador de tormentas. Aquí puedes ver adónde va y los peligros que enfrenta en su trabajo.**

Los riesgos

Rayos peligrosos

▶ Los rayos calientan el aire que los rodea hasta alcanzar una temperatura achicharrante de 50,000 grados Fahrenheit.

▶ Cada rayo contiene cientos de millones de voltios de electricidad.

▶ Los rayos causan la muerte a un promedio de 100 personas al año en los Estados Unidos.

Lectura   Entender la presentación del texto
Ciencias   Inclemencias del tiempo

La ruta

Cuando llega la primavera, Warren lleva sus cámaras al "pasaje de los tornados" en la región central de los Estados Unidos. Es un lugar donde chocan el aire frío y el aire caliente dando lugar a unas nubes en forma de embudo que pueden convertirse en tornados. En verano, Warren regresa al estado de Arizona, donde vive, para fotografiar tormentas con rayos.

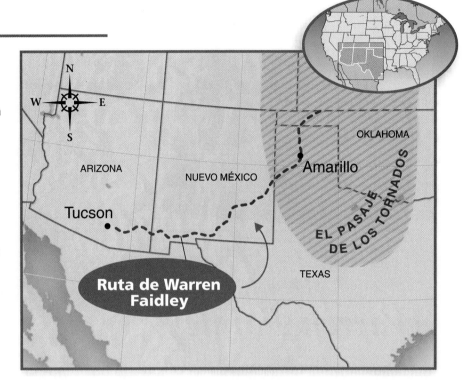

Ruta de Warren Faidley

ARIZONA

Tucson

NUEVO MÉXICO

OKLAHOMA

Amarillo

EL PASAJE DE LOS TORNADOS

TEXAS

Tornados peligrosos

▶ Los vientos en el interior de un tornado asesino son capaces de girar a la misma velocidad que un avión a reacción, alcanzando las 300 millas por hora.

▶ Los tornados causan la muerte a un promedio de 80 personas al año en los Estados Unidos.

Conozcamos al autor

Stephen Kramer

Stephen Kramer es maestro en una escuela primaria cerca de Vancouver, Washington. Ha escrito otros libros sobre temas de la naturaleza, como las avalanchas, las cuevas, los tornados y los rayos. En su libro sobre los rayos aparecen las fotografías de Warren Faidley.

Conozcamos al fotógrafo

Warren Faidley

Las emocionantes fotografías de fenómenos atmosféricos de Warren Faidley no sólo aparecen en libros, sino también en películas, videos, calendarios, revistas y museos. Faidley también participó como consejero y cinematógrafo en la película *Tornado*. Vive en Tucson, Arizona con su gato, Megamouth.

Internet

Para saber más acerca de Stephen Kramer y Warren Faidley, visita Education Place. **www.eduplace.com/kids**

por Stephen Kramer
fotografías de Warren Faidley

El ojo de la tormenta
A LA CAZA DE TORMENTAS CON WARREN FAIDLEY

Estrategia clave

Debido a su profesión, Warren Faidley viaja por todo
el país para fotografiar de cerca tormentas peligrosas.
Al leer la selección, piensa en **preguntas** acerca de su
trabajo y luego coméntalas con tus compañeros.

A la caza de tormentas

En las sombras del anochecer, una polvorienta camioneta negra avanza por una carretera de tierra. Una serpiente de cascabel siente las vibraciones, alza la cabeza y desaparece reptando por entre las rocas. En las laderas crecen saguaros gigantes con los brazos en alto. A lo lejos se oye el canto de un pájaro llamado la matraca del desierto. Pero Warren Faidley no está buscando ni serpientes de cascabel, ni saguaros, ni matracas del desierto.

Desde detrás del parabrisas observa fijamente una nube con forma de coliflor. Tras la nube, el sol poniente tiñe el cielo de color durazno. Warren lleva al menos treinta minutos observando con esperanza esa nube. La camioneta se dirige hacia una colina donde el cielo está más despejado.

De pronto, sale de la nube el resplandor de un rayo zigzagueante.

—Ahí está —dice Warren.

La camioneta se apresura hasta llegar a la cumbre de la colina y Warren se baja rápidamente del vehículo cargado de material fotográfico. Desdobla el trípode a toda velocidad, prepara las cámaras y las enfoca hacia la nube. Antes de que el polvo de la carretera desaparezca, las cámaras de Warren ya están tomando fotos.

Durante veinte minutos salen relámpagos de la nube. Warren pasa apresuradamente de una a otra cámara, mirando por los visores y cambiando la película y las lentes. Mañana, cuando revele la película, sabrá si la noche anterior ha sido productiva. Mientras tanto, sólo puede observar y esperar que sus cámaras capten las espectaculares luces y colores de la tormenta nocturna.

Observar el cielo

El hombre viene observando el cielo desde los tiempos más remotos. Los astrólogos predecían el futuro según la posición de las estrellas. Los narradores de cuentos usaban el arco iris, los vientos, el sol y la luna para crear leyendas del pasado. Agricultores, pastores, marineros... todos ellos han observado las nubes preguntándose qué tiempo hará al día siguiente.

Las espectaculares tormentas que a veces aparecen en el cielo han hecho que los fenómenos atmosféricos sean considerados como una de las fuerzas más misteriosas de la naturaleza. Mitos y leyendas de todo el mundo describen el temor y el respeto que sentía la gente al ver el resplandor de un relámpago entre las nubes, o un tornado en el horizonte o cuando escuchaban el silbido del viento de un huracán.

Algunas personas sienten una atracción irresistible por las tormentas. Son los "cazatormentas", que acuden a las montañas, praderas o costas siempre que las condiciones climáticas son propicias.

La gente sale a cazar tormentas por muchas razones. Algunos cazatormentas son científicos que utilizan cámaras de vídeo, radares Doppler y otros instrumentos para investigar lo que ocurre dentro de un tornado o de una tormenta. Los fotógrafos persiguen a las tormentas para capturar la belleza del viento y del cielo en sus fotografías. Y hay también quien las persigue por el mero placer de contemplar, aunque sea brevemente, la imponente fuerza de la naturaleza.

Warren Faidley: cazatormentas profesional

A Warren Faidley le interesan las tormentas desde que tiene uso de razón. Vive en Tucson, Arizona, con su gato, que tiene un solo diente y que lo llama "Megamouth" (Superboca).

Warren todavía recuerda las tremendas tormentas que veía en Tucson cuando era niño. Resguardado en su cama, veía los rayos y escuchaba los truenos. Cuando la tormenta pasaba, se quedaba dormido al olor de los húmedos arbustos de creosota que había junto a su ventana.

Warren tuvo su primer encuentro con una tormenta de viento también cuando era niño. En los terrenos baldíos de su vecin-dario solían formarse torbellinos de polvo, que son unas columnas de aire que dan vueltas y que parecen tornados en miniatura. Un día Warren decidió ponerse unas gafas protectoras y una chaqueta gruesa, y meterse en bicicleta en el centro del torbellino. Nunca olvidará la emoción que sintió al traspasar aquella pared de vientos arremolinados:

"El interior estaba tranquilo y casi sin polvo. La luz era anaranjada, filtrada, supongo, por la pared de polvo que giraba a mi alrededor. Aquella pared giratoria estaba llena de todo tipo de escombros y basura; había plantas rodadoras y hojas de periódico. Mirando hacia arriba veía el cielo muy azul".

Primeros pasos de un cazatormentas

Warren no siempre quiso ser cazatormentas. Disfrutaba las clases de ciencias en la escuela y le encantaba estar al aire libre. Pero no empezó a interesarse por fotografiar el cielo hasta que comenzó a trabajar de fotógrafo para un periódico.

Al principio, Warren fotografiaba rayos desde el balcón de su apartamento. Aunque las fotos no quedaban muy bien, pronto comenzó a dedicar cada vez más tiempo a fotografiar rayos en las tardes de verano. Leyó todo lo que pudo sobre los fenómenos atmosféricos y empezó a soñar con ganarse la vida fotografiándolos.

La tormenta que inauguró la carrera de Warren llegó a Tucson cuando la temporada

veraniega de tormentas ya había terminado. En aquella tarde de octubre, Warren miró por la ventana trasera de su apartamento y vio los definidos bordes de una nube de tormenta. Agarró su equipo fotográfico, lo cargó en el carro y salió hacia un puente de la autopista en la parte este de la ciudad.

Al llegar al puente, los relámpagos se encontraban sólo a unas pocas millas. Agarró su equipo, y trepó por un terraplén empinado hasta un borde seco donde podía instalar las cámaras. Cuando estaba colocando los trípodes, un potente rayo salió de una nube que había a una milla de distancia y cayó a tierra junto a una torre de control del aeropuerto.

Pero la tormenta se desplazaba rápidamente. De repente, comenzó a soplar un fuerte viento y a llover, impidiendo que

Warren pudiera ver los rayos que había al este. Warren miró al cielo y vio pequeños relámpagos entre las nubes. Sabía que pronto iba a saltar otro potente rayo, y sospechaba que el siguiente saldría desde el oeste, al otro lado del puente.

Warren sabía que tenía que llegar al otro lado del puente inmediatamente. No había suficiente espacio entre el borde donde estaba la cámara y el techo del puente como para caminar parado, así que tuvo que andar de rodillas. Para mantener el equilibrio en la oscuridad, tuvo que agarrarse de las canaletas que drenaban el agua de lluvia.

De repente, Warren sintió en la mano una maraña de telarañas. Sacó la mano rápidamente, e iluminó con la linterna el

borde y las canaletas. Todo el pasadizo estaba cubierto de telarañas, y el agua de lluvia que se filtraba por las grietas del concreto hacía salir por el techo a cientos de negras arañas, ¡venenosas y muy enojadas!

¡Ruuuuuum...! El descomunal resplandor de un relámpago lo iluminó todo. Warren sabía que el siguiente rayo caería al oeste del puente, y que sólo dispondría de una oportunidad para captarlo. Avanzando a oscuras, utilizó las patas del trípode como escoba, barriendo hacia los lados las telarañas y sacudiéndose de encima los insectos que le iban cayendo.

Cerca del final del pasadizo, libre ya de telarañas, decidió instalar sus cámaras. El aire era achicharrante y Warren sentía que algo estaba a punto de suceder. Se deslizó unos pocos pies hacia abajo por el áspero terraplén de concreto usando las manos y las suelas de los zapatos como freno. Cuando terminó de instalar las cámaras, secó rápidamente las gotas de lluvia de las lentes. Después subió de nuevo el terraplén hasta un lugar más seguro para esperar.

Unos segundos más tarde, oyó un enorme estallido y vio al mismo tiempo un resplandor de luz completamente blanca. Sonó como si el cielo se estuviera quebrando. Luego, llegó el estruendo de un trueno que retumbó por todo el puente. Tenía la fuerza de la onda expansiva de una bomba al explotar, e hizo que Warren saltara en el aire.

Warren, al perder apoyo en el terraplén, comenzó a resbalar hacia donde estaban sus cámaras. Sabía que tenía que cerrar los obturadores de las cámaras sin derribar los trípodes, de lo contrario, la película con los rayos quedaría desenfocada y se echaría a perder. Frenando con las manos, los pies y el pantalón, Warren se deslizó hasta detenerse justo delante de los trípodes. Con mucho cuidado alargó el brazo y cerró los obturadores de las cámaras. Entonces se miró las palmas de las manos y vio que estaban ensangrentadas.

Warren se quedó debajo del puente un buen rato después de que pasara la tormenta, pensando en lo que acababa de ocurrir. Sabía que el rayo había caído muy cerca, porque cuando cerraba los ojos aún podía ver su silueta zigzagueante.

A la mañana siguiente, cuando Warren reveló las fotos, se quedó asombrado. En el medio de uno de los rollos de película había una imagen increíble de un rayo cayendo sobre un poste de electricidad frente a unos contenedores metálicos. Había tomado esa fotografía a menos de cuatrocientos pies de distancia. Warren sabía que tenía en las manos la mejor fotografía tomada de cerca de un rayo cayendo sobre un objeto.

Aquella fotografía del rayo cambió la vida de Warren. El Dr. E. Philip Krider, un científico especialista en rayos, de la Universidad de Arizona, la analizó y escribió

sobre ella. La revista *Life* la publicó y dijo que Warren era un cazatormentas. La revista *National Geographic* lo llamó para hacer un programa especial sobre su trabajo. El periódico *National Enquirer* publicó un artículo sobre Warren llamándolo "el intrépido fotógrafo que luchó contra las arañas". Incluso lo llamaron de un concurso de televisión japonés en el que los participantes intentan adivinar la profesión del invitado misterioso. Warren comenzó a ganar suficiente dinero vendiendo sus fotografías, y eso le permitió dedicarse a cazar tormentas a tiempo completo.

Una vez reveladas, ¿qué pasa con las fotos de Warren?

Seguramente ya has visto alguna de las fotos de Warren. Sus fotos de rayos, tornados y huracanes han aparecido en libros, revistas, periódicos, anuncios y documentales. Una de sus fotografías de rayos se usó incluso en los boletos que permitían pasar a los camerinos en los conciertos del cantante Paul McCartney.

Warren ha fundado su propia agencia de fotografía. Ésta es una auténtica biblioteca repleta de fotos del cielo y de tormentas. La gente le paga por utilizar sus fotografías.

Imagínate, por ejemplo, que eres el editor de una revista. Si necesitas una foto de un rayo para un artículo, puedes salir al campo e intentar sacar la foto tú mismo. Pero tendrías que esperar mucho tiempo para poder fotografiar la tormenta adecuada y, a menos que seas un experto, tu foto del rayo seguramente no será muy buena.

Para conseguir una buena foto de un rayo, es más fácil escribirle a Warren. Él te enviará muestras y tú puedes escoger la que más te gusta. Entonces, le pagas y ya puedes publicar su fotografía en tu revista.

Cuando Warren comenzó a vender fotos de rayos, vio que la gente pedía también fotografías de tornados y de huracanes. Como no tenía fotos de este tipo, empezó a leer todo lo que pudo sobre los tornados y los huracanes, y decidió fotografiarlos también.

Temporada de caza de tormentas

Las tormentas se originan debido a ciertos patrones meteorológicos. Estos patrones se repiten año tras año en los mismos lugares.

Por ejemplo, cada primavera, grandes masas de aire frío y seco chocan con aire húmedo y caliente en la zona central de los Estados Unidos. Si los vientos son los adecuados, se forman tormentas que originan tornados. Por ello, los tornados de la zona central del sur de los Estados Unidos suelen ocurrir en primavera. Durante los meses de julio y agosto, los vientos variables impulsan el aire húmedo del sur hacia el desierto de Arizona al norte. Cuando el aire fresco y húmedo se calienta con el calor del desierto, se forman nubes de tormenta. Por eso hay tantas tormentas en verano en Tucson. Al final del verano y al comienzo del otoño, cuando las aguas del norte del océano Atlántico están más calientes, se forman tormentas tropicales a lo largo de la costa occidental africana. Algunas de ellas se convierten en huracanes que a veces azotan las costas del Atlántico y del Golfo de México en Norteamérica.

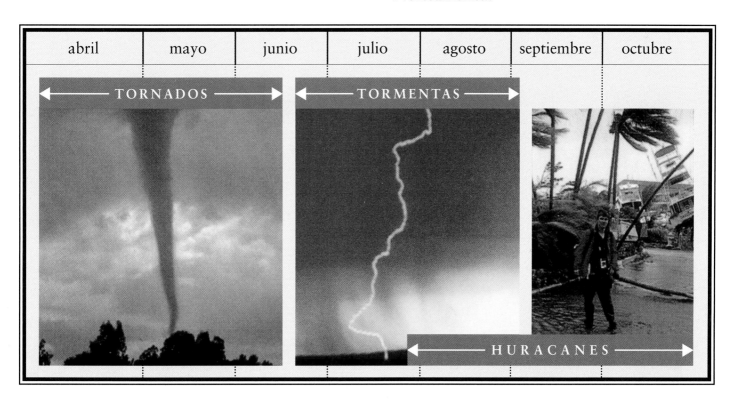

| abril | mayo | junio | julio | agosto | septiembre | octubre |

TORNADOS

TORMENTAS

HURACANES

Como Warren es un cazatormentas profesional, su vida también tiene que seguir estos patrones meteorológicos. Cada primavera Warren se lanza a la carretera y recorre las zonas de los Estados Unidos donde suelen aparecer los tornados. El verano lo pasa cerca de Tucson para fotografiar las tormentas que se forman en el desierto. Al final del verano y en otoño, observa los cambios meteorológicos que se producen en el océano Atlántico y siempre está listo para volar a la costa este en cuanto aparezca cualquier huracán.

A la caza de tornados

Una de las fotos favoritas de tornados de Warren es una que tomó cerca de Miami, Texas. La mayor parte del cielo la ocupa una enorme nube de tormenta. Un tornado surge de la nube levantando una polvareda en la pradera desierta, mientras el cielo azul y amarillo parece seguir hasta el infinito.

De alguna manera, a Warren no le fue difícil tomar esta fotografía. Es un fotógrafo experto, pero para poder sacar una buena fotografía hay que estar en el sitio adecuado en el momento adecuado, y por eso fotografiar tornados es un trabajo que exige mucha dedicación.

En un día de primavera pueden producirse docenas de tormentas en una zona que abarca miles de millas cuadradas en Texas, Oklahoma y Kansas, pero normalmente sólo algunas de estas tormentas terminarán convirtiéndose en tornados. Como muchos tornados sólo tocan tierra durante unos minutos, Warren tiene que estar muy cerca para fotografiarlos, porque si no, se le escapan. A veces va persiguiendo una tormenta prometedora y la pierde porque se le escapa hacia una zona en donde no hay carreteras. La lluvia puede también tapar los tornados, haciendo imposible fotografiarlos. Además, las tormentas pueden producir tornados durante la noche, cuando la oscuridad impide tomar fotos y hace demasiado peligroso estar al aire libre, porque es imposible ver lo que sucede.

Para ser un buen fotógrafo de tornados hace falta tener paciencia, conocer a fondo los fenómenos atmosféricos, disponer de

pronósticos meteorológicos actualizados al minuto y haber pasado mucho, mucho tiempo observando el cielo. Aun así, los fotógrafos pueden pasar días, semanas o incluso años enteros sin ver un solo tornado.

Cada primavera Warren acude a una zona llamada "el pasaje de los tornados". Esta zona se extiende desde el norte de Texas hasta Oklahoma, Kansas y Missouri. Warren y Tom Willett, su compañero de aventuras, pasan unas seis semanas siguiendo la pista a tormentas gigantes y buscando tornados.

Prepararse para salir a buscar tornados lleva mucho tiempo y trabajo. Warren comprueba todas sus cámaras, compra muchos rollos de película y reúne mapas de carretera actualizados de todos los estados por los que va a pasar. También habla con sus amigos para que le cuiden al gato.

Por fin, hacia finales de abril, Warren y Tom cargan todo su equipo en el "Cazasombras", que es el todoterreno negro de Warren. Warren preparó el Cazasombras para poder localizar tornados y perseguirlos corriendo el mínimo peligro. Está repleto de material electrónico, como radios, receptores de radio y una estación meteorológica capaz de medir diversos indicadores climatológicos. El Cazasombras tiene unas luces de emergencia potentes, un teléfono celular de largo alcance y varias cabinas especiales para almacenar material. Tiene incluso una cámara de video fijada en la parte delantera para grabar películas desde el interior del todoterreno.

De camino al pasaje de los tornados, Warren y Tom tienen muchas esperanzas. Saben que van a recorrer miles de millas antes de regresar a Tucson. Perseguirán tormentas que nunca provocarán tornados y probablemente oirán que hay tornados muy cerca que no alcanzarán a tiempo. Pero si trabajan incansablemente, analizan detenidamente los datos meteorológicos y los ayuda un poco la suerte tendrán, de vez en cuando, un día como aquel 5 de mayo de 1993.

Diario de caza de tornados: 5 de mayo de 1993

Warren lleva un diario en el que escribe sobre la caza de tormentas. Aquí aparecen algunas cosas que ocurrieron aquel memorable 5 de mayo de 1993.

Amarillo, Texas: por la mañana

Me despierto en un motel en "el pasaje de los tornados". Al acercarme a la ventana para correr las cortinas, recuerdo que el pronóstico del tiempo de la noche anterior indicaba que hoy podía ser un buen día de caza. Tom salta de la cama, enciende la televisión y pone el canal meteorológico.

Poco más tarde, Tom y yo preparamos el Cazasombras para el día de hoy. Compruebo las radios, el motor, la presión de las llantas, las luces y los limpiaparabrisas. Limpiamos, empacamos y devolvemos todo el material de trabajo a su lugar habitual. Durante una caza no hay tiempo para buscar un rollo de película ni una lente para una cámara.

Finalmente, salimos del motel y vamos a desayunar a un restaurante cercano. Después nos dirigimos al centro para llenar allí el depósito de gasolina y comprar algunas cosas.

Oficina del Servicio Nacional de Meteorología: a primera hora de la tarde

Llegamos a la oficina del Servicio Nacional de Meteorología de Amarillo. Aquí leo una actualización de las condiciones del tiempo y

analizo una foto de satélite de la zona. Con la información actual del tiempo que tengo, preparo un mapa con los lugares en que se pueden formar tormentas. Los informes indican que hay una probabilidad moderada de tormentas en la zona y que algunas de estas tormentas pueden producir tornados. Como no se esperan tormentas hasta más tarde, nos tomamos un rato libre y vamos a un taller de automóviles cercano para que le cambien el aceite al Cazasombras.

Un par de horas después, volvemos a la oficina del Servicio Nacional de Meteorología para tomar las últimas decisiones sobre la caza. Parece que en la zona al norte de la ciudad es donde más probabilidades tenemos. Desplegamos los mapas de autopistas y empezamos a estudiar las rutas posibles.

Al salir de la ciudad, llamo a un amigo que es cazatormentas también y meteorólogo de una cadena de televisión local. Me confirma que se están formando nubes de tormenta justo en el lugar hacia donde vamos. También me dice que un equipo de reporteros de su cadena ya está en camino a la misma zona.

Cerca de Panhandle, Texas: por la tarde

El cielo está oscuro pero a lo lejos vemos la parte de arriba de varias nubes de tormenta con forma de yunque. Paramos la camioneta para escuchar el informe de la televisión. El presentador es mi amigo. Señala hacia una zona a unas cincuenta millas al norte de donde estamos. "¡Parece que vamos a tener algunas tormentas fuertes en esta zona!", dice. Regresamos a la camioneta y nos dirigimos hacia el norte.

Cerca de Gruver, Texas: por la tarde

El cielo encapotado se aclara un poco y vemos una tormenta justo en la zona adonde nos dirigimos. Después, nuestro receptor de radio capta un mensaje del equipo de reporteros de la televisión. "Hay una gran nube en forma de embudo que sale de esa tormenta", dice el mensaje. Los reporteros indican en dónde se encuentran, y mientras tanto yo voy mirando el mapa.

—Sólo están a ocho millas de aquí —le digo a Tom—. ¡Vamos a encontrarla!

Llegando a Gruver, vemos la camioneta roja de la televisión estacionada a un lado de la carretera. Hay un camarógrafo filmando una enorme nube en forma de embudo de color blanco grisáceo que cuelga de la base de una nube oscura. Tom estaciona la camioneta, y yo comunico por radio las condiciones climatológicas a la estación del Servicio Nacional de Meteorología de Amarillo. La nube en forma de embudo se mete de nuevo hacia la tormenta.

Nos dirigimos hacia el norte siguiendo la tormenta. De camino observamos la parte trasera de la tormenta y vemos que las nubes se oscurecen y comienzan a girar. Las nubes blancas de la parte de arriba adoptan la forma de un hongo gigantesco. Estoy entusiasmado, pero también preocupado. Sé que cualquiera que esté en la trayectoria de esta tormenta corre un grave peligro.

Perseguimos la tormenta por toda la autopista. Poco a poco va cambiando de dirección y gira hacia la carretera. Paramos a un lado de la carretera y esperamos a que la tormenta la cruce. Mientras esperamos, se detiene junto a nosotros un camión. El que maneja saca la cabeza por la ventanilla y dice:

—Oigan, ¿son cazatornados? ¿Se está formando un tornado? ¿Puedo pasar por debajo, o será muy peligroso?

—No estoy seguro de que se vaya a convertir en un tornado, pero yo me quedaría aquí y dejaría que pasara —le respondo.

Todos observamos cómo cruza la autopista el descomunal remolino. Una pequeña nube en forma de embudo se desprende de la tormenta y después desaparece rápidamente. Me acerco al micrófono y llamo a Amarillo: —Soy Warren. Estoy a unas ocho millas al norte de Gruver, un poco al oeste de la autopista 207. Tom y yo estamos viendo una masa enorme de nubes que se está formando y dando vueltas.

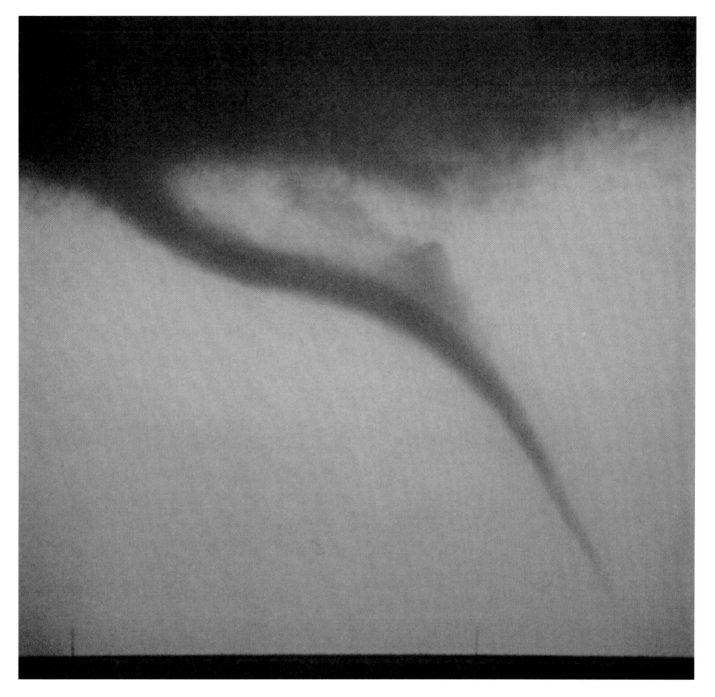

—De acuerdo, Warren —responde el jefe de los observadores—. Estamos observando la misma zona con el radar. Gracias.

Ahora comienza a preocuparnos que se nos pueda escapar la tormenta. No hay muchas carreteras en esta zona y la mayoría de ellas va de norte a sur o de este a oeste. Como la mayoría de las tormentas no sigue una misma dirección durante mucho tiempo, perseguir una tormenta es como jugar a una enorme partida de ajedrez. Tom vuelve a meter las cámaras en la camioneta mientras yo analizo el mapa de carreteras.

Continuamos nuestro camino por una maraña de carreteras rurales que no figuran en el mapa, a pocas millas de la frontera con Oklahoma. Como la tormenta está al oeste y se desplaza hacia el noreste, podemos quedarnos bastante cerca de la corriente ascendente sin meternos directamente en la trayectoria del tornado.

Cerca del límite entre Oklahoma y Texas: por la tarde

Seguimos vigilando el remolino de nubes mientras vamos manejando. De repente, desde el centro de las nubes sale un embudo blanco gigantesco.

—¡Mira, Tom! ¡Otro tornado! —grito—. ¡Ése está a menos de una milla!

Me acerco al micrófono y llamo para dar otro informe. La nube en forma de embudo comienza a estirarse. Enseguida adquiere la forma de la trompa de un elefante enorme, serpenteando por encima de los verdes campos. Y en ese momento toca tierra, convirtiéndose oficialmente en un tornado. Cuando el embudo toca tierra, aparecen varios torbellinos pequeños que rodean la nube de viento más grande. Estos

tornados en miniatura giran y giran, levantando mucho polvo. Agarro el micrófono y envío otro mensaje al jefe de los observadores:

—Estamos a unas tres o cuatro millas al sur del límite entre Texas y Oklahoma —explico—. Y estamos viendo un gran tornado con muchos torbellinos que ha tocado tierra.

Nada más entrar en Oklahoma, la carretera gira ligeramente hacia el noroeste. El tornado empieza a cruzar la carretera a poca distancia delante de nosotros. Nos detenemos para tomar alguna foto, pero no hay suficiente luz. La nube de fondo impide que el tornado se distinga nítidamente. Hay una especie de neblina, y otra tormenta al oeste tapa la luz del sol.

—¡Mira este tornado que se nos viene! —le digo a Tom—. Pero la iluminación es terrible.

Volvemos a meter todo el material en la camioneta y continuamos adelante por una carretera de tierra llena de baches en busca de un lugar más iluminado, mientras el tornado sigue girando cerca de donde estamos.

Tom sigue manejando sin perder de vista el tornado. De pronto grita: —¡Warren, se está formando otro tornado!

Miro por la ventanilla y veo que se está formando una nube de polvo y escombros levantando la tierra de un campo.

—¡Caramba! —dice Tom—. ¡Mira lo que hace con esa cerca!

Vemos cómo el tornado arranca del suelo una parte de la valla alambrada y la

lanza por el campo. La pequeña masa de viento arremolinado, que no parece tener encima ninguna nube en forma de embudo, recorre los campos asolando todo lo que encuentra a su paso.

—Para, Tom —digo—. No veo la nube en forma de embudo del tornado, y la verdad es que no quiero que nos encuentre a nosotros tampoco.

Segundos después, la nube de polvo y escombros desaparece.

Seguimos por un laberinto de carreteras de tierra que no aparecen en el mapa hasta que llegamos a un camino sin salida. Al dar media vuelta para regresar a la autopista, los bordes de la nube de tormenta envuelven al tornado ocultándolo a la vista. Oímos por radio que hay mucha gente viendo también "nuestro" tornado, y varios más. Me alegra oír que, hasta el momento, los tornados no han alcanzado ninguna zona habitada.

Al este de Guymon, Oklahoma: última hora de la tarde

Son alrededor de las 7:30 p.m. cuando regresamos a la autopista. Dirigiéndonos hacia el este, divisamos un tornado largo y delgado cruzando la carretera unas millas más adelante.

—Apuesto a que ése es nuestro tornado —le digo a Tom—. Parece que está perdiendo fuerza. ¡Tenemos que fotografiarlo inmediatamente!

Tom detiene el todoterreno. Me bajo de un salto, coloco la cámara encima del capó y tomo otro rollo entero de fotos. Ante nosotros, el embudo se introduce de nuevo en las nubes oscuras.

Al oeste de Hooker, Oklahoma: última hora de la tarde

En la autopista nos encontramos de nuevo con el equipo de la cadena de televisión. Más adelante veo en la carretera un enorme tornado de forma triangular.

—¡Para! —le grito a Tom. Tom pisa el freno y miramos por el parabrisas. Parece que el tornado está a unas siete u ocho millas, alejándose, aunque no se ve bien con la poca luz que hay. Contemplamos cómo el tornado pierde fuerza y finalmente desaparece. Continuamos nuestro camino y vemos otro tornado. Parece una especie de cilindro muy largo.

—Es increíble —le digo a Tom—. ¡Tenemos delante de nuestras narices dos tormentas enormes que no paran de producir tornados por todas partes!

El tornado de forma cilíndrica desaparece entre las nubes antes de que podamos acercarnos lo suficiente como para poder fotografiarlo. Mientras lo vemos desaparecer, me doy cuenta de que está oscureciendo y ya no se pueden tomar más fotos. Sé que las tormentas están todavía activas y me preocupa que la escasa luz nos impida ver la formación de otros tornados. Seguir cazando tornados hoy sería muy peligroso.

Cerca del límite entre Oklahoma y Kansas: por la noche

Cuando termina de anochecer, vemos otros dos tornados más en la lejanía. Uno se dirige hacia el norte, metiéndose en Kansas. De regreso a Amarillo escuchamos el noticiero en la radio. "Con la cantidad de tornados que hemos tenido esta noche", dice el locutor, "es un milagro que ni siquiera uno de ellos haya alcanzado ninguna población. Nos llega un informe de que una granja ha sido destruida, aunque no ha habido que lamentar desgracias personales. Pero, a excepción de este incidente, hemos tenido mucha suerte".

Amarillo, Texas: por la noche

Cuando llegamos por fin al estacionamiento del motel, son las 11:00 p.m. Tom y yo descargamos nuestras cosas del Cazasombras y seguimos asombrados por lo que hemos visto. Los tornados han causado daños materiales, pero parece que no ha habido muertos ni heridos. Es otro motivo excelente para celebrar nuestro día de siete tornados.

por Stephen Kramer
fotografías de Warren Faidley
El ojo de la tormenta
A LA CAZA DE TORMENTAS CON WARREN FAIDLEY

Piensa en la selección

1. Piensa en la decisión de Warren Faidley de andar en bicicleta dentro de un torbellino. ¿Qué te indica esto sobre Warren?

2. ¿Crees que Warren sería capaz de ponerse en peligro para tomar una fotografía espectacular de una tormenta? Usa datos de la selección para apoyar tu respuesta.

3. ¿Cómo te ayudaron los encabezados de *El ojo de la tormenta* a comprender mejor la selección? ¿Cómo te ayudó el calendario de la página 65 a comprender mejor el trabajo de Warren?

4. En la página 62 el autor escribe, "El aire era achicharrante" antes de que Warren tomara su famosa foto del puente. ¿Qué crees que quiere decir?

5. ¿Te gustaría salir con Warren a cazar tormentas? ¿Por qué? Si es así, ¿qué tipo de tormenta te gustaría ver de cerca y por qué?

6. El interés de Warren por las tormentas lo convirtió en fotógrafo de fenómenos atmosféricos. ¿Qué intereses tienes tú que te puedan inspirar a seguir una profesión cuando seas mayor?

7. **Conectar/Comparar** Compara el riesgo que corre Warren con los tornados y rayos con el riesgo que corre Jonathan en *Terremoto aterrador.* ¿En qué se parecen estas situaciones y en qué se diferencian?

Describir

Describe una profesión

Piensa en lo que hace un cazatormentas. Después describe en qué consiste la profesión de un cazatormentas. Incluye los rasgos y destrezas que debe tener. Anota cualquier material especial que los cazatormentas tengan que saber usar.

Consejos

- **Haz una lista de los requisitos necesarios para la profesión divididos en dos categorías: rasgos y destrezas.**
- **En la categoría de destrezas incluye el equipo especial.**

Lectura	Inferencias/generalizaciones
Escritura	Tema/orden de eventos

Matemáticas

Calcula el millaje

Calcula el número de millas que Warren Faidley recorrió desde su casa hasta que comenzó su diario de la caza de tornados el 5 de mayo de 1993. Usa el mapa de la página 55, una regla y esta escala: una pulgada equivale a 300 millas.

Observar

Compara fotografías

Escoge dos fotografías de la selección y escribe una leyenda que las compare y las contraste. Elige dos fotografías de rayos y dos de tornados, o una de cada tipo. Habla de los detalles y de la sensación que produce cada foto.

Participa en una encuesta por Internet

¿Has visto alguna vez un tornado o quizás caer un rayo? ¿Qué tipo de tormentas has visto? ¿Te gustan los libros sobre fenómenos atmosféricos? Participa en nuestra encuesta por Internet y cuéntanoslo. Visita Education Place.
www.eduplace.com/kids

Destreza: Cómo leer una tabla de secuencia

❶ Lee el **título** de la tabla de secuencia. Te dice el **proceso** que se presenta.

❷ Lee los **pasos** del proceso siguiendo las **flechas** de arriba abajo o de derecha a izquierda.

❸ Busca **palabras que indican el orden,** como *luego, entonces, como resultado* y *ahora*.

Estándares

Lectura

- **Comprender partes importantes del texto**
- **Usar orden para analizar textos**

Ciencias

- **Pronóstico del tiempo**

AVISO DE TORMENTA

Cuando los televidentes de las noticias del canal 7 en Boston ven el pronóstico del tiempo que presenta Mishelle Michaels el fin de semana, lo que ven es el resultado de un largo día de recolección de datos y análisis del tiempo. Es el complejo trabajo de los meteorólogos.

El programa de Mishelle Michaels en Nueva Inglaterra se basa en la información que recoge de miles de puntos en todo el orbe. Entre estos "ojos" y "oídos" que exploran el tiempo se incluyen radares, satélites, varios puntos de observación de la superficie terrestre y globos meteorológicos.

La meteoróloga Mishelle Michaels analiza modelos computarizados para preparar su programa de televisión de la noche.

A reunir los datos

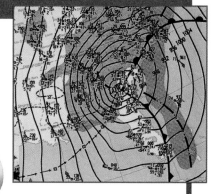

Varios puntos de observación en la superficie dan las condiciones del tiempo actuales a toda hora, todos los días, durante todo el año.

Los satélites meteorológicos a 22,000 millas de altura fotografían las nubes para mostrar el movimiento de los sistemas meteorológicos.

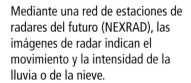

Los globos meteorológicos toman diferentes mediciones en la atmósfera, desde la superficie hasta miles de pies por encima de la tierra.

Mediante una red de estaciones de radares del futuro (NEXRAD), las imágenes de radar indican el movimiento y la intensidad de la lluvia o de la nieve.

La supercomputadora del Servicio Nacional de Meteorología procesa luego toda esta información, llevando a cabo dieciséis mil millones de cálculos por segundo.

Los diagramas y las imágenes meteorológicas resultantes llegan a Mishelle y a otros meteorólogos de todos los Estados Unidos para que puedan hacer sus pronósticos.

Análisis del **tiempo**

Estudio de las condiciones

Para comenzar a hacer el pronóstico del tiempo, Mishelle estudia las condiciones actuales (temperaturas, vientos y patrones meteorológicos) de la ciudad de Boston, de las comunidades cercanas y de la mayor parte de la región de Nueva Inglaterra.

Observación de las imágenes de radar

Los radares Doppler le proporcionan a Mishelle imágenes procesadas de las tormentas eléctricas que se acercan a Boston desde el oeste. Los radares de Siguiente Generación pueden detectar cambios peligrosos en la dirección de los vientos, que pueden causar tornados.

Mishelle analiza cientos de diagramas e imágenes que le proporciona el Servicio Nacional de Meteorología. Pero ésa es sólo una parte del estudio y la interpretación que tiene que hacer antes de llegar a un pronóstico. Las explicaciones que da el meteorólogo de los datos reunidos del radar y de los satélites son necesarias para que todos nosotros los podamos entender.

Observadores del tiempo

Una serie de voluntarios locales de todas las edades llaman a Mishelle todos los días con informes detallados del tiempo en sus propias comunidades. Estas observaciones suelen ser muy valiosas para que Mishelle pueda juntar todas las piezas del rompecabezas que es el pronóstico.

Análisis de modelos computarizados

Analizando los diagramas y mapas del tiempo elaborados por el Servicio Nacional de Meteorología, Mishelle prepara un pronóstico del tiempo de los próximos cuatro o cinco días para el área metropolitana de Boston y para la región de Nueva Inglaterra. Usa sus estudios y experiencia para predecir con precisión los cambios que se producirán en la atmósfera.

Carreras

Meteorólogo

¿Te interesa dedicarte profesionalmente a estudiar las condiciones del tiempo? Necesitarás un diploma universitario de cuatro años en Meteorología o Ciencias Atmosféricas. Te conviene además que te guste...

- Observar las nubes y cazar tormentas (desde una distancia prudencial)
- El reto de resolver problemas
- Comunicar tus conocimientos a los demás

Mientras tanto, ponte en contacto con la estación de televisión local para preguntar si puedes colaborar como observador voluntario del tiempo.

Desarrollar conceptos

VOLCANES
SEYMOUR SIMON

Volcanes

Vocabulario

carbones
corteza
cráter
fundida
lava

Estándares

Lectura

- Comprender partes importantes del texto
- Usar orden para analizar textos
- Identificar ideas principales

El mundo de los volcanes

Desde Hawai hasta la costa noroeste de los Estados Unidos, desde Guatemala hasta Islandia, la selección *Volcanes* de Seymour Simon te llevará a recorrer el mundo. Verás algo más que las cimas de las montañas. El corazón de esta historia trata sobre las mismísimas entrañas de la tierra, donde altas temperaturas convierten la corteza terrestre en roca fundida.

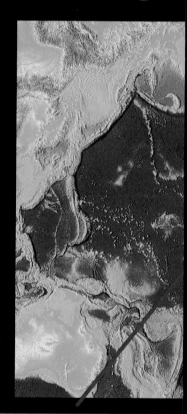

Mauna Loa
El Mauna Loa de Hawai arroja roca fundida en forma de **lava** líquida.

82

El monte St. Helens
   Uno de los numerosos volcanes de la
costa noroeste de los Estados Unidos,
el monte St. Helens se enfrió formando
una cúpula de lava dura en el **cráter**.

Surtsey
   Un volcán submarino cerca de
Islandia creó una nueva isla,
Surtsey.

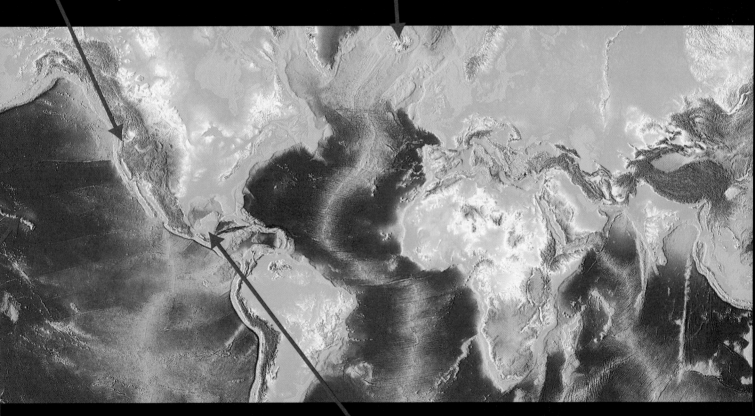

Fuego y Acatenango
   Estos volcanes guatemaltecos
   están compuestos de **carbones**
   y cenizas.

VOLCANES

SEYMOUR SIMON

En esta selección, Seymour Simon te ofrece una gran cantidad de información sobre los volcanes y cómo se forman. Al leer, trata de **revisar** bien el texto. Puedes volver a leer o usar las fotos y el mapa para **aclarar** lo que no entiendas.

Alo largo de la historia el hombre siempre ha contado relatos sobre los volcanes. Los antiguos romanos creían en Vulcano, el dios del fuego. Creían que Vulcano trabajaba en una fragua candente que echaba chispas, fabricando espadas y armaduras para los demás dioses. Precisamente del dios romano Vulcano nos llega la palabra *volcán*.

Los antiguos hawaianos contaban leyendas sobre la vida errante de Pele, la diosa del fuego. Pele fue expulsada de su hogar por su hermana Namaka, la diosa del mar. Pele anduvo constantemente de una isla a otra. Finalmente, se asentó en la montaña Kilauea, en la isla mayor de Hawai. A pesar de que los habitantes de la isla intentaban complacerla, ella entraba en erupción cada cierto tiempo. Kilauea es todavía un volcán activo.

Antiguamente nadie sabía cómo se formaban los volcanes o por qué escupían fuego. En la era moderna los científicos comenzaron a estudiarlos. Todavía no han resuelto todos los enigmas, pero entienden mucho mejor cómo funcionan los volcanes.

Nuestro planeta está formado por muchas capas de roca. A las capas de roca sólida de la superficie se les llama corteza. Muy por debajo de la corteza hace tanto calor que las rocas se derriten. La roca fundida o líquida se llama magma.

Los volcanes se forman debido a grietas o agujeros de la corteza terrestre. El magma se abre paso por entre las grietas. A esto se le llama una erupción volcánica. Cuando el magma sale a la superficie se conoce como lava. En la fotografía de una erupción que aparece arriba, puedes ver grandes chorros de lava que hierven y forman ríos y lagos ardientes. Cuando la lava se enfría, se endurece, formando rocas.

Un volcán puede ser dos cosas: un agujero en la tierra por donde sale la lava, o un monte o montaña formado por la lava. El monte Rainier del estado de Washington es un volcán, aunque no haya entrado en erupción desde 1882.

No muy lejos del monte Rainier (arriba a la derecha) está el monte St. Helens (abajo a la izquierda). Los indígenas norteamericanos y los antiguos pobladores del Noroeste vieron al monte St. Helens arrojar cenizas, vapor y lava a mediados del siglo diecinueve. Desde entonces, durante más de un siglo, la montaña había permanecido callada y tranquila.

En marzo de 1980, el monte St. Helens despertó de su largo sueño. Primero, se produjeron pequeños temblores de tierra que sacudieron la montaña. Después, el 27 de marzo, el monte St. Helens comenzó a expulsar vapor y ceniza. Cada día se producían más temblores, hasta registrarse a mediados de mayo más de diez mil pequeños terremotos. La montaña empezó a hincharse y a agrietarse.

El domingo 18 de mayo, el día amaneció luminoso y claro. La montaña parecía tener el mismo aspecto que tenía el mes anterior. De pronto, a las 8:32 a.m., el monte St. Helens entró en erupción con una fuerza increíble. La energía liberada en la erupción fue igual a la de diez millones de toneladas de dinamita.

La erupción del monte St. Helens fue la más destructiva de la historia de los Estados Unidos. Sesenta personas perdieron la vida cuando los gases, las rocas y las cenizas candentes cubrieron un área de doscientas treinta millas cuadradas. Cientos de casas y cabañas quedaron destruidas, dejando a muchas personas sin hogar. Millas de autopistas, carreteras y vías de ferrocarril sufrieron graves daños. La fuerza de la erupción fue tan grande que derribó bosques enteros como si fueran hileras de cerillos.

Compara el aspecto del monte St. Helens antes y después de la erupción. La cumbre entera de la montaña desapareció. En su lugar hay un inmenso cráter volcánico. En 1982 la montaña y sus alrededores fueron declarados Monumento Volcánico Nacional del monte St. Helens. Varios centros de visitantes permiten que las personas observen la insólita fuerza del volcán.

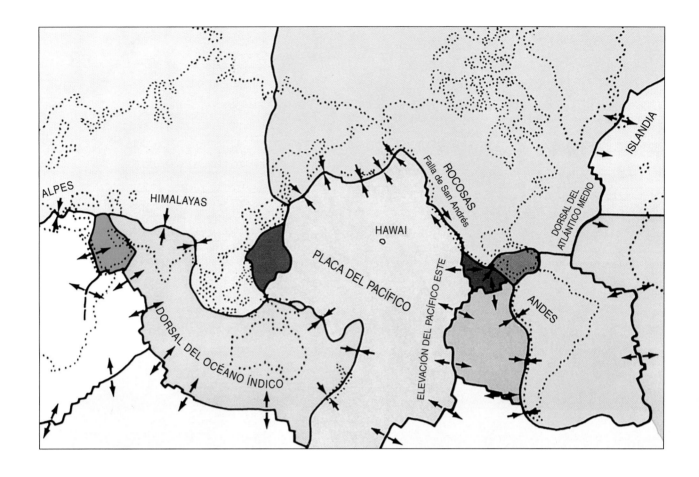

Los volcanes no surgen en cualquier lugar. La corteza terrestre está quebrada en secciones enormes, como si fuera una gigantesca cáscara de huevo rota. Las distintas secciones de la corteza se llaman placas. Los Estados Unidos, Canadá y México y parte del océano Atlántico Norte se encuentran en la placa de América del Norte. Casi todos los volcanes del mundo entran en erupción en los lugares donde se juntan dos placas.

En las profundidades del Atlántico Norte, dos placas se van separando lentamente. El magma caliente va saliéndose de entre ellas. Una cadena de volcanes submarinos recorre la línea que separa las dos placas. Algunos de los volcanes submarinos han crecido tanto que se han alzado por encima del nivel del mar, formando islas.

Islandia es una isla volcánica del Atlántico Norte. En 1963 un área del mar cercana a Islandia empezó a expulsar humo. Un volcán submarino estaba entrando en erupción, dando lugar a una nueva isla. La isla recibió el nombre de Surtsey, como el dios del fuego escandinavo.

Diez años después de la explosión que dio origen a Surtsey, otro volcán cercano a Islandia hizo erupción. Estaba próximo a la costa sur de Islandia, en la isla de Heimaey. Seis horas después de que comenzara la erupción, se habían evacuado de la isla a más de 5,000 personas. Al cabo de dos meses, cientos de edificios se habían incendiado y otros tantos habían quedado sepultados bajo aquel océano de lava. Entonces cesó la erupción del volcán. Transcurrido un año, los habitantes de Heimaey regresaron para habitar de nuevo su isla, pero esta vez acompañados por un nuevo volcán de 735 pies.

La mayoría de los volcanes y terremotos se encuentra a lo largo del borde de la gran placa del Pacífico. Hay tantos, que la costa del océano Pacífico se denomina también "Anillo de Fuego". Pero algunos volcanes no están en el borde de la placa. Los volcanes de las islas de Hawai se encuentran en medio de la placa del Pacífico.

Hace un millón de años, el magma salió por las grietas de la placa del Pacífico. A lo largo de los años las erupciones se sucedieron unas a otras. Poco a poco, se solidificaron finas capas de lava, una sobre otra. Fueron necesarias miles de erupciones para formar unas montañas suficientemente altas para que emergieran como islas desde las profundidades del mar.

El mayor volcán de Hawai es Mauna Loa. Mide setenta millas de largo y se eleva a treinta mil pies del fondo del océano. Todavía continúa creciendo. Cada cierto tiempo, el Mauna Loa entra de nuevo en erupción.

La lava de los volcanes hawaianos sale poco a poco formando ríos o lagos, o se eleva en el aire a cientos de pies de altura formando un ardiente surtidor de fuego. Los volcanes de Hawai tienen erupciones mucho menos violentas que las que tuvo Surtsey o el monte St. Helens. Sólo en raras ocasiones arroja un volcán hawaiano rocas y altas nubes de ceniza.

Cuando un torrente de lava llega al mar, se alzan nubes de vapor. Hawai cambia constantemente debido a que las erupciones aportan cientos de acres de nuevos terrenos a las islas. En otras partes de la costa, las olas transforman rápidamente los antiguos torrentes de lava en rocas y arena negra.

La lava hawaiana es poco espesa y fluye con rapidez. En algunos ríos de lava se han registrado velocidades de hasta treinta y cinco millas por hora. En una erupción de 1986, una serie de casas se vieron amenazadas por el rápido movimiento de la lava. Los bomberos regaron con agua la lava para reducir la velocidad con que se desplazaba.

Cuando la lava se enfría y se endurece, forma rocas volcánicas. Los tipos de rocas que se forman son pistas importantes para determinar de qué tipo de erupción se trata. Los dos principales tipos tienen nombres hawaianos. La lava espesa y de movimiento lento, llamada *aa*, se solidifica formando una áspera superficie de rocas afiladas. La lava menos espesa, muy caliente y de movimiento rápido, llamada *pahoehoe* (pronunciada pajoijoi) forma una superficie lisa y redondeada.

Los geólogos han clasificado los volcanes en cuatro grupos. Los volcanes en escudo, como los de Mauna Loa y Kilauea, tienen amplias y suaves pendientes con una forma similar a un antiguo escudo de guerrero.

Los conos de carbones parecen un cono de helado invertido. Tienen erupciones explosivas y expulsan cenizas y carbones ardientes. Las cenizas y carbones se acumulan para formar el cono. El cono de carbones de la izquierda (abajo) hizo erupción en Guatemala, en América Central, en 1984. Los conos de carbones del fondo todavía despiden humo de erupciones anteriores.

La mayoría de los volcanes del mundo son volcanes compuestos o estratovolcanes. Los estratovolcanes están formados por la lava, los carbones y las cenizas de una erupción. Durante la erupción, las cenizas y los carbones caen al suelo. La erupción cesa y la lava fluye lentamente, cubriendo la capa de cenizas y carbones. Otras erupciones añaden más capas de cenizas y carbones, seguidas por otras de lava. El monte Shasta de California (arriba) y el monte Hood de Oregón son estratovolcanes. Todavía siguen activos, aunque hace muchos años que no entran en erupción.

El cuarto tipo de volcán tiene forma de domo. Los volcanes en forma de domo tienen una lava espesa que fluye lentamente, formando una bóveda de laderas empinadas. Tras la erupción, el volcán puede quedar taponado por la lava petrificada. El tapón impide que los gases escapen, como sucede con las tapas de las botellas de refrescos. Cuando la presión aumenta, explota la parte superior del volcán, como ocurrió con el monte St. Helens. El pico Lassen de California es un volcán con forma de domo que sufrió una violenta erupción en 1915. Puedes ver los enormes trozos de roca volcánica cerca de la cumbre.

En el mundo hay numerosos volcanes muy viejos que ya no entran en erupción. Estos volcanes muertos se llaman volcanes extintos. El lago Cráter en Oregón es un volcán extinto. Hace casi siete mil años el monte Mazama de Oregón entró en erupción, arrojando una gruesa capa de cenizas que cubrió una zona de varias millas a la redonda. Luego, se desplomó toda la cima del volcán. Se formó un cráter inmenso, llamado una caldera, que después se llenó de agua. El lago Cráter tiene una profundidad de dos mil pies y es el lago más profundo de América del Norte.

Después de la erupción de un volcán todo queda sepultado bajo la lava y las cenizas. No hay plantas ni animales por ninguna parte. Pero en pocos meses la vida resurge. Crecen plantas en las grietas entre las rocas, y vuelven los insectos y otros animales. Los volcanes no son solamente una fuerza destructiva. También crean nuevas montañas, nuevas islas y enriquecen la tierra de los campos. De las violentas explosiones de los volcanes pueden surgir muchas cosas buenas.

Seymour Simon

"Muchos de los libros que escribo son una especie de guía a territorios desconocidos. Cada territorio debe ser descubierto de nuevo por los niños que se aventuran en él por primera vez".

"Siempre trabajo en varios libros a la vez. Puedo estar escribiendo un libro e investigando otro, pidiendo información para un tercero y pensando en el cuarto libro".

ARCHIVO DE DATOS

- Se graduó de la Escuela Secundaria de Ciencias del Bronx.
- Presidente del Club Juvenil de Astronomía del Museo de Historia Natural de Nueva York
- De 1955 a 1979 enseñó ciencias y escritura creativa en las escuelas públicas de la ciudad de Nueva York.
- Primera obra publicada: un artículo de revista sobre la luna
- En treinta años ha escrito más de doscientos libros.

Simon tiene un campo de intereses muy amplio y ha escrito libros sobre el sistema solar, el universo, los tornados, los tiburones, los gorilas, los mundos invisibles y los aviones de papel.

Internet

Para más información acerca de Seymour Simon, visita Education Place.

www.eduplace.com/kids

VOLCANES
SEYMOUR SIMON

Piensa en la selección

1. ¿Por qué crees que la gente usaba el folklore para explicar qué son los volcanes?

2. Busca ejemplos de cosas útiles y cosas dañinas que hacen los volcanes.

3. ¿Por qué crees que se producen temblores poco antes de la erupción de un volcán?

4. De los diferentes volcanes mencionados en la selección, ¿cuál te ha impresionado más? ¿Por qué?

5. ¿Qué palabra es la que mejor describe un volcán en tu opinión: *bello, aterrador, apasionante, feo*, o alguna otra palabra? Explica por qué.

6. ¿Qué crees que sería lo mejor y lo peor de dedicarse a estudiar los volcanes?

7. **Conectar/Comparar** Compara las condiciones que causan una erupción volcánica con las que causan un tornado. Piensa en cómo, dónde y cuándo ocurren y en cuánto tiempo tiene la gente para prepararse.

Explicar

Escribe un folleto de viajes

Usa la información de la selección para crear un folleto de viajes sobre un recorrido por los volcanes del mundo. Explica cuál será el recorrido y qué volcanes se podrán ver.

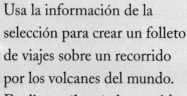

Consejos

- Dobla una hoja de papel en tres partes.
- Describe el recorrido por dentro e ilustra las partes de afuera.
- Corrige las faltas de ortografía y escribe con mayúscula los nombres propios.

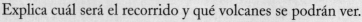

Lectura **Inferencias/generalizaciones**
Escritura **Reacciones a la literatura**

Crea un cartel

Usa la información de *Volcanes* de Seymour Simon para hacer un cartel. Puedes mostrar cómo va subiendo el magma hasta salir en forma de lava en una erupción o mostrar los cuatro tipos diferentes de volcán.

Crea un archivo de datos

Crea un archivo de datos con varios compañeros. Usando la información de *Volcanes*, cada uno deberá escoger un país o un estado, como Islandia o Hawai, y hacer una lista de los volcanes en ese lugar, una descripción breve de los volcanes y un mapa pequeño.

Extra: Busca información sobre los volcanes de un país que no se haya mencionado en la selección como, por ejemplo, Italia o Japón. Añade un archivo de datos sobre el lugar.

Excursión en Internet

Visita Education Place y explora un centro meteorológico, un museo de ciencias y otros lugares para observar la naturaleza feroz. **www.eduplace.com/kids**

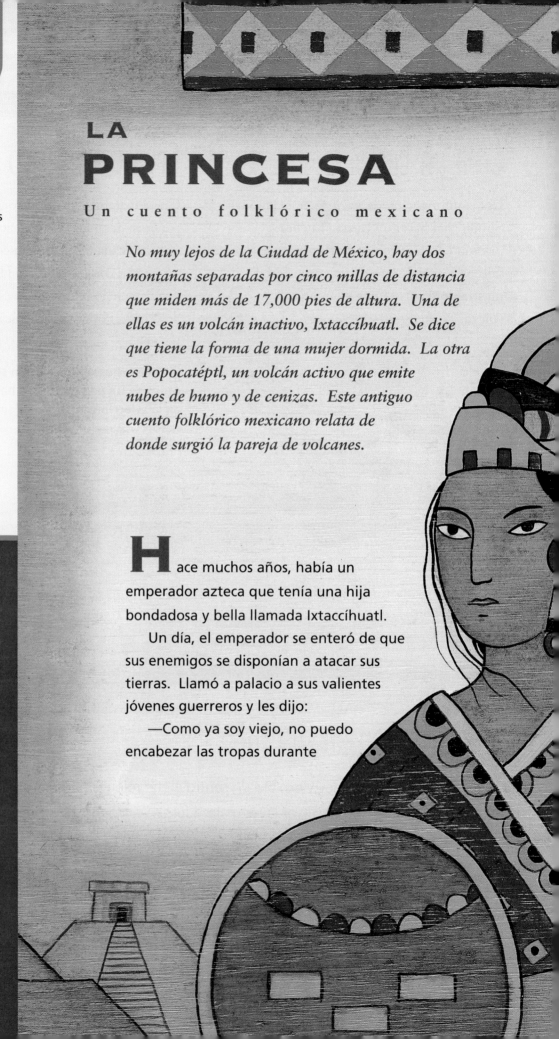

Destreza: cómo leer un cuento folklórico

❶ Observa que los **personajes** no son complicados: son buenos o malos, sabios o imprudentes.

❷ Observa que la **acción** se desarrolla rápidamente, en episodios cortos.

❸ Busca información sobre el **país** de donde viene el cuento.

LA PRINCESA

Un cuento folklórico mexicano

No muy lejos de la Ciudad de México, hay dos montañas separadas por cinco millas de distancia que miden más de 17,000 pies de altura. Una de ellas es un volcán inactivo, Ixtaccíhuatl. Se dice que tiene la forma de una mujer dormida. La otra es Popocatéptl, un volcán activo que emite nubes de humo y de cenizas. Este antiguo cuento folklórico mexicano relata de donde surgió la pareja de volcanes.

Hace muchos años, había un emperador azteca que tenía una hija bondadosa y bella llamada Ixtaccíhuatl.

Un día, el emperador se enteró de que sus enemigos se disponían a atacar sus tierras. Llamó a palacio a sus valientes jóvenes guerreros y les dijo:

—Como ya soy viejo, no puedo encabezar las tropas durante

Y EL GUERRERO

una batalla. Díganme quién es el guerrero más valiente de todos ustedes para que sea el líder de nuestro ejército azteca. Si es capaz de derrotar al enemigo y traer la paz a nuestras tierras, le recompensaré con mi trono y con la mano de mi hija.

—Popo es el guerrero más valiente y más fuerte de todos. ¡Debe ser nuestro líder! —gritaron todos los guerreros, menos uno.

—Muy bien. Popocatépetl, eres el líder —dijo el emperador—. Que los dioses te guíen a la victoria.

Uno de los guerreros le tenía mucha envidia a Popocatépetl. Este guerrero pensaba que él mismo debería ser el líder, pero no le dijo a nadie ni una palabra de lo que pensaba.

Era un gran secreto que Popocatépetl y la hija del emperador se habían enamorado. Antes de irse a la guerra, el joven líder acudió al jardín a despedirse de su amada princesa.

—Pronto volveré, mi amor —le dijo el joven a la princesa—. Cuando regrese, nos casaremos.

Con esas palabras, Popocatépetl se marchó a una guerra larga y cruel. Nadie luchó con más valentía que el joven líder azteca.

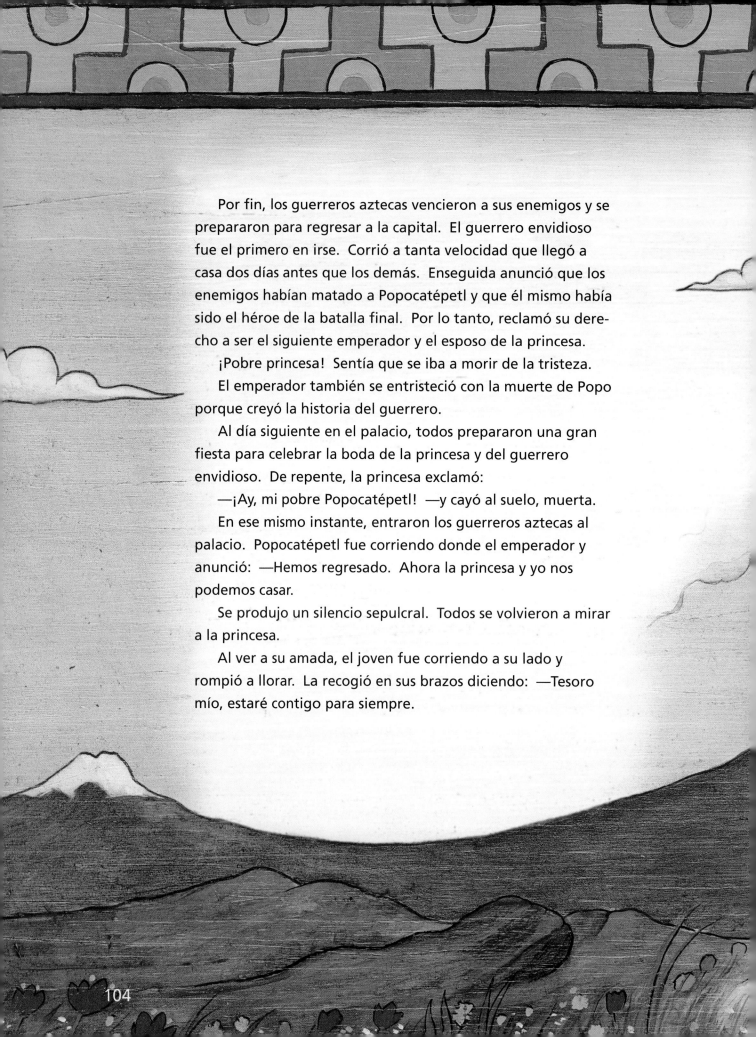

Por fin, los guerreros aztecas vencieron a sus enemigos y se prepararon para regresar a la capital. El guerrero envidioso fue el primero en irse. Corrió a tanta velocidad que llegó a casa dos días antes que los demás. Enseguida anunció que los enemigos habían matado a Popocatépetl y que él mismo había sido el héroe de la batalla final. Por lo tanto, reclamó su derecho a ser el siguiente emperador y el esposo de la princesa.

¡Pobre princesa! Sentía que se iba a morir de la tristeza.

El emperador también se entristeció con la muerte de Popo porque creyó la historia del guerrero.

Al día siguiente en el palacio, todos prepararon una gran fiesta para celebrar la boda de la princesa y del guerrero envidioso. De repente, la princesa exclamó:

—¡Ay, mi pobre Popocatépetl! —y cayó al suelo, muerta.

En ese mismo instante, entraron los guerreros aztecas al palacio. Popocatépetl fue corriendo donde el emperador y anunció: —Hemos regresado. Ahora la princesa y yo nos podemos casar.

Se produjo un silencio sepulcral. Todos se volvieron a mirar a la princesa.

Al ver a su amada, el joven fue corriendo a su lado y rompió a llorar. La recogió en sus brazos diciendo: —Tesoro mío, estaré contigo para siempre.

El valiente líder llevó el cuerpo de la princesa a las montañas más altas. La recostó con delicadeza en un lecho de flores y se sentó a su lado.

Pasaron los días. Finalmente, uno de los dioses bondadosos transformó al guerrero y a la princesa en dos volcanes. Ixi sigue inmóvil. Pero de vez en cuando, Popo tiembla y le salen del corazón lágrimas de fuego. Y todo México sabe que Popo llora por su adorada princesa.

Escoger la mejor respuesta

Muchas pruebas tienen ejercicios de selección múltiple, es decir, ejercicios con una pregunta y de tres a cinco respuestas para escoger. ¿Cómo puedes escoger la mejor respuesta? Mira este ejemplo de una prueba de *El ojo de la tormenta: A la caza de tormentas con Warren Faidley*. Se muestra la mejor respuesta. Usa los consejos para responder a este tipo de pregunta.

Consejos

- Lee las instrucciones con atención para saber cómo marcar la respuesta.
- Lee la pregunta y todas las opciones de respuesta.
- Si es necesario, consulta la selección.
- Revisa todas las respuestas al final si tienes tiempo.

Lee la pregunta. En la fila de respuestas que aparece a continuación, rellena el círculo que corresponda a la mejor respuesta.

1   ¿Qué explica el calendario en la página 65 de *El ojo de la tormenta*?

A   Explica dónde ocurren las tormentas.

B   Explica cómo se forman las tormentas.

C   Explica la época del año en que ocurren las tormentas.

D   Explica con qué frecuencia ocurren las tormentas.

FILA DE RESPUESTAS 1   Ⓐ Ⓑ ● Ⓓ

Lectura   **Comprender partes importantes del texto**

Ahora, fíjate en cómo una estudiante decidió cual era la respuesta correcta:

Busco la respuesta que mejor describa el calendario que aparece en *El ojo de la tormenta.* Vuelvo a mirar el calendario. Muestra tres tipos de tormentas bajo diferentes meses del año.

Vuelvo a leer las respuestas posibles. Veo que la **A** y la **B** no son correctas porque no tienen que ver con el año. La respuesta **D** se acerca, pero la **C** es más precisa. Ahora entiendo por qué la **C** es la mejor respuesta.

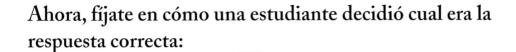

Cuentos exagerados

Un cuento exagerado comienza como un cuento normal, pero tiende a modificar un poco los hechos.

Bueno, en realidad modifica mucho los hechos.

¿Dónde se contó el primer cuento exagerado? Probablemente alrededor de una fogata. A finales del siglo XIX, a los pobladores americanos les encantaba exagerar. Creaban héroes y heroínas que eran más grandes que la vida, capaces de cosas extraordinarias. En un territorio inmenso, de clima y animales salvajes, los cuentos tenían que ser igual de grandes e igual de salvajes.

Los cuentos exagerados todavía se cuentan en nuestros días. De hecho, después de leer estos ejemplos, ¡estás invitado a escribir uno por tu cuenta!

Contenido

Durante el siglo XIX, los leñadores cambiaron el paisaje de los Estados Unidos. Mientras lo hacían, contaban cuentos sobre un leñador gigante de fuerza arrolladora. Paul Bunyan se convirtió rápidamente en una leyenda popular desde Maine hasta el Noroeste del Pacífico.

Paul Bunyan, el leñador más fuerte de todos

narrado por Mary Pope Osborne

ilustrado por Chris Van Allsburg

Cuentan que un bebé increíble nació en el estado de Maine. Cuando sólo tenía dos semanas de nacido, ya pesaba más de cien libras y desayunaba cinco docenas de huevos, diez sacos de papas y medio barril de papilla de maíz cocida con leche, preparada con un saco entero de maíz. Sin embargo, lo más raro del bebé era su gran barba rizada y negra. La barba era tan grande y espesa que su madre tenía que peinársela todas las mañanas con un pino.

Aparte de la barba, el bebé gigante no fue un problema para nadie, hasta que tuvo como nueve meses. Entonces fue cuando comenzó a gatear, y como ya pesaba más de quinientas libras provocó un terremoto que sacudió todo el pueblo.

Los padres del bebé trataron de ponerlo a flotar en una cuna gigante en la costa de Maine, pero cada vez que el bebé se daba vuelta en la cuna, unas olas gigantes anegaban todos los pueblos de la costa.

111

Así que sus padres lo llevaron a una cueva en los bosques de Maine, lejos de la civilización, y se despidieron de él. Su padre le dejó una caña de pescar, un cuchillo, unas piedras y un hacha.

—Te vamos a extrañar mucho, mi amor —le dijo su madre llorando—, pero no puedes regresar a casa. Eres demasiado grande.

Ésa es la historia de cómo Paul Bunyan comenzó a vivir solo en los bosques de Maine. Y aunque vivió solo durante los veinte años siguientes, se las arregló bastante bien.

En esa época, grandes extensiones de los Estados Unidos estaban llenas de bosques de color verde oscuro. Hubiera sido grandioso que todos esos árboles se hubieran quedado allí para siempre. Pero los pioneros los necesitaban para construir casas, iglesias, barcos, carretas, puentes y establos. Un buen día, Paul Bunyan les dio una mirada a los árboles y decidió cortarlos.

—¡Ma-de-ra! —gritó mientras trazaba un círculo con el hacha de acero brillante que su padre le había dejado. Se produjo un ruido estrepitoso, y cuando Paul miró a su alrededor, se dio cuenta de que había cortado diez pinos blancos de un solo hachazo.

Después de eso, Paul viajó muy rápidamente por los indómitos Bosques del Norte. Cortaba pinos, abetos y sauces rojos en Minnesota, Michigan y Wisconsin. Limpió los bosques de álamos en Kansas para que los campesinos pudieran sembrar trigo, y limpió los bosques de roble en Iowa para que los campesinos pudieran sembrar maíz.

Cuando volvieron a oír de él, Paul ya andaba por Arizona. Arrastraba consigo un pico, sin darse cuenta de que dejaba una gran zanja por donde pasaba. Hoy en día, esa zanja se llama el Gran Cañón.

Cuando Paul regresó del Oeste, decidió crear un campamento de leñadores. En muy poco tiempo, se corrió la voz. Como Paul Bunyan ya tenía fama entre los leñadores, miles de ellos se apresuraron a llegar al aserradero de Paul, a orillas del río Big Onion en Minnesota, para formar parte de su grupo.

—Solamente hay dos condiciones —les dijo Paul a los hombres que se habían reunido para solicitar trabajo—. Todos mis leñadores deben medir más de diez pies y ser capaces de romper hasta seis botones de sus camisas de un solo respiro.

Bueno, más o menos mil de los leñadores pasaron la prueba, y Paul los contrató a todos. Entonces construyó un campamento gigante de leñadores, con barracas de una milla y literas de diez camas. La mesa del campamento era tan grande que

tomaba una semana pasarse la sal y pimienta de un extremo a otro. Paul cavó algunos estanques para tener agua para todos. Hoy en día, esos lagos se llaman los Grandes Lagos.

Las cosas fueron muy bien hasta que llegó el año del gran invierno. Un día, Shot Gunderson, el jefe del grupo, se quejó con Paul:

—Jefe, hace tanto frío que las llamas de las lámparas se están congelando. Y, jefe, cuando les doy órdenes a los muchachos, mis palabras se congelan al contacto con el aire y se quedan allí colgadas.

—Bueno, agarra tus palabras congeladas y guárdalas cerca de la llama de las lámparas —dijo Paul—. Ambas se derretirán en la primavera.

Y así lo hicieron. Pero el único problema fue que, para la primavera, las llamas de lámpara derretidas ocasionaron pequeños incendios forestales, y cuando las palabras de Shot se derritieron, los viejos gritos de "¡fuera abajo!" y "¡hora de almorzar!" hicieron eco por todo el bosque, confundiendo a todo el mundo. Pero aparte de eso, las cosas salieron bien.

Total, cada vez había más cuentos sobre Paul Bunyan. Por muchos años, los leñadores viejos se sentaban alrededor de fogatas para contarse recuerdos de los viejos tiempos junto a Paul. Ya todos esos leñadores murieron, pero muchos de sus cuentos se encuentran aún congelados en el aire de los Bosques del Norte, esperando ser contados.

Durante la primavera, cuando comienzan a derretirse, algunos de estos cuentos son capaces de comenzar a contarse por sí solos. Cuentan que ha ocurrido antes.

Los cuentos y las canciones sobre John Henry existen desde la década de 1870. John ganó fama como el barrenero que martillaba más rápido que una máquina. ¿Existiría realmente? Nadie lo sabe con seguridad. Pero tal como a Paul Bunyan, se le atribuyen las hazañas de muchas personas.

John Henry compite con la barrena de vapor

narrado por Robert Walker

El túnel Big Bend era el más largo de los Estados Unidos: una milla y cuarto a través de las montañas de Virginia Occidental. La compañía de ferrocarriles C & O lo había comenzado a construir en 1870. Había suficiente trabajo duro para todos, pero el trabajo más pesado era el de los barreneros. Y el más fuerte de todos los barreneros era John Henry.

Ahora bien, John Henry era un hombre poderoso: medía seis pies de altura y pesaba doscientas libras de músculo templado. Usaba su martillo de nueve libras de sol a sol, perforando la roca sólida con una barrena de acero. Pequeño Bill, el batidor, ponía la barrena de John Henry y la sacaba cuando el hueco estaba hecho. Cuando había suficientes hoyos, los demoledores los llenaban de nitroglicerina y hacían estallar las rocas en pedazos. Luego John Henry clavaba más barrenas día tras día, en el calor, la oscuridad y el aire sucio del túnel.

John Henry siempre cantaba al clavar las barrenas, y al final de cada verso arremetía con su martillo de nueve libras haciéndolo sonar como un trueno.

Este viejo martillo (¡Tan!)
Suena como la plata (¡Tan!)
Muchachos, brilla como el oro, (¡Tan!)
Tanto como el oro. (¡Tan!)

Ningún martillo (¡Tan!)
En estas montañas (¡Tan!)
Muchachos, suena como el mío, (¡Tan!)
Suena como el mío. (¡Tan!)

Una vez, el capitán Tommy interrumpió a John Henry en mitad de su canción.

—John Henry —dijo—, la compañía quiere probar una de esas nuevas barrenas de vapor. Dicen que la barrena de vapor puede hacer el trabajo de tres o cuatro hombres. Pero yo digo que un buen trabajador puede ganarle. Y tú eres el mejor trabajador que tengo.

John Henry se puso las nueve libras de su martillo al hombro y dijo:

—Capitán Tommy, un hombre no es sino un hombre. Prefiero morir con mi martillo en la mano, antes de dejarme vencer por esa barrena de vapor.

—Hijo —respondió el capitán Tommy—, si le ganas a la barrena de vapor te daré cien dólares y ropa de trabajo nueva.

—Eso es muy generoso de su parte —dijo John Henry—, pero no se preocupe. Mejor vaya hasta el pueblo y consígame un martillo de veinte libras. Éste de nueve libras ya me parece liviano.

La noticia de la competencia se regó por el campamento como un viento fuerte bajando de las montañas. Los representantes de la compañía creían que John Henry era un pobre trabajador tonto, que no tendría la más mínima oportunidad de ganarle a la poderosa máquina. Algunos trabajadores pensaban lo mismo. Pero los barreneros conocían a John Henry y tenían confianza en su fuerza.

Aquella noche, John Henry le contó a su esposa, Polly Ann, lo de la competencia.

—No te vayas a lastimar —le dijo Polly Ann—. Aunque es cierto que necesitamos los cien dólares y te hace falta ropa nueva para trabajar.

John Henry sonrió y besó a Polly Ann.

—No me preocupan ni el dinero ni la ropa —dijo—. ¿No te das cuenta, mi amor? Un hombre no es sino un hombre, y tiene que ganarle al vapor.

Al día siguiente, los barreneros se juntaron en el túnel Big Bend. Hacía calor, había polvo y el aire olía tan mal que era difícil respirar. La única luz era el titilar de las lámparas de manteca de cerdo y melaza.

Los hombres de la compañía rodaron la barrena de vapor hacia el interior del túnel y la pusieron contra la roca. No era sino una máquina brillante, moderna y extraña. Entonces John Henry entró y se paró junto a la máquina. No era sino un hombre negro, bueno y natural.

El capitán Tommy le entregó a John un martillo nuevo de veinte libras y le dijo:

—Hijo, no hay otro como ése en Virginia Occidental. Buena suerte.

John Henry levantó el martillo en su mano y sintió su peso como algo natural. La cabeza del martillo brillaba como oro bajo la luz vacilante del túnel.

—Lo voy a llamar Polly Ann —dijo.

Pequeño Bill se sentó en la roca, sosteniendo una barrena de seis pies en sus manos. John Henry se irguió sobre el acero, esperando comenzar. Había tanto silencio en el túnel que se podía oír la respiración de los barreneros.

El capitán Tommy hizo sonar su pito. El hombre de la compañía encendió la barrena de vapor. John Henry levantó su martillo de veinte libras y lo abalanzó contra la barrena de acero, haciéndolo sonar como un trueno. Mientras martillaba una y otra vez, cantaba:

> *Este viejo martillo* (¡Tan!)
> *Suena como la plata* (¡Tan!)
> *Muchachos, brilla como el oro,* (¡Tan!)
> *Tanto como el oro.* (¡Tan!)

John Henry continuaba martillando barrenas y la máquina de vapor continuaba barrenando. Muy pronto toda la montaña retumbaba y se sacudía. Los músculos de John Henry se tensaban y dilataban como nunca antes. Le bajaban por el pecho cascadas de sudor y podían vérsele las venas brotadas a los lados de su magnífico rostro.

117

—¿Estás bien, John Henry? —preguntó el capitán Tommy.

—No se preocupe, jefe. Un hombre no es sino un hombre, y tiene que ganarle al vapor.

Después comenzó a cantar otra vez:

> *Ningún martillo* (¡Tan!)
> *En estas montañas* (¡Tan!)
> *Muchachos, suena como el mío,* (¡Tan!)
> *Suena como el mío* (¡Tan!)

Cuando llegaron al final de la barrena de seis pies, Pequeño Bill la sacó y metió una más larga, luego metió otra más larga todavía y después otra más. John Henry abalanzó su martillo de veinte libras y clavó las barrenas. Lo hizo cada vez más fuerte y más rápido hasta que el martillo comenzó a incendiarse. Todo el túnel Big Bend resplandeció con la luz azul del martillo de John Henry.

—¡Tiempo! —gritó el capitán Tommy.

—¡Tiempo! —gritó el hombre de la compañía y apagó la máquina.

—¡Tiempo! —exclamó John Henry apoyándose en su martillo—. Necesito tomar agua.

Mientras John Henry se tomaba el agua, el capitán Tommy y el hombre de la compañía midieron los hoyos. La máquina de vapor había barrenado nueve pies, mientras que John Henry había barrenado catorce.

—¡John Henry! —gritaron los barrenadores—. ¡John Henry le ganó al vapor!

—Felicitaciones, hijo —dijo el capitán Tommy palmeándolo en la espalda—. No importa lo que digas, te voy a dar cien dólares y ropa nueva para trabajar.

John Henry se apoyó pesadamente en su martillo y respiró el aire sucio del túnel.

—Es usted muy generoso, Capitán, pero mejor déle esos cien dólares a Polly Ann y entiérreme con esa ropa puesta.

Luego se derrumbó en el piso, con el martillo siempre en la mano.

—Le gané al vapor, pero me rompí por dentro —dijo.

A medida que sus ojos se cerraban, John Henry se acostó de espaldas sobre la tierra negra y suspiró:

—Un hombre no es sino un hombre.

El pionero de Tennessee, Davy Crockett, fue un hombre de la vida real y personaje de muchos cuentos exagerados. No hay nada cierto en que él tuvo una esposa llamada Sally Ann Tormenta-Tornado-Torbellino. Algo bueno para Davy porque, en ella, ¡él hubiera encontrado la horma de su zapato!

Sally Ann Tormenta-Tornado-Torbellino

narrado por Mary Pope Osborne

Un día a principios de la primavera, cuando las hojas de los robles blancos eran casi del tamaño de la oreja de un ratón, Davy Crockett partió solo a través del bosque para cazar osos. De pronto se desató un aguacero y no le quedó otro remedio que refugiarse bajo un árbol. Mientras se sacudía el agua de su sombrero de mapache, le entró sueño. Así que se acomodó en una horquilla del árbol, y de inmediato empezó a roncar.

Davy cayó tan profundamente dormido que no se despertó hasta casi llegado el atardecer. Cuando por fin lo hizo, descubrió que mientras dormía, y quién sabe cómo rayos, su cabeza se quedó trabada entre las ramas y no podía sacarla.

Pues, resulta que Davy vociferó tan fuerte que el árbol perdió todas sus hojas de oreja de ratón. Luego se retorció y se volteó y siguió con su berrinche por más de una hora. Justo cuando iba a darse por vencido, escuchó la voz de una chica que le decía:

—¿A ti qué te pasa?

Aun desde su incómoda posición, pudo notar que ella era extraordinaria —tan alta como un pino y con brazos tan fuertes como los de un experto leñador.

—Mi cabeza está trabada, cariño —dijo Davy—. Y si me ayudas a sacarla, te regalaré una peineta bien bonita.

—No me llames cariño —dijo ella—. Y tampoco te preocupes por regalarme una peineta bien bonita. Te ayudaré a sacar el coco pero sólo porque así lo quiero.

Entonces esa chica extraordinaria hizo algo que le puso a Davy los pelos de punta. Metió la mano en un costal y sacó un montón de serpientes cascabel. Ató a todas aquellas criaturas escurridizas hasta formar una larga cuerda. Mientras las ataba no dejó de hablar.

—No soy una potrilla tímida —dijo—. Ni tampoco soy una mansa palomita que canta. Puedo cargar un barco de vapor sobre mis hombros, gritar más fuerte que una pantera y saltar por encima de mi propia sombra. Puedo doblegar cocodrilos cuando quiera, y me gusta llevar un avispero como sombrero de salir.

Mientras hacía un lazo con su cuerda de serpientes sobre la rama que atrapaba a Davy, siguió alardeando: —Y si corro, soy un relámpago que se desliza de costado untado con mantequilla. Puedo ser más burlona, resoplar más duro, correr más rápido, levantar más peso, estornudar más fuerte, dormir más tiempo e inventar mejores mentiras que cualquier sanguijuela desde Maine hasta Louisiana. Además, cariño, yo puedo apagar la luz de la luna y cantar hasta que los lobos se duerman.

Entonces ella haló tan fuerte la cuerda de serpientes que parecía que el mundo se iba a partir en dos. La rama derecha del enorme árbol quedó doblada casi por completo. Y Davy sacó la cabeza más fácil que dos más dos. Por un instante se sintió tan mareado que no sabía dónde quedaba el suelo. Pero cuando recuperó el equilibrio, le echó un buen vistazo a la chica.

—¿Cuál es su nombre, señorita?

—Sally Ann Tormenta-Tornado-Torbellino —contestó ella—. Pero si te portas bien, me puedes llamar Sally.

A partir de entonces, Davy Crockett quedó perdidamente enamorado de Sally Ann Tormenta-Tornado-Torbellino. Él le pidió a todo el mundo que le contara lo que sabía de esta mujer. Y por cada cosa que escuchaba, sentía que otra flecha de Cupido le pinchaba las tripas.

—Ah, sí, yo conozco a Sally —dijo el predicador—. Ella baila tanto que desgasta el suelo… y la suela del zapato. Y puede cabalgar en una pantera sin usar montura.

—Sally es buena amiga mía —dijo el herrero—. Una vez la vi cascar una nuez con sus dientes delanteros.

—Sally es tan especial… —dijo la maestra—. A ella le gusta atravesar a toda velocidad el río Salt, usando su delantal como vela y su pierna izquierda como timón.

Sally Ann Tormenta-Tornado-Torbellino era también conocida por su buen sentido del humor. Su mejor amiga, Lucy, le dijo a Davy: —Sally se ríe tanto que estremece los árboles y se les cae la corteza. A ella le gusta silbar con un lado de la boca, mientras mastica con el otro lado y sonríe por el medio.

Según sus amigos, Sally podía domar cualquier cosa en el mundo. Todos le contaron a Davy de la vez en que ella estaba batiendo mantequilla y escuchó unos rasguños en la puerta. De pronto ésta se abrió, y entró el Gran Rey Oso del Bosque Fangoso. Había venido para llevarse uno de los jamones ahumados. Pero antes de que el Rey Oso dijera pío, Sally agarró una empanadilla hirviente del caldero y se la embutió en el hocico.

Estaba tan sabrosa que al Rey Oso se le aguaron los ojos. Pero de pronto se le ocurrió que Sally podía estar deliciosa también. Y, abriendo y cerrando su bocaza, la fue acorralando hacia una esquina.

Sally se sentía entre la espada y la pared. Sus piernas le temblequeaban y el corazón se le quería salir. Pero en el momento en que el Rey Oso le echó su aliento caliente en la cara, Sally se armó de todo su valor para preguntar: "¿Bailamos?"

Como es sabido por todos, un oso no se puede resistir a un buen baile de zapateado, así que al compadre se le olvidó por completo que debía comerse a Sally y dijo: "Con mucho gusto".

Hizo una elegante reverencia y los dos empezaron a zapatear el piso y a emitir sonidos alegres y a lanzarse uno al otro por los aires, mientras Sally cantaba:

Vámonos a Colorado,
muévete de lado a lado:
dale y dale y dale y vamos
porque si no, no llegamos.

Mientras cantaba, ató el extremo de una cuerda al tobillo del oso y el otro a la mantequera. Así, cada vez que el compadrito daba patadas al aire y vueltas por el cuarto, se iba haciendo la mantequilla.

A la gente del pueblo le encantaba contar la historia del encuentro de Sally con otra maloliente sanguijuela; aunque esta vez se trataba de una sanguijuela *humana*. Cuentan que Ramón Zorrillo, el remero del río, decidió meterle tal susto a Sally que las uñas se le salieran de los pies, porque él estaba hasta el copete de escucharle decir a Davy Crockett que aquella mujer era supermaravillosa.

Al caer la tarde, Ramón se metió dentro de la piel de un cocodrilo y se encontró con Sally justo cuando ella salía a buscar bayas en el bosque. Él abrió su bocaza e hizo tanto ruido que casi se asusta él mismo, pero Sally no le hizo más caso a este tonto que a un cachorrito chillón.

Sin embargo, cuando Ramón sacó las garras para atraparla, Sally se puso más furiosa que una inundación del Mississippi. Ella le echó una mirada de rayos fulminantes y la noche se convirtió en día. Entonces sacó un palillo de dientes y de un solo golpe lanzó por los aires la cabeza del cocodrilo a cincuenta pies. Y luego, para cerrar con broche de oro, se subió las mangas y lanzó a Ramón Zorrillo por el bosque hasta un pantano fangoso.

Cuando el tonto recobró el conocimiento, Davy Crockett estaba sobre él.

—¿A ti qué te pasó, Ramoncito? —le preguntó.

—Bueno yo… ¡creo que me tro-tropecé con un co-co-cocodrilo salvaje! —tartamudeó Ramón, frotándose la cabeza dolorida.

Davy sonrió. Sabía que era Sally Ann Tormenta-Tornado-Torbellino quien le acababa de dar a Ramón el único castigo que él había recibido en su vida.

Este incidente hizo que la última flecha de Cupido pinchara las tripas de Davy.

—Sally es todo un barco de vapor —dijo, tratando de decir que ella era algo maravilloso.

Al día siguiente, se puso su mejor sombrero de mapache y partió en busca de Sally.

Cuando ya estaba a tres millas de su cabaña, él comenzó a gritar su nombre. Su voz era tan fuerte que formó un torbellino de huracán a través del bosque.

Sally miró hacia afuera y vio que el viento soplaba y los árboles se torcían. Ella escuchó su nombre tronando por el bosque, y el corazón le empezó a latir. También ella empezaba a creer que Davy era todo un barco de vapor. Así que se puso su mejor sombrero —un nido de águila, con un rabo de puma en vez de una pluma— y salió corriendo hacia afuera.

Justo cuando acababa de salir por la puerta, Davy Crockett irrumpió del bosque y saltó a su portal tan rápido como una rana.

—Sally, mi pedacito de piloncillo —dijo emocionado—. Creo que mi corazón va a estallar. ¿Quieres ser mi esposa?

—Oh, mi adorado morral de cacahuates, claro que sí.

Desde entonces, a Davy Crockett le fue difícil llevar los pantalones cuando estaba con Sally Ann Tormenta-Tornado-Torbellino. Sus peleas y gritos tenían para ella el mismo efecto que tirar plumas en el piso del granero. Al menos eso es lo que *ella* te diría; él tal vez te diría otra cosa.

Sid Fleischman creó sus propios personajes de cuentos exagerados sobre el campesino Josh McBroom. En este cuento, la familia McBroom tiene que arreglárselas con un tiempo impredecible y, como de costumbre, con el vecino Heck Jones.

Febrero

por Sid Fleischman
ilustrado por Walter Lorraine

Generalmente nadie lo sabe, pero yo fui el que inventó el aire acondicionado. Leí en el periódico que la idea ya ha proliferado en las ciudades grandes.

¡Caramba! Está disponible para todos. La gente de por aquí lo llama Extracto Invernal Natural de McBroom y Alivio para el Mal de Verano. Puedes hacer el tuyo, tal como nosotros.

Febrero es el último mes en que puedes proveerte de un surtido de Extracto Invernal de calidad.

Espera a que llegue un día de invierno infernal. Cuando el mercurio del termómetro caiga hasta el final, estarás cerca, pero todavía hará demasiado calor.

Cuando el mercurio explote y se salga del vidrio del termómetro y se vaya corriendo hasta la chimenea para calentarse, ése será el mejor frío para el extracto.

—¡Will*jill*hester*chester*peter*polly*tim*tom*mary*larry*conla pequeña*clarinda*! —les grité a nuestros pequeños—. El vidrio del termómetro se ha roto. ¡Búsquense el serrucho y la segueta y manos a la obra!

¿Que si estaba frío? Hacía tanto frío que el *viento se había congelado*.

¡Y nos pusimos a trabajar! Comenzamos a serruchar pedazos de viento congelado.

Tenemos que hacer lo correcto. El viento se corta como la madera, a favor de la veta con la segueta, y en contra de ella con el serrucho.

Se hizo de noche antes de que pudiéramos terminar de cosechar y llevar el Extracto Invernal a nuestra casa de hielo. Y allí estaba nuestro vecino, Heck Jones. Ese tacaño es tan miserable y ruin que marca las moscas con hierro para que nadie se las robe.

—McBroom —preguntó—, ¿tienes mi calcetín izquierdo escondido?

—Claro que no —contesté.

—Alguien se lo robó de la cuerda. ¡Era mi mejor calcetín negro! Sólo tenía tres agujeros. ¡Si atrapo al ladrón lo llevaré a un tribunal de justicia!

Se fue gruñendo y refunfuñando.

Luego terminamos de amontonar el aserrín de nieve alrededor de los pedazos de viento para mantenerlos congelados.

—Buen trabajo, hijos míos —dije—. Estamos listos para el Mal de Verano.

Así las cosas, Heck Jones caminó con un solo calcetín el resto del invierno y el verano también.

Tan pronto como los días comenzaron a echar chispas por el calor, pusimos un trozo de Extracto Invernal en la sala. En cuestión de segundos comenzaba el deshielo, y al principio sólo sentíamos una pequeña brisa. Pero cuando el viento de febrero comenzaba a silbar de verdad, ¡hasta levantaba las cortinas!

Una noche caliente traje un buen trozo de viento congelado sin preocuparme de quitarle el aserrín. Minutos más tarde, vi cómo una cosa negra salió disparada por la sala. Algo se había congelado en nuestro Extracto de Invierno.

—¡El calcetín de Heck Jones! —dije—. ¡Puedo oler sus pies!

Él iba a pensar que se lo habíamos robado. ¡Nos llevaría a un tribunal de justicia! Intenté agarrar el calcetín, pero el viento de febrero soplaba tan fuerte que lo sacó por delante de las cortinas y se lo llevó por la ventana.

Pude ver a Heck Jones durmiendo en su hamaca, solamente con el calcetín derecho. El calcetín izquierdo levantó su cola como un papalote en el aire y luego empezó a bajar.

Pensé que si no lo hubiera visto con mis propios ojos, habría creído estar trastornado. Ese calcetín izquierdo parecía un colador y tenía el instinto de una paloma regresando a casa. Y regresó. Se enfundó completamente en el pie izquierdo de Heck Jones. Creo que se guiaba por el olor.

Fue increíble, pero aún hay algo que no sé. ¿Qué pensaría Heck Jones cuando se despertó y se miró los dos pies?

Narrar

Escribe tu propio cuento exagerado

Ahora que has leído algunos cuentos exagerados, escribe uno por tu cuenta. Piensa en un personaje principal heroico con aptitudes excepcionales. Piensa en un problema que el personaje principal tenga que resolver. Luego escribe un cuento exagerado acerca de cómo el personaje principal resuelve el problema. Las imágenes de las postales en esta página te pueden dar ideas para tu cuento exagerado.

Consejos

- **Exagera las cualidades o características de tu personaje, tales como el tamaño o la fuerza.**
- **Exagera las características del ambiente, tales como el clima, el paisaje o los animales.**
- **Haz que tu personaje cambie algo en la naturaleza, por ejemplo, que acabe con una ola de calor o cree un río.**

Escritura   **Escribir narraciones**

Más cuentos exagerados para leer

El gigante egoísta

por Oscar Wilde (Gaviota Junior)
Un gigante malo se vuelve bueno al ayudar a un niño.

Septihombres y septigibas

por Caterina Valriu (La Galera)
Un pequeño jorobado, con una joroba siete veces más grande que él, es mucho más listo que el gigante malo y egoísta que mide tanto como siete hombres y se traga a todo el que entra en su bosque.

Pecos Bill

por Steven Kellogg (Mulberry Books)
El vaquero más famoso de Texas creció entre coyotes, inventó muchas cosas útiles, como el lazo, y se casó con la igualmente famosa Slewfoot Sue.

El bufón

por Adriana Sánchez (Libsa)
El bufón Truc salva a la ciudad del temible gigante Gargantúa.

Paul Bunyan

por Steven Kellogg (Mulberry Books)
Se presenta a Paul Bunyan, el héroe más fuerte y más listo de los cuentos exagerados de la literatura norteamericana.

Supera tu meta

"Si sigues intentándolo, nunca conocerás la derrota".

—Florence Griffith Joyner

Supera tu meta

Contenido

Mae Jemison:
Científica espacial
por Gail Sakurai

Biblioteca del lector

- **Conozcamos a Yo-Yo Ma**
- **Víctor cose**
- **Caerse de un tronco**
- **Buck Leonard: El gran caballero del béisbol**

Libros del tema

El palacio de papel
  por José Zafra
  ilustrado por Emilio Urberuaga

Abuelita Opalina
  por María Puncel
  ilustrado por Margarita Puncel

Quiero ser la que seré
  por Silvia Molina
  ilustrado por Ángel Esteban Lozano

Libros relacionados

Si te gusta...

Michelle Kwan: Corazón de campeona

por Michelle Kwan

Entonces lee...

Kristi Yamaguchi

por Richard Rambeck

(Childs World)

Biografía de la joven patinadora que ganó la medalla de oro en 1992.

Patinaje en línea

por Joel Rappelfeld

(Planeta Pub Corp)

Todo lo que necesitas saber sobre el equipo y las técnicas de patinaje básicas y avanzadas.

Si te gusta...

La bamba

por Gary Soto

Entonces lee...

La peineta colorada

por Fernando Picó

(Ekaré)

Cuento histórico puertorriqueño que narra las aventuras de una joven.

Tomando partido

por Gary Soto

(Fondo de Cultura Económica)

Lincoln no sabe cómo sentirse cuando su madre se muda de un barrio de San Francisco a otro barrio "mejor".

El Paso del Miedo
por Phyllis Reynolds Naylor

El Paso del Miedo
Phyllis Reynolds Naylor
ilustrado por Paul Lee

Mae Jemison: Científica espacial
por Gail Sakurai

Mae Jemison:
Científica espacial
por Gail Sakurai

El lugar más bonito del mundo

por Ann Cameron
(Alfaguara/Santillana)

Juan tiene muchísimas ganas de ir a la escuela, pero teme que su abuela no lo deje ir.

Wilma sin límites

por Kathleen Krull
(Harcourt Brace)

A pesar de quedar parcialmente paralizada a causa de la polio, Wilma se convirtió en una corredora famosa.

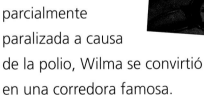

John F. Kennedy

por Steve Potts
(Bridgestone)

El autor escribe sobre la vida de este famoso presidente.

Danny, el campeón del mundo

por Roald Dahl (Alfaguara/Santillana)

El papá de Danny tenía un secreto, pero ahora ya no es un secreto y va a llevar a Danny a la aventura de su vida.

Tecnología

Visita www.eduplace.com/kids

Education Place®

Desarrollar conceptos

El patinaje artístico

Michelle Kwan:
Corazón de campeona
Una autobiografía

Corazón de campeona

Vocabulario

aficionado
artístico
elementos
jueces
presentación
presión
programa
requisitos
técnico

Estándares

Lectura

- Usar orígenes de las palabras
- Entender la presentación del texto
- Hechos, inferencias, opiniones

En *Michelle Kwan: Corazón de campeona*, Michelle explica por qué el patinaje artístico es más difícil de lo que parece. Los patinadores de la categoría mayor están sometidos a una intensa **presión** que los obliga a patinar siempre bien, no sólo para su propia satisfacción, sino para complacer al público y a los **jueces.**

Los patinadores dedican muchísimas horas a ensayar cada **presentación**. Al patinar, deben prestar gran atención al aspecto **artístico** y al **técnico**. Es decir, el sentimiento y la expresión que aportan a la música es igual de importante que la cantidad de giros que puedan hacer en el aire. ▶

◀ En cada **programa**, los patinadores que compiten deben ejecutar varios **elementos** que son **requisitos**. Un grupo de jueces califica los saltos, los giros y los movimientos de los pies de los concursantes.

Los jueces llenan sus hojas de calificación, anotan las puntuaciones en tarjetas y se las entregan al árbitro. A continuación, las puntuaciones se introducen en una computadora y aparecen en el marcador. Para un patinador **aficionado**, la puntuación máxima es de 6.0. ▼

Michelle Kwan:

Corazón de campeona
Una autobiografía

Estrategia clave

Michelle Kwan es la autora de esta selección
autobiográfica. Al leerla, **evalúa** cuánto llegas
a conocerla a través de lo que ella cuenta.

Lectura Evaluar técnicas del autor

Era el año 1992. Michelle Kwan, de doce años, estaba satisfecha con lo bien que estaba patinando. En compañía de su hermana Karen, y bajo la supervisión de su nuevo entrenador, Frank Carroll, había estado practicando en una pista privada de patinaje sobre hielo llamada Ice Castles (Castillos de Hielo). Michelle creía que ya estaba lista para competir en el Campeonato Nacional Júnior de ese año. Aunque esperaba una actuación perfecta, su patinaje fue desastroso. Después de su actuación en el Campeonato Nacional, Michelle decidió demostrarse a sí misma, a su entrenador y a todo el mundo, lo bien que era capaz de patinar.

De acuerdo, la experiencia del Campeonato Nacional Júnior me enseñó muchas cosas. Pero aunque patiné muy mal, seguí creyendo en mí misma. *Sabía* que era capaz de patinar mucho mejor. Aunque sólo tenía doce años, me sentía preparada para pasar a la categoría mayor y abandonar la júnior.

Como siempre, pensaba en el futuro con impaciencia. Me alegraba de que Karen y yo estuviéramos patinando al mismo nivel, pero si no me presentaba lo antes posible a la prueba de clasificación para los Campeonatos Mayores de 1993, nunca llegaría a las Olimpiadas de 1994. Mi hermana seguía entrenando mucho dentro de la categoría júnior, y todavía no se sentía preparada para saltar a la categoría mayor. Pero yo sí, y estaba decidida a hacerlo aunque fuera sola.

Ardía en deseos de competir al más alto nivel, de codearme con Lu Chen, con Surya Bonaly y con Nancy Kerrigan... o con Tonya Harding, la única estadounidense capaz de hacer un salto triple estilo Axel. Yo confiaba en mí misma, sabía lo que era capaz de hacer, y no veía por qué no iba a poder conseguirlo.

Pero algunos no lo veían así. Frank, por ejemplo, me dijo que tenía que esperar. Pensaba que si trabajábamos intensamente todo el año tendría muchas posibilidades de ganar el Campeonato Nacional Júnior de 1993. Según él, a los jueces les gusta conocer con anterioridad a los patinadores, antes de darles puntuaciones altas en los campeonatos de la categoría mayor. Les gusta saber que ya llevas mucho tiempo dedicada al patinaje.

Frank se fue a Canadá una semana entera para una convención de entrenadores. Entretanto, hice algo poco habitual en mí: no hice caso a los consejos de alguien que era mayor y más prudente que yo, y me presenté a la prueba de la categoría mayor. Fue un ejemplo perfecto de lo que quise decir con: "soy impaciente". A veces me gusta hacer lo que quiero, y en esta ocasión pensé que nadie conocía mejor mi capacidad y mis limitaciones que yo misma.

El caso es que nos fuimos a Los Ángeles para la prueba. Lo único que tenía que hacer era presentar mi programa ante el jurado. Si cumplía con todos los requisitos que la USFSA, o Asociación Estadounidense de Patinaje Artístico, pedía a las concursantes de categoría mayor, me pasarían a dicha categoría. Fácil, ¿no? Me darían mi insignia y me iría a casa convertida en toda una *veterana*. Y ya no competiría en las categorías inferiores.

Pasé la prueba sin problemas, tal y como había previsto. Pero lo difícil iba a ser contárselo a Frank.

Frank es uno de los mejores entrenadores del mundo entero. Yo le tenía muchísimo respeto, pero fui incapaz de dejar pasar un reto. Cuando regresó de Canadá le conté que no había podido resistir la tentación de convertirme en una patinadora de la máxima categoría y optar a las Olimpiadas de 1994. ¿Comprendería mi comportamiento?

Pues no. Frank se puso furiosísimo, y no me dirigió la palabra en varios días. Él no pensaba que yo estuviera preparada para competir en la categoría mayor. Creía que cuando saliera a la pista los jueces iban a decir: "¿Pero quién es esta *chiquilla*?"

Michelle Kwan en el Centro Olímpico de Entrenamiento (derecha) y en plena ejecución durante el Campeonato Nacional de 1992 (abajo).

Por un tiempo nuestra relación iba muy mal. Entretanto, yo no hacía más que pedirle disculpas una y otra vez para que se calmara.

Cuando finalmente se tranquilizó, me sentó y me dijo: "Jovencita, tú no tienes ni idea de lo que significa ser patinadora en categoría mayor. No sabes prácticamente nada del aspecto artístico del patinaje. Todavía tienes que aprender a *escuchar* la música. Vas a tener que *transformar* tu estilo totalmente".

Lo escuché con atención. Obviamente, Frank tenía toda la razón. Yo saltaba muy bien, pero mi estilo no era ni elegante ni lindo. Y tampoco me había preocupado demasiado por *escuchar* la música. Para mí, patinar era cuestión de dar saltos.

Frank me advirtió que iba a tener que perfeccionar al máximo todos los elementos de mi presentación, como el traje, el peinado, la cara, las piruetas, los filos de los patines y los movimientos de los pies. Me preguntó si tenía idea de la cantidad de trabajo que todo eso suponía. Le contesté que *ahora* sí, y que estaba dispuesta a hacer lo que fuera, o mejor dicho, todo lo que él me dijera.

Kwan pasa horas y horas en el hielo preparándose junto a su entrenador Frank Carroll (arriba) y a su coreógrafa Lori Nichol (izquierda).

142

Mis padres también escuchaban a Frank. Mi mamá estaba
preocupada porque pensaba que yo no estaba lista para este nuevo
paso tan grande. Mi padre me recordaba constantemente lo difíciles que serían para mí tanta disciplina y tanta presión. Ambos
querían que tuviera una cierta disciplina, pero pensaban que yo
era demasiado joven para soportar la presión que enfrentaría.

Pero mis padres me dijeron que, si realmente era lo que
quería y estaba dispuesta a sacrificarme, ellos me apoyarían,
como siempre. Además, me prometieron esforzarse para que yo
siguiera pasándola bien y para evitar que el patinaje cambiara mi
forma de ser.

Yo quería ser patinadora más que nada en este mundo, y
creía que estaba preparada. Los jueces me habían dado la
insignia de patinadora mayor, pero estaba claro que todavía tenía
mucho que demostrar. Y eso es lo que decidí hacer; porque a mí
los retos *me fascinan*.

Ahora que había dado el gran salto a la categoría mayor, ya no podía conformarme con ser una simple niña con talento. De repente, tenía que medirme con las mejores patinadoras del mundo. Tenía que estudiarlas a todas, y fijarme bien en las grandes figuras del pasado, como Peggy Fleming y Dorothy Hamill, Janet Lynn y Linda Fratianne.

Debía incorporar a mi propio estilo algo de cada una de ellas: la gracia y estética de Peggy Fleming, el espíritu de Brian Boitano, la elegancia de Dorothy Hamill.

Todo patinador tiene sus propias virtudes. Cuando yo era muy joven destacaba por mis saltos. Saltaba muy alto, aparentemente sin esforzarme. Desde muy temprana edad ya era capaz de dar saltos triples, algo que la mayoría de las patinadoras no logra sino con madurez.

Pero mis programas eran muy sencillos. Yo era muy joven, y se notaba. Para llegar a codearme con lo mejor del patinaje, tenía todavía mucho camino por andar. En los mejores programas, todos los movimientos se suceden con fluidez y naturalidad. La música y los movimientos tienen que parecer hechos a la medida. La música tiene que *envolver* a la patinadora, del mismo modo que envuelve toda la pista.

Los patinadores preparan dos programas para cada campeonato. Hay un programa "técnico", o "corto", que dura dos minutos y treinta segundos, y hay también un programa "libre" o "largo", que dura cuatro minutos (cuatro minutos y medio para los hombres). El programa largo es mucho más importante. En él las patinadoras demuestran mucho mejor su capacidad artística.

Los jueces se fijan en los elementos obligatorios del programa. Si una patinadora no completa un elemento, le restan puntos en la puntuación final. Las patinadoras tienen que conseguir que los jueces vean claramente estos elementos, pero sin que esto

144

interrumpa la fluidez del programa como para decir: *"¡Miren esto!"*.

Las espirales y las águilas, que son más difíciles de ejecutar correctamente de lo que parece, exigen un gran dominio de los filos de los patines, del equilibrio, la flexibilidad y la velocidad. Pero hay que lograr que parezcan fáciles y naturales.

Los giros pueden cansar más que los saltos, porque hay que usar todos los músculos para mantener el cuerpo rígido y de esta manera girar con el mayor impulso posible sin desplazarse. Además, las patinadoras tienen que ser capaces de salir de los giros y pasar a la siguiente parte del programa como si fuera lo más fácil del mundo.

Al igual que sucede con los giros, para ejecutar los saltos más difíciles y complicados hace falta mucha fuerza. Hay que entrar a los saltos con mucha velocidad, y salir de ellos con mucho impulso también. Y para saltar tan alto hacen falta unas piernas bien potentes.

Pero, además de todo, las patinadoras deben ser mentalmente fuertes y decididas. Ante los jueces, los saltos triples estilo Lutz deben parecer igual de sencillos que cualquier otro elemento. Cuando hay que hacer dos saltos seguidos, la transición de uno a otro debe ser totalmente natural.

Tomemos de ejemplo a Elvis Stojko, el tres veces campeón del mundo. Elvis es capaz de hacer un salto cuádruple y un salto triple, uno detrás del otro. ¡Son *siete revoluciones* en total! Es algo dificilísimo, pero él hace que parezca sencillo.

Cuando pasé a la categoría mayor mis saltos eran abruptos. La transición natural que debe haber entre los saltos, los pasos y los giros no me salía bien. No sabía cómo hacer que la música me trasladara fluidamente de un movimiento a otro, y tampoco sabía *interpretarla* bien. Por si fuera poco, casi nunca sonreía durante mis ejercicios. Para alcanzar el nivel de las grandes

146

estrellas del patinaje, como Peggy, Dorothy y Brian, no basta con ser un gran atleta, sino que *también* hay que ser todo un artista.

La mayoría de las patinadoras de elite tiene tres sesiones de entrenamiento de cuarenta y cinco minutos todos los días en el hielo, generalmente con sus entrenadores. Después pasan por lo menos una hora en el gimnasio fortaleciendo los músculos y haciéndolos más flexibles. Pero además, también practican "en seco" con sus entrenadores, ensayando los saltos sin el impulso del hielo. Pasan también horas y horas elaborando nuevos programas con sus coreógrafos.

Para cuando terminas un día así, todo te duele. La espalda te duele de dar tantos giros inclinada hacia atrás. El trasero te duele de tantas caídas; los hombros, las piernas… ¡todo! Pero ahí no termina la cosa.

Además de las exhibiciones, cada mes hay por lo menos una competencia importante. Las competencias principales son a finales de invierno y a principios de primavera. El Campeonato Nacional es en enero o febrero, y el Campeonato Mundial es en marzo. Y los años en que hay Olimpiadas, éstas se celebran entre el Campeonato Nacional y el Mundial. Así es que, con tanto campeonato, ¡apenas queda tiempo para descansar!

También hay que hacerse y probarse los trajes a la medida. En eso la especialista es mi madre, que me prepara los míos con la ayuda de una modista. Pero además de los trajes y los guantes para entrenar, lo único que necesita toda patinadora son los patines. (Sobre los guantes les doy una advertencia: nunca le pidan prestados los guantes a ninguna patinadora, porque siempre andan secándose la nariz con ellos; ¡en el hielo la nariz no deja de gotear!)

La mayoría de las patinadoras usa los mismos patines todo el año. Suelen estrenar un par al comienzo de la temporada, y les lleva semanas adaptarse a ellos. A veces no se acostumbran hasta el final de la temporada. Yo cada vez que estreno patines me desespero. Las patinadoras solemos tener pies muy feos. ¡Tendrían que ver cuando me quito los patines lo hinchados y nudosos que se me ponen a mí! Mejor no, que no es lo más atractivo…

Yo siempre había tenido patines de segunda mano, y nunca había estrenado ningún par hasta 1995 (¡son carísimos!). El patinador tiene que elegir las botas más cómodas, y luego acoplarles las cuchillas con tornillos.

En eso mi padre es un experto. Desde hace ya años él se encarga de recortarme los talones de las botas para que mi peso no recaiga hacia delante. Y siempre tiene que ajustar las cuchillas para que queden exactamente en su sitio.

A veces los patines nuevos hacen que te sientas muy extraña, porque te cambian la distribución del peso y te desajustan el equilibrio. Un salto que el año pasado tenías dominado, a lo mejor comienza a darte problemas de repente, y al final lo soluciones sencillamente adaptándote a los patines nuevos.

Las patinadoras jóvenes tenemos que aprender a hacer ajustes casi a diario. Nuestros cuerpos están cambiando continuamente. No es sólo que no paramos de crecer; además, al hacernos mayores comenzamos a descubrir, por ejemplo, que hemos engordado un poquito en partes en las que antes no nos habíamos fijado. Por suerte, estos cambios no suelen producirse de un día para otro. Si entrenas todos los días, te acostumbras a adaptarte a todas estas variaciones poco a poco.

A mí *me encanta* patinar por el hielo. Por eso, cuando comencé a crecer y fui haciéndome más fuerte, me alegró ver que podía aprovechar más mi peso para adquirir velocidad. Así *cubría* mejor toda la superficie de la pista. Eso es lo que más me gusta; es como si volara.

Otra cosa que cambió para mí al pasar a la categoría mayor fue la oportunidad de que me vieran millones de telespectadores fanáticos del patinaje sobre hielo.

Ser aficionado y poder competir en todos los campeonatos más importantes, como las Olimpiadas, no significa que no puedas trabajar como profesional. Durante el año hay campeonatos y exhibiciones profesionales que pagan muy bien, y la USFSA nos permite participar si estamos calificados.

Con este salto espectacular, Kwan expresa toda su pasión por el patinaje.

Pero para *mí*, ganar dinero era algo impensable todavía. Al contrario; el entrenamiento se hacía cada vez más caro. Las becas que nos dieron a Karen y a mí sólo nos alcanzaban para nuestros gastos normales y para pagar las horas en la pista de patinaje. La USFSA también nos ayudó un poco. Pero teníamos que pagarle a Frank, comprar patines, hacernos tres trajes al año y viajar a los campeonatos, que era muy caro. ¡En categoría mayor, ya hay que viajar por todo el mundo!

La vida de las patinadoras de elite es muy intensa. Muchas de ellas se sienten tan abrumadas que olvidan por completo sus tareas escolares, y terminan dejando los estudios. Pero yo nunca haría eso, y mis padres tampoco me lo permitirían.

Además de todo este ajetreo, yo tenía que seguir estudiando. Fui a una escuela normal hasta octavo grado, pero entonces pasé a categoría mayor y mis horarios comenzaron a complicarse demasiado. Desde entonces tengo un tutor que viene a mi casa, pero eso no quiere decir que se me haga más fácil: todavía tengo que tomar pruebas como todo el mundo, y hacer tareas (mejor dicho, ¡un montón de tareas!).

Uno de los retos más difíciles e importantes de ser una patinadora tan joven y totalmente dedicada es no olvidar que en la vida no todo es patinar. Hay que esforzarse mucho para ser consciente de que la vida no ha hecho sino *comenzar.* Aunque compita en categoría "mayor", debo recordar que no soy más que una niña. Y debo tener presente también que los estudios son muy importantes.

Por este motivo, yo siempre guardo en mi interior dos imágenes de mí misma. Una es la imagen de una patinadora; patinar es mi sueño, pero el patinaje no es más que un deporte, y sólo hay que dedicarse a él si lo apasiona a uno. La otra, y la más importante, es la imagen de una *persona;* la persona que yo quiero ser, con la vida que yo quiero vivir. Eso es lo más difícil de todo.

Conozcamos a la autora

MICHELLE KWAN

Fecha de nacimiento: 7 de julio de 1980

Lugar de nacimiento: Torrance, California

Lugar donde creció: Lake Arrowhead, California

Familia: Michelle Kwan tiene un hermano llamado Ron y una hermana que se llama Karen. Ambos son mayores que ella.

Primer contacto con el patinaje: Patinó sobre hielo por primera vez cuando tenía cinco años, después de ver a su hermano jugando hockey.

Primer éxito: Kwan ganó su primer concurso de patinaje cuando tenía siete años.

Otros logros: En 1996 fue nombrada Atleta Femenina del Año por el Comité Olímpico estadounidense.

Récords: Kwan es la única que ha sido nombrada Patinadora del Año en varias ocasiones por la Asociación Estadounidense de Patinaje Artístico. En los campeonatos nacionales obtuvo quince calificaciones de 6.0 (de un total de dieciocho) por su expresión artística, más que ninguna otra patinadora estadounidense de la historia.

Pasatiempos favoritos: Cuando no está patinando, a Kwan le gusta nadar, jugar a los bolos, montar bicicleta y pasar el rato con sus amigos.

Filosofía del patinaje: "Esfuérzate al máximo, sé tú misma y diviértete".

Segundo libro: Kwan también escribió otro libro titulado *The Winning Attitude: What It Takes To Be a Champion.*

Internet

Si quieres saber más acerca de Michelle Kwan, visita Education Place. **www.eduplace.com/kids**

Reacción

Piensa en la selección

Michelle Kwan:
Corazón de campeona
Una autobiografía

1. ¿Crees que Michelle hizo bien en pasar a la categoría mayor? ¿Por qué?

2. ¿Qué prefieres tú: ser el mejor de un grupo poco exigente o, como Michelle, ser el novato de un grupo muy bueno? Explica tu respuesta.

3. ¿Qué hacen los padres de Michelle para apoyarla en su sueño de convertirse en una gran patinadora? Da ejemplos de la selección para apoyar tu respuesta.

4. ¿Crees que te gustarían los retos y los sacrificios de la vida de un patinador? ¿Por qué?

5. Explica cómo cambia la opinión que Michelle tiene de sí misma en el transcurso de la selección. ¿Qué cosas la hacen cambiar de opinión?

6. Michelle dice que guarda siempre dos imágenes de sí misma en su interior: una de una gran patinadora y otra de una buena persona. ¿Por qué piensas que ambas imágenes son importantes para ella?

7. **Conectar/Comparar** Compara lo decidida que es Michelle Kwan con Warren Faidley en *El ojo del huracán.* ¿En qué se parecen? ¿En qué se diferencian?

Escribe sobre una actuación

Escribe un artículo de periódico describiendo la actuación de una patinadora o de un patinador. Indica si patinó bien o mal. ¿Cuáles fueron sus principales virtudes?

Consejos

- Usa verbos activos y palabras gráficas, específicas y descriptivas.
- Para que tu artículo tenga sentido, escribe los detalles en orden. Escríbelo en orden cronológico o en orden de importancia.

Lectura Hechos, inferencias, opiniones
Escritura Usar detalles, frases de transición

Matemáticas

Calcula el tiempo transcurrido

Dos patinadoras y cuatro patinadores presentan un "programa largo" (consulta lo que es en la página 144). Entre las presentaciones hay un descanso de diez minutos. ¿Cuánto durará todo el concurso? ¿Cuánto tiempo en total habrá de patinaje, y cuánto de descanso?

EXTRA Inventa una adivinanza sobre el patinaje. Dísela a un compañero para que la resuelva.

Escuchar y hablar

Charlas de ánimo

Los entrenadores suelen dar charlas a sus patinadores para animarlos antes de salir a la pista a competir. Escribe una charla que podría darle Frank a Michelle justo antes de salir a la pista de patinaje en un campeonato importante. Luego representa la charla con la ayuda de un compañero que haga el papel de Michelle.

Consejos

- Usa palabras alentadoras para animar a Michelle.
- Incluye también consejos importantes de última hora.

Internet

Haz un crucigrama de Internet

Ya has aprendido muchas cosas acerca del patinaje sobre hielo y sobre Michelle Kwan. Ahora, para comprobar lo que has aprendido, imprime y resuelve el crucigrama de Education Place.

www.eduplace.com/kids

Matemáticas Hacer, verificar cálculos
Escuchar/Hablar Aclarar y apoyar ideas

Destreza: Cómo leer un mapa

❶ Usa los **símbolos** del mapa para identificar ciudades, carreteras, ríos, etc. Consulta la **clave del mapa** para averiguar qué significa cada símbolo.

❷ En la **escala** del mapa, una pulgada representa cierta cantidad de millas. Usa una regla para calcular la cantidad de millas que hay entre dos puntos.

Estándares

Lectura

• **Entender la presentación del texto**

El recorrido de las once ciudades

Cientos de millas de canales surcan Holanda, un país muy plano y de baja altitud en el borde occidental de Europa. Durante la mayor parte del año, por estos canales navegan barcos que viajan entre las ciudades y los pueblos holandeses. Pero cuando empieza el frío, el tráfico de los canales cambia, y millones de patinadores holandeses se lanzan al hielo. Los canales congelados, largos y rectos, permiten a los holandeses dar rienda suelta a su pasión nacional por el patinaje de velocidad.

Si el patinaje artístico se parece un poco al baile, el patinaje de velocidad se parece más a una carrera. Como Holanda es uno de los pocos países del mundo donde se puede ir de un pueblo a otro patinando, los **recorridos** de patinaje se han popularizado mucho. En estos recorridos, los patinadores siguen una ruta que pasa por varias ciudades. Los recorridos pueden ser carreras, o pueden hacerse sólo para divertirse y por el reto de terminarlas.

El recorrido de las once ciudades, o *Elfstedentocht*, es probablemente la competencia más famosa de este tipo. Sus inicios se remontan al siglo XVIII, cuando algunas personas intentaron pasar en patines por los once pueblos de Friesland, una provincia del norte de Holanda. Los que lograban terminar el recorrido se consideraban patinadores extraordinarios.

Holanda

Ruta de *Elfsteden*

Esta ruta de 124 millas pasa por once pueblos de Friesland, una provincia de Holanda.

Dokkum

llegada

Franeker

salida

Leeuwarden

Harlingen

Bolsward

Sneek

IJlst

Clave

ruta del recorrido

pueblos

carreteras

0   5   10 millas

Escala: 1 pulgada equivale a 7 millas

Workum

Hindeloopen

Stavoren

Sloten

El primer recorrido oficial de las once ciudades fue en 1909, pero desde entonces sólo se ha celebrado catorce veces, ya que el hielo debe tener un mínimo de seis pulgadas de espesor en toda la ruta para poder llevar a cabo la competencia. En general, los inviernos en Holanda no son tan fríos, así que pueden pasar muchos años entre una competencia y otra. Entre 1963 y 1985 no hubo ni una sola competencia, ¡fue un período de veintidós años!

El invierno de 1997 fue muy frío, y el 2 de enero, el consejo que está a cargo de la competencia anunció que la carrera daría comienzo en dos días, por primera vez desde 1986. Los patinadores fueron enseguida a Leeuwarden, la ciudad donde empieza y termina la competencia. Finalmente, a las 5:30 de la madrugada del 4 de enero sonó el disparo de inicio y más de 16,000 patinadores salieron.

Los participantes tenían hasta la medianoche para terminar el recorrido de 124 millas, pero tuvieron que patinar en condiciones muy duras. En el hielo había agujeros y montículos, y resultaba muy difícil avanzar. El fuerte viento frenaba a los corredores, y aunque ya hacía mucho frío, el viento hizo que la sensación térmica bajara hasta los –4 grados Fahrenheit.

Pero a pesar del frío, medio millón de espectadores acudieron a los canales para animar a los competidores. Nueve millones de personas más, es decir, tres quintas partes de la población de Holanda, siguieron la competencia por televisión. (Para que tengas una idea, el Súper Bowl de 1997 sólo lo vieron poco más de dos quintas partes de los hogares estadounidenses.)

Los primeros patinadores cruzaron la línea de meta poco después del mediodía. Durante la tarde siguieron llegando más patinadores. A media-noche, muchos terminaron rogándoles a los espectadores que los empujaran hasta la línea de meta para poder recibir una medalla por haber participado. Más de 6,000 competidores no lograron terminar la carrera por agotamiento, por congelación o por otros problemas.

Durante la historia del recorrido de las once ciudades, los participantes siempre han sufrido muchas dificultades. El ganador de la competencia en 1929 perdió un dedo del pie a causa del intenso frío. En 1963 la prueba se realizó en medio de una tormenta tan fuerte que, de 9,862 participantes, sólo 126 lograron llegar a la meta.

Aunque en la carrera de 1997 participaron varios patinadores olímpicos, el ganador fue Henk Angenent, un agricultor holandés que cultiva coles de Bruselas. Recorrió el trayecto en 6 horas y 49 minutos. En la categoría femeni-na, la ganadora fue Klasina Seinstra, con un tiempo de 7:49. ¿Y qué recibieron como premio? Nada de dinero: tan sólo una medalla y el honor de que sus nombres figuren entre la lista de ganadores de la mejor carrera de Holanda.

Klasina Seinstra y Henk Angenent pasaron a formar parte de la lista de campeones.

Ensayo personal

En un ensayo personal, una persona escribe su opinión sobre un tema, y da razones para apoyar su opinión. Usa la muestra de escritura de este estudiante como modelo cuando escribas tu ensayo personal.

Para ser actor

Me llamo Johnny y estoy en quinto grado en el estado de California. Hay muchas cosas que me gusta hacer, como dibujar, nadar y jugar con mis amigos Colby, Matt y Benji. Cuando sea grande, quiero ser actor. Mi objetivo es cumplir mi sueño y esforzarme al máximo para llegar a ser un actor profesional de cine y de teatro.

Creo que para ser un buen actor es importante ser también un buen bailarín. Estoy en una clase de teatro musical en San Diego. Mucha gente de mi edad piensa que bailar es sólo para niñas. En mi opinión, es muy divertido aprender a bailar jazz, ballet y tap. Algunos de los mejores jugadores de fútbol americano han aprendido ballet para ayudarse a ser más ágiles. Yo estoy tomando clases de baile porque siempre me ha gustado bailar, y sé que a la larga me ayudará a convertirme en un buen actor.

Al **principio** se describe un objetivo.

En un ensayo personal se enuncia una **opinión** cerca del principio.

Escritura **Establecer el tema y el orden de los sucesos**

Con las clases de arte dramático me preparo para ser actor. Mi papá me lleva todos los sábados a Los Ángeles a la clase de arte dramático. Estoy aprendiendo a leer guiones, y también estoy aprendiendo a representar emociones en el momento en que me lo pidan. Actuar en un escenario o en la televisión no es tan fácil como parece. Estoy aprendiendo que ser actor es muy difícil, ¡pero también muy divertido!

El consejo que le doy a todo el que quiera ser actor es que nunca pierda las esperanzas. Mucha gente quiere dedicarse a esta profesión, y también hay muchos actores que trabajan con empeño, pero muchos se dan por vencidos demasiado pronto. Es muy fácil desanimarse cuando a uno lo rechazan en las audiciones.

Me siento muy afortunado por haber comenzado desde niño. Sé que si aprendo de los mejores y me dedico totalmente a ser un buen actor, algún día haré realidad mi objetivo de actuar en el teatro, en la televisión o en el cine.

> Es importante mantener el **enfoque** sobre el tema.

> El uso de **detalles** le da vida al ensayo.

> Un buen **final** redondea todo el ensayo.

Conozcamos al autor

Johnny U.
Grado: quinto
Estado: California
Pasatiempos: actuar, dibujar y nadar
Qué quiere ser cuando sea mayor: actor

Desarrollar conceptos

¡Bienvenido al

La bamba

¿Has asistido alguna vez a un concurso de talento? En casi todos estos espectáculos hay varios tipos de presentaciones. Por ejemplo, el protagonista de "La bamba" hace una **mímica** de una canción que aparece en un **disco de 45 revoluciones**, es decir, finge que la canta.

Vocabulario

aplausos
disco de 45
  revoluciones
lucirse
mímica
público
talento

Estándares

Lectura

- Usar raíces y afijos
- Analizar características de la literatura

160

concurso de talento!

Subir al escenario y estar ante el público puede ser un poco intimidante, no importa si el espectáculo es de competencia o sólo de diversión. Pero las personas a quienes realmente les gusta lucirse, olvidarán todos sus temores en cuanto escuchen los aplausos.

Todos tenemos algún talento. El tuyo puede ser tocar un instrumento, recitar un poema, actuar en una escena cómica o contar chistes. ¿Qué te gustaría hacer a ti en un espectáculo escolar?

Conozcamos al autor GARY SOTO

Gary Soto creció en un barrio mexicoamericano de Fresno, California. Muchos de sus cuentos están inspirados en recuerdos de su niñez. La idea de "La bamba" se le ocurrió por un compañero de clase que olvidó la letra de la canción "Sugar Shack" durante un espectáculo escolar.

Además de escribir, a Soto le gusta también la danza azteca, leer, viajar y practicar karate. En 1999 recibió el premio de literatura de la Fundación del Patrimonio Hispano. *Boys at Work, The Pool Party, Off and Running, Local News* y *Crazy Weekend* son otros libros que Soto ha escrito para jóvenes lectores.

Conozcamos al ilustrador JOSÉ ORTEGA

José Ortega nació en Guayaquil, Ecuador, y se mudó a los Estados Unidos cuando tenía cinco años. Les dice a los niños que "lo más importante son las cosas que te emocionan tanto que les dedicas horas y horas. Al fin y al cabo, ese tipo de cosas te ayudan a descubrirte a ti mismo".

Si quieres saber más acerca de Gary Soto y José Ortega, visita Education Place.

www.eduplace.com/kids

162

La bamba

de **beisbol en abril**

por **Gary Soto**

selección ilustrada por **José Ortega**

¿Qué pasará cuando Manuel entre al concurso de talento de la escuela? Al leer la selección, **resume** el problema y los sucesos en tus propias palabras.

Manuel era el cuarto de siete hijos y se parecía a muchos de los niños de su vecindario: pelo negro, tez morena y piernas flacas llenas de rasguños a causa de los juegos de verano. Pero el verano iba cediendo su lugar al otoño: los árboles se ponían rojos, los prados cafés y los granados se llenaban de frutas. Manuel caminó a la escuela una mañana helada y pateó las hojas mientras pensaba en el espectáculo del día siguiente. Aún no podía creer que se había ofrecido de voluntario. Iba a fingir que cantaba "La bamba" de Ritchie Valens, delante de toda la escuela.

¿Por qué levanté la mano?, se preguntó a sí mismo, pero en el fondo sabía la respuesta. Ansiaba lucirse. Quería aplausos tan sonoros como una tormenta y quería escuchar a sus amigos decir "¡Hombre, estuvo padre!" Y quería impresionar a las muchachas, sobre todo a Petra López, la segunda niña más bonita de su clase. Su amigo Ernesto ya se había quedado con la más bonita. Manuel sabía que debía ser razonable, pues él mismo no era muy guapo, sino sólo normal.

Manuel pateó las hojas recién caídas. Cuando llegó a la escuela se dio cuenta de que había olvidado su libro de ejercicios de matemáticas. Si el maestro se enteraba, tendría que quedarse en la escuela durante la tarde y perderse los ensayos para el espectáculo. Pero, para su fortuna, esa mañana hicieron sólo un repaso.

165

Durante el recreo Manuel estuvo con Benjamín, que también iba a participar en el espectáculo. A pesar de que tenía el labio hinchado luego de un partido de fútbol, Benjamín iba a tocar la trompeta.

—¿Qué tal me veo? —preguntó Manuel.

Carraspeó y empezó a hacer su mímica de labios. No se oía ni una palabra; sólo un silbido que sonaba igual al de una serpiente. Manuel trató de ser emotivo; agitó los brazos en las notas altas y abrió los ojos y la boca lo más que pudo cuando llegó a *Para bailar la baaamba*.

Después de que Manuel terminó, Benjamín le dijo que no estaba mal, pero le sugirió que bailara mientras cantaba. Manuel se quedó pensativo unos segundos y decidió que era una buena idea.

—Sí, imagina que eres un cantante de rock famoso —sugirió Benjamín—. Pero no exageres.

Durante el ensayo, el señor Roybal, nervioso porque era su primer año como coordinador del espectáculo escolar, maldijo entre dientes cuando se atoró la palanca que controlaba la velocidad del tocadiscos.

—Caramba —gruñó, mientras trataba de forzar la palanca—. ¿Qué te pasa?

—¿Está rota? —preguntó Manuel mientras se agachaba para ver más de cerca. A él le pareció que estaba bien.

El señor Roybal le aseguró a Manuel que tendría un buen tocadiscos para el espectáculo, aun cuando esto significara que tuviera que traer el aparato estereofónico de su casa.

Manuel se sentó en una silla plegable y le dio vueltas al disco con su pulgar. Vio una pequeña obra de teatro sobre la higiene personal, un dúo de violín entre una madre y su hija, cinco niñas de primer año que saltaron la cuerda, un niño karateka que rompió tablas y una pequeña obra de teatro sobre los Pioneros. De no haberse descompuesto el tocadiscos, le habría tocado presentarse después del niño karateka, al que fácilmente habría aventajado, se dijo a sí mismo.

Mientras le daba vueltas a su disco de 45 revoluciones, Manuel pensó en lo bien que iba a estar el espectáculo. Toda la escuela estaría asombrada. Su madre y su padre se sentirían orgullosos, y sus hermanos y hermanas estarían celosos y se enfurruñarían. Sería una noche inolvidable.

Benjamín pasó al escenario, se llevó la trompeta a su boca y esperó a
que le dieran la señal. El señor Roybal levantó la mano como un director
de orquesta y la dejó caer con un ademán dramático. Benjamín aspiró y
sopló con tanta fuerza que a Manuel se le cayó el disco y rodó por el piso
de la cafetería hasta golpear contra la pared. Manuel corrió tras él, lo
levantó y lo limpió.

—Híjole, menos mal que no se rompió —dijo con un suspiro.

Esa noche Manuel tuvo que lavar los trastos y hacer mucha tarea, por lo cuál sólo pudo practicar en la regadera. En la cama rezó para que no le saliera todo mal. Rezó para que no sucediera lo mismo que cuando estaba en primero. Para la Semana de la Ciencia conectó una pila de rejilla y un foco con alambre y le dijo a todo el mundo que había descubierto cómo funcionaba una linterna. Estaba tan contento consigo mismo que practicó durante horas presionando el alambre contra la pila y haciendo que el foco parpadeara con una luz opaca y medio anaranjada. Se lo enseñó a tantos niños de su vecindario que cuando llegó el momento de mostrarle a su clase cómo funcionaba una linterna, la pila ya estaba gastada. Presionó el alambre contra la pila, pero el foco no reaccionó. Presionó hasta que le dolió el pulgar, y algunos niños al fondo del salón comenzaron a reírse.

Pero Manuel se durmió confiado en que esta vez no se presentaría ningún problema.

A la mañana siguiente su padre y su madre lo miraron con júbilo. Estaban orgullosos de que fuera a participar en el espectáculo.

—Me encantaría que nos dijeras lo que vas a hacer —dijo su madre.

Su padre, un farmacéutico que usaba un batín azul con su nombre en un rectángulo de plástico, levantó la vista del periódico y manifestó su acuerdo.

—Sí, ¿qué vas a hacer en el espectáculo?

—Ya verán —dijo Manuel con la boca llena de cereal.

El día pasó con rapidez, y cuando Manuel se fijó ya había terminado sus quehaceres y cenado. De repente se encontró vestido con sus mejores ropas y parado tras los bastidores al lado de Benjamín. Podía oír el tumulto de los alumnos y de los padres que iban llenando la cafetería. Las luces se desvanecieron y el señor Roybal, sudoroso en su traje apretado y su corbata amarrada en un nudo grande, se mojó los labios y entreabrió el telón del escenario.

—Buenas noches —le oyeron decir los niños tras el telón.

—Buenas noches —le respondieron algunos de los niños más atrevidos.

—Esta noche les daremos lo mejor que puede ofrecer la primaria John Burroughs, y estoy seguro de que estarán complacidos y asombrados con el hecho de que en nuestra pequeña escuela haya tanto talento. Y ahora, sin más trámites, pasaremos al espectáculo —se volvió y con un movimiento de su mano ordenó—: Levanten el telón.

El telón se abrió con algunos tirones. Una niña disfrazada de cepillo de dientes y un niño disfrazado de diente sucio y gris entraron al escenario y cantaron:

Cepilla, cepilla, cepilla

Frota, frota, frota

Con gárgaras elimina a los gérmenes

Jey, jey, jey

Cuando terminaron de cantar se volvieron hacia el señor Roybal, y él bajó la mano. El cepillo de dientes corrió por el escenario tras el diente sucio, que se reía y se divertía mucho hasta que se resbaló y estuvo a punto de rodar fuera del escenario.

El señor Roybal corrió y lo agarró justo a tiempo.

—¿Estás bien?

El diente sucio respondió: —Pregúntele a mi dentista —lo cual

provocó risas y aplausos entre el público.

   Le tocó después al dúo de violines, que sonó bien, salvo por una ocasión en que la niña se perdió. La gente aplaudió, y algunas personas incluso se pararon. Luego las niñas de primer año entraron al escenario saltando la cuerda. No dejaron de sonreír ni sus colas de caballo de rebotar mientras numerosas cámaras relampagueaban simultáneamente. Algunas madres gritaron y algunos padres se enderezaron en sus sillas orgullosamente.

   El siguiente fue el niño karateka. Dio unas cuantas patadas, gritos y golpes y, finalmente, cuando su padre sostuvo una tabla, la golpeó y la partió en dos. Los miembros del público aplaudieron y se miraron entre sí, los ojos muy abiertos y llenos de respeto. El niño hizo una reverencia ante el público, y junto con su padre salieron corriendo del escenario.

   Manuel permaneció entre los bastidores temblando de miedo. Movió los labios como si cantara "La bamba" y se meció de izquierda a derecha. ¿Por qué levantó la mano y se ofreció de voluntario? ¿Por qué no se quedó sentado como el resto de los niños y guardó silencio? Mientras el niño karateka estaba en el escenario, el señor Roybal, más sudoroso que antes, tomó el disco de Manuel y lo colocó en el tocadiscos nuevo.

   —¿Estás listo? —preguntó el señor Roybal.
   —Sí…

El señor Roybal pasó al escenario y anunció que Manuel Gómez, alumno del quinto año y miembro de la clase de la señora Knight, iba a hacer una imitación de "La bamba", esa canción ya clásica de Ritchie Valens.

La cafetería estalló en aplausos. Manuel se puso nervioso pero estaba encantado con el ruidoso gentío. Imaginó a su madre y a su padre aplaudiendo fuertemente y a sus hermanos y hermanas palmotear, pero no con tanto entusiasmo como ellos.

Manuel entró al escenario y la canción empezó inmediatamente. Con los ojos vidriosos debido a la sorpresa de estar frente a tanta gente, Manuel movió los labios y se meció al ritmo de un baile inventado. No podía ver a sus padres, pero vio a su hermano Mario, un año menor que él, enfrascado en una lucha de pulgares con un amigo. Mario traía puesta la camisa preferida de Manuel; se encargaría de él más tarde. Vio a otros muchachos levantarse y dirigirse hacia la fuente de agua, y a un bebé en medio de un pasillo chuparse el dedo y mirarlo con intensidad.

¿Qué estoy haciendo aquí?, pensó Manuel. Esto no tiene nada de divertido. Todo el mundo estaba sentado ahí sin hacer nada. Algunas personas se movían siguiendo el ritmo, pero la mayor parte sólo lo miraba, como a un chango en el zoológico.

Pero cuando Manuel se lanzó en un baile extravagante, hubo un estallido de aplausos y algunas muchachas gritaron. Manuel intentó otro paso. Oyó más aplausos y gritos y empezó a sentirse más animado mientras temblaba y culebreaba en el escenario. Pero el disco se atoró, y tuvo que cantar

Para bailar la bamba
Para bailar la bamba
Para bailar la bamba
Para bailar la bamba

una y otra vez.

Manuel no podía creer que tuviera tan mala suerte. El público empezó a reírse y a ponerse de pie. Manuel recordó que el disco de 45 revoluciones había caído de su mano y rodado a través del piso de la cafetería. Seguramente se había rayado, pensó, y ahora estaba atorado, como él, que no

hacía más que bailar y simular con sus labios las mismas palabras una y otra vez. Nunca se había sentido tan avergonzado. Tendría que pedirles a sus padres que trasladaran la familia a otra ciudad.

Luego de que el señor Roybal quitó la aguja del disco con violencia, Manuel fue disminuyendo sus pasos hasta detenerse del todo. No se le ocurrió otra cosa más que hacer una reverencia frente al público, que le aplaudió alocadamente, y salir corriendo del escenario al borde de las lágrimas. Esto había sido peor que la linterna de fabricación casera. Al menos en esa ocasión no había habido carcajadas, sino sólo algunas risitas disimuladas.

Manuel permaneció solo tratando de contener sus lágrimas mientras
Benjamín, a mitad del escenario, tocaba su trompeta. Manuel sintió celos
porque sonaba muy bien, luego coraje al recordar que el sonido fuerte de
la trompeta había hecho que el pequeño disco cayera de sus manos. Pero
cuando los participantes se alinearon en el escenario al final del espectáculo,
Manuel recibió un estallido de aplausos tan fuerte que temblaron las paredes
de la cafetería. Más tarde, mientras platicaba con algunos niños y padres,
todo el mundo le dio una palmada en el hombro y le dijo:

—Muy bien. Estuviste muy chistoso.

¿Chistoso?, pensó Manuel. ¿Había hecho algo chistoso?

Chistoso. Loco. Hilarante. Ésas fueron las palabras que le dijeron.
Estaba confundido, pero ya no le importaba. Lo único que sabía era que la
gente le estaba haciendo caso, y que sus hermanos y hermanas lo miraban
con una mezcla de envidia y sorpresa. Estuvo a punto de jalar a Mario hacia
un lado y darle un golpe en el brazo por haber usado su camisa, pero se
calmó. Estaba disfrutando ser el centro de atención. Una maestra le trajo
galletas y jugo, y los niños más populares, que nunca le habían echado un
lazo, ahora se agrupaban alrededor de él. Ricardo, el director del periódico
escolar, le preguntó cómo había logrado que la aguja se atorara.

—Simplemente pasó —dijo Manuel mientras masticaba una galleta con
forma de estrella.

En casa esa noche su padre, impaciente por desabotonarse la camisa y acomodarse en su sillón, le preguntó a Manuel lo mismo: ¿Cómo había logrado que la canción se atorara en las palabras *Para bailar la bamba?*

Manuel pensó con rapidez y echó mano de la jerga científica que había leído en revistas.

—Fácil, papá. Utilicé un sondeo láser con alta frecuencia óptica y decibeles de baja eficiencia para cada canal.

Su padre, confundido aunque orgulloso, le dijo que se callara y se fuera a dormir.

—Ah, qué niños tan truchas —dijo mientras caminaba hacia la cocina por un vaso de leche—. No entiendo cómo ustedes, los niños de hoy en día, se han hecho tan listos.

Manuel, que se sentía feliz, fue a su recámara, se desvistió y se puso la piyama. Se miró al espejo y empezó a hacer la mímica de "La bamba", pero se detuvo porque estaba cansado de la canción. Se metió a la cama. Las sábanas estaban tan frías como la luna encima del durazno en el patio trasero.

Estaba contento porque el día había terminado. El año siguiente, cuando pidieran voluntarios para el espectáculo, no levantaría la mano. Probablemente.

Piensa en la selección

1. Describe las distintas emociones que siente Manuel al principio del cuento. ¿Cómo te habrías sentido tú si hubieras estado en su lugar?

2. ¿Crees que Manuel resuelve bien la sorpresa desagradable del disco rayado? ¿Qué otra cosa podría haber hecho cuando el disco empezó a saltar?

3. Compara la experiencia que tiene Manuel con la linterna y la experiencia que tiene con el disco. ¿Cuál crees que fue peor? ¿Por qué?

4. ¿Qué crees que descubre Manuel de sí mismo gracias al concurso de talento?

5. Piensa en los talentos de los estudiantes que aparecen en escena en "La bamba". Si tú pudieras participar en un concurso de talento, ¿qué harías?

6. ¿Por qué crees que el autor termina el cuento con la palabra *Probablemente*?

7. **Conectar/Comparar** ¿Qué consejo podría darle Michelle Kwan a Manuel sobre cómo actuar ante el público? ¿Qué consejo podría darle Manuel a ella?

Escribe una continuación

Supón que Manuel se presenta voluntariamente al siguiente concurso de talento de la escuela. ¿Qué crees que haría en el escenario? Escribe una continuación sobre lo que Manuel hace para lucirse de nuevo.

Consejos

- **Enumera cinco palabras que describan a Manuel.**
- **Ten en cuenta estas cualidades al escribir la continuación.**
- **No olvides incluir un problema y su solución.**

Lectura Características de los personajes
Escritura Escribir narraciones

Ordena una secuencia de sonidos

La frecuencia es la cantidad de ondas sonoras que se producen por segundo. Un sonido grave, como un estruendo, es de baja frecuencia. Un sonido agudo, como un chirrido, es de alta frecuencia. Haz una lista de los sonidos que se escuchan durante el espectáculo de "La bamba", incluyendo los aplausos. Ordénalos según su frecuencia, de la más baja a la más alta.

Extra **Prepara una tabla similar con las frecuencias de sonido que se escuchan en el salón de clases.**

Haz un cartel

Haz un cartel para anunciar la presentación del espectáculo de "La bamba". Dale mucho colorido y emoción al cartel, para que todos quieran ir a ver el espectáculo. Puedes recortar ilustraciones de revistas o dibujarlas tú mismo.

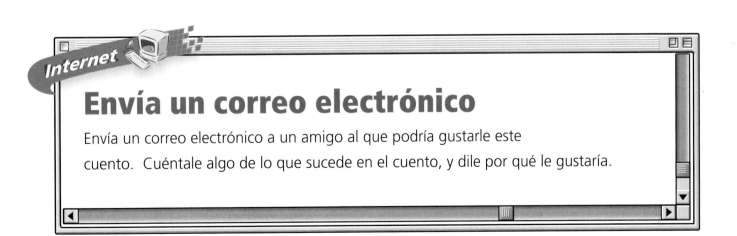

Envía un correo electrónico

Envía un correo electrónico a un amigo al que podría gustarle este cuento. Cuéntale algo de lo que sucede en el cuento, y dile por qué le gustaría.

Destreza: Cómo leer una línea cronológica

❶ Lee el título para saber qué sucesos aparecen en la línea cronológica.

❷ Busca la **primera** y **última fecha** para saber qué época aparece representada en la línea.

❸ Lee los **sucesos** de izquierda a derecha, o desde el suceso más antiguo al más reciente, dependiendo de cómo esté organizada la línea cronológica.

Historia de la grabación de sonido

Si tuvieras que hacer una mímica en un concurso de talentos, como lo hizo Manuel, lo más probable es que usaras un casete o un disco compacto (CD), y no un disco de vinil. En la siguiente línea cronológica podrás ver cómo, en pocas generaciones, ha cambiado la forma de grabar y escuchar música.

1870   1880

1877

Thomas Edison inventa un fonógrafo que usa un cilindro de papel de estaño, y hace la primera grabación de una voz humana ("Mary Had a Little Lamb").

178

1887

Emile Berliner patenta el Gramófono, un nuevo tipo de fonógrafo. Este aparato usa discos de laca, un material más resistente.

1906

Se inventa la Victrola, un fonógrafo instalado dentro de un gabinete.

1927

Se inventa la "rocola", o máquina de discos eléctrica, para sustituir los pianos que tocaban al introducirles monedas.

1890	1900	1910	1920

1898

Valdemar Poulsen patenta la primera grabadora magnética, llamada "Telegráfono", que usa alambre de acero.

1915

Se inventa el "tocadiscos". Con éste se pueden tocar discos a 78 revoluciones por minuto (rpm).

179

Años 60

Se graba música en cinta de plástico, en casetes o en cartuchos de 8 pistas, que son del tamaño de un libro de bolsillo.

1949

Se introduce el primer disco de vinil de larga duración de 45 rpm.

1935

Se inventa el Magnetófono, la primera grabadora que usa cinta magnética.

1930   **1940**   **1950**   **1960**

1948

Se introduce el primer disco de vinil de larga duración, de 33$\frac{1}{3}$ rpm. Cada lado tiene capacidad para 23 minutos de sonido.

1958

Se desarrolla el sonido estereofónico, o "estéreo". Las señales de sonido pasan por dos canales separados, produciendo el efecto de un escenario con músicos.

Siglo XXI:

Se harán más comunes los discos compactos procesados (CDs), los minidiscos (MDs) que se pueden grabar y los Casetes Compactos Digitales (DCCs).

1983

Salen por primera vez a la venta en los EE.UU. los discos compactos (CDs) y reproductoras con tecnología láser. A diferencia de los discos de vinil, los discos compactos no se desgastan.

Años 70

Se graba música digital con rayos láser.

| 1970 | 1980 | 1990 | 2000 | 2010 |

1988

Por primera vez se venden más discos compactos que discos de vinil.

1979

Se introduce la primera reproductora portátil de casetes con audífonos.

¡Enfrenta tus temores!

El Paso del Miedo

Phyllis Reynolds Naylor
ilustrado por Paul Lee

El Paso del Miedo

Vocabulario

aterrador
aterrorizaba
aventura
emoción

Estándares

Lectura

- Usar raíces y afijos
- Inferencias/ generalizaciones

Todos tenemos *algún* temor. Al protagonista de *El Paso del Miedo* le **aterrorizaba** la altura en una saliente montañosa. ¿Hay algún lugar que te dé miedo a ti?

Es un misterio el motivo por el que algo nos parece **aterrador**. Puede ser que las arañas te aterroricen, pero que un amigo las tenga de mascotas. Tal vez a tu amigo no le gustan las montañas rusas, mientras que a ti te hacen sentir **emoción** y una sensación de **aventura**.

Hay muchas formas de controlar el miedo. Puedes tratar de evitar las cosas a las que temes. Si no, puedes tratar de acostumbrarte poco a poco a algo, hasta que un día ya no te parezca tan aterrador como antes. Puede ser que en algún momento tengas que enfrentar tus temores. Y tal vez te sorprenda descubrir que eres más valiente de lo que creías.

Conozcamos a la autora
Phyllis Reynolds Naylor

Primeras obras: Naylor comenzó a escribir cuentos en la escuela primaria. Hacía sus propios libros engrapando papeles. Luego escribía el texto y dibujaba las ilustraciones, y pegaba en la portada interior un sobre en donde metía una tarjeta. Así parecía un libro de la biblioteca que sus amigos podían tomar prestado. "Yo era autora, ilustradora, impresora, encuadernadora y bibliotecaria, todo a la vez".

Lo que más le gusta de su trabajo: Naylor dice que "lo mejor de escribir es el momento en que un personaje cobra vida en la narración, o cuando un lugar que sólo existía en mi imaginación se hace real".

Logros: Naylor publicó su primer cuento a los dieciséis años, y desde entonces ha escrito más de 100 libros para niños y adultos, incluyendo *Shiloh*, que recibió el premio Newbery. También es autora de *Saving Shiloh*, *Shiloh Season*, *The Grand Escape*, *The Healing of Texas Jake*, y *The Boys Start the War*.

Conozcamos al ilustrador Paul Lee

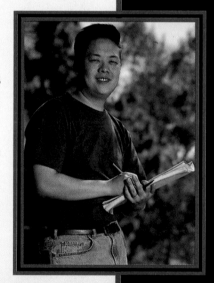

Pasatiempo: "Juego al yoyo. Siempre llevo a todas partes por lo menos un yoyo, que guardo en una funda en el cinturón. Me mantiene ocupado si tengo que hacer fila".

Cómo eligió su carrera: "Me di cuenta de que sólo sería feliz si mi futuro consistiera en dibujar todo el tiempo".

Consejo para otros artistas: "Practiquen, practiquen, practiquen".

Si quieres saber más acerca de Phyllis Reynolds Naylor y Paul Lee, visita Education Place.

www.eduplace.com/kids

El Paso del Miedo

Phyllis Reynolds Naylor
ilustrado por Paul Lee

Estrategia clave

Antes de leer la selección, lee el título y la introducción, y observa las ilustraciones. ¿Qué puedes **inferir** de Doug? ¿Qué puedes **predecir** de lo que sucederá?

Lectura   Inferencias/generalizaciones

Estando de vacaciones en Colorado, Doug Grillo se queda solo. Sus padres tuvieron que irse por una emergencia. Además, peleó con su hermano Gordie, y éste también se ha ido por su cuenta. (La mamá de Doug y Gordie también peleó con *su* propio hermano.) Doug se ha mantenido ocupado estudiando mamíferos para su insignia al mérito de los exploradores, y se ha hecho amigo de un puma al que llama Charlie. Pero ahora sale en busca de Gordie y, para hallarlo, debe tener el mismo valor que demostró su padre cuando escapó de Cuba. Doug debe cruzar su propio Paso del Miedo, una estrecha saliente en un cañón, a seiscientos pies de altura, y que había jurado nunca volver a enfrentar.

El camino pasaba por empinadas pendientes rocosas y por una tundra cenagosa. Luego subía hasta convertirse en un estrecho sendero serpenteante. Doug marchó junto a la empinada roca, salpicada de flores silvestres. A lo lejos podía distinguir campos nevados, y también una elevación donde una cría de alce seguía a su madre.

A veces el recorrido parecía inútil. Debía escalar, jadeante y rasguñado, por rocas y escarpaduras. Pero luego debía bajar por una hondonada, dando traspiés, y perdiendo toda la altura que tantos esfuerzos le había costado subir.

Cuando volvió a sentir sed se desanimó. A este paso quedaría muy poca agua para Gordie, así que abrió la cantimplora y bebió sólo un sorbo.

Cada vez que paraba, crecía el temor en él. En algunos momentos, escalar
era lo más aterrador. A veces, lo peor era la preocupación por su hermano.
Y entonces, como si eso no bastara, pensaba en sus padres. Siguió andando,
tratando de concentrarse en otras cosas, pensando en los animales que había
visto hasta entonces. Estaban los alces que podría mencionar en su informe,
y también una liebre nival. Y una marta. Además, había visto dos azulejos de
Steller y un arrendajo gris. Lástima que no estaba estudiando para obtener
una insignia al mérito en aves.

Doug se estaba acercando a la primera cresta. En alguna parte había leído
que a nueve mil pies de altura el aire tiene la mitad del oxígeno que hay al nivel
del mar. No sabía a qué altura estaba ahora; a su izquierda se alzaban los
Stormy Peaks (Picos Borrascosos), de más de doce mil pies de altura. El aire
parecía cambiar con cada paso que daba. Alguna vez le había dicho su papá
que cada montaña tiene su propio clima. A grandes altitudes, el excursionista
puede hallar en una misma tarde, y a veces en una sola hora, sol, lluvia,
aguanieve, granizo, viento y nieve. El clima cambiaba de minuto a minuto,
de valle a valle, de cordillera a cordillera.

Lo ayudaba mucho mantener la mente ocupada en otras cosas.

—No es tan difícil —dijo en voz alta, porque quería oír una voz humana, aunque sólo fuese la suya—. Ya has escalado peores lugares que éste.

Caminando por la cresta, siguió una ruta a través de un largo pasadizo de granito que formaba un túnel sin techo. Doug recordaba este túnel de la primera vez que había llegado aquí, y lo tranquilizó saber que estaba siguiendo el camino correcto. Si todo el recorrido fuera así hasta el campamento de Gordie, no habría ningún problema. Tenía todo el ánimo y energía necesarios. Y mientras hubiera paredes que lo protegieran, podría seguir ascendiendo así para siempre, sin importar las rocas que hubiera.

Cuando volvió a salir a un espacio abierto, el viento lo azotó. Un halcón al que había asustado se elevó desde una roca cercana y voló justo por encima de él, tan cerca que Doug lo oía batir las alas. Se agarró a una roca, sin querer mirar hacia abajo, pero no pudo evitarlo y miró. No sintió demasiado miedo, porque el borde del precipicio no estaba tan cerca. Más allá de las escarpaduras surcadas con cuarzo y salpicadas de mica, se extendía un bosque de álamos que subía por el estrecho desfiladero. Parecía una miniatura hecha para un tren de juguete.

Pensó que si fuera como los demás en su familia, disfrutaría de una excursión como ésta. Habría comenzado por la mañana, sintiendo la emoción del día. Pero entonces pensó en Gordon y en que éste no era momento de emprender una aventura. ¿Qué hallaría al llegar? Había tantas posibilidades...

Ésa era otra palabra que debía recordar: posibilidades. Una vez su mamá le había dicho que casi todo es posible, pero que no todo es probable. ¿Qué era más probable, hallar a Gordie sano y salvo en la sierra, o que le hubiera sucedido algo horrendo? Pensó que lo más probable era hallarlo a salvo.

¿Qué era más probable, que saliera de la saliente sin problemas, o que resbalara y cayera seiscientos pies por el abismo? Tembloroso, tomó aire. No le cabía la menor duda de que cualquier otra persona podría pasar por la saliente sin ningún problema. Pero era muy distinto que él, Doug Grillo, lograra hacerlo.

Trató de imaginarse que su excursión era algo común y corriente. Cuando se detuvo en el siguiente tramo plano del sendero ni siquiera se sentía cansado.

Observó entre los árboles, y pudo distinguir el Longs Peak (Pico de Longs), o "Vieja cabeza de granito", como lo llamaban.

Le pareció extraño que, aunque en ese momento debía haber al menos unos cien excursionistas en el monte, no veía a ninguno. Longs Peak, visto a la distancia y en el silencio de esa mañana, parecía pacífico e inofensivo.

Pero no se dejó engañar por esto. Sabía de personas que habían muerto allí. Sabía de aquel tipo que... Doug prefirió no pensar en ello. "¡No pienses en eso! Concéntrate en las rocas", se dijo a sí mismo.

Las rocas: "Son rocas precámbricas", le había dicho su papá una vez. La roca que había formado Longs Peak ya estaba ahí antes que cualquier otra cosa en el planeta. El calor y la presión cambiaron los sedimentos para formar roca cada vez más dura, hasta convertirse en esquisto, gneis, cuarzo y feldespato. Y mica. Capas de roca. Capas y más capas que habían nacido de algún gigantesco movimiento en el interior de la Tierra. Doug ya había escrito una tarea sobre el tema para la clase de ciencias.

Sin saber por qué, Doug sintió una vaga incomodidad, como si un recuerdo desagradable revoloteara en alguna parte de su mente. No, pensó con rabia. Hasta ahora todo iba muy bien. Nada de pensamientos desagradables.

Las piernas musculosas de Doug lo hacían avanzar ágilmente. Se obligó a pensar positivamente, concentrándose en sus fuerzas. Ni siquiera se molestó en descansar en el siguiente tramo plano, y continuó por la curva de la montaña, avanzando paso a paso por hondas gargantas rocosas talladas por el agua, y luego abriéndose paso por un largo laberinto rocoso.

Las capas. Le volvió a venir a la mente. Ésa era la palabra que parecía tan desagradable. Estaba pensando en capas de roca que habían tenido su origen en un enorme... Capas de sentimientos, de rencores. ¿Acaso no lo había descrito Mamá así, con lo que pasaba con el tío Lloyd? Ella le había dicho que las cosas se iban acumulando. Eran tantas capas que nunca se podía llegar hasta el fondo.

¿Escalaría Mamá esta montaña para rescatar a Lloyd? Doug lo estaba haciendo por Gordon. Así que, en definitiva, lo que sucedió entre su mamá y Lloyd no era como lo que pasaba entre Gordie y él. Mamá tenía razón.

Tras él sonó un ruido y se detuvo. Era como una roca cayendo y rebotando por el camino, aunque demasiado lejos como para que Doug la hubiera hecho caer. Se volvió y esperó: al no ver ni oír nada más, siguió su camino.

A estas alturas, tenía a un lado un muro vertical de roca, y al otro piedras y matorrales. Con cada paso que ascendía había menos vegetación en el paisaje, pero seguían ahí las amplias extensiones de roca. Eso lo tranquilizaba: que hubiera mucho espacio entre él y el barranco, como si formaran una enorme baranda. Aunque el miedo lo aterrorizaba cuando estaba en lugares altos y el vacío lo atraía para terminar con todo, las rocas se lo impedirían.

De pronto sintió un golpe familiar contra la pierna.

—¡Charlie! —gimió, recargándose contra la pared de roca—. ¡Casi me matas del susto!

El puma pasó junto a él, se volvió a mirarlo y luego continuó el ascenso. Se cercioró de que Doug lo estuviera siguiendo.

—¡No tan de prisa! —le dijo, sin saber si quería que el puma lo acompañara.

¿Sería posible, se preguntó, que la guarida del puma estuviera por ahí? Tal vez deambulaba por las rocas durante el día, regresaba a casa por la mañana y cazaba al atardecer.

Ésa era otra cosa en la que podía pensar, algo más para tener la mente ocupada. Pero al pensar en Charlie comenzó a recordar a Gordon, y pensó que sería mejor que el puma no lo acompañara.

El sendero rocoso que ascendía ante él quedó en sombras de pronto, y Doug miró hacia el cielo. Era difícil saber qué indicaban las nubes: tenían bordes oscuros, con el sol brillando tras ellas, y parecía que el viento las considerara indeseables y quisiera alejarlas de ahí.

Mientras más subía, menos margen de seguridad tenía a la izquierda. Cuando comenzó el camino, había árboles y prados, luego árboles y piedras, y finalmente rocas y unos cuantos matorrales. Y ahora, mientras más subía, menos terreno tenía a la izquierda.

Ahora, ni siquiera había árboles bajos y retorcidos: sólo rocas. El borde se había hecho tan angosto que Doug podía ver el abismo casi en todo momento. La ladera parecía retroceder, con el borde acercándose cada vez más al sendero. Doug pensó que había algunos lugares en los que, si se acostaba a lo ancho del camino, con los pies contra la pared y los brazos extendidos sobre su cabeza, los dedos de sus manos quedarían en el vacío.

Trató de pensar en otra cosa.

—¿Cómo te va, Charlie? —le dijo con voz temblorosa al puma, que parecía esperarlo en la siguiente elevación. El puma alzó la cabeza hacia el sol y resopló; esta expresión era lo que más se había parecido a una sonrisa.

Pero ahora Doug sentía un tambor en el pecho. Casi podía oírlo, como una sirena entre la bruma del mar, como el silbato lejano de un tren...

Pensó en varios muchachos de su tropa, y en lo mucho que habrían disfrutado de este sendero, exclamando a cada rato por la vista que había del cañón. Doug trató de imaginar cómo sería ser uno de ellos, por ejemplo Frank Jameson o Teddy Heinz. Ellos eran los que siempre llegaban primero cuando iban a escalar.

Pero no le funcionó. Él *no era* Teddy ni Frank, sino Doug Grillo, que había venido aquí hace dos años con su familia, y que no había podido recorrer el camino de regreso sin ayuda. Y ahora Doug Grillo además estaba solo.

Calculó que faltaban unas doscientas yardas más para llegar al lugar. En la distancia brillaban las cumbres nevadas. Sintió que podía recordar cada piedra y cada raíz de la saliente. ¿No sería mejor detenerse para descansar un poco y reunir todo su valor?

Continuó, subiendo por el siguiente recodo. El viento surcaba el cielo soleado sin producir ningún sonido. De pronto, ahí estaba, mucho antes de lo que pensaba. El margen de seguridad que tenía a la izquierda había desaparecido. Ahora estaba frente a frente con el Paso del Miedo.

Hasta el puma se detuvo. Alzó la cabeza y husmeó el aire. Miró hacia el borde y luego hacia atrás, como cerciorándose de que Doug lo estuviera siguiendo.

—¡No puedo! —. Lo envolvió una oleada de temor, y por un instante los árboles de las profundidades parecían alzarse hasta tocarlo. Agarrándose a un matorral que crecía entre las rocas, Doug miró sin poder parpadear hacia la saliente delante de él, que era más estrecha de lo que recordaba. ¿Era posible? ¿Acaso había lugares donde se habían erosionado unas veinte pulgadas?

Ahora ya no había nada que lo separara del borde del abismo y la caída. En algunos lugares, la saliente estaba un poco inclinada hacia el vacío, con rocas y piedras sueltas esperando para hacerlo tropezar o resbalarse.

Aquí, en lo alto del cañón, el aire olía distinto, húmedo y penetrante. Lo atraía hacia abajo, y cada brisa parecía golpearlo en el estómago y subir como un puño en la barbilla.

En el abismo parecía esperarlo el suelo rocoso del cañón. Podía ver las copas de los árboles, un arroyo serpenteante, rocas. Se preguntó cuánto tiempo tardaría su cuerpo en llegar al fondo. ¿Qué sentiría...? ¡Basta!

194

Inmóvil, Doug tragó e intentó controlar el miedo. Sentía la boca como si la tuviera llena de polvo. Intentó medir a simple vista la longitud de la saliente: cuánto medía este lugar donde su corazón se detenía y sus piernas se negaban a obedecerlo. *Este* lugar. "Unas nueve yardas hasta la curva, y luego unas cuantas yardas más, si mal no recuerdo". Pensándolo bien, no era mucho, pero al tenerlo frente a él parecía imposible.

Tal vez había momentos en que valía la pena ser cauteloso. Quizás había lugares por donde sólo los bobos pasaban. ¿No había dicho su mamá algo así? ¿O era: "por donde los ángeles temen pasar"? Si existía un lugar así, era como éste.

¿Podría llegar a ser explorador avanzado si no intentaba pasar? *¿Sobreviviría* siquiera para ser explorador avanzado si lo intentaba? Bastaría un paso en falso para...

"Basta ya", le dijo una parte de su ser. "Como si no hubieras corrido otros riesgos. ¿No has doblado las esquinas a toda velocidad en la bicicleta?"

Observa la saliente, se dijo. Imagina que está trazada con tiza en la acera. ¿Podrías pasarla sin caerte?

Claro que sí. Sin ningún problema.

Si estuviera trazada con tiza en la acera, ¿podrías pasar si tuviera la mitad del ancho?

Por supuesto. Y también la pasaría si tuviera una cuarta parte del ancho. Si trazaran en la acera un camino de cinco pulgadas de ancho, podría recorrerlo una milla sin salirme una sola vez de los límites.

Muy bien. La saliente mide por lo menos veinte pulgadas. Hazlo, se dijo. El puma le enseñó a hacerlo.

El puma simplemente caminó por la saliente, cerca del costado de la montaña, pero no demasiado. No se inclinaba hacia adentro, como Doug tendía a hacer. Al seguir a Charlie, y pensándolo bien, Doug entendió que si mantenía inclinado el cuerpo y resbalaba, sus pies apuntarían hacia el borde del abismo. Debía mantenerse erguido. Debía recordar el camino trazado con tiza en la acera.

Al principio no fue difícil. La saliente medía entre tres pies y tres pies y medio de ancho.

"Tres pies es una medida", se dijo. "La mesa de la cocina mide tres pies de ancho, y también los catres. Seguramente la saliente es más ancha que mi saco de dormir". Y sin embargo dormía sobre el saco en las noches calurosas de verano. Nunca se había salido, ni siquiera estando dormido. Podía hacerlo. Era lo más fácil del mundo. Tragó saliva.

Delante de él, la pata trasera del puma pareció mover una piedra pequeña que rodó hasta el borde y cayó. Doug la oyó golpear contra una roca, y luego contra otra. El puma miró hacia el abismo y luego siguió su camino, con las orejas alzadas.

El sendero se estrechaba cada vez más, y un poco más adelante estaba el recodo, que era el punto más angosto. Desde allí no podía ver el resto del camino. Había sido en algún punto del recodo donde se había tenido que pegar a la roca. *No puedo.* Estas palabras ya parecían estarse formando en su garganta.

Otra vez volvió a sentir el hormigueo en las palmas de las manos y en las plantas de los pies. Sintió que el cuerpo se le tensaba, y sentía presión en el pecho. Era como si, poniéndose lo suficientemente tenso, pudiera quedar tan rígido, tan duro o tan impenetrable que no se podría caer.

Más allá, el cuerpo del puma se balanceaba con cada movimiento de las patas esbeltas y relajadas. Tomaba la curva como si fuera una llanta que rodara por su propio impulso. No caminaba con descuido, sino de forma rítmica y deliberada, con las articulaciones sueltas y las zarpas firmemente plantadas.

Al acercarse al recodo, Doug respiró profundamente y exhaló, tembloroso. Volvió a tomar aire. Se miró los pies y sopló hacia arriba, para que el aire le refrescara el rostro.

Tenía la agujeta de la bota derecha desanudada. Los cordones le colgaban.

No se la anudaría ahora. Si se agachaba, podría perder el equilibrio. Tendría que pasar el recodo arrastrando la agujeta.

Con la mirada vacía de terror y la boca seca, comenzó a maniobrar por el estrecho recodo, viendo en dónde daría el siguiente paso, observando la roca para distinguir algún lugar del que pudiera agarrarse.

No podía darse el lujo de mirar hacia el cañón. Ni siquiera se permitió mirar las grandes aves que volaban en círculo en el cielo que se extendía a su izquierda. El puma ya había avanzado mucho. Seguramente ya estaba sentado junto a la carpa de Gordie.

—Recuerda a Papá en la balsa —dijo Doug en voz alta y temblorosa. Quiso pensar en el día que su papá le había contado, en que estaban seguros de que el sol los mataría a todos, los asaría en pleno mar abierto. De pronto vieron un bote de remos y fueron hacia allá impulsándose con las manos, y al llegar hallaron a cuatro hombres, también refugiados, y todos ellos muertos. ¿Era igual de terrible esta situación?

Respondiendo a su propia pregunta, dijo en voz alta: —Claro que no.

Pero se estaba engañando. Esta situación era mucho peor.

Seguía avanzando. Prefirió no caminar de lado, de cara al muro, porque pensó que cambiar de posición era más peligroso que caminar de frente. Pero justo cuando pasó el punto más estrecho de la saliente, quedó cara a cara con el puma.

Estaba a punto de desmayarse.

¿En esto terminaba todo? ¿Había llegado hasta acá para toparse con un puma que quería regresar? ¿Lo empujaría el puma suavemente hacia atrás, paso a paso, pasando entre él y el muro, haciéndolo caer al vacío?

Por primera vez se miraron fijamente a los ojos.

—Ch-Charlie —dijo Doug—, no puedo pasar. Tienes que moverte.

Pero el puma se acercó. Tanto, que su hocico estaba al nivel de la cadera de Doug. Lo empujó suavemente. Pero luego el animal retrocedió. A Doug le pareció que su largo cuerpo retrocedía en secciones, como si fuese una oruga. Ya sólo podía ver su cabeza leonada, sus ojos ámbar, alejándose de él, conduciéndolo. El puma no había querido regresar. Tal vez sólo quería cerciorarse de que Doug estuviera bien.

Doug esperaba oír en cualquier momento el rasguño de las zarpas del puma cayendo al vacío. Esas cosas podían ocurrirle hasta al animal más experto. De pronto, ya no pudo ver a Charlie. Pero una vez que Doug dio los últimos pasos por la saliente, vio de pronto la cola del puma: Charlie se había dado la vuelta de nuevo.

Aquí, el camino se estaba ampliando. Un poco más allá, era más ancho. Finalmente, había matorrales a la izquierda, formando una baranda de seguridad entre Doug y el cañón.

Lo había logrado.

Piensa en la selección

El Paso del Miedo
Phyllis Reynolds Naylor
ilustrado por Paul Lee

1. De todos los obstáculos que enfrenta Doug, ¿cuál es el más difícil para él? ¿Cómo lo sabes?

2. ¿Qué hace Doug para distraer su mente del peligro que corre? ¿Crees que esta estrategia funciona bien?

3. ¿Qué crees que le sucedió antes a Doug en el "Paso del Miedo"? Busca pistas en el cuento que sugieran lo que pudo haber ocurrido.

4. Doug dice que a su tropa de exploradores le habría gustado la excursión. ¿Te habría gustado a ti? Explica por qué.

5. ¿Crees que Doug habría logrado llegar si no lo hubiera acompañado el puma? Explica tu respuesta.

6. ¿Qué crees que sucede a continuación en esta historia? ¿Por qué?

7. Conectar/Comparar Compara el acto de valor de Doug en *El Paso del Miedo* con el acto de valor de Manuel en "La bamba". ¿En qué se parecen sus actos? ¿En qué se diferencian?

Narrar

Cuenta una experiencia

Escribe varios párrafos sobre una ocasión en que hayas tenido que vencer un obstáculo para lograr un objetivo importante.

Consejos

- Primero, describe los detalles más importantes de la experiencia.
- Revisa los verbos para comprobar que usaste el tiempo verbal correcto.

Lectura **Características de los personajes**
Escritura **Usar detalles, frases de transición**

Estudios sociales

Estudia la geografía de una región

Busca detalles en la selección que describan el terreno donde Doug escala. Estos detalles pueden ser tipos de rocas, accidentes geográficos y vida silvestre. Usa esta información para escribir un párrafo de una guía sobre las montañas Rocosas.

Extra Consulta otros libros sobre la geografía y vida silvestre de las montañas Rocosas. Luego escribe una descripción de la región.

Observar

Describe una ilustración

Escoge la ilustración que mejor represente el "Paso del Miedo". Luego explica en un párrafo por qué elegiste esa ilustración.

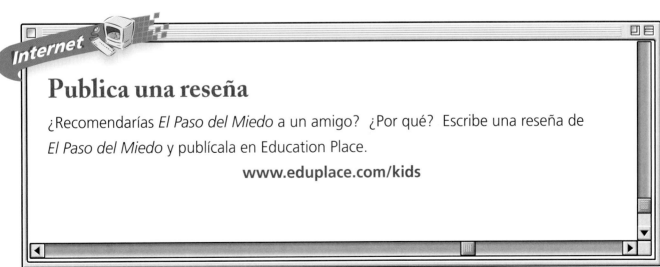

Publica una reseña

¿Recomendarías *El Paso del Miedo* a un amigo? ¿Por qué? Escribe una reseña de *El Paso del Miedo* y publícala en Education Place.

www.eduplace.com/kids

Destreza: Cómo dar un vistazo y buscar información

Da un vistazo para ver los puntos principales

Antes de leer, dale un vistazo a cada página del texto para conocer el tema y los puntos principales:

❶ Lee el **título**, las **leyendas** y la **introducción**.

❷ Lee el primer y último **párrafo**.

❸ Lee la primera **oración** de los párrafos siguientes. Fíjate en las **palabras clave**.

Busca información rápidamente

❶ Dale un vistazo a los **párrafos** del artículo.

❷ Busca **palabras** y **frases** que den la información que deseas.

Ciego a las limitaciones
por Brent H. Weber

Con el viento aullando a sus espaldas, los cinco montañistas avanzaron cautelosamente por el difícil tramo montañoso. El sendero helado tenía apenas dos pies de ancho y a ambos lados se abrían abismos: uno de 9,000 y otro de 2,000 pies de profundidad.

Y Erik Weihenmayer no podía ver absolutamente nada. "Me sentía cansado y mareado. La cabeza me daba vueltas" recuerda Weihenmayer, que es ciego. "Di un paso gigantesco. Y entonces le oí decir al hombre que estaba frente a mí: 'Te felicito. Acabas de llegar al punto más alto de Norteamérica'".

Erik Weihenmayer escaló el pico
más alto de Norteamérica,
a pesar de no poder ver.

De izquierda a derecha,
Jeff Evans, Erik Weihenmayer
y Sam Epstein despliegan la
bandera de la Fundación
Estadounidense para los
Ciegos en la cumbre del
monte McKinley.

Con ese paso gigantesco Erik había llegado a la cumbre del monte McKinley en Alaska, el pico más alto de Norteamérica.

Erik es un aventurero contemporáneo. Este maestro de quinto grado tiene una lista extraordinaria de logros, a pesar de haber perdido la vista a los trece años por una enfermedad en los ojos. Conoce el Camino del Inca de Perú, recorrió el glaciar Boltera de Pakistán y exploró las junglas de Nueva Guinea. También ha practicado buceo y paracaidismo.

Erik sabía que una mujer ciega llamada Joni Phelps ya había escalado en 1993 el monte McKinley, de 20,320 pies de altura. Decidió que él intentaría ser el primer hombre ciego en lograrlo. Sabía que ésta sería la más ambiciosa de sus aventuras, con la que esperaba recaudar fondos para la Fundación Estadounidense para los Ciegos.

Pero Erik no estaba totalmente preparado para lo que iba a enfrentar. Aún en pleno verano, cuando el sol brilla todo el día, la temperatura en el monte McKinley puede bajar a cuarenta grados bajo cero. Los montañistas tienen que enfrentarse a peligros como profundas grietas, repentinas tormentas de nieve y avalanchas ocasionales. Son condiciones peligrosas para cualquier escalador.

Tras escalar una tercera parte de la montaña, uno de los montañistas le dijo a Erik: "Quiero que señales hacia la cumbre".

"Yo estaba entonces a siete mil pies de altitud y señalé hacia el lugar donde creía que estaba la cumbre" recuerda Erik. El montañista dijo: 'No'. Así que señalé cada vez más alto, hasta que llegué al punto donde creía que estaba el sol.

Entonces él dijo: 'Sí, ahí está'.

Quedé aturdido y pensé: '¿Podré realmente hacer esto?'

Muchas personas que pueden ver se preguntan si las experiencias de Erik son incompletas, por ser ciego.

"Uso los demás sentidos para disfrutar de lo que hago. Así, aunque no pueda ver lo que me rodea, lo vivo de forma diferente", explica. "Puedo oír el viento y sentir la nieve con el tacto. Además, tengo un sentido del espacio que me rodea".

La familia de Erik lo ha apoyado en sus muchas aventuras. Incluso alquilaron una avioneta y sobrevolaron la cumbre del monte McKinley cuando Erik estaba a punto de alcanzarla.

"Oímos un zumbido que venía del cielo". Creo que lo programaron perfectamente para llegar justo a tiempo" dice Erik. "Los saludamos con nuestros palos de esquí. Fue una sensación increíble, y creo que nunca me sentí más orgulloso, sabiendo que toda mi familia estaba ahí para verme".

Erik recibió otra sorpresa dos días después, cuando descendía con los demás montañistas hacia el campamento base.

"Estábamos cerca del pie de la colina Heartbreak Hill, y oí un '¡Hip-hip-hurra!'. Era mi familia. Habían volado hasta nuestro campamento base y ahí estaban formando todo un coro para animarnos. Cuando Erik se acercaba, sus hermanos corrieron hacia él. "Cada uno de ellos alzó un lado de mi mochila, y durante la última mitad del descenso bajé casi flotando. Al llegar al campamento base me esperaba mi novia, Ellen Reeve, con leche chocolatada y galletas Oreo".

Erik espera con ansias su siguiente reto.

"Todos podemos hacer cosas extraordinarias" opina. "Para ser montañista no importa si uno es ciego. Pienso que sería toda una tragedia que la ceguera cambiara o limitara mi forma de disfrutar de la vida. Puedo llegar a la cumbre de casi todos mis sueños: lo único es que debo llegar de una forma diferente".

"Si preguntaras a los niños de mi clase si tienen algún impedimento, casi todos dirán que sí" explica Erik refiriéndose a sus alumnos de la escuela Phoenix Country Day en Arizona. "Por eso, escalar el monte McKinley fue una forma de decir que se puede vencer cualquier obstáculo en la vida".

"Puedo llegar a la cumbre de casi todos mis sueños: lo único es que debo llegar de una forma diferente".

Erik escalando rocas en Arizona

Desarrollar conceptos

La exploración espacial

A principios de los años 50, cuando la Unión Soviética lanzó el primer **satélite** artificial, se inició la carrera espacial entre Rusia y los Estados Unidos. Desde entonces ocurrieron muchos sucesos históricos en el espacio, como la primera misión en que participó una mujer astronauta afroamericana, descrita en *Mae Jemison: Científica espacial.*

Mae Jemison:
Científica espacial
por Gail Sakurai

Mae Jemison: Científica espacial

Vocabulario

especialista en
  misiones
lanza
orbitar
reutilizable
satélite
transbordador
  espacial

Estándares

Lectura

- Entender la presentación del texto
- Usar raíces y afijos
- Identificar ideas principales

1957

La Unión Soviética **lanza** el primer satélite artificial, el *Sputnik 1.*

1961

Yuri Gagarin es el primer ser humano que viaja al espacio, a bordo del *Vostok 1.* El primer estadounidense que viaja al espacio es Alan Shepard (abajo), a bordo del *Freedom 7.*

1962

John Glenn, a bordo del *Friendship 7* es el primer estadounidense en **orbitar** la Tierra.

1963

La rusa Valentina Tereshkova es la primera mujer en viajar al espacio.

1999
Eileen Collins se convierte en la primera mujer comandante de una misión de transbordador espacial.

1995
El cosmonauta Valery Polyakov marca el récord de permanencia en el espacio. Pasó 488 días a bordo de la estación espacial rusa *Mir*.

1992
La **especialista en misiones** Mae Jemison (izquierda) es la primera mujer afroamericana en el espacio.

1983
Sally Ride es la primera mujer estadounidense en ir al espacio.

1981
Se lanza el **transbordador** espacial *Columbia*, la primera nave espacial **reutilizable**.

1969
Los estadounidenses Neil Armstrong y Edwin "Buzz" Aldrin (derecha) pisan la luna durante la misión *Apollo 11*.

Mae Jemison:
Científica espacial

por Gail Sakurai

Al leer en esta selección sobre las misiones espaciales, **revisa** tu comprensión. Si no entendiste algo, vuelve a leerlo o lee lo que sigue para **aclararlo.**

TRES...
DOS...
Uno...
¡Despegue!

El transbordador espacial *Endeavour* rugió hacia el cielo esa mañana, desde el Centro Espacial Kennedy. Se elevó cada vez más sobre el océano Atlántico y, unos cuantos minutos después, ya estaba en órbita alrededor de la Tierra.

A bordo de la nave, la astronauta Mae Jemison sentía que el corazón le palpitaba por la emoción. Tenía en el rostro una amplia sonrisa. Estaba haciendo historia: era la primera mujer afroamericana en ir al espacio. Era el 12 de septiembre de 1992.

Pero Mae no estaba pensando en las fechas de los textos de historia, sino en la maravillosa aventura de viajar al espacio. Durante una transmisión de televisión en vivo desde el espacio, Mae dijo:
—Estoy más cerca de las estrellas, adonde siempre soñé viajar.

211

Mae Jemison posa para una foto con los demás tripulantes del Endeavour *durante su misión (arriba). En 1987, Jemison hizo realidad su sueño de ser astronauta (derecha).*

Pero el sueño de Mae no se hizo realidad de la noche a la mañana. Ocurrió solamente después de arduos años de trabajo, entrenamiento y preparación. Su trayectoria hacia el éxito se inició treinta y seis años antes, en un pueblo de Alabama.

Mae Carol Jemison nació el 17 de octubre de 1956 en Decatur, Alabama. Cuando Mae era bebé, su familia se mudó a la gran ciudad de Chicago, Illinois, a la que considera su ciudad natal por haber crecido ahí.

Mae tiene dos hermanos mayores, Charles y Ada. Sus padres, Charlie y Dorothy Jemison, siempre la ayudaron a dedicarse a sus intereses.

—Me apoyaban en todas mis aspiraciones, como proyectos de ciencia, clases de baile y de pintura —dice Mae—. Siempre me alentaron, y se las ingeniaban para conseguir el dinero, el tiempo y la energía necesarios para que yo pudiera participar.

Pero no todos los adultos la alentaban tanto como sus padres. Cuando Mae le dijo una vez a su maestra de kindergarten que quería ser científica, la maestra le respondió: —Querrás decir enfermera, ¿no?

En esa época, muy pocas mujeres y muy pocos afroamericanos eran científicos, y muchas personas, como la maestra de Mae, ni siquiera podían imaginar que una niña afroamericana llegara a ser científica. Pero Mae se negó a permitir que la pequeña imaginación de los demás le impidiera cumplir sus sueños.

A Mae le encantaba hacer proyectos de ciencias en la escuela. Iba a la biblioteca pública, donde pasaba horas leyendo libros sobre ciencias y el espacio. En las noches de verano le gustaba salir, tumbarse sobre el césped y observar el cielo, soñando con viajar al espacio. A Mae le fascinaban las misiones espaciales y los aterrizajes en la Luna que veía en la televisión. Sabía que quería ser astronauta y, aunque entonces todos los astronautas eran hombres blancos, nunca se desanimó.

Pero las ciencias y el espacio no eran los únicos intereses de la pequeña Mae. Le gustaba bailar, y desde los nueve años comenzó a tomar clases de jazz y de danzas africanas. Cuando llegó a la escuela secundaria ya era una bailarina de mucho talento, y continuamente aparecía en presentaciones. También era muy hábil en coreografía, el arte de crear bailes.

Mae se graduó de la escuela secundaria Morgan Park de Chicago en 1973. Formó parte de la lista de honor y sobresalió en ciencias y matemáticas, y en septiembre de ese año ingresó en la Universidad de Stanford en California. Ahí se especializó en estudios africanos y afroamericanos, además de ingeniería química. También continuó con el baile y la coreografía, participó en organizaciones estudiantiles, y llegó a ser presidenta de la Asociación de Estudiantes Afroamericanos.

Después de recibir la licenciatura en ciencias en Stanford, Mae ingresó en la Facultad de Medicina de la Universidad de Cornell en el estado de Nueva York. Había decidido ser doctora.

A pesar de las exigencias de la facultad de medicina, Mae hallaba tiempo para participar en organizaciones estudiantiles. Fue presidenta del Consejo Ejecutivo Estudiantil de la Facultad de Medicina de Cornell, y de la sección local de la Asociación Nacional de Estudiantes de Medicina.

Como parte de sus estudios, Mae viajó a varios países. Estudió medicina en Cuba y prestó servicios médicos básicos a campesinos en Kenia, y en campos de refugiados camboyanos en Tailandia.

Mae recibió su título de Doctora en Medicina de la Universidad de Cornell en 1981. Como todo nuevo médico, hizo un internado, un período de prácticas bajo la supervisión de doctores experimentados. Mae hizo su internado en el Centro Médico de la Universidad del Sur de California, en el condado de Los Ángeles. Luego comenzó a trabajar como doctora en esa ciudad.

Aunque ya se estaba dedicando por completo a la medicina, Mae no dejó de viajar. Recordando sus viajes durante sus estudios en la facultad, quería seguir ayudando a gente de otros países del mundo, y decidió ingresar en los Cuerpos de Paz, una organización de voluntarios que se dedican a mejorar las condiciones de vida en los países en vías de desarrollo.

Antes de que la NASA la eligiera para el programa espacial, Mae trabajaba de doctora en Los Ángeles.

Mae vivió más de dos años en África Occidental, y llegó a ser
directora médica de los Cuerpos de Paz en Sierra Leona y Liberia.
Era la encargada de la salud de todos los voluntarios de los Cuerpos
de Paz y de los empleados de las embajadas estadounidenses de
estos dos países. Fue una responsabilidad muy importante para
alguien que apenas tenía veintiséis años.

—Aprendí muchísimo de esa experiencia —explica Mae—.
Yo era una de las más jóvenes del personal médico, y tuve que
aprender no sólo a desempeñarme como doctora, sino también a
tratar con gente que me consideraba demasiado joven.

Al terminar con su período de servicio en los Cuerpos de Paz,
Mae regresó a Los Ángeles y reanudó su práctica médica, además
de tomar cursos avanzados de ingeniería.

215

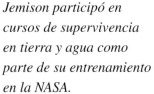

Jemison participó en cursos de supervivencia en tierra y agua como parte de su entrenamiento en la NASA.

Mae no había olvidado su sueño de viajar al espacio. Ahora que ya contaba con los estudios y experiencia necesarios, Mae decidió tratar de hacerse astronauta. Presentó su solicitud a la *National Aeronautics and Space Administration* (NASA) o Administración Nacional de Aeronáutica y el Espacio, que se encarga de las exploraciones espaciales de los EE.UU. Luego de ser investigada y pasar por entrevistas y exámenes físicos y médicos, la Dra. Mae Jemison fue aceptada en el programa de astronautas en junio de 1987. Fue una de las quince personas aceptadas, de entre casi dos mil candidatos.

Pero Mae no permitió que el éxito se le subiera a la cabeza.

—Sé muy bien que no soy la primera mujer afroamericana con la capacidad, el talento y el deseo de ser astronauta —dijo—. Simplemente soy la primera que la NASA eligió.

Mae se mudó a Houston, Texas, donde inició un año de entrenamiento intensivo en el Centro Espacial Johnson de la NASA. Estudió las operaciones y los instrumentos del transbordador espacial. También participó en cursos de supervivencia en tierra y agua, para aprender a manejar emergencias y enfrentarse a situaciones difíciles. En el entrenamiento de supervivencia también se aprende a cooperar y trabajar en equipo, una de las cosas que más necesitan los astronautas, que deben vivir y trabajar juntos durante largos períodos dentro del reducido espacio del transbordador espacial.

Mae también aprendió a mover el cuerpo y a usar herramientas en un ambiente sin gravedad. En la Tierra, la fuerza de gravedad impide que flotemos, pero en el espacio hay menos gravedad y por eso la gente y los objetos flotan. Como en el espacio no existe "arriba" ni "abajo", los astronautas no necesitan acostarse para dormir. Pueden descansar en cualquier posición, y para no irse flotando mientras duermen, se meten en sacos especiales sujetos a las paredes del transbordador.

Mae recibió una breve introducción a la falta de gravedad durante su entrenamiento. Voló en un avión especial que simula la ausencia total de gravedad. El avión sube casi verticalmente, gira en redondo y se lanza en picada. El giro es muy parecido a las vueltas completas que hay en muchas montañas rusas. En la parte más alta del giro, los tripulantes sienten la falta de gravedad durante treinta segundos. Sus pies se despegan del piso y los tripulantes flotan dentro de la cabina acojinada.

Al final de su año de entrenamiento, nombraron oficialmente a Mae astronauta especialista en misiones.

—Algunos nos conocen como astronautas científicos —explica Mae—. Nos familiarizamos con el transbordador y su operación, y hacemos experimentos cuando estamos en órbita. También ayudamos a lanzar la carga útil o los satélites, y realizamos actividades extravehiculares, que son los paseos por el espacio.

Jemison y la astronauta Jan Davis experimentan la falta de gravedad en el avión de entrenamiento de gravedad cero de la NASA.

Durante los años 70, la NASA construyó el transbordador espacial, la primera nave espacial reutilizable. Un transbordador se lanza como un cohete, pero vuelve a la Tierra y aterriza en una pista como un avión. Tiene muchos usos, como transportar equipo y gente al espacio. En un transbordador espacial, los astronautas pueden prender, reparar y lanzar satélites. Además, los transbordadores se usan como laboratorios en órbita, donde los científicos del espacio realizan experimentos sin gravedad. En el futuro, los transbordadores tal vez transportarán provisiones y gente para construir estaciones espaciales.

Aunque Mae ya era una astronauta totalmente capacitada, tuvo que esperar cuatro años para viajar al espacio. Durante la espera, trabajó con los científicos encargados de desarrollar experimentos para su misión y se entrenaba con sus compañeros de tripulación. En sus ratos libres leía, viajaba, esquiaba, se dedicaba a la jardinería y al baile y hacía ejercicio. También cuidaba de Sneeze, su lince africano.

La larga espera llegó a su fin el 12 de septiembre de 1992. El transbordador espacial *Endeavour* se encontraba en la plataforma de lanzamiento, como un enorme pájaro blanco que ansiaba volar. Todo estaba listo para el despegue.

Esa mañana Mae se despertó temprano para bañarse y vestirse, y desayunó con los demás astronautas. Luego ella y los demás tripulantes se pusieron sus trajes espaciales anaranjados y abordaron un vehículo que los llevó hasta la plataforma de lanzamiento. Dentro del transbordador esperaron dos horas y media durante la cuenta regresiva, asegurados a sus asientos. A las 10:23 a.m., con puntualidad rigurosa, el *Endeavour* despegó hacia su histórico viaje espacial.

La doctora Mae Jemison ha pasado a la historia como la primera mujer afroamericana en viajar al espacio. Según Mae:
—Con mi participación en la misión espacial, se puede decir que todos los pueblos del mundo tienen sus propios astrónomos, físicos y exploradores.

La misión del *Endeavour* estuvo dedicada a la investigación científica, y Mae se encargó de varios experimentos importantes.

La tripulación del Endeavour *se dirige a la plataforma de lanzamiento (izquierda). Una ilustración (abajo) del transbordador en pleno vuelo. El* Spacelab, *laboratorio donde se realizan los experimentos, está en la parte delantera del transbordador.*

Ella misma ayudó a diseñar un experimento para estudiar la pérdida de células de los huesos en el espacio. Sin la gravedad, los astronautas pierden células de los huesos, y esta pérdida es mayor mientras más tiempo permanecen en el espacio. Si la pérdida es muy grande, los huesos se debilitan y pueden quebrarse. Los científicos quieren hallar la forma de impedirlo. Mae explica: —La idea es mantener a la gente sana en el espacio.

Mae investigó una forma de controlar los mareos en el espacio. Durante los primeros días de las misiones, la mitad de los astronautas sufre mareos y náuseas. Pueden tomar medicinas, pero el tratamiento los cansa mucho.

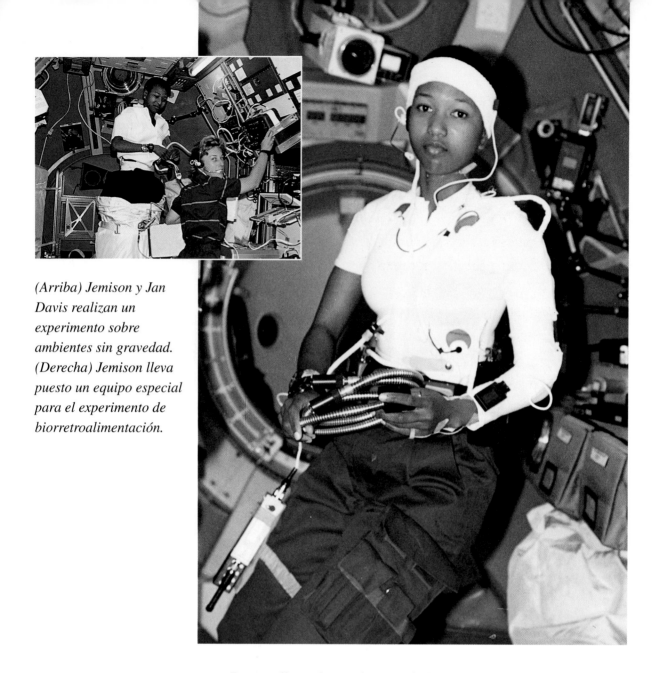

(Arriba) Jemison y Jan Davis realizan un experimento sobre ambientes sin gravedad. (Derecha) Jemison lleva puesto un equipo especial para el experimento de biorretroalimentación.

Para realizar el experimento de los mareos, Mae se entrenó en las técnicas de "biorretroalimentación". La biorretroalimentación usa meditación y relajación para controlar las funciones del cuerpo. Mae llevaba puesto un equipo especial que registra su ritmo cardiaco, respiración, temperatura y otras funciones corporales. Si comenzaba a sentirse mal, meditaba: se concentraba intensamente para que su cuerpo volviera a la normalidad. El propósito del experimento era ver si Mae podía evitar los mareos sin necesidad de tomar medicamentos. Aunque los resultados del experimento no fueron concluyentes, los investigadores esperan que la biorretroalimentación pueda usarse en el futuro.

Mae también estuvo a cargo de un experimento con ranas. Al iniciarse el vuelo, fertilizó huevos de ranas suramericanas, y unos días después nacieron renacuajos. Mae se dedicó a estudiarlos cuidadosamente, para saber si podrían desarrollarse normalmente en la gravedad casi nula del espacio.

—En el experimento, los huevecillos quedaron fertilizados y los renacuajos parecían sanos —cuenta Mae—. Fue muy emocionante, porque era una cuestión sobre la que no sabíamos nada.

El *Endeavour* aterrizó en el Centro Espacial Kennedy a las 8:53 a.m., el 20 de septiembre de 1992. La tripulación estuvo en el espacio más de 190 horas (casi ocho días). En total, ¡viajaron 3.3 millones de millas para orbitar nuestro planeta 127 veces!

Tras su misión espacial, Mae volvió a Chicago. Su ciudad natal le dio la bienvenida con seis días de desfiles, discursos y celebraciones. Luego viajó a Hollywood para recibir el Premio al Explorador de los Premios al Mérito Afroamericano, por ser la primera mujer afroamericana en el espacio. En 1993, Mae pasó a formar parte del Salón Nacional de la Fama de la Mujer en Seneca Falls, Nueva York.

Mae Jemison hizo realidad el sueño de su niñez, pero ya estaba lista para nuevos desafíos. Pocos meses después de su vuelo espacial, se retiró temporalmente de la NASA para dedicarse a la enseñanza y la investigación en la Universidad de Dartmouth en New Hampshire. Luego, el 8 de marzo de 1993, renunció definitivamente al cuerpo de astronautas.

El Endeavour *aterriza en el Centro Espacial Kennedy.*

Jemison felicita a Jill Giovanelli, de trece años, ganadora del Concurso Internacional del Cartel de la Paz.

Mae formó su propia compañía, llamada *The Jemison Group, Inc. (*El Grupo Jemison*)* Su objetivo es buscar formas de usar las ciencias y la tecnología para mejorar la calidad de la vida. Además, pone énfasis en mejorar las condiciones de los países pobres y en vías de desarrollo.

En el primer proyecto de la compañía, se usaron comunicaciones por satélite para dar mejor atención médica en África Occidental. Mae también ha establecido un campamento internacional de verano que ofrece proyectos científicos para jóvenes.

Además de trabajar en *The Jemison Group*, Mae viaja mucho por el país, pronuncia discursos y alienta a los niños a hacer realidad sus sueños. Mae cree firmemente en el lema:

"Que no te limite la pequeña imaginación de los demás".

Conozcamos a la autora

Gail Sakurai decidió desde niña que sería escritora. Quería tener su primer libro publicado para cuando fuera adolescente, pero el plan no salió como ella esperaba. Sakurai dice, "Mi sueño de la niñez se hizo realidad cuando publiqué mi primer libro en 1994, solamente veintinueve años después de lo planeado".

Su primer libro *Peach Boy: A Japanese Legend* está basado en una antigua leyenda japonesa que su esposo contaba a sus hijos a la hora de dormir. Sakurai sigue escribiendo libros informativos y versiones de leyendas.

Dice que lo más difícil de su trabajo es comenzar a escribir, y tener tiempo suficiente para escribir. Pero una vez que logra comenzar, escribe muy rápidamente porque ya tiene todo el texto en la mente.

Sakurai ha escrito varios libros para niños, incluyendo *The Liberty Bell, Stephen Hawking, Paul Revere's Ride* y *The Jamestown Colony.*

Para saber más acerca de Gail Sakurai, visita Education Place.

www.eduplace.com/kids

Piensa en la selección

Mae Jemison:
Científica espacial
por Gail Sakurai

1. ¿Qué obstáculos tuvo que vencer Mae Jemison para tener éxito en la vida?

2. ¿Cómo demostró Mae que tenía muchos talentos antes de graduarse de la escuela secundaria? Usa ejemplos de la selección para apoyar tu respuesta.

3. ¿Qué te indican acerca de Mae los cambios que hizo en su carrera?

4. Piensa en los objetivos de *The Jemison Group*. ¿Cómo representan estos objetivos una mezcla de los talentos y aptitudes que mostró Mae desde niña?

5. Desde niña Mae soñó con viajar en el espacio. ¿Qué sueños tienes tú para tu propio futuro?

6. ¿Cuál es el logro de Mae que más te impresionó? ¿Por qué?

7. **Conectar/Comparar** ¿Por qué crees que los relatos de Mae Jemison, Michelle Kwan, Doug Grillo y Manuel Gómez pertenecen al mismo tema, titulado *Supera tu meta?* ¿Qué cualidades tienen en común?

Informar

Escribe preguntas de entrevista

Escribe las preguntas que usarías para entrevistar a Mae Jemison. ¿Qué le preguntarías acerca de su vida y obra?

Consejos

- Genera ideas sobre lo que más te interese saber de Mae Jemison.
- Usa la puntuación correcta en las oraciones y preguntas.

Lectura Características de los personajes
Escritura Escribir respuestas a la literatura

Crea una hoja de datos

Crea con un compañero una hoja de datos sobre los viajes del transbordador espacial. Incluyan información sobre el entrenamiento necesario para una misión espacial. Usa información de la selección y también de otras fuentes. Pueden usar la hoja de datos para hacer una presentación oral.

Viajes espaciales

1. Preparación

Presenta una transmisión televisiva

Mae Jemison hizo una transmisión de televisión en vivo desde el *Endeavour*. Presenta tu propia versión de este programa. Explica a los espectadores los detalles de la misión del *Endeavour*.

Consejos

- Escribe un guión del programa, o anota los puntos más importantes en tarjetas. Pon las tarjetas en orden.
- Habla lenta y claramente.

Internet

Haz un buscapalabras en Internet

En esta selección aprendiste mucho vocabulario sobre las misiones espaciales. Busca estas palabras en un buscapalabras que puedes imprimir en Education Place.

www.eduplace.com/kids

Los **títulos, párrafos** y **leyendas** te ayudan a entender cómo está organizado un artículo.

❶ Lee primero los **títulos**. En ellos se identifica el tema principal que se cubre en cada sección de un artículo.

❷ Busca los **párrafos** nuevos. En cada párrafo nuevo se expresa una nueva idea principal.

❸ Lee las **leyendas** para saber qué aparece en las fotografías o diagramas.

Estándares

Lectura

- **Entender la presentación del texto**
- **Usar orden para analizar textos**

Ciencias

- **El agua cubre la mayor parte de la Tierra**

226

Hacia las profundidades

Exploradores a bordo de nuevos vehículos submarinos esperan revelar los secretos de las profundidades.

El explorador submarino Graham Hawkes está a punto de realizar una inmersión histórica. En los próximos meses, se aventurará a las profundidades del océano Pacífico en una asombrosa nave nueva. La mayoría de los vehículos de exploración submarina desciende rápidamente al entrar en el agua. Hay otros que se deslizan lentamente por el fondo, recogiendo muestras e información. Pero el *Deep Flight I*, diseñado con la ayuda de Hawkes, se desplaza velozmente de un lugar a otro como un avión de combate.

Dirigiéndola con palancas de mando, Hawkes puede hacer que la nave ruede, gire, se sumerja y salga disparada a la superficie. Con ella, verá de cerca paisajes asombrosos y seres que hay en el oscuro y silencioso mundo de las profundidades marinas. Hawkes nos explica: "Estos vehículos son tan pequeños y ligeros que se pueden llevar a cualquier parte".

Durante muchos años se ha dicho que la última frontera por explorar es el espacio exterior, pero no necesitamos salir de nuestro planeta para ir a lugares desconocidos. Un 75 por ciento de la superficie de la tierra está cubierta por el mar, y estamos lejos de conocerlo en su totalidad. Sylvia Earle, una bióloga marina que participó en la creación del *Deep Flight I*, nos dice: "Sabemos más de Marte que de los océanos".

¿Qué hay allí abajo?

Los investigadores creen que con el *Deep Flight I* y una flota de nuevas naves y robots exploradores se descubrirá todo tipo de riquezas en el fondo del mar. Algunas de éstas son extrañas criaturas vivientes, y de algunas se podrían obtener medicinas, alimentos y compuestos químicos.

En las profundidades del mar viven algunas de las criaturas más extrañas del mundo. El rape, la anguila pelícano y otros habitantes de las profundidades tienen cuerpos muy resistentes que les permiten sobrevivir las altas presiones oceánicas que hay a 5,000 pies de profundidad. Algunas de estas especies poseen órganos que brillan en la oscuridad para atraer a sus presas.

A profundidades aun mayores, los científicos han hallado extraños gusanos tubulares de ocho pulgadas de largo, y almejas del tamaño de platos. Viven en las aguas hirvientes que hay alrededor de las fumarolas submarinas. Estas fumarolas son grietas por donde el agua del mar penetra la corteza terrestre y luego regresa al mar en un chorro, como si fuera un géiser. ¡Es asombroso que haya seres vivos alrededor, con temperaturas que llegan a 750°F!

De las fumarolas brotan continuamente minerales valiosos como hierro, cobre, níquel, cobalto y manganeso. El material se endurece formando chimeneas llamadas "humaredas negras", y una de las más grandes se conoce por el apodo "Godzilla". Hay partes del fondo del océano Pacífico llenas de grandes trozos de estos minerales, y las compañías mineras están ansiosas por extraerlos del mar.

227

El fondo del mar

El piso del océano no es plano. Este mundo submarino lo forman valles, cañones, montañas e incluso volcanes. El punto más profundo que se conoce es la fosa de las Marianas, cerca de la isla de Guam, en el Pacífico. En 1960, dos científicos se sumergieron en un submarino de investigación para explorarla, y llegaron a una profundidad de 35,800 pies, es decir, de aproximadamente siete millas. El año pasado un submarino japonés casi alcanzó esta misma profundidad.

Japón tiene buenas razones para explorar el fondo oceánico. El sur de Japón está asentado sobre una parte muy activa del piso oceánico, donde se juntan tres partes de la corteza terrestre. Estas partes, llamadas placas tectónicas, se mueven ligeramente durante todo el año, y este movimiento puede provocar terremotos como el que en 1995 causó la muerte a 5,500 personas en Kobe, Japón. Los científicos afirman que al estudiar las placas podrán predecir mejor los terremotos.

Una misión costosa

Explorar las profundidades del océano cuesta millones de dólares, y aún no se llega a un acuerdo de cómo hacerlo. Algunos exploradores piensan que debemos concentrar las actividades en la parte del océano que está a menos de 20,000 pies de profundidad, lo cual es el 97 por ciento de los océanos. Explorar el 3 por ciento restante exige equipo más costoso, y además es más peligroso.

Pero otros científicos afirman que explorar la parte más profunda del mar vale la pena pese al costo y los riesgos. Greg Stone, un biólogo marino de Boston, Massachusetts, cree que seguramente descubriríamos nuevos animales y fenómenos que ni siquiera podemos imaginar. Greg nos explica: "No sabremos lo que hay allí si no lo exploramos".

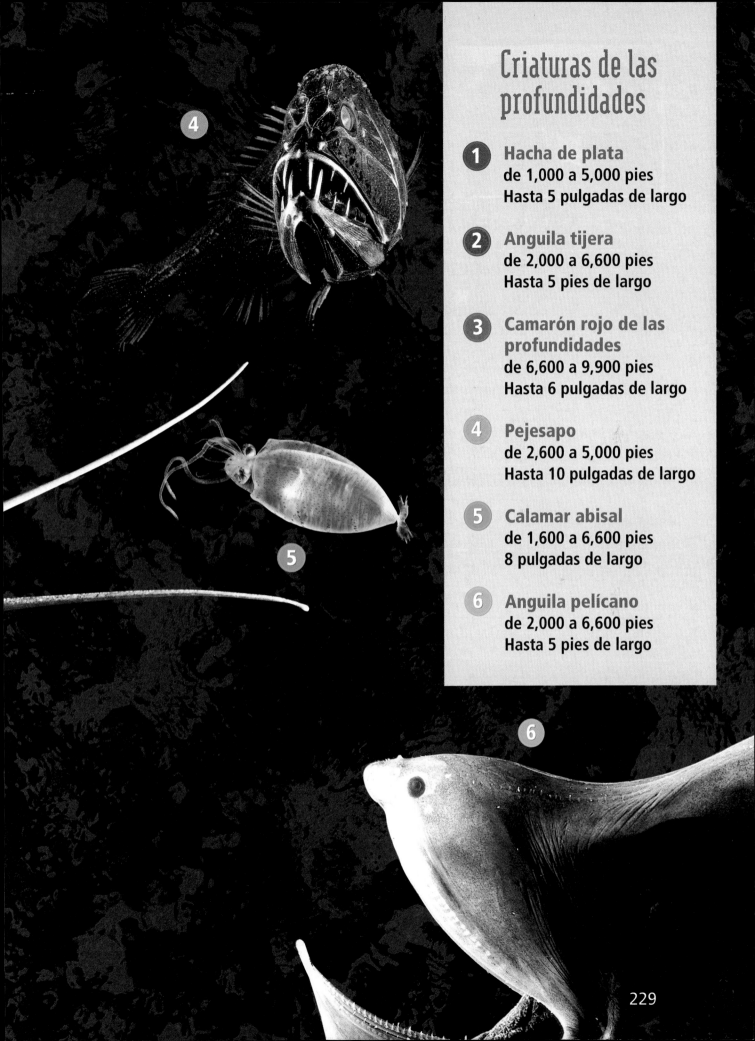

Criaturas de las profundidades

1 Hacha de plata
de 1,000 a 5,000 pies
Hasta 5 pulgadas de largo

2 Anguila tijera
de 2,000 a 6,600 pies
Hasta 5 pies de largo

3 Camarón rojo de las profundidades
de 6,600 a 9,900 pies
Hasta 6 pulgadas de largo

4 Pejesapo
de 2,600 a 5,000 pies
Hasta 10 pulgadas de largo

5 Calamar abisal
de 1,600 a 6,600 pies
8 pulgadas de largo

6 Anguila pelícano
de 2,000 a 6,600 pies
Hasta 5 pies de largo

✅ Completar el espacio en blanco

En algunas pruebas hay preguntas en las que tienes que completar una oración. Lo haces eligiendo la mejor respuesta de entre tres a cinco opciones. ¿Cómo escoges la mejor respuesta? Observa la pregunta de ejemplo que sigue sobre la selección *Mae Jemison: Científica espacial.* La respuesta correcta aparece marcada. Usa los consejos para responder a este tipo de pregunta.

Lee la oración. En la fila de respuestas, rellena el círculo de la mejor respuesta para completar la oración.

1   La idea principal de los tres primeros párrafos de la selección es:

  A   Mae Jemison se sintió feliz y emocionada por estar en el espacio.

  B   El transbordador espacial *Endeavour* despegó, y al poco tiempo ya orbitaba la Tierra.

  C   Mae Jemison hizo historia como la primera mujer afroamericana en el espacio.

  D   La fecha era el 12 de septiembre de 1992.

  FILA DE RESPUESTAS 1   Ⓐ Ⓑ ● Ⓓ

Lectura   **Identificar ideas principales**

En algunas pruebas, los círculos en donde vas a marcar las respuestas se encuentran en una fila en la parte de abajo de la página. Tienes que rellenar el círculo que corresponda a la mejor respuesta para cada pregunta. La fila de respuestas es así:

FILA DE RESPUESTAS 1   Ⓐ Ⓑ ● Ⓓ

Ahora observa cómo un estudiante dedujo la mejor respuesta.

> Vuelvo a la primera página de la selección. Busco las ideas importantes. Decido que la idea más importante es que Mae Jemison fue la primera mujer afroamericana que fue al espacio.

> Vuelvo a leer las respuestas posibles. La **A** y la **D** no funcionan porque son sólo detalles, y no la idea principal. La **B** es una idea importante, pero la **C** es la idea más importante de todos los párrafos. Así que la **C** es la mejor respuesta.

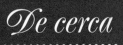
Poesía

"Si hubiera una receta para escribir poemas, éstos serían los ingredientes: la música de las palabras, el ritmo, la descripción, los sentimientos, la memoria, la rima y la creatividad. Se pueden mezclar de mil formas diferentes, miles, miles de veces… más."

—Karla Kuskin

Un poema puede tratar casi de cualquier cosa. Puede comenzar con algo que tengas justo frente a ti: un insecto cuya apariencia te llama la atención o un refrescante cono de helado. El poema crece con color, sonido, ritmo, con cada palabra escogida cuidadosamente para formar una imagen o contar un cuento. Mientras el poema crece, las cosas familiares pueden cambiar y convertirse en menos familiares. Los poemas a menudo terminan en un lugar muy diferente al que empezaron.

Una vez que hayas leído los poemas que siguen, podrás descubrir cómo crece un poema al escribir tu propio poema.

233

Contenido

Los lugares y las estaciones del año

Árbol de limón

Si te subes a un árbol de limón
siente la corteza
con tus rodillas y pies,
huele sus flores blancas,
talla las hojas
entre tus manos.
Recuerda,
el árbol es mayor que tú
y tal vez encuentres cuentos
entre sus ramas.

— *Jennifer Clement*

Lemon Tree

If you climb a lemon tree
feel the bark
under your knees and feet,
smell the white flowers,
rub the leaves
in your hands.
Remember,
the tree is older than you are
and you might find stories
in its branches.

— *Jennifer Clement*

Traducido por
Consuelo de Aerenlund

235

Canción del tren

La veloz locomotora,
cual relámpago de hierro
que se tizna, que se dora,
los kilómetros devora
y arrogante y aulladora
cruza el llano y sube al cerro.

De humo blanco empenachada
—negro el hierro, de oro el horno—,
por un túnel enhebrada,
ya tiznada, ya dorada,
con frenética pitada
va anunciándose al contorno.

De los cerros escapada
con zancadas de gigante
va la máquina lanzada
sobre un puente trepidante.
Ante el horno llameante
la silueta del foguista,
por el fuego perfilada,
ya se tizna, ya se dora.
Y en su puesto el maquinista
con mirada vigilante
los peligros avizora.

Vencedora y resonante,
ya dorada, ya tiznada,
allá va desenfrenada
la veloz locomotora...

—*Germán Berdiales*

La nieve

Lo blanco está sobre lo verde,
y canta.
Nieve que es fina quiere
ser alta.

Enero se alumbra con nieve, si verde,
si blanca...
Que alumbra de día y de noche la nieve,
la nieve más clara.

¡Nieve ligera, copo blanco,
cuánto ardor en masa!
La nieve, la nieve en las manos
y el alma.

Tan puro el ardor en lo blanco,
tan puro, sin llama.
La nieve, la nieve hasta el canto
se alza.

Enero se alumbra con nieve silvestre
—¡cuánto ardor!— y canta.
La nieve hasta el canto —la nieve, la nieve—
en vuelo arrebata.

—*Jorge Guillén*

237

La primavera

¡Primavera! ¡Primavera!
¡La primavera no tarda!
¡Ya la rosa tempranera
se asomó sobre la barda;
ya me encontré a la lechera
montada en su mula parda…!
¡Ya viene la primavera!

El campo está luminoso,
como encendido por dentro,
y tiene el alma en su centro
tan claro prisma de gozo,
en el campo luminoso
que está brillando por dentro.

¡Primavera! ¡Primavera!
Amaneció en los tejados.
La flor de la primavera
está temblando de espera
en los hilos escarchados
de los almendros, nevados
de nieve tibia y ligera…

Los niños llevan sus aros
y brincan entre las rosas,
que les dan colores claros;
hasta el brinco de los aros
parece besar las rosas…
Los días despiertan claros
y llenos de mariposas…

—*Jaime Torres Bodet*

Verano

Verano, verano rey,
del abrazo incandescente,
sé para los segadores
¡dueño de hornos! más clemente.

Abajados y doblados
sobre sus pobres espigas,
ya desfallecen. ¡Tú manda
un viento de alas amigas!

Verano, la tierra abrasa:
llama tu sol allá arriba;
llama tu granada abierta;
y el segador, llama viva.

Las vides están cansadas
del producir abundoso
y el río corre en huida
de tu castigo adoroso.

Mayoral rojo, verano,
el de los hornos ardientes,
no te sorbas la frescura
de las frutas y las fuentes…

¡Caporal, echa un pañuelo
de nube y nube tendidas,
sobre la vendimiadora,
de cara y manos ardidas!

—*Gabriela Mistral*

El juego de la luna

A veces niña luna sale a jugar
con su sombrero blanco y su delantal
El lucero la sigue muy de cerquita
para que no se pierda niña Junita
lucero lleva
la luna nueva
Porque teme que un día pueda pasar
que olvide los caminos al regresar
Ella lleva unos pulsos de caracoles
y un vestido bordado todo de flores
Tejido en anchas trenzas su rubio pelo
es como una corona de caramelo
claro y sonriente
cuarto creciente
Baila siempre en los techos de las casitas
con zapatillas hechas de margaritas
de día miles de estrellas va recogiendo
que de noche en el cielo va repartiendo
De plata buena
la luna llena
Y si pasa la luna muy despacito
iluminando el sueño de los niñitos
y entra su claro beso por la ventana
seguro no despiertas hasta mañana
Luna cambiante
cuarto menguante

—Julia González

Los animales

EL TIGRE

Al tigre, no,
no se le toca,
ni por la cola
ni por la boca
ni por curiosidad
ni por casualidad.

—*Ernesto Galarza*

EL ELEFANTE

El elefante
lleva por delante
trompa de tragón
ojo dormilón
frente de metate
dale un cacahuate.

—*Ernesto Galarza*

241

Pájaro carpintero

Pájaro carpintero,
picamadero,
cuánto me cobra usted
por un librero.

Maestro carpintero,
copete-rojo,
mondador de cortezas,
come-gorgojos,

cuánto por una cama
de buen encino,
cuánto por una silla
de puro pino.

Pájaro carpintero,
sacabocado,
cuánto por un trastero
bien cepillado.

Diga cuánto, maestro,
pico-de-acero,
porque me cante, cuánto,
buen carpintero.

Porque me cante, cuánto,
carpinterillo,
al compás de los golpes
de su martillo.

—*Gilda Rincón*

Cucubanos volanderos

Cucubanos volanderos
Cucubanos de la luna
¡turistas sobre la tierra!
van recorriendo la noche
con sus azules linternas.

¡Cuántos corazones tristes
se alegran en las tinieblas
al ver girando en la brisa
sus brasitas volanderas!

El campo parece un circo,
un nido de volteretas.
De tantas luces, el cielo
se ha quedado sin estrellas.

Amarillas, rojas, verdes,
brincadoras, maromeras,
desbocadas y felices,
incesantemente frescas.

¡Qué felicidad de nube
por las almas se pasea!
Cucubanos de la luna:
¡los niños están de fiesta!

—*Josemilio González*

Mariposa

Mariposa del aire,
qué hermosa eres,
mariposa del aire
dorada y verde.
Luz del candil,
mariposa del aire,
¡quédate ahí, ahí, ahí!...
No te quieres parar,
pararte no quieres.
Mariposa del aire
dorada y verde.
Luz de candil,
mariposa del aire,
¡quédate ahí, ahí, ahí!...
¡Quédate ahí!
Mariposa, ¿estás ahí?

—*Federico García Lorca*

Oda a la lagartija

Junto a la arena
una
lagartija
de cola enarenada.

Debajo
de una hoja
su cabeza
de hoja.

¿De qué planeta
o brasa
fría y verde,
caíste?
¿De la luna?
¿Del más lejano frío?
¿O desde
la esmeralda
ascendieron tus colores
en una enredadera?

Del tronco
carcomido
eres
vivísimo
retoño,
flecha
de su follaje.

En la piedra
eres piedra
con dos pequeños ojos
antiguos:
los ojos de la piedra.
Cerca del agua
eres
légamo taciturno
que resbala.

Cerca de la mosca
eres el dardo
del dragón que aniquila.
Y para mí
la infancia,
la primavera
cerca
del río
perezoso,
eres
tú,
lagartija,
fría, pequeña
y verde:
eres remota
siesta
cerca de la frescura,
con los libros cerrados.

El agua corre y canta.
El cielo, arriba es una
corola calurosa.

—*Pablo Neruda*

245

Poema número XLIV de *Versos sencillos*

Tiene el leopardo un abrigo
En su monte seco y pardo:
Yo tengo más que el leopardo,
Porque tengo un buen amigo.

Duerme, como en un juguete,
La mushma en su cojinete
De arce de Japón: yo digo:
"No hay cojín como un amigo".

Tiene el conde su abolengo:
Tiene la aurora el mendigo:
Tiene ala el ave: ¡yo tengo
Allá en México un amigo!

Tiene el señor presidente
Un jardín con una fuente,
Y un tesoro en oro y trigo:
Tengo más, tengo un amigo.

—*José Martí*

246

A las cuatro de la tarde escribo de sopetón

A las cuatro de la tarde escribo de sopetón
escuincla de trigo fuerte y un barrote de sol
así, así, dice mi abuelo con su bigote
su relámpago y su barba amapola, así, así mero
toma su café de un tiempo antiguo, pintado por adentro
se acuerda de un joven Wyoming, esa nieve imposible
cuando cruzó la frontera de México, solo, soñando
sin madre, sin padre, solito, silencio
un trozo de sol pintado con leche de cabra, dice
no teníamos ventanas, ni escuelas, ni dentistas
sólo cielo, un cielo abierto, la tierra pura.

—*Juan Felipe Herrera*

Lucila con L

Lucila lame su helado.

El labio se le congela
y la lengua se le hiela
con el hielo limonado.

su abuelo mira alelado
cómo el barquillo vacío
destila un hilo de frío
que corta como un serrucho,

mientras en el cucurucho
se cuela el sol del estío.

—*Carlos Murciano*

Marcha del Rey Bombo

Les vamos a contar
un cuento de maravilla:
la historia del Rey Bombo
y de la Reina Bombilla.

Por esta ventanita
el Rey mirará la luna,
y escupirá el carozo
cuando coma una aceituna.

Sobre esta linda alfombra
pondrá la Reina Bombilla
su zapatilla de oro,
su dorada zapatilla.

Al Rey Bombo le gusta
dormir y comer bananas,
armar rompecabezas,
soñar toda la semana.

¿Qué le gusta a la Reina,
a nuestra Reina Bombilla?
—Jugar a las barajas,
comer pan con mantequilla.

¿Y qué nos gusta a todos
que cantamos tan felices?
—Hacer la rueda rueda
y sonarnos las narices.

—*María Elena Walsh*

Para Aitana

(9 de agosto de 1956)

Aitana, niña mía, baja la primavera
para ti quince flores pequeñas y graciosas.
Sigues siendo de aire, siguen todas tus cosas
siendo como encantadas por una luz ligera.

Aitana, niña mía, fuera yo quien moviera
para ti eternamente las auras más dichosas,
quien peinara más luces y alisara más rosas
en tus pequeñas alas de brisa mensajera.

Aitana, niña mía, ya que eres aire y eres
como el aire y remontas el aire como quieres,
feliz, callada y ciega y sola en tu alegría,

aunque para tus alas yo te abriera más cielo,
no olvides que hasta puede deshojarse en un vuelo
el aire, niña Aitana, Aitana, niña mía.
y en vez de dedos, gusanos.

—Rafael Alberti

Caminante

Caminante, son tus huellas
el camino, nada más;
caminante, no hay camino,
se hace camino al andar.
Al andar se hace camino
y al volver la vista atrás
se ve la senda que nunca
se ha de volver a pisar.
Caminante, no hay camino,
sino estelas en la mar.

—Antonio Machado

Crear

Escribe un poema

Escribe un poema que empiece con las palabras "Yo quisiera" o "Veo" o "Recuerdo que". Repite esa palabra o frase inicial en cada verso o en versos alternados. Sé tan libre e imaginativo como desees. No importa que los versos no rimen..

Variación: Escoge otra frase por tu cuenta para comenzar tu poema.

Consejos

- **Si necesitas ayuda para empezar, trabaja con un compañero. Túrnense para agregar nuevos versos.**
- **Trata de incluir un color, el nombre de un lugar o un animal en cada verso del poema.**
- **Después de escribir el poema, corrige la ortografía y puntuación.**

Lectura individual

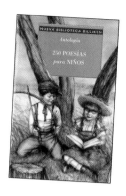

250 poesías para niños

Nueva Biblioteca Billiken (Atlántida)

Ofrece una colección de poesías representativas de todas las épocas y diferentes países de habla hispana.

My Mexico – México mío

por Tony Johnston, ilustrado por F. John Sierra (Philomel Books)

Pinceladas poéticas del espíritu mexicano para recitar, danzar, disfrutar y compartir con amigos y familiares.

Sueñan, lloran, cantan

editado por Perry Higman
(Eastern Washington University Press)

Esta antología presenta poemas de los poetas más famosos del mundo hispano, como Pablo Neruda, Gabriela Mistral, Federico García Lorca y Rubén Darío.

Canto y cuento – Antología poética para niños

por Carlos Reviejo y Eduardo Soler (Ediciones SM)

Este libro ganó el Premio Nacional español en 1997. Como dicen los autores: "Son cuentos cantados y cantos contados… juguetes hechos exclusivamente de palabras".

Cool Salsa: Bilingual Poems on Growing Up Latino in the United States

editado por Lori M. Carlson (Fawcett Juniper)

Una colección que contiene poemas bilingües escritos por Sandra Cisneros, Oscar Hijuelos, Luis J. Rodríguez y Pat Mora, entre otros.

Voces
de la
Revolución

"Siempre hemos tenido nuestro propio gobierno,
y así siempre lo quisimos".

granjero en la Batalla de Lexington, abril, 1775

"La llama se ha despertado, y como un rayo
enciende las almas".

Abigail Adams

"¡No sé cuál será el destino de los demás,
pero, en cuanto a mí,
denme la libertad o denme la muerte!"

Patrick Henry

La caída de la estatua de Jorge III en Bowling C... en (ciudad de Nueva York), por William Walcutt

Voces
de la
Revolución

Contenido

Biblioteca del lector

- **La ensenada de Bunker**
- **El niño tamborilero**
- **Deborah Sampson: Soldado de la Revolución**

Libros del tema

La bandera americana
por Lynda Sorensen

Pink y Say
por Patricia Polacco

La Revolución a todo vapor
Texto e iconografía: Claudia Burr, Óscar Chávez, María Cristina Urrutia

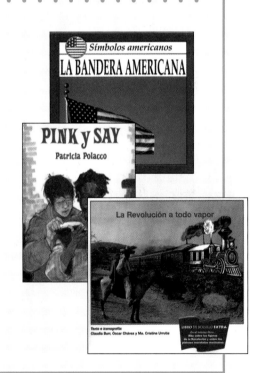

Libros relacionados

¿Y entonces qué pasó, Paul Revere?
por Jean Fritz

El nuevo mundo: Desde el descubrimiento hasta la independencia
por Mónica Dambrosio, Roberto Barbieri (SM)

Una mirada al desarrollo del Nuevo Mundo desde el descubrimiento hasta la independencia.

Grandes jefes militares y sus batallas
por Anthony Livesey

(Folio)

Grandes eventos históricos, citando los comandantes famosos de todo el mundo y sus batallas.

El baúl de Katie
por Ann Turner

George Washington
por T. M. Usel

(Bridgestone Books/Capstone Press)

El general George Washington fue el primer comandante en jefe de los Estados Unidos.

Una unión más perfecta
por Betsy & Giulio Maestro

(Lectorum Publications)

Relato ilustrado en el que los autores recrean el momento histórico en el que se firmó la Constitución de los Estados Unidos.

Si te gusta...

James Forten

por Walter Dean Myers

James Forten
por Walter Dean Myers
ilustrado por
Leonard Jenkins

Entonces lee...

La independencia americana

por Nelson Martínez Díaz, Eduardo L. Moyano Bozzani

(Cultura)

Una mirada histórica a las guerras que se libraron en las Américas para ganar la independencia.

La danza de los esclavos

por Paula Fox

(Noguer y Caralt)

Esta novela relata las experiencias de un niño esclavo.

Tecnología

En Education Place

Añade tus informes de estos libros o lee los informes de otros estudiantes.

Education Place®

Visita www.eduplace.com/kids

Al **borde** de la **guerra**

Entre 1765 y 1770, los habitantes de las trece colonias americanas se cansaron de que Inglaterra los gobernara. Cuando el rey inglés ordenó que se cobraran más impuestos, los colonos buscaron formas de oponerse a él. *¿Y entonces qué pasó, Paul Revere?* muestra cómo uno de los patriotas americanos ayudó a iniciar una revolución para ponerle fin al dominio inglés.

¿Y entonces qué pasó, Paul Revere?

por Jean Fritz
ilustraciones de
Margot Tomes

¿Y entonces qué pasó, Paul Revere?

Los colonos demostraban su odio a los impuestos injustos cada vez que podían, ¡hasta en las teteras!

Vocabulario

colonias
impuestos
oponerse
patriotas
revolución

Estándares

Lectura

- Identificar ideas principales
- Inferencias/ generalizaciones
- Evaluar técnicas del autor

Estudios sociales

- Causas de la Guerra Revolucionaria

El rey Jorge III envió soldados para obligar a los colonos a obedecer sus leyes. En protesta, Revere hizo esta ilustración de los barcos ingleses llegando al puerto de Boston en 1768.

Granjeros de Nueva Inglaterra preparados para luchar contra los ingleses al instante. Ese instante llegó el 19 de abril de 1775, cuando se dispararon los primeros tiros de la Guerra de Independencia estadounidense en Lexington, Massachusetts.

◀ Los patriotas tenían distintos orígenes y profesiones. Paul Revere, representado en este retrato de John Singleton Copley, era platero y también jinete expreso; transmitía noticias sobre las actividades de los patriotas y los británicos.

¿Y entonces qué pasó, Paul Revere?

por Jean Fritz
ilustraciones de Margot Tomes

Al leer, **evalúa** la descripción de Paul Revere que hace Jean Fritz. ¿Crees que narra bien la historia de su vida?

En 1735 había en Boston 42 calles, 36 caminos, 22 callejones, 4,000 casas, 12 iglesias, 4 escuelas, 418 caballos (la última vez que los contaron) y tantos perros que se aprobó una ley que prohibió a la gente tener perros de más de 10 pulgadas de altura. Pero era difícil evitar que los perros crecieran más de 10 pulgadas, y pocas personas estaban dispuestas a separarse de sus perros de 11 y 12 pulgadas, así que no le hacían caso a la ley. De todas formas, había demasiados perros para contarlos.

Además de los caballos, calles y callejones en Boston, había, claro está, personas: unas 15,000. Cuatro de ellas vivían en una pequeña casa de madera en la calle North, cerca del callejón Lane. Eran el Sr. Revere, un orfebre y platero; su esposa, Deborah; la hija de ambos, Deborah; y el hijo pequeño, Paul Revere, nacido el primer día del año nuevo.

De todas las personas ocupadas de Boston, Paul Revere llegaría a ser una de las más ocupadas. Durante toda su vida, descubrió que había muchísimo por hacer, por crear, por ver, por oír, por decir, muchísimos lugares adonde ir y muchísimo por aprender. Pero no le daba tiempo para hacerlo todo en las pocas horas que tiene el día.

En Boston siempre había mucho que ver. Los barcos iban y venían constantemente, descargando todas las cosas posibles, desde tortugas hasta candelabros. Los vendedores ambulantes anunciaban siempre sus productos: pastillas contra la fiebre, aceite para el cabello, ostras... De vez en cuando había acróbatas ambulantes, monos amaestrados, desfiles, fuegos artificiales y peleas callejeras.

Una vez se exhibió la cabeza de un pirata en vinagre, y otra un oso polar.

Paul tenía mucho que hacer. Su padre murió cuando él era adolescente, y Paul se hizo cargo de la platería. Hacía cuentas, anillos, relicarios, pulseras, botones, medallas, jarras, teteras, cucharas, cestas para el azúcar, tazas, cántaros, platos hondos, hebillas de zapato y candelabros.

En una ocasión le hizo un collar de plata a la ardilla que un hombre tenía de mascota.

Para ganar más dinero tocaba las campanas en la iglesia Christ. En Boston las campanas no sólo se tocaban los domingos, sino tres veces al día entre semana, en horas especiales durante fiestas y aniversarios, en casos de incendio y emergencias, cada vez que moría un feligrés y siempre que hubiera noticias especialmente buenas o malas que anunciar. A veces le avisaban que las campanas debían tocarse de inmediato, y Paul salía corriendo, con el sombrero plantado en la cabeza y los faldones de su chaqueta al vuelo.

Aunque estaba ocupado, a Paul le gustaba hacer cosas nuevas. Donde había una aventura, allá se aparecía. En la primavera de 1756, cuando Paul tenía ventiún años, había una guerra cerca, y Paul no se la quería perder. Los soldados franceses y los indígenas estaban atacando los límites de las colonias. Así que Paul tomó su rifle, se ajustó su espada, se plantó el sombrero en la cabeza y se fue —con los faldones de su chaqueta al vuelo— para defender el fuerte William Henry en el lago George.

¿Y qué pasó?

Paul se pasó el verano sentado esperando, limpiando el rifle, sacándole brillo a la espada y espantando moscas. Había miles de moscas en el lago George ese verano. Pero no había franceses ni indígenas.

En noviembre enviaron a casa a los hombres de Massachusetts. Paul volvió a Boston, se casó con Sarah Orne y comenzó a llenar la casa de niños. Así llegaron Deborah, Paul, Sarah, Mary, Frances y Elizabeth (además de dos bebés que murieron). Luego Sarah murió, Paul se casó con Rachel Walker, y llegaron Joshua, Joseph, Harriet, Maria y John (además de tres bebés más que murieron).

Paul ponía cada vez más sillas nuevas en la cocina. Y ahora, además de hacer hebillas, cucharas, tazas y los demás artículos de plata, Paul debía buscar más formas de ganar dinero. Así que grababa retratos, hacía sellos para los libros, vendía pinturas, fabricaba marcos, publicaba cantorales y se convirtió en dentista. "Dientes postizos. Paul Revere", decía la publicidad. "Los arregla de tal manera que no sólo son un adorno, sino de gran ayuda al hablar y comer".

Cabría pensar que, con todo lo que hacía Paul Revere, cometería errores. Pero siempre recordaba ponerles picos a las teteras y asas a las tazas.

Los dientes postizos que tallaba de colmillos de hipopótamo se veían muy bien.

Por lo general, las cuentas aritméticas que hacía en su diario le salían bien. Claro que a veces eran tantas las cosas que tenía que hacer que se olvidaba de lo que estaba haciendo. Al comienzo de un nuevo diario escribió: "Éste es mi libro para que yo...", pero nunca terminó la oración.

A veces tenía tanta prisa que su escritura era descuidada. Al final de sus cartas escribía, "Ruego disculpe mis garabatos".

En ocasiones entregaba tarde su trabajo. Un cantoral que publicó, por ejemplo, no estuvo listo hasta dieciocho meses después de lo prometido.

Una vez construyó un establo y por error puso una parte en el terreno de un vecino.

Sin embargo, Paul Revere no siempre estaba trabajando. De vez en cuando se limitaba a soñar. Una página de su diario sólo la usaba para sus garabatos.

Pero a principios de 1765 no había tiempo para garabatos. Los franceses ya no molestaban en la región, pero ahora eran los ingleses quienes causaban problemas, diciéndoles a las colonias que no podían hacer esto ni aquello, ordenando que se cobraran impuestos, uno tras otro. Primero hubo un impuesto sobre productos impresos: periódicos, diplomas, licencias matrimoniales. Una vez que se retiró ese impuesto, hubo otro sobre el té, el vidrio, los colores de las imprentas y el papel. El impuesto al que Inglaterra jamás renunciaría era el impuesto sobre el té.

¿Y qué hizo Paul Revere al respecto?

Se convirtió en un dirigente de los Hijos de la Libertad, un club secreto que halló formas interesantes de oponerse a los ingleses.

Una de las noches más ajetreadas de Paul fue la del 16 de diciembre de 1773. Se preparó embadurnándose la cara con pintura roja y hollín, cubriéndose la cabeza con una especie de media y poniéndose una manta andrajosa sobre los hombros. Entonces tomó un hacha y se reunió con otros Hijos de la Libertad, todos haciéndose pasar por indígenas, todos con hachas.

¿Y qué es lo que tramaban?

Se iban a asegurar de que nadie en Boston pagara impuestos por los tres cargamentos de té que acababan de llegar en barco desde Inglaterra. Así que abordaron los barcos, cargaron los baúles de té hasta la cubierta, los abrieron con sus hachas y arrojaron 10,000 libras de té al agua del puerto de Boston. Todo se hizo de manera muy ordenada. Nadie salió herido; no se tocó el resto del cargamento; no dañaron los barcos. (Sólo hubo un pequeño incidente cuando un hombre, a quien se encontró metiendo té en el forro de su abrigo, tuvo que ser castigado.)

Una vez que los Hijos de la Libertad terminaron, se fueron a casa, se lavaron la cara y se fueron a dormir.

268

Pero Paul Revere no hizo eso. Alguien tenía que cabalgar hasta Nueva York y Filadelfia para anunciar lo ocurrido. Y eligieron a Paul para hacerlo.

Así que partió al galope, con el sombrero plantado en la cabeza y los faldones de su chaqueta al vuelo. Desde Boston fue a Cambridge, a Watertown, a Worcester, a Hartford *(¡Cuidado, perros del camino! ¡Cuidado, pollos!)*, a Nueva York y a Filadelfia. Y luego volvió a un paso de 63 millas por día. (¡Nada que ver con espantar moscas!)

Llegó de vuelta a Boston al onceavo día, mucho antes de lo esperado.

Paul Revere se convirtió en el jinete expreso número uno de Massachusetts entre Boston y Filadelfia. También se convirtió en agente secreto. En el invierno de 1774 parecía cada vez más seguro que los soldados ingleses de Boston lucharían contra los patriotas, y a Paul le tocaba averiguar los planes de los ingleses.

Ahora estaba demasiado ocupado para escribir en su diario. Y estaba demasiado ocupado para hacer teteras de plata o tallar dientes. En su lugar, patrullaba las calles por las noches, entregaba mensajes en Filadelfia y estaba listo en todo momento para salir a advertir a todos los compatriotas.

A veces las cosas salían bien en sus misiones. Evadía a los centinelas, atravesaba la nieve, no se salía del camino y no se caía del caballo.

A veces las cosas no salían tan bien. Una vez los ingleses lo hallaron en un bote de remos merodeando en torno a la isla Castle en el puerto de Boston. Lo detuvieron, lo interrogaron y lo encerraron. Estuvo encerrado durante dos días y tres noches.

Pero Paul sabía que todas sus cabalgatas eran poca cosa comparadas con la Gran Cabalgata que lo esperaba. Nada podía salir mal entonces. Todos estaban de acuerdo en que los ingleses avanzarían hacia el campo y empezarían a combatir en serio en primavera. Y cuando lo hicieran, Paul Revere tendría que adelantárseles.

El sábado 15 de abril llegó la primavera, al parecer. En el río Charles se habían visto barcos para trasladar a las tropas. Se habían visto centinelas ingleses en el camino a Lexington y Concord. Un mozo de cuadra había escuchado los planes que hacían dos oficiales.

A eso de las diez de la noche del martes 18 de abril, el Dr. Joseph Warren, que dirigía las actividades de los patriotas en Boston, mandó llamar a Paul Revere. Ya habían enviado a otros mensajeros a Lexington y a Concord por rutas más largas. Paul iría, según lo planeado, por el mismo camino que los ingleses: cruzando el río Charles. Tendría que dar la voz de alarma a los ciudadanos para que pudieran armarse, y también informar a John Hancock y a Samuel Adams, los dos dirigentes patriotas de Boston que se encontraban en Lexington. Paul tenía que partir enseguida.

Ya había ideado una forma rápida de alertar a la gente de Charlestown, al otro lado del río. Mandaría colgar dos faroles del campanario de la iglesia del Norte si los ingleses venían por el agua, y un farol si venían por tierra.

Así que Paul le pidió a un amigo que fuera corriendo para North Church.

—Dos faroles —le dijo—. Ahora mismo.

Entonces volvió corriendo a su casa, abrió la puerta, se puso las botas, tomó su abrigo, besó a su esposa, les dijo a sus hijos que se portaran bien y se marchó, con el sombrero plantado en la cabeza y los faldones de su chaqueta al vuelo. Llevaba tanta prisa que dejó la puerta abierta y el perro se escapó.

De camino al río, Paul recogió a dos amigos que le habían prometido trasladarlo en bote hasta el otro lado. Entonces los tres corrieron hasta un muelle cerca del embarcadero de Charlestown, donde Paul había ocultado un bote en invierno. El perro de Paul fue corriendo con ellos.

Hacía buen tiempo esa noche y la luna brillaba. Brillaba demasiado. Un buque inglés armado se encontraba bajo la luz de la luna, al otro lado del río. Paul y sus amigos tendrían que remar por delante del buque.

Entonces Paul se dio cuenta de su primer error. Había pensado traer tela para envolver los remos y amortiguar el sonido, pero había olvidado la tela en casa.

No era todo lo que había olvidado. Paul Revere había partido para su Gran Cabalgata sin sus espuelas.

¿Qué se podía hacer?

Por suerte, uno de los amigos de Paul conocía a una señora que vivía cerca. Corrió hasta su casa, llamó a su ventana y le pidió un trozo de tela. Esta señora no perdía el tiempo. Se quitó las enaguas de franela que llevaba puestas y las arrojó por la ventana.

Ahora faltaban las espuelas. Por suerte, el perro de Paul estaba con él y, por suerte también, estaba bien entrenado. Paul le escribió un mensaje a su esposa, lo ató al cuello del perro y le ordenó al perro que fuera a casa. Cuando Paul y sus amigos terminaron de cortar las enaguas en dos, envolvieron cada remo con la mitad y pusieron el bote en el agua, el perro estaba de vuelta con las espuelas de Paul al cuello.

Paul y sus dos amigos remaron en silencio por el río Charles, pasaron cuidadosamente junto al buque inglés con sus 64 cañones y llegaron al otro lado entre las sombras. Seguros. Allí, un grupo de hombres de Charlestown que habían visto la señal del campanario de la iglesia tenían un caballo listo para Paul.

Y así partió Paul Revere en su Gran Cabalgata.

No se salió del camino y no se cayó del caballo, y todo le fue bien hasta que de repente vio a dos hombres a caballo debajo de un árbol. Eran oficiales ingleses. Un oficial salió y trató de adelantarsele a Paul. El otro intentó agarrarlo por detrás, pero Paul dio la vuelta en el caballo con rapidez y se fue a galope tendido a campo traviesa, pasando un pantano lodoso, hacia otro camino a Lexington.

¿Y qué les pasó a los oficiales?

Uno se metió al galope en el lodo y no pudo salir; el otro abandonó la persecución.

Paul siguió hasta Lexington, golpeando las puertas a su paso, despertando a los ciudadanos. En Lexington despertó a John Hancock y a Samuel Adams y les aconsejó que se fueran de allí. Comió algo rápidamente y, entonces, con dos jinetes más, siguió hasta Concord, advirtiendo a los granjeros en el camino.

Por un rato todo salió bien. Y entonces, de repente, de las sombras salieron seis oficiales ingleses. Se acercaron a caballo con sus pistolas en mano y le ordenaron a Paul que se detuviera. Pero Paul no se detuvo enseguida.

—¡Alto! —gritó uno de los oficiales—. Si da un paso más, es hombre muerto.

Paul y sus compañeros intentaron atravesar el grupo a caballo, pero los oficiales los rodearon y les ordenaron salir a un prado a la vera del camino.

En el prado aparecieron seis oficiales más con pistolas en mano.

Uno de ellos hablaba como todo un caballero. Tomó las riendas del caballo de Paul y le preguntó a Paul de dónde venía.

—De Boston —le dijo Paul.

El oficial le preguntó a qué hora había salido de Boston.

Paul se lo dijo.

—Señor, ¿puedo preguntarle su apellido? —dijo el oficial.

Paul respondió que su apellido era Revere.

—¡Cómo! ¿*Paul* Revere?

—Sí —dijo Paul.

Los oficiales ingleses no querían soltar a Paul Revere de ninguna manera, así que lo pusieron, junto con otros prisioneros, en el centro del grupo, y cabalgaron hacia Lexington. Cuando se aproximaban al pueblo, escucharon balazos.

—¿Qué fue eso? —dijo el oficial.

Paul dijo que era una señal para dar la alarma a todos sus compatriotas.

Ante esta noticia, los ingleses decidieron que preferían reunirse rápidamente con sus propias tropas. De hecho, llevaban tanta prisa que ya no querían cargar con los prisioneros. Así que, después de haber desmontado a los prisioneros de los caballos, los dejaron en libertad.

¿Y entonces qué pasó?

Paul Revere se sentía mal, por supuesto, de estar en su Gran Cabalgata y sin caballo. Se sentía inseguro estando a pie en un camino iluminado por la luna. Así que se internó por los campos, pasando muros de piedra, prados y cementerios hasta volver a Lexington para ver si aún estaban allí John Hancock y Samuel Adams.

Y allí estaban. Se preparaban para irse del pueblo en el carruaje de John Hancock. El secretario de Paul y Hancock, John Lowell, iba con ellos.

Todo iba saliendo bien. Cabalgaron unas dos millas por el campo y, de repente, John Hancock recordó que había dejado un baúl lleno de documentos importantes en una taberna de Lexington. Era un error. No quería que los ingleses hallaran esos documentos.

¿Qué pasó entonces?

Paul Revere y John Lowell salieron del carruaje y volvieron a Lexington a pie.

Ya había amanecido. Los granjeros de toda la zona se estaban reuniendo en el parque de Lexington. Cuando Paul cruzaba el parque hacia la taberna, unos 50 ó 60 hombres armados se preparaban para enfrentarse a los ingleses. Se decía que las tropas estaban cerca.

Paul entró a la taberna, comió algo, halló el baúl y se lo llevó, llevando un extremo mientras John Lowell llevaba el otro. Al llegar al parque, aparecieron las tropas.

¿Y entonces qué pasó?

Paul y John se aferraron al baúl. Pasaron por las líneas de americanos, siempre cargando el baúl. Seguían cargándolo cuando se disparó un arma. Entonces fueron dos armas, y luego una sucesión de balazos de uno y otro lado. Paul no prestó atención a quién disparaba ni quién disparó primero. No se detuvo a pensar que quizás ésta fuera la primera batalla de una revolución. Su tarea era trasladar el baúl a un lugar seguro, y eso fue lo que hizo.

Por supuesto, las batallas de Lexington y Concord dieron comienzo a la Guerra de Independencia. Y fueron victorias para los patriotas, quienes desde entonces no han parado de hablar de la cabalgata de Paul Revere. Algunas cosas salieron bien en la cabalgata de Paul, y otras no tanto, pero todos están de acuerdo en que la cabalgata fue un éxito.

Pero ahora que la guerra había comenzado, ¿qué hizo Paul Revere?

Naturalmente, se mantuvo ocupado. Fue jinete expreso para el Comité de la Seguridad, por lo cual le pagaban cuatro chelines al día. (Había pedido cinco.) Acuñó billetes para la colonia, grabó el sello oficial de la misma, supervisó la instalación de una fábrica de pólvora, aprendió a hacer cañones de hierro y de latón y participó en dos campañas militares: una en Rhode Island y otra en Maine. Y como teniente coronel de la milicia de Massachusetts, estuvo al mando del fuerte de la isla Castle.

Algunas cosas le salieron bien a Paul en la guerra y otras no tanto, como siempre.

Al final de la guerra, Paul tenía 48 años. Volvió a la platería, pero eso no bastaba para mantenerlo ocupado. Así que abrió una ferretería. Además de artículos de metal, vendía papel de lija, naipes, tela de lana, cera para sellos, sedal de pesca, papel pintado, piedra pómez, lápices y gafas. (Una vez le vendió a Samuel Adams dos docenas de cascabeles de trineo.)

Luego abrió una fundición e hizo estufas, yunques, martillos de fragua, cerrojos, ruedas dentadas, abrazaderas y bombas.

Entonces comenzó a fabricar campanas para iglesias. Hizo 398 campanas que solían pesar más de 500 libras. Cobraba 42 centavos la libra por ellas, y con frecuencia tenía problemas para que le pagaran. (Setenta y cinco de sus campanas aún repican en los campanarios de Nueva Inglaterra.)

Más adelante aprendió a hacer láminas de cobre, abrió una fábrica de laminación e hizo revestimientos de cobre para barcos. Y cuando se construyó la cúpula del nuevo capitolio estatal en Boston, Paul la revistió de cobre.

Pero Paul Revere no trabajaba siempre. De vez en cuando se limitaba a soñar. A veces volvía en su mente a los días en que era el jinete expreso número uno de Massachusetts. Entonces, si tenía gente a su alrededor, Paul hablaba de su Gran Cabalgata. Incluso escribió el relato de su cabalgata (sabemos que con prisa, por supuesto, porque la escritura era descuidada).

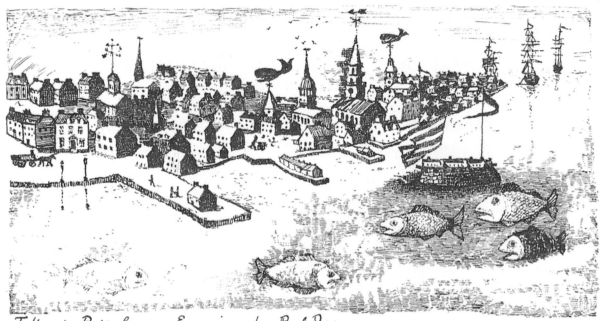

Taken, in Part, from an Engraving by Paul Revere

Boston no era igual que cuando Paul era joven. Pero ya nadie se molestaba en contar las calles ni los callejones, los caballos ni las casas. Estaban demasiado ocupados construyendo edificios nuevos, derribando colinas, llenando estanques, tendiendo puentes y ampliando la ciudad. Sin embargo, todavía contaban a la gente. En 1810, cuando Paul tenía 75 años, había 33,787 personas en Boston. Diecinueve de ellas eran nietos de Paul. También tuvo tataranietos, pero nadie se molestó en contarlos. Pero era a los tataranietos, más que a nadie, a quienes les gustaba escuchar la historia de Paul. Si él hacía una pausa o parecía estar terminando, ellos le pedían que siguiera.

—¿Y entonces qué pasó? —preguntaban.

—¿Y *entonces* qué pasó?

Conozcamos a la autora

Jean Fritz

Residencia: Dobbs Ferry, Nueva York

Logros: Fritz ha escrito unos cuarenta y cuatro libros para niños y adultos.

Infancia: Fritz nació en China, donde sus padres eran misioneros. Vino a los Estados Unidos a los trece años, y halló sus raíces estadounidenses leyendo sobre héroes de este país.

Razones para escribir sobre la historia: A Fritz le gusta mostrar el aspecto humano de las personas famosas. Cree que la verdad casi siempre es más divertida que la ficción.

Algunos de sus libros: *Where Was Patrick Henry on the 29th of May?, What's the Big Idea, Ben Franklin?, Won't You Sign Here, John Hancock?*

Conozcamos a la ilustradora

Margot Tomes

Logros: Antes de su muerte en 1991, Tomes ilustró más de sesenta y seis libros, cuatro de ellos escritos por Jean Fritz.

Infancia: Tomes nació en 1917 en Yonkers, Nueva York. Le encantaban los libros viejos y los cuentos de hadas, aunque su fascinación por los monstruos no la dejaba dormir de noche.

Razones que la llevaron a ser ilustradora: Tomes decía que era una "persona de cuando no había televisión". Prefería pasar el tiempo leyendo y mirando ilustraciones de libros.

Para saber más acerca de Jean Fritz y Margot Tomes, visita Education Place.

www.eduplace.com/kids

Reacción

¿Y entonces qué pasó, Paul Revere?

por Jean Fritz
ilustraciones de
Margot Tomes

Piensa en la selección

1. ¿Cuál crees que es la palabra que mejor describe a Paul Revere: *inteligente, emprendedor, ocupado, afortunado, enérgico, competente* o alguna otra palabra? Explica tu respuesta.

2. Busca ejemplos en la selección para probar o contradecir esta afirmación: Paul Revere no podría haber realizado su famosa cabalgata de medianoche sin la ayuda de los demás.

3. Jean Fritz escribe que Paul Revere en ocasiones era olvidadizo, soñaba despierto y cometía errores. ¿Por qué piensas que incluyó esta información?

4. Si Paul Revere estuviera vivo hoy día, ¿qué le interesaría? ¿Qué tipo de empleo crees que tendría? Explica tu respuesta.

5. Compara la agenda ajetreada de Paul Revere con la tuya. ¿Te gusta hacer muchas cosas distintas? ¿O prefieres tener sólo algunas actividades? ¿Por qué?

6. Paul Revere solía contarles relatos de su vida a sus nietos. Si fueras uno de sus nietos, ¿qué preguntas le harías?

7. **Conectar/Comparar** De todos los aportes de Paul Revere a la Guerra de Independencia estadounidense, ¿cuál crees que es el más valioso y por qué?

Informar

Escribe un mensaje

Paul Revere llevó la noticia del Motín del Té de Boston a Nueva York y a Filadelfia. Escribe el mensaje que pudo llevar, con detalles sobre el hecho y una explicación de su importancia.

> **Consejos**
> - Comienza el mensaje con los datos más importantes.
> - Incluye detalles que digan quién, qué, cuándo, dónde, por qué y cómo.

Lectura Inferencias/generalizaciones
Evaluar técnicas del autor

Matemáticas

Calcula los ingresos de Revere

En la página 276, Jean Fritz nos cuenta que Paul Revere fabricó 398 campanas. Si cada campana pesaba 500 libras, ¿cuánto dinero ganó con las campanas? Si todos le pagaron, ¿cuánto dinero ganó con las campanas que siguen repicando en Nueva Inglaterra?

PAUL REVERE & SON,
No. 13, Lynn Street, North End, BOSTON.

Ciencias

Compara los metales

Paul Revere hacía objetos de varios metales: plata, cobre, latón y hierro. Repasa el texto para ver cómo usaba Revere estos metales. Elige uno de los metales y explica para qué se usa ese metal hoy en día.

Extra Busca más información sobre uno de los metales mencionados anteriormente. Informa de tus conclusiones a la clase.

Internet

Excursion en Internet

Para saber más acerca de la época colonial en Norteamérica, visita Education Place.

www.eduplace.com/kids

Matemáticas   **Calcular con decimales**
Ciencias   **Propiedades de los metales**

Destreza: Cómo leer letras de canciones

❶ Busca estas partes en una canción:

Letra: todas las palabras de una canción.

Estribillo: la parte que se repite.

Estrofas: dos o más versos.

❷ Lee la **letra** que aparece por encima o por debajo de las notas musicales. Fíjate en el ritmo de las palabras.

❸ Lee las **estrofas** restantes. Repite el **estribillo** al final de cada estrofa.

Yankee Doodle

por Jerry Silverman

Para popularizar una idea con una canción, lo mejor es ponerle una letra nueva a una melodía familiar. Ya en 1767 se hablaba en Filadelfia de una canción cómica llamada "Yankee Doodle".

Cuando la palabra "yankee" (yanqui) apareció escrita por primera vez, la gente no sabía exactamente lo que quería decir. Hasta el día de hoy hay cierta confusión sobre su origen. Algunos creen que proviene de una palabra indígena; otros creen que se basa en una palabra francesa. Es más probable que provenga de la palabra holandesa usada para denominar a los colonos ingleses: "Jan Kaas" o "Jan Kees". Jan ("Llan") es Juan en holandés; y *kees* es queso. "Juan Queso" no era un elogio. Tampoco lo era "Doodle", que quería decir tonto.

"Yankee Doodle" apareció por primera vez en forma impresa en un folletín de 1775 en Londres. El subtítulo era "La marcha de Lexington". La banda británica la tocó durante su marcha hacia Lexington. En esa época, los ejércitos europeos tocaban música fuerte de camino a las batallas. Animaba a los soldados y les daba valor. En este caso, el sonido de la música les permitía a los *minutemen* (milicianos revolucionarios) saber con exactitud dónde se encontraban los británicos.

Los milicianos revolucionarios sabían que los británicos se burlaban de ellos llamándolos "Yankee Doodles". Reflejando el espíritu de la época, los rebeldes tomaron la conocida melodía (con letra nueva de un estudiante de Harvard College, Edward Bangs) y se la cantaban a los ingleses. Ésta es la versión de "Yankee Doodle" que ha perdurado en la historia estadounidense.

En la primera estrofa, un chico visita un campamento rebelde, o patriota, con su padre. La canción entera es una alegre descripción de sus impresiones de los soldados, los capitanes y las armas. El "*hasty pudding*" era un puré de harina de maíz de rápida preparación.

Yankee Doodle went to town
(Yankee Doodle fue al pueblo)
Riding on a pony; (montado en un pony;)
Stuck a feather in his cap
(se puso una pluma en el gorro)
And called it macaroni.
(y la llamó macarrón.)

Esta conocida estrofa no parece tener nada que ver con el resto de la canción. Es probable que las personas que la cantan supongan que se trata de un disparate de la Guerra de Independencia. ¡Pero no es así!

Esta estrofa la cantaban los británicos para molestar a los patriotas. En la Inglaterra del siglo dieciocho, un "macaroni" (macarrón) era un caballero vestido con ropa muy llamativa que se consideraba del "estilo italiano", para aparentar tener más importancia de la que en realidad tenía. En otras palabras, un "macaroni" era un dandi.

¿Y qué pretendía hacer Yankee Doodle? Desde el punto de vista británico, se vestía con su mejor ropa y se "daba aires". En esta estrofa Yankee Doodle representa a las colonias y su ridículo deseo de liberarse de Gran Bretaña.

El general Washington, de uniforme militar sobre un caballo blanco, pintado alrededor de 1835.

Yankee Doodle

G   D7   G   D7

1. Fath'r and I went down to camp, A - long with Cap-tain Good-ing, And
(Papá y yo fuimos al campamento con el capitán Gooding y)

G   G7   C   A7   D7   G

there we saw the men and boys As thick as ha-sty pud-ding.
(allí vimos a hombres y muchachos, abundantes como el *hasty pudding*.)

Estribillo (Chorus)

C   G   G

Yan - kee Doo - dle keep it up, Yan - kee Doo - dle dan - dy;
(Yankee Doodle sigue así, Yankee Doo-dle dandi;)

C   A7   G   D7   G

Mind the mu - sic and the step, And with the girls be han - dy.
(atento a la música y al paso, y hábil con las chi-cas.)

2. Y allá vemos mil hombres
   tan ricos como el señor David,
   y lo que gastaron todos los días,
   desearía que pudiera ahorrarse. *Estribillo*

3. Veo también un barrilito
   que tiene puntas de cuero,
   lo golpearon con bastoncillos
   para reunir a la gente. *Estribillo*

4. Y allí estaba el capitán Washington,
   y buena gente lo rodeaba;
   dicen que está tan orgulloso
   que no cabalgaría sin ellos. *Estribillo*

5. Se vistió de gala para el encuentro
   y montó un caballo bravo,
   ordenó al mundo en filas
   por cientos y millones. *Estribillo*

Lucha con pífano y tambor

Las canciones como "Yankee Doodle" las hicieron populares muchachos que se alistaban en el ejército colonial para tocar el tambor o el pífano, un instrumento de viento parecido a la flauta.

Los líderes del ejército dependían de los jóvenes que tocaban el pífano y el tambor para dar órdenes a los soldados durante la batalla. Cada sonido del tambor y cada melodía tenían un significado distinto. El fuerte tamborileo se oía por encima del ruido de los mosquetes y los cañones. Las agudas notas del pífano se escuchaban a gran distancia.

Después de una batalla, los pífanos y los tambores ayudaban a reunir a las compañías que se habían dispersado. De regreso al campamento animaban a los soldados con marchas enérgicas. Y dentro del campamento indicaban la hora de comer o descansar.

Los músicos solían tener uniformes distintos a los de los soldados, para que los oficiales pudieran distinguirlos rápidamente. Pero la diferencia de los uniformes también permitía que el enemigo los ubicara. Debido a su importante función, los muchachos eran objetivos importantes, y muchos no sobrevivieron para ver el resultado de la guerra.

El espíritu del 76, de la pintura de Archibald Willard

Cuento

Un cuento es una narración creada por el autor. Usa la muestra de escritura de este estudiante como modelo cuando escribas tu propio cuento.

El motín del té de Boston

Un buen cuento tiene una **trama** clara con un **problema.**

Es importante presentar de inmediato los **personajes** y el **lugar.**

Mi padre, James Codder, iba a arrojar té del barco.

—Papá, no vayas al puerto de Boston, por favor. Es posible que te arresten —le supliqué.

—No, Drew —respondió—, los impuestos son demasiado altos. Debo defender lo que creo correcto. Lo entenderás cuando seas mayor.

—No lo creo —le dije.

No me escuchó. "Un día más", dije para mis adentros cuando me fui a dormir.

Escritura Escribir narraciones
Establecer trama, ambiente

Llegó el día en que mi padre iría al puerto de Boston.

—Drew —dijo—, tienes que venir con nosotros. Necesitamos un vigía.

Ni siquiera quise discutir porque sabía que tendría que ir. Me repetía a mí mismo: "Soy muy joven para ir a la cárcel. Soy muy joven para ir a la cárcel". Me sentí lleno de miedo todo el día.

Mi padre y yo vestíamos de negro a la hora de cenar, y mi padre dijo con orgullo:

—¡Esta es la noche!

Tomé mi abrigo y mi bufanda y salí temblando de miedo.

—Será una caminata de una hora más o menos —me dijo.

Casi me desmayé. Odiaba la idea de que mi padre fuera al puerto de Boston en primer lugar, y ahora tenía que caminar tres millas con él para llegar allí. No era justo. No quería discutir, o me castigarían. Hablamos de lo que haríamos cuando llegáramos al puerto de Boston. Nos reuniríamos con los demás en un barco llamado *Beaver (Castor)*, que estaba lleno de té de Inglaterra. Yo estaba agotado, pero mi padre caminaba con orgullo.

Después de unos diez minutos pregunté:
—¿Cuánto falta?

Al escuchar que serían unos diez minutos más, sentí alivio. A estas alturas ni siquiera sentía las piernas. Llegamos a tiempo para no desmayarme. Llegamos al barco y todos los demás ya estaban ahí.

El **diálogo** le da realismo al cuento ante el lector.

Los **detalles** crean imágenes mentales para el lector.

—Éste es mi hijo Drew —dijo mi padre al presentarme a sus amigos.

Vieron el barco y lo observaron por largo rato. Entonces alguien dijo:

—¡Hagámoslo! ¡Vamos a arrojar el té al agua del puerto!

Cuando todos subían al bote, mi padre me dijo: —Tendrás que quedarte aquí.

> Un buen cuento suele tener suspenso.

Asentí con la cabeza y me senté en un banco. Hacía mucho frío cerca del puerto. Los hombres se pusieron ropas de indígenas. Yo pensé que era raro, pero entonces mi papá me explicó que no querían que los atraparan. No pude evitar pensar que, en realidad, eso no era justo. Deseaba que no atraparan ni le echaran la culpa a nadie.

Estuve sentado en el banco, aterrorizado. Después de unos diez minutos, le grité a mi padre: —¿Podemos irnos? ¡Tengo frío y miedo!

Mi padre no me oyó, así que cerré los ojos. Me preguntaba si nos atraparían. Traté de olvidar todo. Miré a mi padre. Me miró y sonrió. Miré las cajas y ¡sólo quedaban diez! ¡Sentí un gran alivio!

Me acerqué al barco y le pregunté a mi padre: —¿Puedo arrojar la última caja del barco?

Él asintió con la cabeza. Subí a bordo, tomé la caja de las manos de mi padre y la arrojé lo más fuerte que pude. Hizo un gran ruido al caer al agua. Me sentí muy importante.

Todos se quitaron sus disfraces y bajaron del barco. Íbamos a caminar a casa, pero uno de los amigos de mi padre preguntó: —¿Los llevo?

Mi padre dijo que sí encantado. Nos subimos al carruaje y nos internamos en la noche.

Un buen final **resuelve** el problema del cuento.

Conozcamos al autor

Drew W.

Grado: quinto
Estado: Massachusetts
Pasatiempos: la patineta
Qué quiere ser cuando sea mayor: experto en patineta

Desarrollar conceptos

El baúl de Katie
por Ann Turner
ilustraciones de
Ron Himler

El baúl de Katie

Vocabulario

armando
entrenaban
justo
leales
rebeldes

Estándares

Lectura
- Entender la presentación del texto
- Problema o conflicto principal

Estudios sociales
- Impacto de la Guerra Revolucionaria

¿Quiénes eran los leales?

Durante la Guerra de Independencia estadounidense, casi un tercio de los colonos eran leales, o *Loyalists*, que permanecieron fieles al rey de Inglaterra y creían que el gobierno inglés era justo, y sus leyes también. Se oponían a los rebeldes que se estaban armando y entrenaban en preparación para la guerra. El cuento *El baúl de Katie* muestra cómo los vecinos se enfrentaron entre sí ante el creciente problema con Inglaterra.

Jorge III se convirtió en rey de Inglaterra en 1760; poco antes posó para este retrato del pintor inglés Allan Ramsay.

Incluso algunas familias patriotas famosas tenían integrantes leales. El hijo de Benjamin Franklin, William, gobernador de la colonia de Nueva Jersey, estaba de parte de los ingleses.

Benjamin Franklin

William Franklin

La Guerra de Independencia estadounidense hizo que entre 75,000 y 100,000 leales abandonaran las colonias. La mayoría huyó hacia Canadá. Este boceto muestra a una familia leal acampando en el camino junto al río San Lorenzo en 1784.

Conozcamos a la autora
Ann Turner

Cuando escribe obras de ficción histórica, Ann Turner intenta imaginar que es una niña que vive en un tiempo y lugar específicos. Se pregunta: "¿Qué haría entonces? ¿Qué sentiría y cómo reaccionaría?"

La idea de *El baúl de Katie* surgió de una conversación entre Turner y su tía sobre un viejo baúl que estaba en el sótano de su abuela. "'Uno de nuestros antepasados se escondió en él cuando vinieron los soldados revolucionarios', me dijo un día. Quedé asombrada. '¿O sea, que éramos leales?' Quería escribir algo sobre eso, y el personaje de Katie me vino a la mente, una chica rebelde y enérgica (como era yo) que habría querido proteger las cosas de su familia ante los rebeldes". Otros libros de Turner son *Dakota Dugout, Dust for Dinner, Red Flower Goes West,* y *Mississippi Mud: Three Prairie Journals.*

Conozcamos al ilustrador
Ron Himler

Cuando era niño en Cleveland, Ohio, Ron Himler pasaba muchas horas todas las semanas dibujando en casa de su abuela. Desde entonces, en una carrera que abarca tres décadas, ha ilustrado más de ochenta libros.

Himler vive en el suroeste de los Estados Unidos, donde tiene un interés especial por investigar y pintar las ceremonias de los indígenas norteamericanos.

Para saber más acerca de Ann Turner y Ron Himler, visita Education Place. **www.eduplace.com/kids**

El baúl de Katie

por Ann Turner
ilustraciones de Ron Himler

¿Cómo sería ser leal si tus vecinos fueran patriotas?
Al leer, **resume** el conflicto entre la familia de Katie
y sus vecinos.

293

Yo había hecho travesuras todo el día;
escondí la muñeca de Hattie bajo el sofá
sin decir en dónde estaba,
y Mamá suspiró diciendo: "Debería sentarte
a hacer largas costuras rectas todo el día
para enderezar tu comportamiento,
Katie. ¿Qué es lo que te pasa?"

No podía darle un nombre
aunque lo sentía por dentro,
como un caballo presiente una tormenta.
Sentía la agitación en el aire,
la brisa que traía consigo el frío,
y sentía las nubes rodar sobre los árboles
repletas de lluvia: una lluvia amarga.

"Debe ser", suspiró Mamá y se sentó a tomar el té,
"debe ser por tantos problemas y tantos enfrentamientos.
El caso es que todas estas marchas y rumores,
las cartas de que habla tu papá
y el té que botaron a la bahía,
me tienen nerviosa como un novillo".

La mano de Mamá temblaba.

"¡Té! ¡En el puerto! Desperdiciando el buen alimento
de Dios".

Mi hermano Walter dijo: "Eso no es nada.
Será peor".

Ella lo miró con fijeza.

"¿Cuánto más podría empeorar, Walter?"

Y las palabras murieron en sus labios.

Ya habíamos perdido amigos, vecinos,

familias con las que habíamos jugado en la pradera

y a quienes habíamos ayudado a construir sus graneros nuevos.

Celia Warren ya no me hablaba.

Ralph, su hermano, ya no le hablaba a Walter.

A veces yo escuchaba esa palabra: "¡Leal!"

Parecía una serpiente lista para atacar.

Los rebeldes se están armando, me contó mi hermana;

ayer marchaban y se entrenaban más allá de la pradera.

Nunca olvidaré el día en que llegaron.

El sol brillaba en el estanque del molino

mientras Walter, Hattie y yo mirábamos a las libélulas

mudar la piel sobre el pasto

y alejarse volando.

Una especie de humo cubría el camino

y de ahí surgió Papá corriendo. "¡Trae a tu madre!

¡Escóndanse en el bosque! ¡Vienen los rebeldes!"

Corrimos a la casa,
la cara de Mamá blanca como un pañuelo.
Ella nos dio un trozo de pastel de carne de cerdo
y nos llevó corriendo bosque adentro
donde pudiéramos escondernos.
Agachada en la maleza,
me sentí como un animal atrapado. Y de repente
me puse tan furiosa que no logré quedarme quieta.

Salí corriendo a la casa,
y con susurros fieros Mamá trató de detenerme.
Mas yo no permitiría que John Warren y Reuben Otis
dañaran nuestra casa y nuestras cosas. No era
correcto, no era justo y no estaba bien.

Ya en nuestra sala, toqué cada objeto
que amaba: la tetera en forma de piña de Mamá,
la bandeja de plata, reluciente como la luna,
los retratos de todos nuestros parientes
que cubrían la pared: nuestro hogar.

Entonces escuché voces junto a la puerta,
Reuben Otis, John Warren, Harold Smith
y otros, que no eran vecinos.
"¡Será un buen botín!"
Se detuvieron en la entrada
y arrancaron el llamador de la puerta.

Corrí a la alcoba de Mamá y Papá
en busca de un lugar para esconderme.
Si eran capaces de robar, también podían hacerme daño.
Ahí estaba el baúl de bodas de Mamá,
grande, negro, abovedado.
Levanté la tapa y me escondí bajo los vestidos.
En la oscuridad del encierro, todo
sonaba apagado y lejano. El portazo.
Las pisadas en el salón de al lado.

"¡Productos ingleses!", soltó alguno
y algo cayó al suelo y se quebró.
Yo no podía respirar.
Oí a Reuben decir:
"El señor Gray tiene dinero aquí. Busquen bien".
John Warren habló de las armas que comprarían.
El aire me apretó la boca
como un paño negro.

Me mordí la mano y recé,

aunque no lo hacía muy bien.

Pensé que mis palabras subirían hacia Dios

como burbujas que se rompen en la plateada superficie

de un estanque. "Por favor, Dios,

no permitas que me encuentren, no permitas que nos hagan

daño, permíteme respirar".

Los pasos se acercaron, y alguien se apoyó en

el baúl. Mi aliento se atascó en algún punto

entre mi estómago y mi pecho,

y no pude recuperarlo. No había aire.

John Warren dijo: "Aquí hay ropa fina y buena plata".

Levantó la tapa y el aire fresco entró.

Tomé aire mientras arrebataba un vestido.

El frufrú de la seda ahogó sus voces,

salió otro vestido y una mano me tocó.

Quise morderla, hacer que saltara y gritara,

pero me contuve. Tal vez él no se enteró.

De repente, gritó: "¡Fuera! ¡Vienen los leales!

¡Vuelvan al camino! ¡Pronto!"

No cerró la tapa, y se oyeron los pasos

que salían por la puerta.

De pronto hubo silencio. Mi corazón latía tan fuerte

como el galope de los caballos camino abajo.

En silencio, me acerqué sigilosa

a la ventana y miré hacia afuera. Nadie.

Bocanadas de humo a lo lejos, en la pradera.

El sordo galopar de un caballo sin jinete,

un sombrero arrastrado por una ráfaga de viento.

¿Volvería a jugar con Celia alguna vez?

¿Llevaría siempre este nombre, leal, como si lo

tuviera escrito en el pecho?

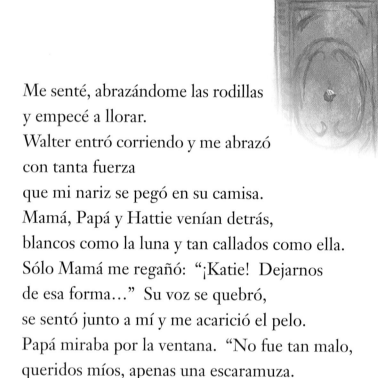

Me senté, abrazándome las rodillas
y empecé a llorar.
Walter entró corriendo y me abrazó
con tanta fuerza
que mi nariz se pegó en su camisa.
Mamá, Papá y Hattie venían detrás,
blancos como la luna y tan callados como ella.
Sólo Mamá me regañó: "¡Katie! Dejarnos
de esa forma…" Su voz se quebró,
se sentó junto a mí y me acarició el pelo.
Papá miraba por la ventana. "No fue tan malo,
queridos míos, apenas una escaramuza.
No hay nadie lastimado, según veo".

Walter abrió la boca y luego la cerró
con fuerza. Me sequé los ojos con su manga.
Una melodía, un hilo de esperanza
me corrió por la mente. Cuando Mamá me pidió que hiciera
costuras rectas para enderezar mi comportamiento,
yo sabía que no podría hacerlo.
Pero John Warren lo había hecho.
Cuando me escondí en el negro y sofocante baúl,
y mi aliento se ahogó entre los vestidos de Mamá,
él dejó abierta la tapa para que yo pudiera respirar
y se llevó a los demás.

Dejó unas puntadas de bondad allí,
y todos quedamos atados a ellas:
Papá, Mamá, Walter, Hattie
y yo.

Piensa en la selección

El baúl de Katie
por Ann Turner
ilustraciones de
Ron Himler

1. ¿Cómo se siente Katie como miembro de una familia leal con vecinos rebeldes? ¿Cómo la hace sentir el conflicto?

2. Si fueras Celia Warren, la amiga de Katie, ¿dejarías de hablarle a Katie? Explica lo que harías y por qué.

3. Katie dice que "no era justo" que los rebeldes entraran en su hogar. ¿Estás de acuerdo con ella? ¿Por qué?

4. ¿Crees que Katie hizo bien o mal en ir corriendo a su casa? Explica tu respuesta. Busca en la selección evidencia que apoye tu opinión.

5. ¿Por qué John Warren dejó la tapa del baúl abierta e hizo que los otros rebeldes se fueran? ¿Qué efecto tuvo esta acción sobre Katie?

6. En la página 303, Katie dice que John Warren dejó "unas puntadas de bondad allí, y todos quedamos atados a ellas". ¿Qué quiere decir con eso? ¿Qué efecto podrían tener esas "puntadas de bondad" sobre su familia?

7. **Conectar/Comparar** Katie y Paul Revere se enfrentaron a retos ocasionados por el conflicto con Inglaterra. ¿Cuál crees que es el reto más importante que afronta cada uno? ¿Cómo responde cada uno a ese reto?

Crear

Escribe una escena de un guión

Supón que van a hacer una película de *El baúl de Katie*. Escribe el guión de una escena. Podrías elegir, por ejemplo, la escena en que Katie se esconde al escuchar a los rebeldes en la puerta de su casa.

Consejos

- Escribe el nombre de cada personaje delante de sus líneas.
- Escribe instrucciones para que los actores sepan qué movimientos hacer o cómo recitar sus líneas.

Lectura   **Inferencias/generalizaciones**
Escritura   **Describir eventos**

Haz un móvil

En la página 298, Katie se da cuenta de que hay objetos que para ella representan el hogar. Haz un móvil con cartón, recortes de revistas, dibujos o papel de aluminio para mostrar objetos que representan el hogar. Ensarta tus creaciones con un cordel y cuélgalas de un gancho de ropa.

Extra **Escribe un poema sobre tu familia para colgarlo del móvil.**

Organiza un debate

Lee nuevamente lo que la madre de Katie dice sobre el cargamento de té arrojado a la bahía de Boston y otros conflictos. ¿Estás de acuerdo con ella? Con un compañero o un grupo pequeño, haz una lista de razones que apoyen el punto de vista de los rebeldes o el de los leales. Invita a otro grupo a adoptar el punto de vista contrario. Presenten sus opiniones a la clase en un debate.

Consejos

- **Asegúrate de que cada grupo tenga el mismo tiempo para hablar.**
- **Apoya tu opinión con buenas razones.**
- **Haz un resumen al terminar el debate.**

Internet

Escribe una reseña

Escribe tu propia reseña de *El baúl de Katie*. ¿Qué te gustó? ¿Qué no te gustó? Explica por qué. Luego publica tu reseña en Education Place.

www.eduplace.com/kids

Destreza: Cómo leer las fuentes originales

Antes de leer...

Pregúntate de qué **suceso** o asunto habla este documento. ¿Quién lo escribió?

Al leer...

❶ Usa un diccionario para buscar los significados de las palabras **desconocidas**.

❷ Pregúntate: ¿Cuál es el punto de vista del escritor?

❸ Resume la **idea principal** del pasaje.

Estándares

Lectura

- **Identificar ideas principales**

- **Analizar características de la literatura**

Estudios sociales

- **Impacto de la Guerra Revolucionaria**

En sus propias palabras

Los hombres y las mujeres que vivieron durante la Guerra de Independencia estadounidense nos hablan con sus propias voces a través de documentos originales. Entre estos materiales puede haber cartas, diarios, artículos de periódico, discursos, historietas y mapas. Nos brindan información de primera mano sobre lo que las personas (famosas o poco conocidas) pensaban y cómo vivían.

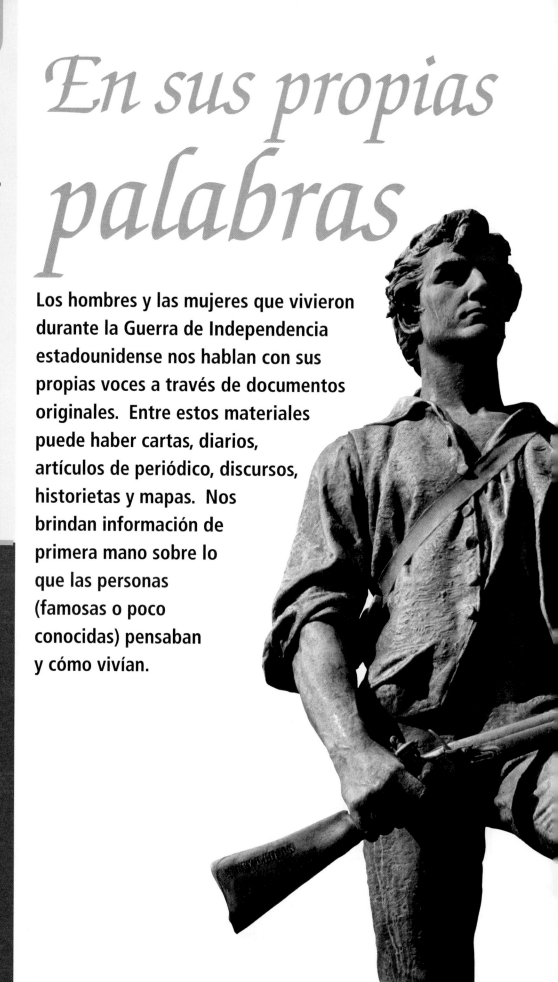

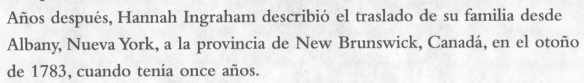

Un campamento de *leales* en la ribera del río San Lorenzo en Ontario, Canadá. ▶

La familia Ingraham, como miles de leales más, huyó a Canadá después de la Guerra de Independencia estadounidense. Años después, Hannah Ingraham describió el traslado de su familia desde Albany, Nueva York, a la provincia de New Brunswick, Canadá, en el otoño de 1783, cuando tenía once años.

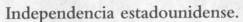

Fue una época triste y penoso cuando tocamos tierra en Saint John. Tuvimos que vivir en tiendas de campaña. Nos las había dado el gobierno, al igual que víveres. Entonces había caído la primera nevada, y la nieve que se derretía y la lluvia empapaban nuestras camas mientras dormíamos. Mamá padeció frío, contrajo reumatismo y nunca mejoró.

[Luego fuimos] río arriba en una goleta y nos llevó nueve días llegar a St. Anne's... Vivimos en una tienda en St. Anne's hasta que Papá nos preparó una casa.

Una mañana cuando nos despertamos, vimos que la nieve a nuestro alrededor era profunda. Entonces Papá llegó, abriéndose paso por la nieve, y nos dijo que la casa estaba lista, y que no nos detuviéramos a encender una fogata; que no hiciéramos caso del tiempo y que siguiéramos sus huellas por los árboles... Nevaba fuerte y ay, hacía tanto frío. Papá llevaba un baúl, también los demás llevábamos algo y lo seguimos colina arriba.

No había piso, ni ventanas, ni chimenea, ni puerta, pero teníamos techo... Tostamos pan [en una pequeña fogata] y todos nos sentamos alrededor y desayunamos esa mañana. Mamá dijo... "Ésta es la comida más dulce que he probado en muchos días".

La lucha por la libertad

James Forten
por Walter Dean Myers
ilustrado por
Leonard Jenkins

James Forten

Vocabulario

abolicionistas
asistía
conflicto
corsario
influyente

Estándares

Lectura

- Entender sinónimos/ antónimos
- Usar raíces y afijos
- Usar orden para analizar textos
- Identificar ideas principales
- Hechos, inferencias, opiniones

Muchos afroamericanos desempeñaron papeles importantes en la Guerra de Independencia estadounidense. Algunos, como James Forten, que confeccionaba velas en Filadelfia, lucharon en el mar. Otros fueron soldados o espías o contrabandearon alimentos cruzando las filas británicas. En total, más de 5,000 soldados afroamericanos, unos libertos y otros esclavos, arriesgaron su vida por la independencia de los Estados Unidos. Muchos lucharon para obtener su propia libertad también.

Se cree que esta pintura ▶ es un retrato de James Forten (1766-1842). Forten fue muy **influyente** en la lucha para liberar a los esclavos después de la Guerra de Independencia.

◀ Esta escuela de Filadelfia, a la que asistió James Forten, fue fundada por los cuáqueros, que eran **abolicionistas**. Este grupo quería acabar con la esclavitud y **asistía** a los afroamericanos para que pudieran educarse y conseguir buenos empleos.

310

Cientos de hombres afroamericanos estaban alistados en la marina continental. El marinero que aparece en este retrato de 1779 puede haber sido tripulante de un barco **corsario**, un barco privado usado en un **conflicto** naval. James Forten también fue tripulante de un corsario.

En 1778 Rhode Island y Massachusetts tenían cada uno una unidad afroamericana en el ejército. El líder patriota John Hancock presentó esta bandera a la tropa de Massachusetts en honor a su valentía. ▼

Conozcamos al autor Walter Dean Myers

Cuando era niño en la ciudad de Nueva York, Walter Dean Myers leía y escribía constantemente, llenando un cuaderno tras otro de cuentos y poemas. Ya mayor de veinte años, Myers participó en un concurso para escritores de libros infantiles ilustrados, y ganó. Actualmente ha publicado más de treinta y cinco libros para niños y jóvenes. *Now Is Your Time* describe las importantes funciones que cumplieron los afroamericanos en la historia de nuestro país. "La historia me ha hecho un afroamericano", dice Myers. "Lo que entendemos de nuestra historia es lo que entendemos de nosotros mismos".

Entre las novelas de Myers sobre los jóvenes están *Me, Mop, and the Moondance Kid*, y *Mop, Moondance, and the Nagasaki Knights*.

Conozcamos al ilustrador
Leonard Jenkins

Leonard Jenkins nació en Chicago, Illinois. Para cuando llegó a la escuela secundaria, ya exponía sus pinturas y se las vendía a sus admiradores.

Jenkins cree que el talento y el trabajo duro son esenciales para ser artista. Pero agrega: "Tu arte debe ir más allá de lo bien que puedas pintar. Debe llegarte al alma".

Internet

Para saber más acerca de Walter Dean Myers y Leonard Jenkins, visita Education Place. **www.eduplace.com/kids**

James Forten

por Walter Dean Myers
ilustrado por
Leonard Jenkins

Estrategia clave

James Forten fue tripulante de un barco durante la
Guerra de Independencia. Al leer, piensa en **preguntas**
que puedas comentar con tus compañeros sobre las
experiencias que tuvo.

313

Era temprano en la mañana el martes 2 de septiembre de 1766 en la ciudad de Filadelfia. Las calles que llevaban a la ciudad se llenaban ya de granjeros que traían sus productos para venderlos. Las ventanas de la ciudad cobraban vida con la luz de las lámparas. Los propietarios de fábricas pequeñas se dirigían a establecimientos pequeños a través de calles sinuosas. Dueños de imprentas, zapateros, herreros, fabricantes de velas, panaderos: todos comenzaban el trabajo del día porque, de hecho, Filadelfia era una ciudad comercial.

Cuando salió el sol en el puerto, los mástiles de los barcos resaltaban frente al gris del cielo. Los barcos se mecían en sus amarras como si también estuvieran listos para el nuevo día.

Cientos de hombres libres de origen africano vivían en Filadelfia. La ciudad albergaba a muchos abolicionistas destacados —personas que querían abolir, o acabar con la práctica de la esclavitud— como los cuáqueros, un poderoso e influyente grupo religioso. Más importante era el hecho de que los africanos tenían trabajo en Filadelfia.

Muchos africanos trabajaban en los muelles, cargando y descargando los barcos que traían productos de todo el mundo a las colonias. Otros eran comerciantes y costureras, cocineros, barberos y peones. A lo largo de toda la costa este, desde Baltimore hasta Nueva Inglaterra, los africanos libres trabajaban en barcos, trasladando cargamentos, llevando pasajeros y pescando. Muchos de ellos abrieron restaurantes. Otros compraron sus propios barcos y probaron su suerte en los activos puertos.

Thomas Forten, un africano libre, trabajaba para Robert Bridges, que confeccionaba velas para barcos en Filadelfia. La confección de velas era una tarea lucrativa pero difícil. Coser la gruesa tela era atroz para las manos. Había que encerar y manejar el pesado hilo con destreza. Si una persona intentaba romper el hilo con las manos se cortaba la piel como con un cuchillo. Pero a Forten le gustaba el empleo. Pagaba bastante bien y el trabajo era constante.

Forten ayudaba en todos los aspectos de la confección de velas y asistía en la instalación de las velas de los barcos de los que se encargaba la empresa. Con los ingresos de su trabajo había adquirido la libertad de su esposa. Ahora, temprano en la mañana de este martes, esperaban otro bebé. El bebé, que nació ese día, era James Forten.

La vida del pequeño James Forten no fue muy distinta a la de los demás niños pobres de Filadelfia. Jugaba a las canicas y a la gallinita ciega, y corría por las calles. Cuando tuvo la edad suficiente iba a los muelles para ver los barcos.

A veces James iba a la tienda donde trabajaba su padre y hacía pequeñas tareas. A Bridges le caía bien y lo dejaba trabajar todo lo que pudiera, pero también alentó a Thomas Forten a cerciorarse de que su hijo aprendiera a leer y escribir.

Los Forten enviaron a su hijo a una escuelita creada para niños africanos por un cuáquero, Anthony Benezet. Él creía que la única forma de que los africanos pudieran llegar a ocupar un lugar importante en las colonias era mediante la educación.

Thomas Forten trabajaba en un barco cuando murió a causa de una caída. James Forten sólo tenía siete años. Su madre quedó destruida, pero insistió en que su hijo siguiera asistiendo a la escuela. Él estudió dos años más, y luego aceptó un empleo en una tienda pequeña.

Lo que James quería era hacerse a la mar. Tenía catorce años en 1781 cuando su madre finalmente accedió. En las colonias se luchaba por la libertad, y James Forten también lucharía por ella.

Él conocía las dificultades que había entre los británicos y los colonos
norteamericanos. Había visto primero a los soldados británicos y luego a los
soldados norteamericanos marchar por las calles de Filadelfia. Entre los
soldados norteamericanos había hombres de color.

Un niño afroamericano en la Filadelfia de principios del siglo dieciocho
debía tener cuidado. Circulaban rumores de que secuestraban a los africanos
libres y los vendían como esclavos. Él había visto a los cautivos en los
barcos. Se parecían a él: la misma piel oscura, la misma nariz ancha, pero
había una tristeza en ellos que le llegó al corazón y lo atemorizó. Había visto
africanos encadenados llevados por las calles, de camino hacia el Sur.

Nunca olvidó la imagen de su pueblo esclavizado, ni aceptó como algo natural que los afroamericanos fueran esclavos.

Pero los soldados afroamericanos que vio Forten eran algo especial. Marchando con un mosquete al hombro, parecían más altos y más negros que cualquier hombre que hubiera visto. Y también había marineros africanos. Él conocía a algunos de esos hombres. Habían sido pescadores y estibadores antes del conflicto con Gran Bretaña; ahora trabajaban en barcos corsarios y en la marina. A veces escuchaba historias sobre batallas navales, y trataba de imaginarse cómo serían.

En el verano de 1781 James Forten se alistó en el corsario *Royal Louis,* al mando de Stephen Decatur, padre. Las colonias tenían pocos barcos propios para luchar contra la poderosa armada británica y otorgaban "patentes de corso" a particulares. Éstas permitían a los barcos, bajo la bandera de los Estados Unidos, atacar a los barcos británicos y obtener ganancias con la venta de cualquier nave capturada.

El *Royal Louis* zarpó de Filadelfia en agosto y fue atacado rápidamente por la nave británica *Active,* un bergantín fuertemente armado que Inglaterra envió para proteger sus barcos mercantes.

Un ayudante de artillería cargaba los cañones del *Royal Louis* con pólvora y la apisonaba. Entonces la bala se colocaba en el cañón contra la pólvora. Luego se encendía la pólvora. La pólvora se guardaba bajo cubierta en caso de que hubiera un ataque de barcos enemigos.

La tarea de Forten era llevar la pólvora del fondo a los cañones. Subió y bajó corriendo por las escaleras con la pólvora mientras los cañonazos del barco británico silbaban sobre su cabeza. Había grandes agujeros en las velas y los hombres gritaban cuando los alcanzaba la metralla que astillaba los lados del barco. El olor a pólvora impregnaba el aire y el capitán Decatur giró el barco para que los cañones del costado apuntaran hacia el *Active.* Los marineros caían por doquier alrededor de Forten, y algunos morían mientras otros pedían más pólvora.

Forten corrió una vez más bajo cubierta, sabiendo que si una bala de cañón daba con los barriles de pólvora, o si alguno de los maderos en llamas caía en la bodega, moriría instantáneamente por la explosión. Subió de vuelta con tanta pólvora como pudo cargar.

Luego de lo que debió parecer una eternidad en que los dos barcos se atacaban como gatos furiosos, el *Active* arrió la bandera. ¡Se había rendido!

Decatur trajo el barco de vuelta hacia Filadelfia, con los cañones aún dirigidos contra el alicaído *Active.*

El gentío que había en el muelle vitoreó desenfrenadamente cuando reconoció la bandera estadounidense del *Royal Louis.* A bordo del barco triunfante, James Forten peleaba con sus emociones contradictorias al ver a tantos de sus compañeros heridos, algunos de ellos de muerte.

El *Royal Louis* entregó los prisioneros a las autoridades militares. El 27 de septiembre vendieron el *Active,* y las ganancias se dividieron entre los dueños del *Royal Louis* y la tripulación.

A los marineros más gravemente heridos los enviaron a recibir
tratamiento. Los demás, una vez curadas sus heridas, pronto se dedicaron a
reparar el barco. Seguramente, Forten estaría entusiasmado. Una vez que el
temor de la batalla había pasado y se habían llevado a los heridos, era fácil
pensar sobre el peligroso encuentro como una aventura. Y habían triunfado.

Reemplazaron a los tripulantes desaparecidos. El capitán revisó el
barco con cuidado y lo declaró en buen estado para el combate. La
tripulación llevó más municiones a bordo, más pólvora y víveres nuevos.
Una vez más se hicieron a la mar.

El 16 de octubre de 1781 avistaron un barco, vieron que era británico
y enseguida salieron a perseguirlo. Al aproximarse vieron un segundo barco,
y luego un tercero. Decatur giró para escapar de la trampa, pero ya era
demasiado tarde. Los tres barcos británicos, el *Amphyon,* el *Nymph* y el
balandro *Pomona,* se acercaron. Pronto quedó claro que el *Royal Louis* tenía
dos opciones: rendirse o ser hundido.

El *Royal Louis* arrió su bandera. Se había rendido, y sus tripulantes
eran ahora prisioneros. Forten estaba aterrorizado. Había escuchado que
los británicos enviaban a los africanos capturados a las Antillas para
venderlos como esclavos. Sabía que el *Pomona* había navegado varias veces
entre las colonias y la isla de Barbados, donde muchos africanos
languidecían como esclavos. Eran tiempos de mucho temor.

322

Llevaron a James a bordo del *Amphyon* con otros compañeros de la tripulación. A bordo del barco británico el capitán Beasley revisó a los prisioneros. Había varios muchachos entre los tripulantes norteamericanos, y él los separó de los hombres mayores.

El hijo del capitán Beasley miró a los muchachos capturados. Muchos de ellos eran menores que él. Aunque seguían siendo prisioneros, a los muchachos se les dio mayor libertad que a los hombres, y el hijo de Beasley vio a los norteamericanos jugando a las canicas. Se sumó al juego, y así se hizo amigo de Forten.

El resultado de esta amistad espontánea fue que el capitán Beasley no envió a Forten, como podría haberlo hecho, en un barco dirigido a las Antillas y a la esclavitud. En cambio, lo trataron como un prisionero de guerra común y lo enviaron al barco de prisioneros *Jersey*.

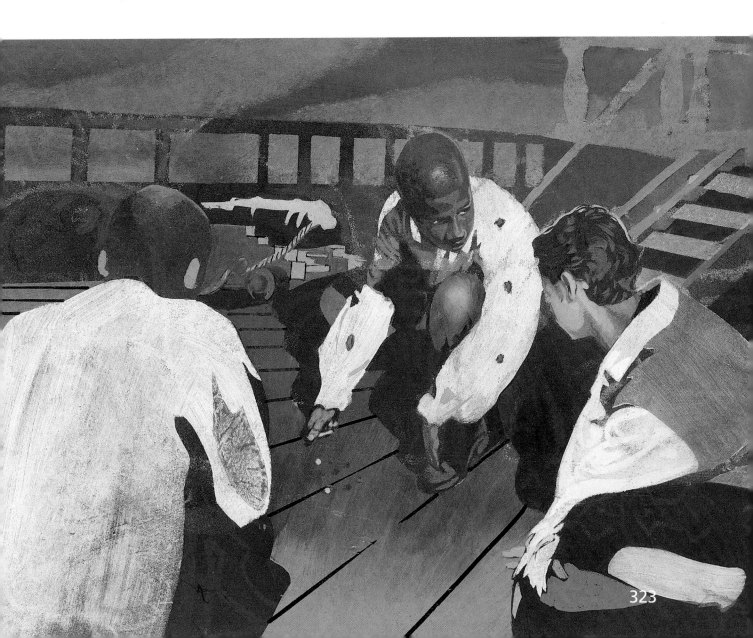

Sombrío e imponente, el *Jersey* era un barco de sesenta cañones anclado en Long Island, en Nueva York. Era muy viejo para usar en la guerra y se había utilizado primero como barco hospital y luego como barco de prisioneros. Habían sellado las portillas y habían cortado cuadrados de veinte pulgadas a los lados del barco. A lo largo de estos cuadrados colocaron barras de hierro.

El capitán del *Jersey* recibió a los prisioneros despectivamente. Los revisaron a todos bajo la atenta mirada de los marinos británicos. Los heridos y los enfermos no recibían tratamiento. Se oían tristes lamentos de otros prisioneros bajo la cubierta. Unos cuantos prisioneros pálidos y enfermizos, repletos de llagas, estaban apiñados junto a un barril de agua. Entonces se escuchó el grito que algunos oirían por meses, otros por años.

—¡Abajo los rebeldes, abajo!

Eran rebeldes contra el rey, para ser odiados, y quizás colgados. Los llamaban traidores, no soldados patriotas. A James lo empujaron para que entrara en fila en la cubierta. Los hombres en la fila andaban arrastrando los pies hacia el barril de agua, donde cada uno llenaba una cantimplora con una pinta de agua. Entonces los empujaban de mala manera bajo cubierta.

La bodega del barco estaba oscura. La poca luz que entraba provenía de los pequeños cuadrados a lo largo del casco. El aire era frío y húmedo, y los hombres hacían sus necesidades donde yacían. Algunos de los prisioneros se quejaban. Otros operaban bombas de agua para retirar el agua del fondo del barco.

Era difícil conciliar el sueño, y James no estaba seguro de que no lo venderían como esclavo. Recordaba que le había caído en gracia al hijo de Beasley, y el muchacho se había ofrecido a persuadir a su padre para que llevara a James a Inglaterra. Eso habría sido mejor que la bodega del *Jersey.*

Por la mañana lo primero que hacía la tripulación era revisar cuántos prisioneros habían muerto esa noche. Muchos prisioneros padecían la fiebre amarilla. Para ellos la muerte sólo sería cuestión de tiempo.

Más tarde, Forten aseguraba que el juego de canicas con el hijo de Beasley lo había salvado de una vida de esclavitud en las Antillas. Pero el primero de noviembre, dos semanas después de la captura del *Royal Louis,* llegaron noticias a Nueva York de que el general de brigada Charles Cornwallis, comandante del ejército británico en Virginia, se había rendido a George Washington. Washington había protestado enérgicamente por la práctica británica de enviar prisioneros a las Antillas. Probablemente fue la noticia de la victoria, más que el juego de canicas, la que salvó al joven marinero.

James Forten no fue un héroe. No derrotó por su cuenta a los británicos, ni hundió un barco solo. Pero luchó, como tantos africanos, por la libertad de los Estados Unidos, y luchó bien. Fue sólo uno de miles de africanos que ayudaron a crear el país conocido como los Estados Unidos de América.

En Filadelfia, tras la guerra, James Forten se hizo aprendiz del hombre para quien había trabajado su padre, Robert Bridges. Como su padre, James era un trabajador incansable. Con el tiempo se encargaría del negocio de Robert Bridges, y en 1798 ya era su propietario. En su mejor época el negocio dio empleo a cuarenta trabajadores, negros y blancos. Forten se convirtió en uno de los hombres más ricos de Filadelfia. Se casó y formó una familia, a la que trasmitió los valores del trabajo que había aprendido de su padre. Forten hizo varios aportes importantes al negocio de la confección de velas, entre ellos un método para manejar las enormes velas en el taller, que permitía repararlas con mayor rapidez y ahorrar tiempo valioso a los propietarios de los barcos. En los próximos años usaría su gran riqueza para apoyar a grupos antiesclavistas y el derecho de la mujer al voto, en una época en que más del 90 por ciento de los africanos en los Estados Unidos aún eran esclavos.

James Forten se convirtió en uno de los abolicionistas africanos más influyentes. Pasó gran parte de su vida abogando por la libertad de su pueblo en el país que su gente había ayudado a crear.

James Forten
por Walter Dean Myers
ilustrado por
Leonard Jenkins

Piensa en la selección

1. Recordamos a James Forten más por su vida después de la Guerra de Independencia que por su papel en la guerra. En base a la selección, comenta si esta afirmación es verdadera o falsa.

2. ¿Piensas que a James Forten lo trataron de forma justa cuando era prisionero? ¿Cómo piensas que se debe tratar a los prisioneros de guerra?

3. Luego de que el barco británico *Active* se rindió, James Forten tenía "emociones contradictorias" acerca de la victoria. ¿Por qué? Describe las emociones que pudo sentir.

4. James Forten y el hijo del capitán Beasley compartían la afición por el juego de canicas. ¿Qué cosas te interesan a ti que podrían ayudarte a hacer amistades?

5. Elige uno de los acontecimientos que ayudaron a orientar la vida de James Forten. ¿Qué crees que aprendió él de esta experiencia?

6. Walter Dean Myers escribe que James Forten "no fue un héroe". ¿Estás de acuerdo? Explica por qué. ¿Qué significa para ti ser un héroe?

7. **Conectar/Comparar** Muchas personas, tanto patriotas como leales, arriesgaron su vida en la Guerra de Independencia estadounidense. Compara los peligros que enfrentaron Paul Revere, Katie Gray y James Forten en la guerra.

Persuadir

Escribe un diálogo

¿Qué crees que le dijo James Forten a su madre para que lo dejara hacerse marinero? ¿Qué pudo haberle respondido ella? Escribe un diálogo entre Forten y su madre que muestre cómo se siente cada uno.

Consejos

- **Comprueba que cada personaje declare su opinión con firmeza y la apoye con razones sólidas.**
- **Usa los signos de puntuación y las mayúsculas correctamente.**

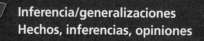

Lectura Inferencia/generalizaciones
Hechos, inferencias, opiniones

Crea un folleto

En base a lo que has leído acerca de Filadelfia en esta selección, escribe un folleto que enumere las ventajas de la ciudad en 1781. Trata de convencer a la gente de que se mude a la ciudad.

Escribe una leyenda

Observa las ilustraciones de la selección. Elige una que te parezca interesante o estimulante. Entonces escribe una leyenda que explique brevemente lo que ocurre en la ilustración.

Toma una prueba en Internet

En este tema, *Voces de la Revolución,* has leído relatos de personas que ayudaron a crear los Estados Unidos. Toma nuestra prueba en Internet de Education Place para ver lo que recuerdas. **www.eduplace.com/kids**

Escritura **Composiciones persuasivas**

Destreza: Cómo seguir instrucciones

❶ Lee las instrucciones, prestando atención a los **materiales** necesarios y al orden de los pasos. Presta especial atención a las **palabras que indican orden** como *primero, siguiente, luego, después* o *finalmente*. Observa las imágenes o los diagramas que haya.

❷ **Reúne** los materiales. **Relee** los pasos, uno por uno, y **síguelos** en orden.

❸ Si no entiendes un paso, **relee** las instrucciones. **Verifica** los diagramas de nuevo.

Estándares

Lectura

• **Entender la presentación del texto**

• **Usar orden para analizar textos**

Los primeros juegos de los Estados Unidos

Cuando James Forten y el hijo del capitán Beasley jugaron a las canicas en la cubierta del barco británico *Amphyon*, participaban en un juego que ha sido popular desde hace más de 2000 años.

Muchos juegos de la época de la Guerra de Independencia estadounidense siguen con nosotros, como la roña (el corre que te pillo), el brincar al burro y las escondidas (o el escondite). Otros juegos cambiaron sólo un poco. Los juegos que entonces se llamaban en inglés "jackstraws", "quoits" y "battledore and shuttlecock" se conocen hoy como los palillos chinos, las herraduras y el bádminton.

Casi todos los juegos coloniales se basaban en objetos sencillos del hogar. Para uno de los juegos más populares del período revolucionario, que era girar un aro, se usaban los aros de madera o metal que unían los maderos de los barriles.

Los juegos que se describen aquí serían muy conocidos para James Forten y sus amigos. Cuando los juegues, estarás manteniendo vivas tradiciones centenarias.

330

Canicas

Como ya descubrirás, hay que tener práctica y destreza para pegarles a las canicas que están dentro del círculo.

Jugadores: de 2 a 5

Materiales: 6 canicas o arándanos rojos por jugador

Objetivo del juego: ganar canicas pertenecientes a otros jugadores

Cómo se juega

1 Dibujen un círculo de tres pies de diámetro en una superficie plana.

2 Dibujen otro círculo de un pie de diámetro en el centro del primer círculo.

3 Coloquen cinco canicas por jugador dentro del círculo más pequeño. Quédense con la sexta canica para pegarles a las demás.

4 Para elegir al primer jugador, túrnense para tirar canicas desde el círculo exterior. Para tirar, sostén la canica en una mano y lánzala con un golpe rápido del pulgar. El jugador cuya canica quede más cerca del círculo interior tirará primero.

5 Túrnense para intentar sacar las canicas fuera del círculo interno. Los jugadores se quedan con todas las canicas que saquen. Un turno termina cuando un jugador no acierta.

6 Jueguen hasta que hayan sacado todas las canicas del círculo. Gana el jugador que tenga la mayor cantidad de canicas.

Caracol

En el siglo XVIII, los niños solían dibujar en la tierra el diseño para este juego con un palo.

Jugadores: 2 a 4

Materiales: Cubo numérico; un máximo de cuatro tipos de fichas distintos (frijoles o botones); un tablero de juego como el de la ilustración

Objetivo del juego: Ser el primer jugador en llegar al centro de la espiral

Cómo se juega

1. Elijan fichas: una distinta para cada jugador.

2. Túrnense para lanzar el cubo numérico. El que saque el número más alto juega primero.

3. El primer jugador lanza el cubo numérico y mueve la ficha el número de espacios indicado. El siguiente jugador lanza y mueve. Se toman los turnos hacia la izquierda en el círculo de jugadores.

4. Ningún jugador podrá caer en un espacio ocupado. Si un jugador lanza un tres y ese espacio está ocupado, no jugará ese turno.

5. El ganador es el primero en caer en el último lugar del centro de la espiral. Un jugador que esté cerca del último lugar no puede moverse si lanza un número más alto que los espacios restantes.

Filas de tres

Este juego quizá te recuerde al de tres en línea.

Jugadores: 2

Materiales: Dos tipos de fichas distintas, como frijoles o monedas; once fichas por jugador; un tablero de juego como el de la ilustración, copiado en papel o cartulina

Objetivo del juego: Lograr formar una mayor cantidad de filas de tres fichas en línea y quitar del tablero las fichas del rival

Cómo se juega

1 Elijan fichas. Decidan a quién le toca primero.

2 Túrnense para colocar las fichas de una en una, siempre ubicándolas en un punto de cruce entre las líneas. Los marcadores pueden colocarse de forma horizontal, vertical o diagonal. Tres fichas en línea recta forman una fila. Cuando un jugador forma una fila, puede quitar la ficha del rival si todavía no forma parte de una fila.

3 Cuando se hayan colocado todas las fichas en el tablero, sigan intentando formar filas moviendo una ficha en cualquier dirección al siguiente punto vacío.

4 El juego termina cuando a un jugador sólo le quedan dos fichas, o cuando nadie puede hacer más movimientos. Gana el jugador que tenga más fichas en el tablero.

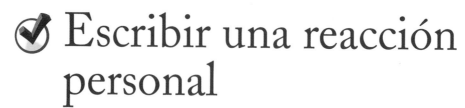

Escribir una reacción personal

En algunas pruebas se te pide que elijas uno o dos temas y que escribas una reacción personal al respecto. A continuación aparece un ejemplo. Usa los consejos para escribir este tipo de respuestas.

Consejos

- Lee las instrucciones con atención. Busca palabras clave que te indiquen sobre qué debes escribir.
- Decide el tema sobre el que vas a escribir.
- Planifica tu respuesta antes de comenzar a escribir. Piensa en el tema y haz una lista de razones y ejemplos de apoyo.
- Cuando termines de escribir, corrige los errores.

Escribe uno o dos párrafos sobre uno de los siguientes temas:

a. En el tema *Voces de la Revolución,* leíste acerca de distintos oficios o empleos. ¿Qué oficio crees que habrías querido aprender en la época de la Guerra de Independencia estadounidense? ¿Por qué?

b. En *El baúl de Katie,* observaste la Guerra de Independencia estadounidense desde el punto de vista de los leales. ¿Cuál bando habrías apoyado durante la guerra, a los leales o a los patriotas? ¿Por qué?

Ahora, observa una buena respuesta que escribió una estudiante, y las características que la hacen una buena respuesta.

Durante la Guerra de Independencia yo habría apoyado a los patriotas. Aunque los británicos pagaron por el viaje de los colonos a América, no creo que los británicos tuvieran el derecho de hacer las cosas que condujeron a la Guerra de Independencia.

Los británicos le ponían impuestos a todo y tenían soldados patrullando. La verdad es que los británicos no les daban a los colonos los productos esenciales para vivir, como comida y agua. Si los británicos hubieran hecho eso, entonces los colonos no se habrían enojado. Básicamente, los británicos decían que no los iban a ayudar a sobrevivir, pero que seguirían gobernándolos y cobrándoles impuestos.

La respuesta siempre se concentra en el tema.

Hay detalles que apoyan la respuesta.

La autora usa palabras descriptivas y exactas.

Hay pocos errores de gramática, ortografía, mayúsculas y puntuación.

De persona a persona

Cuando ayudamos a otro,
ambos nos fortalecemos.

— dicho ecuatoriano

Sin título #2 por Keith Haring (arriba) Colección del Dr. Richard Hoffman y señora, cortesía
de la Galería Kohn Turner, Los Angeles. ©Propiedad de Keith Haring.
Lección de música por Jacob Lawerence (derecha) Colección del New Jersey State
Museum, Gift of the Friends of the New Jersey State Museum, FA1973.19

De persona a persona

Contenido

Biblioteca del lector

- Música a gusto de todos
- Para ser gata, está muy bien
- Trevor, de Trinidad
- El otoño en el norte del estado

Libros del tema

La Bici Cleta
    por Daniel Múgica
    ilustrado por Carlos García-Alix

Antonio en el país del silencio
    por Mercedes Neuschäfer-Carlón
    ilustrado por Ángel Esteban Lozano

Jeruso quiere ser gente
    por Pilar Mateos
    ilustrado por Alfonso Ruano

Libros relacionados

Mariah conserva la calma
por Mildred Pitts Walter

Preparadas… listas… ¡ya!

por Jeannine Atkins

(Lee & Low Books)

Una joven se siente intimidada por la nueva alberca y porque el otro equipo ha ganado muchas veces.

Primos

por Virginia Hamilton

(Scholastic)

Una niña relata lo bueno y lo malo de tener tantos primos.

La mejor amiga de Mamá
por Sally Hobart Alexander

El paraíso de Abuelita

por Carmen Santiago Noclar

(Albert Whitman & Co.)

Una niña cuenta los recuerdos de su querida abuela.

Viaje

por Patricia MacLachlan

(Fondo de Cultura Económica)

Un abuelo ayuda a dos niños a captar recuerdos con una cámara.

Yang Segunda y sus admiradores secretos
por Lensey Namioka

Querido señor Henshaw
por Beverly Cleary

Entonces lee…

El béisbol nos salvó

por Ken Mochizuki (Lee & Low Books)

Este libro narra las experiencias de un niño de origen japonés estadounidense y su familia durante la Segunda Guerra Mundial.

Las paredes hablan

por Margy Burns Knight

(Tilbury House Publishers)

La autora explora el significado de importantes "paredes" de los seis continentes y muchas épocas distintas.

Entonces lee…

Trotón, mi perro

por Beverly Cleary

(Espasa Calpe)

Un muchacho de catorce años encuentra un perro abandonado y lo cuida.

Diario secreto de Susi/ Diario secreto de Paul

por Christine Nöstlinger
(SM)

Dos personajes comparten pensamientos escribiendo en diarios.

Tecnología

Visita **www.eduplace.com/kids**

Education Place®

Desarrollar conceptos

Mariah conserva
la calma
por Mildred Pitts Walter

Mariah conserva la calma

Vocabulario

celebración
competir
decorar
increíblemente
voluntario

Estándares

Lectura

- Inferencias/ generalizaciones
- Analizar características de la literatura
- Problema o conflicto principal

Trabajo voluntario

Trabajar como **voluntario** es dedicar a una actividad el tiempo y la energía que tienes disponibles, no porque nadie te obligue, sino porque tú quieres.

Uno de los personajes de *Mariah conserva la calma*, dedica parte de su tiempo a un refugio para personas sin hogar. Otros organizan una fiesta en beneficio del refugio.

¿Te has ofrecido alguna vez como voluntario para hacer algo? ¿Qué hiciste? ¿Cómo te sentiste ayudando a los demás?

Quizás alguna vez hayas formado parte de un equipo de voluntarios. La gente puede resultar **increíblemente** productiva cuando trabaja unida para actuar en una obra de teatro, recoger la basura de una playa o **decorar** una pared con un mural.

La misión de los integrantes de un equipo de voluntarios no es **competir** entre ellos, sino trabajar juntos por un objetivo común: terminar un trabajo, crear algo o ayudar a los demás. Y al final, casi siempre hay una **celebración** para decir: ¡Lo logramos!

Estos estudiantes de St. Paul, Minnesota, ayudan a limpiar su vecindario.

La creación de un mural reúne a un grupo de estudiantes artistas en Los Ángeles, California.

Mildred Pitts Walter

Nacida en: Sweetville, Louisiana, 1922

Dónde vive: Denver, Colorado

Trabajo: Asistente de constructor naval durante la Segunda Guerra Mundial; maestra de escuela primaria; autora de libros infantiles desde 1969

Cómo inició su carrera de escritora: Cuando buscaba libros para sus estudiantes escritos por autores afroamericanos y sobre afroamericanos, un editor la desafió a que escribiera uno. El resultado fue su primer libro, *Lillie of Watts: A Birthday Discovery*.

Familia: "Creo que la familia lo es todo en la vida de los seres humanos. No sólo el núcleo familiar, sino todo el resto de la familia: los abuelos, los tíos, los primos, los amigos, la comunidad, la ciudad y el país".

Libros: *Justin and the Best Biscuits in the World; Kwanzaa: A Family Affair; Have a Happy; Mississipi Challenge; The Suitcase*

Nneka Bennett

Nacida en: Nueva Jersey, 1972

Materiales de arte favoritos: Acuarelas y lápices de colores

Ilustradores a quienes admira en particular: Leo y Diane Dillon

Su consejo para los artistas jóvenes: "Pueden seguir el consejo de mi madre: Escucha a tu corazón y no permitas que nadie te aparte de tus sueños".

Internet

Para saber más acerca de Mildred Pitts Walter y Nneka Bennett, visita Education Place. **www.eduplace.com/kids**

Mariah conserva la calma
por Mildred Pitts Walter

Lee el título y la introducción de esta selección. ¿Qué puedes **inferir** sobre Mariah? ¿Qué puedes **predecir** acerca de los resultados de sus planes?

Lectura Inferencias/generalizaciones

Mariah y sus amigas, las Cinco Amigas, se están preparando para una gran competencia de natación con la ayuda de su compañero de clase y entrenador, Brandon. Entretanto, Mariah planifica una fiesta de cumpleaños para su hermana Lynn, en la que los invitados harán donaciones para un refugio de personas sin hogar donde Lynn hace trabajo voluntario. La tarea de organizar la fiesta también ha servido para acercar más a Mariah y a su media hermana Denise.

Faltaban sólo cuatro días para el cumpleaños de Lynn, y nueve para la competencia de natación. Mariah creía que el día no tenía suficientes horas para todo lo que debía hacer. La fiesta de Lynn tomaba tiempo, pero el trabajo fuerte seguía siendo prepararse para la competencia. Mientras caminaba por la calle iba midiendo cada paso que daba, imaginándose que estaba en el trampolín de la piscina. A menudo pensaba en Lorobeth, y se preguntaba si todo este trabajo valdría la pena. Tal vez nunca sería capaz de competir y ganar.

Además de que ahora debía pasar cuatro horas diarias nadando, en lugar de dos, también tenía que dedicarle tiempo a la fiesta. Todas las tardes trabajaba con Brandon, con las integrantes de las Cinco Amigas y con Denise, preparando todo en casa de Brandon. Denise estaba colaborando más de lo que Mariah había imaginado. Hoy iba a enseñarles a las Cinco Amigas a hacer flores de papel para decorar el patio el día de la fiesta.

Todo parecía estar bajo control, excepto Lynn. Mariah creía que Lynn sospechaba que algo raro estaba pasando cada vez que le sugería a Denise que hiciera cosas con ella. Siempre que Denise le contestaba con alguna excusa, Lynn, a veces ofendida, quería saber qué se traía entre manos Denise.

Mariah se alegraba de que a menudo Mamá interviniera e insistiera en que Lynn hiciera cosas con ella para ayudarla.

Esa tarde, saliendo para donde Brandon, Mariah dijo:

—Hasta luego, Denise.

—¿Adónde van? —Lynn quería saber.

Al darse cuenta de que había cometido un error, Mariah dijo rápidamente:

—Voy a nadar donde Brandon.

—¿Entonces dónde verás a Denise más tarde?

—En casa. A la misma hora que te veré a ti, en cuanto yo vuelva.

Tan pronto Mariah llegó a casa de Brandon, llamó a su mamá y le pidió que telefoneara a casa y mandara a Lynn a hacer cualquier diligencia, para que Denise pudiera salir tranquilamente a reunirse con ellos en casa de Brandon.

Por fin llegó Denise. Todos pusieron manos a la obra en la habitación de Brandon, recortando pétalos de papel de colores y pegándoles un trozo de alambre fino que luego cubrían con tiras de papel verde para que pareciera un tallo. Mariah estaba sorprendida al ver lo rápido que Denise convertía aquellos pétalos y tallos en flores hermosas.

Pronto todas las niñas producían montones de flores, y entretanto Brandon preparaba las etiquetas y las pancartas.

—Creo que Lynn sospecha algo —dijo Denise.

—Pues, espero que no se entere. Esto debe ser una sorpresa —dijo Cynthia.

En ese preciso instante la mamá de Brandon corrió a la puerta:

—Rápido, salgan a la piscina. Ahí viene Lynn.

Todos salieron corriendo.

—Tú no, Denise —ordenó Mariah—. Escóndete aquí.

—¡Oh!, no llevamos puestos los trajes de baño —murmuró Trina mientras todos se apresuraban a salir de la casa.

—Quítense los zapatos —pidió Mariah—. Siéntense en el borde de la piscina y chapoteen con los pies.

Mariah escuchó a la mamá de Brandon hablando con Lynn y tratando de entretenerla, y cuando Lynn salió al patio, se hizo la sorprendida:

—Lynn, ¿qué haces tú aquí?

—Estaba haciendo una diligencia por acá cerca y se me ocurrió venir a verlos entrenar para la competencia. ¿Cómo es que no están nadando?

—Las he dejado descansar un rato —dijo Brandon—. Pronto empezarán.

—Por favor, Brandon, danos el día libre —sugirió Nikki.

—No señorita; hay que trabajar. Y Lynn, será mejor que te vayas.

—Déjame verlas un ratito, sólo por esta vez —suplicó Lynn.

—Nada de público en los entrenamientos. Las reglas son las reglas. Pónganse los trajes de baño, chicas —ordenó Brandon.

—¡Nos vemos, Lynn! —corearon todas entrando a la casa.

Cuando Lynn se fue, corrieron de nuevo a la habitación de Brandon.

—¡Uf! —exclamó Mariah—. Brandon, nos salvaste.

—Aquí pasa algo raro —dijo Trina.

—Ajá. ¿Pero quién habrá sido la indiscreta? —preguntó Jerri.

—No, no creo que ella sepa nada —dijo Denise—, aunque quizás sí sospeche algo.

—Mejor apresurémonos a terminar con todas estas cosas —dijo Mariah—. Ya tengo los nervios de punta.

El día anterior a su cumpleaños, Lynn anunció durante la cena:

—El día de mi cumpleaños lo único que quiero es quedarme descansando en la cama todo el día.

"Oh, no", pensó Mariah mirando a Mamá y después a Denise. "¿Sería que Lynn sabía algo? ¿Se estropearía todo el plan de la fiesta sorpresa? Es que Lynn puede ponerse de lo más pesada".

—Muy bien —asintió Denise—. Mariah y yo prepararemos el desayuno y te lo llevaremos a la cama.

—¿Tú y Riah van a preparar el desayuno? —dijo Lynn burlándose.

—Claro. Te prepararemos cereal con frutas, ¿te parece, Riah?

—Tú podrías hacer tu especialidad, Denise —sugirió Mariah.

—No creo que Lynn quiera panecillos de maíz para desayunar —se rió Denise.

Los bollitos de maíz eran lo único que a Denise le había quedado bien desde que empezó a aprender a cocinar.

—Esos bollitos te quedan tan deliciosos, Denise, que tal vez sí —dijo Lynn.

—Nada, te pondremos un cereal de mijo, y listo —dijo Mariah, y todas se rieron.

Mariah se fue a la cama preocupada. ¿Cómo iban a prepararse ahora para la fiesta? ¡Pero qué hermana tan rara, esta Lynn!

Al día siguiente temprano, Mariah y Denise entraron en la habitación de Lynn con una bandeja, acompañadas de Mamá y Papá. Todos le cantaron "Cumpleaños feliz" y cuando salían de la habitación para dejar a Lynn comer sola, Mamá preguntó:

—Lynn, ¿estás segura de que te quieres quedar en la cama todo el día?

—Estoy segura.

—Pero, Lynn...

Mamá levantó rápidamente la mano.

—Riah, eso hay que respetarlo.

En la cocina, Mariah dijo:

—Lynn no puede quedarse aquí. No acabaremos nunca todo lo que tenemos que hacer. Haz algo, Mamá. No vayas a trabajar y llévatela de aquí.

—Yo había pensado en tomarme la mitad del día libre —dijo Mamá.

—Pues, recuerda que Lynn había dicho que quería unos libros —dijo Denise.

—¡Lynn sería incapaz de rechazar una invitación para salir a comprar libros! —dijo Mariah—. Y llévala también a almorzar y al cine, Mamá.

—Pero, ¿y si no quiere ir? —sugirió Denise.

—¡Ja! Ya verás como viene conmigo —dijo Mamá—. Más le vale.

350

Mariah se encontró con sus amigos en el centro de deportes. Todos querían saber a qué hora tenían que acudir para preparar la fiesta.

—A lo mejor ni habrá fiesta.

Mariah les contó que Lynn había decidido quedarse en la cama todo el día.

—Así es que alguien habló más de la cuenta, y ahora Lynn se está haciendo la difícil, ¿no? —sugirió Trina.

—Qué insoportable es, aunque sea mi hermana —dijo Mariah malhumorada.

—Ya te lo dijimos. Es que es muy rara —dijo Jerri.

—Bueno, eso puedo decirlo yo, pero ustedes no, ¿de acuerdo?

Mariah regresó a casa poco antes de mediodía, y Lynn seguía en su habitación.

—No creo que se levante —le dijo Mariah a Denise.

Denise respondió rápidamente:

—Si se comporta de esa manera, a mí me da igual. No habrá sorpresa. Se lo contaremos todo y ya está.

En ese momento Mamá llegó a casa y entró en la habitación de Lynn. Mariah la escuchó decir:

—Lynn, sé que no quieres ninguna celebración, pero yo pedí el día libre para que pudiéramos hacer algo juntas.

—Es que no quiero nada especial.

—Esto no es nada especial. Vámonos a la librería. ¿Qué te parece?

—Si vamos, a lo mejor Riah y Denise quieren ir con nosotras también.

Mariah quiso gritar ¡No!, pero Mamá lo dijo por ella, —No, no. Dijimos que nada de cosas especiales; sólo tú y yo. Levántate y alístate.

Tan pronto salieron de la casa, Mariah voló al teléfono. —Lynn acaba de salir. La sorpresa sigue en pie.

A las tres de la tarde Papá había recogido todas las cosas de casa de Brandon, y todo el mundo estaba ya listo para trabajar. La madre de Brandon y la abuela de Cynthia también habían venido a ayudar.

A Mariah le gustó cómo Denise había combinado los papeles de colores vivos con que habían envuelto las cajas. "Sólo Denise y Lynn se atreverían a mezclar semejantes colores", pensó. Las cajas lucían increíblemente hermosas.

Brandon pegó en las cajas las etiquetas que había preparado: ROPA PARA HOMBRES Y CHICOS; ROPA PARA MUJERES Y NIÑAS; y había una caja con una etiqueta que decía: ROPA PARA NIÑOS PEQUEÑOS. Luego ayudó al papá de Mariah a colgar las pancartas grandes en el patio, pero de manera que no se pudieran ver desde la calle.

—¿Y qué pasa con la música? —preguntó Brandon.

—Oh, olvidé la música —exclamó Mariah.

—Pero, ¿qué es una fiesta sin música? —preguntó Trina.

—No se preocupen —dijo Papá—. Llamaré al papá de Brandon; él se ocupará de todo. El papá de Brandon alquila equipos de sonido para conciertos y fiestas grandes.

En poco tiempo todo estuvo listo. El patio estaba vestido de fiesta, y comenzaron a llegar los invitados. Las Cinco Amigas recogieron la comida para meterla en unas cajas que decían: COMIDA ENLATADA y ALIMENTOS BÁSICOS y ALIMENTOS SECOS. Denise, la mamá de Brandon y la abuela de Cynthia clasificaron la ropa y la guardaron en las cajas.

Mariah miró alrededor. El patio parecía un jardín mágico con todas aquellas flores, cajas de colores, luces y pancartas. Esperando, la gente charlaba en voz baja en pequeños grupos. ¿Dónde estaba Lynn? Mariah ya comenzaba a preocuparse. ¿Habría pasado algo?

Una vez instalado el equipo de sonido, el padre de Brandon fue a ayudar al papá de Mariah a preparar el asador para los perros calientes y a sacar el cubo con hielo para los refrescos. El pastel, los panecillos para los perros calientes, las papas fritas y todas las salsas ya estaban en la mesa. Pero, ¿cómo era que Mamá y Lynn no aparecían por ninguna parte?

Por fin, Mariah escuchó llegar el carro. Se emocionó tanto que a duras

penas logró decir en voz baja, pero intensamente: —Silencio todo el mundo. ¡Ya está aquí!

Lynn llegó al patio y todos gritaron:

—¡SORPRESA!

Lynn abrió mucho los ojos y también la boca, que se tapó rápidamente para ahogar el sonido. Dio media vuelta y trató de escapar, pero Mamá la retuvo hasta que se calmó.

Mariah resplandecía de alegría. Corrió hacia Lynn y la abrazó.

—¡Lo logramos! —gritó.

Lynn parecía estupefacta, realmente sorprendida. Mariah observaba la cara de Lynn, que miraba todas aquellas pancartas: FELIZ CUMPLEAÑOS, LYNN, TE QUEREMOS MUCHO y COMPARTIR ES AMAR. Entonces Lynn vio también las cajas llenas de alimentos y de ropa para el Refugio San Martín. Mariah vio que Lynn estaba tratando de contener las lágrimas cuando dijo:

—Yo no quería ninguna fiesta, pero me alegro tanto de que hayan venido todos ustedes… Sé que mis amigos de San Martín se pondrán contentísimos de ver que se preocupan por ellos.

Mirando a Mariah dijo:

—¿Cómo no me di cuenta antes? ¡Apuesto que fue idea tuya, Riah!

—¡Sí, es culpable! —gritó una de las Cinco Amigas.

—Y mis amigos y nuestra hermana Denise lo hicieron posible —dijo Mariah con orgullo—. ¡Un aplauso para todos!

Todo el mundo aplaudió, y Mariah exclamó:

—¡Que empiece la fiesta!

Brandon escogió un disco, con la ayuda de las Cinco Amigas, claro. La música y el olor apetitoso de los perros calientes al fuego inundaron el patio. Mariah se ocupó de que todo el mundo tuviera suficiente comida y se divirtiera.

Pronto se quedó sin nada que hacer, y se fue adonde sus amigas, que estaban viendo bailar a Lynn con todos sus amigos. A ella no la invitaba a bailar nadie, ni a ninguna de las otras Cinco Amigas tampoco.

—Ve y dile a Brandon que venga a bailar con nosotras —sugirió Jerri.

—¡Yo no! —gritaron todas.

—Está bien, yo iré —ofreció Mariah.

Regresó sola.

—¡Vaya excusa! Dice que está poniendo la música.

—Y todos los amigos de Lynn dicen que somos demasiado jóvenes —se quejó Trina.

—Bueno, sobreviviremos sin ellos. Bailemos juntas, o cada una por su cuenta —dijo Mariah.

Más tarde todos cantaron el "Cumpleaños feliz", y compartieron el pastel y el helado. Horas más tarde, la gente seguía divirtiéndose; parecía que nadie quería irse.

Pasada la medianoche, cuando todos los invitados se habían ido, Mariah seguía tan feliz que ni cuenta se daba de lo cansada que estaba. Las Cinco Amigas se juntaron con Brandon.

—¡Ahora, a prepararnos para la competencia! —gritó Mariah.

Y tomadas de las manos, las alzaron al grito de:

—¡Todos para uno, y uno para todos!

—Lo hicimos una vez y lo volveremos a hacer —dijo Mariah.

Piensa en la selección

Mariah conserva
la calma
por Mildred Pitts Walter

1. ¿Por qué crees que Mariah elige darle un regalo así a Lynn? ¿Crees que la elección fue acertada? ¿Por qué?

2. ¿Te gustaría recibir, o dar, un regalo como el que Lynn recibió? ¿Por qué?

3. Cuando Jerri dice que Lynn es muy rara, Mariah le responde: "Bueno, eso puedo decirlo yo, pero ustedes no, ¿de acuerdo?" ¿Por qué dice esto Mariah?

4. ¿Sorprendió la fiesta a Lynn, o ya sospechaba algo? Busca en el cuento detalles que justifiquen tu respuesta.

5. ¿Cómo describirías a Mariah? ¿Te gustaría tener una amiga como ella? Explica tu respuesta.

6. ¿Cómo demuestran las Cinco Amigas que saben cómo resolver problemas?

7. **Comparar/Contrastar** ¿Cómo crees que encaja esta selección con el tema *De persona a persona*? ¿Qué hacen las personas unas por otras?

Informar

Redacta una invitación

Como parte de los planes para la fiesta de Lynn, Mariah podría haber enviado unas tarjetas a los invitados. Escribe una invitación como la que Mariah podría haber enviado. Incluye toda la información importante que un invitado a una fiesta necesita. ¡No olvides mencionar que es una fiesta sorpresa!

Consejos

- **Especifica cuándo y dónde será la fiesta.**
- **Incluye detalles sobre lo que deben traer los invitados, y por qué deben traerlo.**
- **Escribe con mayúscula los nombres propios y revisa la puntuación.**

Salud

Planifica una dieta saludable

En la página 354, revisa con un compañero las categorías de alimentos que los invitados de Lynn recolectaron para el asilo de personas sin hogar. Ten en cuenta que los *alimentos básicos* son alimentos importantes, como la harina o el arroz. Escribe debajo de cada categoría una lista de los alimentos que piensas que formarían parte de una dieta saludable.

Extra Planifica una comida con los alimentos de tu lista.

Observar

Estudia una ilustración

Elige una de las ilustraciones de *Mariah conserva la calma*. Con un compañero, comenta las opiniones sobre la ilustración. ¿Crees que la ilustración concuerda con el texto de la página? ¿Crees que es una escena que te hubiera gustado ilustrar? ¿Por qué crees que la ilustradora escogió esas escenas? Si quieres, revisa más ilustraciones.

Encuesta en Internet

Con un grupo, aporten ideas y preparen una lista de cosas que podrían hacer para ayudar a las personas de su comunidad. Luego hagan una encuesta por Internet en Education Place para averiguar lo que otros estudiantes de su edad han hecho por sus comunidades. **www.eduplace.com/kids**

Destreza: Cómo leer un artículo de prensa

Antes de leer...

Lee el título o el titular. Trata de deducir cuál es el tema del artículo.

Al leer...

Busca las respuestas a estas preguntas:

- ¿Sobre **qué** o **quién** trata el artículo?

- ¿**Cuándo** y **dónde** suceden los hechos?

- ¿**Por qué** suceden los hechos? ¿Qué los causa?

- ¿**Cómo** se desarrollan los hechos? ¿Cuáles son los pasos?

Estándares

Lectura

- **Identificar ideas principales**

- **Hechos, inferencias, opiniones**

- **Analizar características de la literatura**

Un par de zapatos ¡y un montón de almas caritativas!

por la clase de quinto grado de la señora Ginsberg en la Escuela Ramaz de la ciudad de Nueva York, estado de Nueva York

Muchas personas de todo el mundo son menos afortunadas que tú y que yo. No tienen zapatos, y algunas ni siquiera casa. Mi escuela decidió hacer algo para ayudar.

—*Samantha Springer, once años*

Cómo empezó todo

Un día en que Zev Alpert se dirigía a la escuela, vio a un hombre sin hogar caminando sin zapatos por la calle. A Zev no le parecía bien que se acercara el invierno y se les congelaran los pies a las personas que no tenían zapatos. Así que cuando llegó a la escuela le preguntó a la Sra. Ginsberg (nuestra maestra) si podría organizar una campaña para recolectar zapatos. "¿Por qué?" preguntó ella. Zev le explicó que había visto a un hombre sin zapatos, y la Sra. Ginsberg dijo, "Ya estamos haciendo *City Harvest*. Lo siento, no creo que podamos hacer esa campaña con todo lo demás que debemos sacar adelante". Pero la Sra. Ginsberg se quedó pensando en lo que Zev le había contado, y empezó a arrepentirse de lo que le había respondido. De modo que se acercó a Zev y le dijo, "¿Sabes qué? Haremos la campaña para recoger zapatos, y discúlpame por lo que te dije". Así es como empezó todo.

—Jonathan Robin

Cómo funciona todo

Conseguimos los zapatos repartiendo folletos a varias personas en el edificio de la escuela. Los zapatos provienen de padres e hijos. Cuando llegamos a la escuela en la mañana siempre colgamos los abrigos y los libros. Pero ahora hay algo diferente: sabemos que cuando terminemos, si nos queda tiempo, también lustraremos y ataremos zapatos. Compramos distintos tipos de betún y convertimos los zapatos viejos en zapatos nuevos. ¡Y parece que no van a acabarse nunca!

—Jacob Savage

361

Para que la campaña para recolectar zapatos tuviera éxito, preparamos carteles y colgamos avisos.

—Eric Rechschaffen, once años

Todos los viernes voy a las zapaterías para recoger zapatos. Les digo a los clientes que por cada dos pares de zapatos que traigan, obtendrán un descuento del 15%. De esta forma ayudamos a las zapaterías a conseguir más clientes, y de paso conseguimos más zapatos.

—Hannah Zimet, once años

Qué hacemos con los zapatos

Recibimos una llamada de un refugio llamado *Peter's Place* en la calle Veintitrés con la avenida Séptima. Nuestra clase llevó los zapatos a *Peter's Place*. Habíamos conseguido 136 pares de zapatos de señora y 62 pares de zapatos de caballero. Entregamos los zapatos y nos quedamos allí un par de horas. En esas dos horas jugamos con la gente que estaba en el refugio, que eran casi todos ancianos, vimos televisión y jugamos ping-pong, ajedrez y damas.

Cuando regresamos a la escuela, hicimos planes para volver. Decidimos ir a almorzar a *Peter's Place*. También decidimos llevar algunos regalos para las personas que estaban en el refugio. Los estudiantes de otra clase tenían una tarea aún mayor: tenían que reunir zapatos de niños y llevarlos a un refugio infantil.

—Jess Mermelstein, diez años

La palabra *mitzvah* significa "buena obra" en hebreo. El proyecto de dar zapatos a aquellos que los necesitan es una gran mitzvah.

—Samuel Jesselson

Todas las mañanas, cuando voy a la escuela, veo siempre a muchos estudiantes trabajando con los zapatos. Los lavan, los lustran, les atan los cordones y muchas otras cosas. Esto ha sido así desde noviembre, y todavía no me canso de ayudar y observar todos esos zapatos en movimiento. Es simplemente asombroso que tantos niños participen y quieran ayudar.

—David Pollack, once años

Hasta ahora hemos reunido cerca de 800 pares de zapatos ¡y esperamos reunir por lo menos 1,500!

—Samantha Springer, once años

363

Narración personal

La narración personal describe una experiencia real en primera persona. Usa como modelo lo que escribió este estudiante cuando escribas tu propia narración personal.

El gran jonrón

> Un buen **principio** capta el interés del lector.

"¡Toc!" Parece que va a caer por detrás de aquella cerca plateada, a 135 yardas del plato.

—¡Caramba! —exclamé viendo caer la bola junto a la cerca—. ¡Nick casi saca un jonrón!

Entonces el entrenador John dijo:

—Shepard, ¡te toca a ti!

Nervioso y sudando a chorros, me acerqué al plato. Ya iban dos *outs,* y las bases estaban llenas. En las bases estaban Ron, Nick y Mike.

—¡*Strike* uno! —gritó el árbitro—. ¡Bola uno!… ¡Bola dos! Luego de nuevo:

—¡*Strike* dos!

> El **diálogo** hace que una narración cobre vida.

La tensión iba en aumento, y mis compañeros de equipo gritababan:

—¡Vamos, Tim, vamos!

El lanzador soltó la bola. Aquella bola era de lo más tentadora. Bateé con todas mis fuerzas.

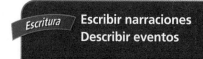

Escritura | Escribir narraciones
Describir eventos

"¡Toc!" Le pegué a aquella bola microscópica. Corriendo a primera vi a mi entrenador de primera base haciéndome señas para que siguiera hasta la segunda. Llegué a segunda y vi la bola desapareciendo por encima de la cerca. Entonces escuché un estrépito. "¡Bip! ¡Bup! ¡Bup! ¡Bip! ¡Bip! ¡Bup! ¡Bip! ¡Bup!" Le había pegado a un carro, pero yo estaba feliz. Fue un jonrón magnífico. Dejé de correr, y llegué al *home* casi caminando.

> Los **detalles** ayudan a que el lector siga el hilo de la narración.

Cuando toqué la base del bateador, que estaba sucia, todo mi equipo se arremolinó a mi alrededor gritando y vitoreando. Traté desesperadamente de huir de ellos, pero seguían persiguiéndome por todo el campo. Renuncié a seguir huyendo, y todos se abalanzaron sobre mí. Estaba tan feliz que me ardían las mejillas.

> Un buen **final** redondea toda la narración.

Entonces me di cuenta de algo. Con mi jonrón, mi equipo, los Vipers, ¡había ganado el campeonato! Habíamos ganado nueve a ocho. ¡ÉRAMOS CAMPEONES!

Conozcamos al autor

Tim S.
Grado: quinto
Estado: Florida
Pasatiempos favoritos: deportes, leer y escribir
Qué quiere ser cuando sea mayor: abogado

Escritura Presentar una conclusión

La mejor amiga
de Mamá
Sally Hobart Alexander
fotografías de George Ancona

La mejor amiga de Mamá

Vocabulario

adiestramiento
dominar
instinto
memorizar
obstáculos
perra guía

Estándares

Lectura

- Identificar ideas principales
- Problema o conflicto principal

Una relación especial

La mejor amiga de Mamá describe la estrecha relación entre Sally Hobart Alexander y Úrsula, su perra guía.

Los perros visitantes animan a las personas hospitalizadas.

Los perros fueron probablemente los primeros animales que el hombre domesticó y entrenó. Es posible que, originalmente, su función fuera ayudar al hombre a cazar. Desde entonces los perros han llegado a **dominar** ciertas tareas, como guiar a las personas ciegas o con discapacidades auditivas, rescatar a víctimas de accidentes o también visitar y animar a los pacientes de los hospitales.

Los pastores alemanes y los perdigueros labradores son muy buenos perros guía para personas ciegas.

Los perros hacen la función de los oídos para las personas con discapacidad auditiva.

Leerás acerca del **adiestramiento** al que someten a Úrsula para que aprenda su labor. Sin embargo, **memorizar** estas rutinas y aprender a evitar los **obstáculos** no es más que la mitad de esa estrecha relación entre el perro y el ser humano. La otra mitad es el **instinto** del perro, que lo convierte en compañero del hombre.

Cuando ambas mitades de la relación encajan (el aprendizaje y el cariño) sucede algo muy especial: el ayudante adiestrado se convierte además en el mejor amigo del hombre.

Muchos perros son adiestrados para que sepan encontrar y rescatar a personas.

Conozcamos a la autora
Sally Hobart Alexander

Sally Hobart Alexander creció en una zona rural de Pennsylvania, donde salía de paseo, nadaba y representaba cuentos en compañía de sus amigos. Cuando tenía veintitantos años y daba clases de tercer grado en California, Alexander perdió la vista por una enfermedad muy poco común. Al año siguiente estaba de nuevo dando clases en un centro para personas ciegas de Pittsburgh.

Inventar cuentos para sus dos hijos llevó a Alexander a desarrollar su carrera como autora de cuentos infantiles. Su primer libro, *Mom Can't See Me,* también fue ilustrado por el fotógrafo George Ancona.

Conozcamos al fotógrafo
George Ancona

George Ancona creció cerca de Coney Island en Brooklyn, Nueva York. Aprendió fotografía con su padre y empezó a dibujar copiando fotografías. Después de viajar por México, la tierra natal de su padre, Ancona estudió en una escuela de bellas artes y trabajó como diseñador para revistas y televisión. Desde entonces ha trabajado como fotógrafo y como autor de cuentos infantiles.

Internet

Para saber más acerca de Sally Hobart Alexander y George Ancona, visita Education Place. **www.eduplace.com/kids**

La mejor amiga de Mamá

Sally Hobart Alexander
fotografías de George Ancona

Estrategia clave

Al leer sobre Mamá y sobre Úrsula, su perra guía,
revisa que comprendes bien el adiestramiento a que
someten a esta perra. Si es necesario, vuelve a leerlo
y utiliza las fotografías para **aclarar** tus dudas.

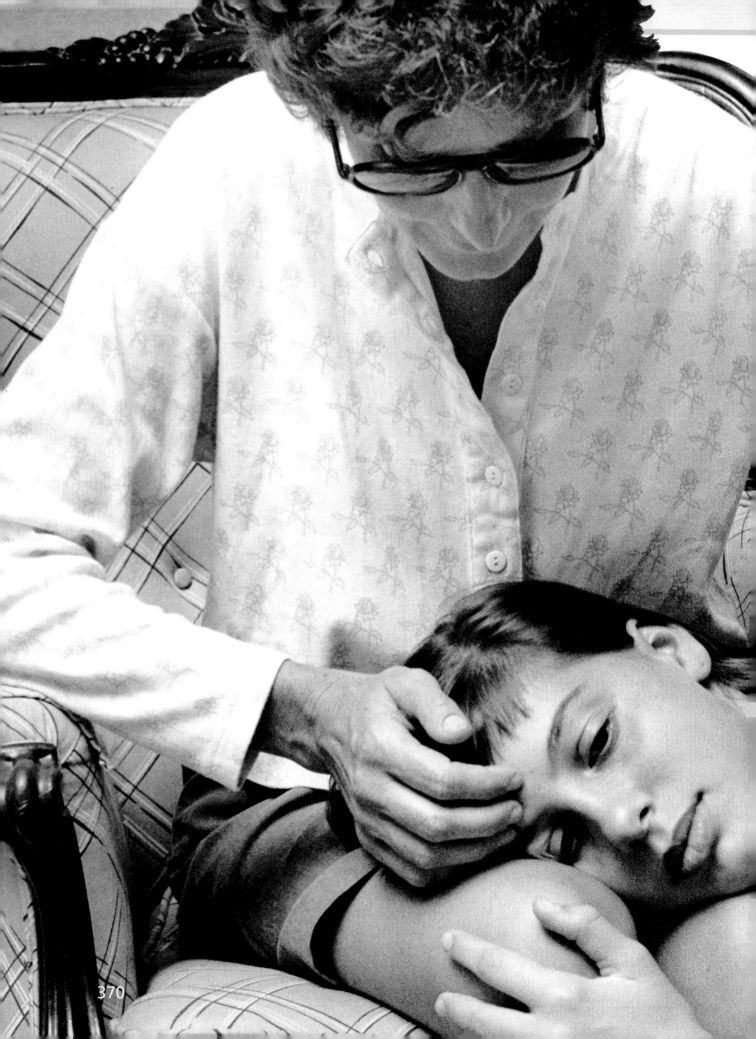

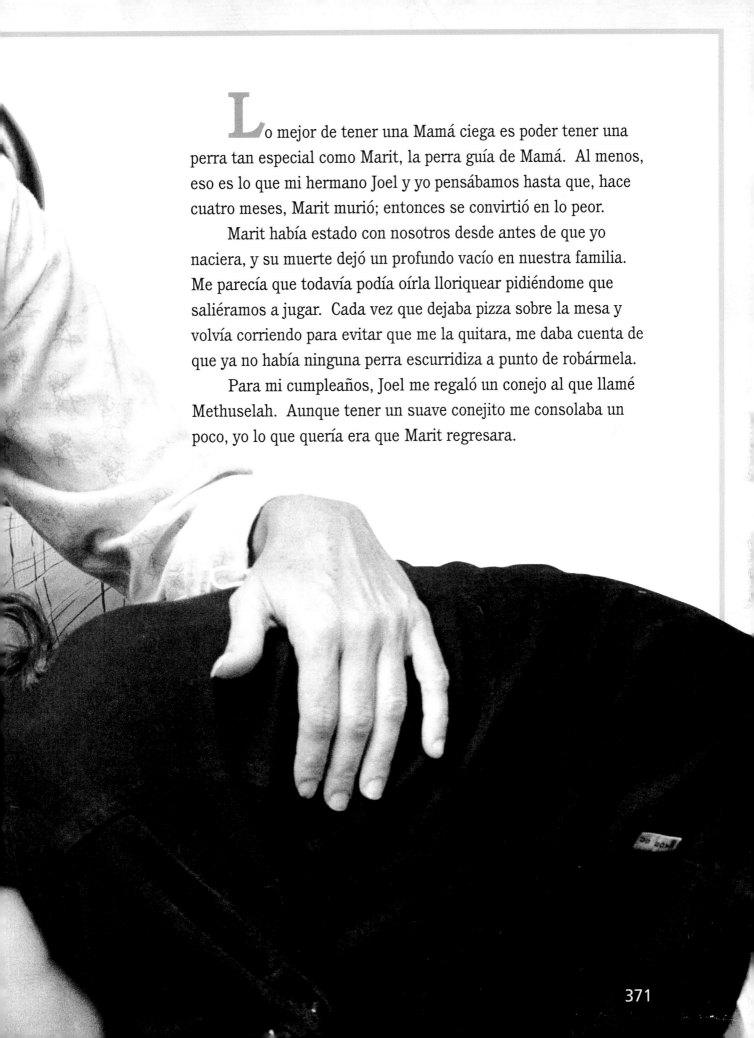

Lo mejor de tener una Mamá ciega es poder tener una perra tan especial como Marit, la perra guía de Mamá. Al menos, eso es lo que mi hermano Joel y yo pensábamos hasta que, hace cuatro meses, Marit murió; entonces se convirtió en lo peor.

Marit había estado con nosotros desde antes de que yo naciera, y su muerte dejó un profundo vacío en nuestra familia. Me parecía que todavía podía oírla lloriquear pidiéndome que saliéramos a jugar. Cada vez que dejaba pizza sobre la mesa y volvía corriendo para evitar que me la quitara, me daba cuenta de que ya no había ninguna perra escurridiza a punto de robármela.

Para mi cumpleaños, Joel me regaló un conejo al que llamé Methuselah. Aunque tener un suave conejito me consolaba un poco, yo lo que quería era que Marit regresara.

Mamá la extrañaba todavía más. Ella no sólo había perdido a una mascota peluda y linda, sino también había perdido su forma favorita de desplazarse. Ahora tenía que volver a caminar con bastón, e ir avanzando por la acera como un caracol. Una vez, al cruzar la calle, no encontraba el borde de la acera y siguió caminando en dirección al tráfico. Tuve que gritarle para que regresara a la acera.

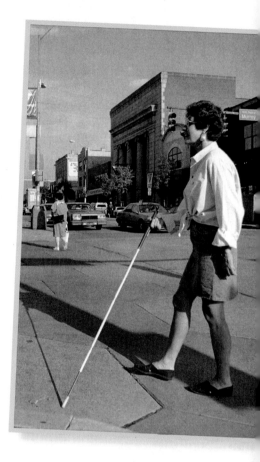

A partir de ese día empezó a preocuparme que fuera sola a hacer los mandados. Le pedí que fuera siempre acompañada de alguien que viera, del brazo de Papá, de Joel o del mío. En ocasiones lo hacía, pero la mayoría de las veces usaba el bastón. No quería depender ni de nosotros ni de nadie.

Hay mucha gente ciega que se desenvuelve bien con el bastón. Para ellos, el bastón es como un brazo muy largo que utilizan para sentir lo que hay a su alrededor: pasillos, setos, buzones...

Las personas que tienen un perro guía utilizan más el oído que el tacto. Mamá ha entrenado mucho sus oídos. Es asombroso cómo puede saber si tiene algo encima de la cabeza, como la marquesina de un cine, o si pasa junto a una farola. Lo sabe todo sólo fijándose en cómo cambia el sonido de sus propios pasos.

Sin embargo, a pesar de su sentido especial del oído, yo seguía preocupada por Mamá. Por eso me sentí aliviada cuando decidió volver a *The Seeing Eye* (El Ojo Vidente) para conseguir un nuevo perro guía.

Antes de que Mamá saliera, le dije que yo no podría querer al nuevo perro tanto como a Marit. Ella me abrazó y me dijo: —La noche antes de que tú nacieras, yo me preguntaba si podría querer a un segundo hijo tanto como quería a tu hermano. Entonces llegaste tú y, como por arte de magia, me volví igual de loca por ti.

The Seeing Eye, en Morristown, Nueva Jersey, fue el primer centro de adiestramiento de perros guía de los Estados Unidos. (Ahora hay nueve más.) Aquí se adiestran pastores alemanes, labradores y golden retrievers durante tres meses, y luego se enseña a las personas ciegas a utilizarlos durante un mes.

Cuando Mamá llegó a *The Seeing Eye*, fue recibida por su instructor, Pete Jackson.

Yo extrañaba a Mamá tanto como a Marit, pero al menos Mamá nos llamaba cada noche, y también nos escribía cartas y nos enviaba fotos.

El primer día de Mamá fue muy fácil. Ya había ido a *The Seeing Eye* hacía doce años para buscar a Marit, y todavía recordaba bien el lugar. Normalmente, cuando va a un lugar nuevo Mamá necesita caminar por las habitaciones con su bastón para memorizar la distribución de la casa.

Por la mañana, Mamá salió a pasear con Pete Jackson para que éste pudiese analizar cómo caminaba. Pete quería asignarle el perro que mejor se adaptase a ella. Después, Mamá tuvo tiempo libre para tocar el piano, hacer ejercicio... y para preocuparse. ¿Se llevaría bien con el nuevo perro? ¿Harían un buen equipo?

Al día siguiente le presentaron a Úrsula. ¡Qué nombre tan raro! Los empleados de la granja de cría de *The Seeing Eye* le pusieron ese nombre cuando nació (y a sus hermanos y hermanas también les pusieron nombres que empezaban con *U*). Ponerles nombre cuanto antes a los guías es muy importante, para que *The Seeing Eye* pueda llevar un registro de los más o menos cuatrocientos cachorros que nacen cada año. A los dos meses de edad, los perritos se van con una familia adiestradora de cachorros de *The Seeing Eye* para aprender a vivir entre la gente. A los quince meses ya son lo suficientemente maduros como para regresar a la escuela para el programa de adiestramiento de tres meses.

Papá dijo que Úrsula significa "oso", pero en las fotos que Mamá nos enviaba, la perra parecía muy pequeñita para semejante nombre. Mamá nos explicó que ahora en *The Seeing Eye* crían a algunos perros más pequeños, porque resultan más fáciles de manejar y caben mejor en autobuses y automóviles.

Mis amigos pensaban que los perros guía eran como unas máquinas que guiaban a las personas ciegas. Hasta que Mamá se fue, ni siquiera yo entendía todas las cosas que les enseñan a estos perros.

Pero en la primera lección de Mamá en Morristown, Úrsula pareció haber olvidado lo que le habían enseñado, porque dobló en un cruce y llevó a Mamá contra un arbusto. Mamá tuvo que corregirla; retrocedió y rodeó el arbusto, y luego le dijo unas palabras cariñosas.

Después de diez paseos de práctica con Pete, Mamá y Úrsula hicieron su primera salida solas. Úrsula no se detuvo en un borde, y Mamá tuvo que regañarla y jalar con fuerza la correa diciendo "Pfui". Luego, Úrsula hizo chocar a Mamá contra una rama baja. Esa noche mi Mamá dijo:

—O Úrsula empieza a fijarse un poco más en las cosas que están más altas que ella, o tendré que empezar a llevar tijeras de podar en el bolso.

Aunque Úrsula había paseado por Morristown muchas veces con Pete, se ponía nerviosa cuando era Mamá la que llevaba la correa, porque su forma de hablar y de caminar era distinta. Y Mamá estaba nerviosa también, porque Úrsula se movía mucho más rápido que la vieja Marit, y Mamá no confiaba en ella.

Cada día, Mamá y Úrsula hacían dos salidas, y cada semana se propusieron dominar varias rutas nuevas. Cada ruta era más larga y complicada, y Mamá tenía menos tiempo para aprenderla. Todas las noches Mamá adiestraba a Úrsula: "Ven acá. Siéntate. Descansa. Búscalo". Se me ocurrió que debería aplicar este tipo de adiestramiento también a Joel.

Mientras que Mamá trabajaba duro, Papá, Joel y yo continuábamos con nuestras vidas normales (la escuela, las tareas, el fútbol, el piano, los amigos, etc.). Las tareas de Mamá nos las repartíamos entre todos: Papá cocinaba, Joel pasaba la aspiradora y lavaba la ropa y yo fregaba los platos, quitaba el polvo y desmalezaba el jardín. Las dos primeras semanas todo fue muy sencillo.

Mamá nos dijo por teléfono que todo se estaba volviendo más fácil para ella también:

—¿Recuerdan las dificultades que tenía antes con las cuestas de los bordes de las aceras? —nos preguntó—. Como las siento igual que cualquier otra cuesta de la acera, me resulta difícil saber si he llegado a la calle o no. Pues bien, Úrsula se detuvo perfectamente en todas ellas. Y también me guió, no por debajo, sino alrededor de una escalera de mano, y hasta el otro lado de un estacionamiento muy grande sin doblar hacia él. Pero lo mejor de todo es que hasta me salvó la vida. Había un martillo neumático que hacía tanto ruido que no me dejaba oír si el semáforo estaba en verde o rojo. Cuando le dije a Úrsula, "Vamos", no se movió, y eso evitó que me atropellara un automóvil. (Por supuesto que, si Úrsula no se hubiera detenido, Pete me habría salvado.)

Mamá apenas nos preguntaba por nosotros; todo era Úrsula, Úrsula y Úrsula. Parecía estar olvidando a Marit también. Cuando días más tarde recibimos una de sus cartas, yo estaba segura de que no nos extrañaba.

Queridos Bob, Joel y Leslie:

Hoy Úrsula y yo hemos tenido que enfrentar varios desastres. Úrsula insistía en no hacerle caso a un perro bóxer que quería jugar con ella. Unos minutos después, un gran danés apareció como salido de la nada, comenzó a dar brincos alrededor de ella y arrancó a correr. El instinto de Úrsula es perseguir a los perros, pero a éste no le hizo ni caso. Como si los perros no fuesen suficiente problema, la sirena de un camión de bomberos empezó a sonar, pero Úrsula siguió paseando tranquilamente por la acera.

En general, la vida acá es muy tranquila. Estar en *The Seeing Eye* es como estar de vacaciones: nada de cocinar, nada de limpiar, mucho tiempo para platicar con los nuevos amigos, como el Dr. Holle, el veterinario... Y como no tengo muchos amigos ciegos, es una maravilla pasar tiempo con mi compañera de cuarto y con los otros veinte estudiantes. Nos reímos de las mismas cosas, como del gran enemigo común de todas las personas ciegas: ¡el día de la recogida de basura! Cada veinte pies hay un basurero que apesta a pizza, a sándwich y a queso podrido. Normalmente, Úrsula rodea conmigo esos obstáculos tan apestosos pero, en ocasiones, la tentación para su olfato puede con ella, y tengo que corregirla apretándome la nariz durante todo el tiempo.

Algunos de los estudiantes realmente me motivan mucho, como Julie Hensley, que se quedó ciega con veintidós años a causa de la diabetes. Aunque hace doce años que está ciega, todavía sigue adiestrando caballos. Calcula su ubicación escuchando la música procedente de una radio que coloca en el centro del corral, y galopa por todas partes tan rápido como cuando no era ciega.

A Bob Pacheco le encantaban el motociclismo y la caza. Pero hace dos años, a la edad de veintinueve años, desarrolló una atrofia óptica y, dos meses más tarde, se quedó ciego. Empezó a pescar, a nadar e incluso a cazar con trampas, pero algo fallaba. No podía desplazarse con la suficiente rapidez. Después de su primera salida con su perro guía, estaba encantado.

—¡Sally! —me dijo tomándome de la mano—. Ya no me siento ciego.

Los perros son maravillosos, y la gente aquí es muy especial, igual que ustedes. Los quiere, Mamá.

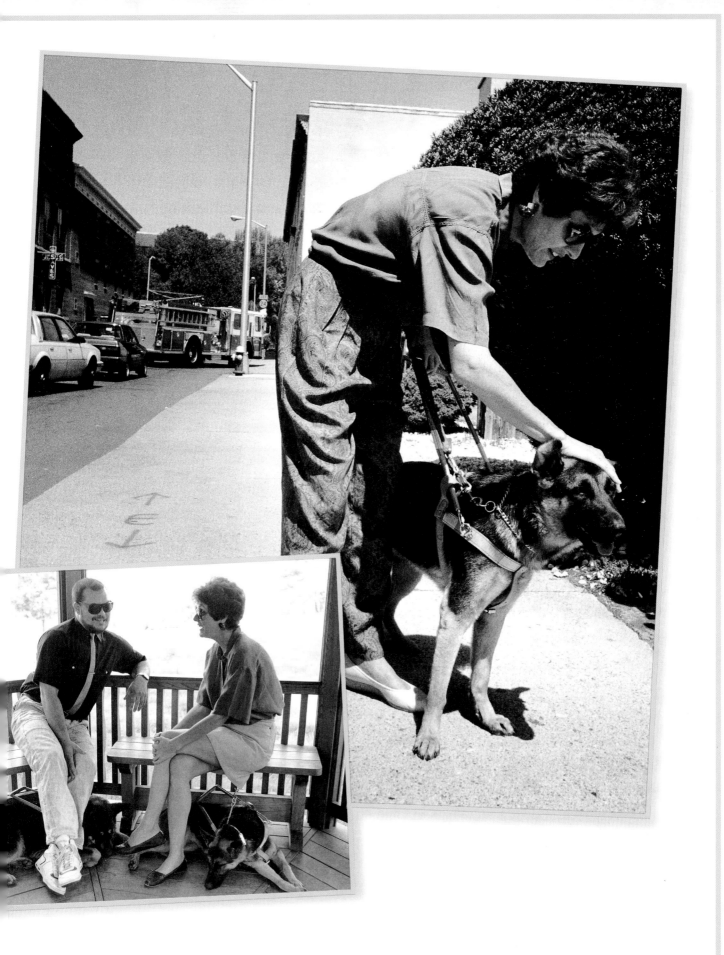

Bueno, la vida en casa no estaba resultando ni muy maravillosa ni muy especial. A Papá se le acabaron los guisos que Mamá había congelado antes de marcharse y, aunque lo que cocinaba era aceptable, yo extrañaba la cocina de Mamá. Lo peor es que los platos seguían apilándose. ¡No sabía que Joel podía comer tanto!

Un día las cosas se pusieron realmente mal. Mientras Papá estaba impartiendo su clase nocturna de literatura estadounidense, Joel y yo nos encontramos con un desastre que ni Mamá ni Úrsula podrían haber imaginado: ¡la taza del inodoro se desbordó! Secamos el suelo con toallas, y cuando Joel las llevó abajo para meterlas en la lavadora, descubrió agua goteando del techo. Había agua por toda la mesa del comedor y por la alfombra. Joel fue a buscar más toallas y yo busqué la cera para muebles y el detergente para alfombras. Cuando Papá llegó a casa, todo parecía perfecto. Pero yo escribí una carta en braille.

Querida Mamá:

Vuelve pronto. La casa te extraña.

Te quiere,

La agotada de Pittsburgh

Mamá me contestó también por carta.

Querida Agotada:

Resiste. Estaremos en casa para "salvarte" el jueves. Ve preparándote. Para cuando me veas, me habrán crecido otros cuatro pies.

Mamá.

Yo estaba tan cansada y tan preocupada que no pude ni reírme. ¿Qué pasaría si no podía querer a Úrsula? Marit era la mejor perra del mundo.

Al poco tiempo llegaron. Úrsula arrancó a correr y se abalanzó sobre mí. Con las patas empezó a tocarme los hombros, el estómago y los brazos, igual que solía hacer Marit, y casi me tumba al hacerlo. Luego saltó sobre Joel y empezó a lamerlo por todas partes. Cuando volvió a saltarme encima, me di cuenta de que Mamá tenía razón. Como por arte de magia, me había vuelto loca por esta nueva perra tan revoltosa.

Al final del día, tenía una nueva preocupación. ¿Me querría *Úrsula a mí?* Parecía muy simpática, pero ella estaba nerviosa e incluso perdida en nuestra casa.

Mamá nos explicó que Úrsula ya había dado todo su corazón en tres ocasiones, primero a su madre, luego a la familia educadora de perros de *The Seeing Eye* y por último a Pete, y que debíamos ser pacientes:

—¿Recuerdas cómo te quería Marit, Leslie? Cuando eras pequeña te dejaba subirte a su lomo para que pudieras ver por la ventana. Pronto Úrsula estará igual de loquita por ti. Es el amor lo que hace que todo este asunto de los perros guía funcione.

Así que intenté ser paciente y observé todo el trabajo que hacía mi Mamá. Primero le enseñó a Úrsula una ruta de nuestro barrio, que recorrieron juntas una y otra vez. Después le enseñó otra nueva, la repitieron y luego repasaron la anterior. Cada día hacía dos salidas con Úrsula y recorría entre dos y tres millas. Le daba de comer, la cepillaba, le enseñaba a obedecer y, dos veces por semana, le limpiaba las orejas y le cepillaba los dientes.

—Estoy tan ocupada como cuando Joel y tú eran pequeños —decía.

Mamá y Úrsula jugaban todos los días durante cuarenta y cinco minutos. Joel, Papá y yo sólo podíamos mirar, porque era necesario que la perra formara lazos afectivos más fuertes con Mamá.

Mamá convirtió a Úrsula en su sombra. Cada vez que se duchaba o que dormía, Úrsula estaba allí.

Sin embargo, Úrsula no comía bien, tan sólo la mitad de lo que solía comer en *The Seeing Eye*. Y además ponía a prueba a Mamá, llevándola contra ramas y bajándose del borde de la acera. En una ocasión intentó tomar un atajo para ir a casa, y en otra estaba nerviosa y cruzó una calle nueva en diagonal.

Cruzar calles es complicado. Úrsula no sabe cuándo el semáforo está en verde. Mamá sí. Si escucha los carros que pasan a su lado en la dirección en la que ella camina, está en verde. Si los carros van de derecha a izquierda frente a ella, entonces el semáforo está en rojo.

A mí me preocupaban los errores de Úrsula, pero Mamá decía que eran normales. Ella se mantenía en contacto con sus compañeros y sabía que sus perros guía también hacían cosas un poco raras. Uno de ellos no paraba de comer hierba y de pastar como una vaca, otro perseguía a las ardillas, a las palomas y a los gatos y otro incluso se detenía en medio de la calle, a unos diez pies de distancia del borde de la acera. De vez en cuando, tanto los amigos de Mamá como ella misma se perdían y tenían que pedir ayuda.

Mamá decía que los perros tardan entre cuatro y seis meses en adaptarse, pero que independientemente del tiempo que ella y Úrsula llevasen juntas, la perra siempre necesitaría que le corrigiese algunas cosas. Por ejemplo, Úrsula puede estar muy simpática y provocar que un peatón la acaricie. Pero si lo hace, Mamá tiene que regañarla y pedirle al transeúnte que no acaricie nunca a un perro guía. Si la gente le presta demasiada atención a Úrsula mientras hace su trabajo, se olvida de hacer lo que tiene que hacer.

Después de un mes en casa, Úrsula se comía siempre toda la comida y conocía ya todas las rutas. Mamá podía ya desplazarse con la misma facilidad con la que lo hacía con Marit.

—Llegó el momento de que aprenda a estar sola —dijo Mamá.

A partir de entonces, empezó a dejar a Úrsula sola en casa, al principio durante poco tiempo, cuando salía a correr y hacer ejercicio con Papá. Úrsula nunca podrá salir a correr con Mamá, porque no puede guiarla si va a mucha velocidad.

Cada semana, Mamá iba dejando sola a Úrsula más tiempo. A mí me daba lástima, la pobre, pero se portaba muy bien: ni ladraba ni mordía los muebles.

Entonces, Mamá dijo que Joel y yo podíamos ya presentar a Úrsula a nuestros amigos, de uno en uno. Nuestros amigos podían acariciarla cuando estaba sin correa.

Cada mañana, Úrsula nos despertaba a Joel y a mí, y cada noche se colaba en mi cama a dormir un ratito.

Finalmente, Mamá nos dejó a Joel y a mí jugar con Úrsula, y entonces me di cuenta de algo: aquella perrita diminuta y revoltosa se había enamorado de nosotros, y nosotros todavía más de ella.

Pero nunca olvidamos a Marit. Joel dice que Úrsula es la mejor perra viva, y yo siempre digo que es la mejor perra de este mundo.

Reacción

La mejor amiga de Mamá
Sally Hobart Alexander
fotografías de George Ancona

Piensa en la selección

1. ¿Qué has aprendido sobre la familia de la selección *La mejor amiga de Mamá* al leer cómo se las arreglan todos cuando Mamá no está?

2. Describe otras relaciones que aparecen en la selección, además de la relación entre Mamá y Úrsula. Repasa la selección y explica lo que descubras.

3. ¿Cómo tiene que ser una persona para ser adiestrador de perros guía? ¿Crees que tú podrías serlo? Explica por qué.

4. ¿Por qué crees que es más importante que Úrsula desarrolle una buena relación con Mamá que con los demás miembros de la familia?

5. ¿Por qué piensas que a Úrsula le lleva tanto tiempo acostumbrarse a su nueva casa?

6. En la página 381 Mamá dice: "Es el amor lo que hace que todo este asunto de los perros guía funcione". Explica qué quiere decir con eso.

7. **Conectar/Comparar** Compara la familia de esta selección con la familia de Mariah en *Mariah conserva la calma*. Piensa en cómo colaboran los miembros de la familia y en las cosas que cada familia considera importantes.

Escribe un mensaje para grabar en un casete

Imagina que la familia se mantiene en contacto mandándose mensajes grabados en casetes. Escribe el saludo que podría mandar Mamá a toda la familia, o escribe el mensaje que su familia le podría enviar a ella. Explica cómo es la vida cotidiana de la persona que envía el mensaje. Si quieres, puedes grabar tu mensaje.

> **Consejos**
> - Utiliza un lenguaje y un tono cotidianos.
> - No olvides ponerle a tu mensaje un toque de humor o de emoción.

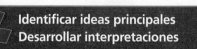

Lectura   Identificar ideas principales
Escritura   Desarrollar interpretaciones

386

Ciencias

Compara cómo se absorben los sonidos

Vuelve a leer la descripción de la capacidad auditiva de Mamá que aparece en la página 372. ¿Qué te indica esta descripción acerca de cómo los objetos absorben o apagan los sonidos? Escribe una lista con los distintos lugares a los que va Mamá en esta selección y anota cómo los entornos absorben los sonidos. ¿En qué lugares debe haber más ruido? ¿Qué sitios serán menos ruidosos? ¿Por qué?

Matemáticas

Haz el mapa de una ruta

Traza un mapa de una ruta de dos millas que puedan recorrer Mamá y Úrsula para poner a prueba las destrezas de Úrsula como perra guía. Dibuja los elementos del mapa a escala. Indica en una fórmula que una pulgada equivale a una fracción de milla. Busca en la selección información que te sirva para saber qué obstáculos tienes que dibujar, como ramas bajas y semáforos.

Extra Ponle un número a cada obstáculo. Debajo del mapa escribe lo que tiene que hacer Úrsula cuando se encuentre con cada obstáculo.

Internet

Publica una reseña en Internet

¿Qué te gustaría contarle a la gente sobre *La mejor amiga de Mamá*? ¿Qué aprendiste al leer esta selección? Publica tu reseña en Education Place. **www.eduplace.com/kids**

Ciencias   **Clasificar objetos**

Monos con

Algunos monos bien adiestrados cumplen un papel muy importante ayudando a sus amigos humanos a superar sus limitaciones.

Un hombre tiene sed y quiere un vaso de agua, pero no puede agarrarlo por sí mismo. El hombre, George Boyle, de Cleveland, Alabama, no puede mover ni los brazos ni las piernas porque se fracturó el cuello en un accidente, así que su buena amiga Gizmo le trae la bebida.

Gizmo es una monita muy servicial y juguetona. Aquí Gizmo se prepara para colocar una botella de agua sobre la mesa, abrirla e insertarle un popote. Gizmo ayuda también a hacer otras tareas para Boyle, que tiene que desplazarse en una silla de ruedas.

una misión

Gizmo, de catorce años, es una mona capuchina que proviene de *Helping Hands* (Manos que ayudan), una organización de Boston, Massachusetts, que adiestra capuchinos para que ayuden a las personas discapacitadas. En América del Sur los capuchinos viven en la selva, pero los monitos de *Helping Hands* nacen en un criadero especial cerca de Boston. Los capuchinos, que son inteligentes y pequeños, entablan fácilmente relaciones con las personas.

por Suzanne Wilson

La familia primero

"Ella es como mi hermana", dice Elizabeth Ford, una niña de trece años, refiriéndose a Sadie. La mona capuchina ha vivido con la familia de Elizabeth en Norton, Massachusetts, durante tres años. Sadie pasará con ellos otros dos o tres años para acostumbrarse a vivir con seres humanos, y después la adiestrarán para que ayude a una persona discapacitada.

Como Elizabeth, Sadie disfruta comiendo un poco de todo. A diferencia de Elizabeth, sin embargo, su sitio favorito es el tejado de la casa (derecha). Elizabeth se pondrá triste cuando Sadie se marche para iniciar su adiestramiento, pero como ella dice: "Sé que ella estará ayudando a alguien".

389

Cómo aprender a ayudar

Después de la estadía con una familia sigue el adiestramiento. En *Helping Hands*, una monita llamada Patty aprende a pasar las páginas de una revista (arriba). "Los monos son muy curiosos y les encanta realizar estas tareas", dice la adiestradora Sue Costa.

Con un puntero láser, Costa indica los objetos con los que el monito debe trabajar, o que debe traer. Primero, los monos aprenden cosas básicas, como traer alimentos y bebidas o recoger objetos caídos. Luego, aprenden tareas más especializadas, como colocar un disco en una computadora, introducir una cinta en una videocasetera o pulsar las teclas del teléfono. Después de unos dieciocho meses, la mayoría de los monos están ya listos para desempeñar su trabajo. Entonces *Helping Hands* se ocupa de emparejar a los humanos con los monos según sus respectivas personalidades.

Con una expectativa de vida de treinta a cuarenta años, los monos capuchinos son unos acompañantes a largo plazo. Las personas no tienen que pagarles a sus ayudantes capuchinos, pero el adiestramiento y el cuidado de los monitos es costoso. *Helping Hands* sólo tiene dinero para preparar entre seis y diez monos cada año.

El almuerzo está listo para servir cuando Kimba abre esta lonchera.

Una luz roja de láser le indica a Patty qué interruptor debe encender.

390

Manos a la obra

Gizmo terminó ya su período de adiestramiento. Ahora se toma su trabajo muy en serio. Sabe que recibirá un premio si logra colocar en la posición adecuada la revista que Boyle quiere leer (derecha). Boyle sopla por una pajilla para darle a Gizmo unas golosinas de fruta. Mientras él lee, Gizmo observa el tráfico desde la ventana, juega o se sienta al sol. A Gizmo le gustan los juguetes musicales y también ver comerciales de televisión. Por la noche duerme en una jaula grande con sus animales de felpa y una frazada.

Todas las mañanas una asistente ayuda a Boyle a bañarse y vestirse. Después Boyle y Gizmo pasan el día juntos. "Ella es muy parecida a un niño", dice Boyle, que le da obsequios a Gizmo el día de su cumpleaños y sabe cuándo está contenta por la forma en que ella canta. Muchas veces Gizmo sabe lo que Boyle quiere antes de que se lo pida. Boyle y Gizmo son amigos desde hace cinco años, y piensan seguir juntos durante muchos años más.

Gizmo acude a ayudarlo cuando Boyle le pide que le rasque la nariz.

Desarrollar conceptos

Lensey Namioka
**Yang Segunda y sus
admiradores secretos**
ilustrado por Kees de Kiefte

**Yang Segunda y sus
admiradores secretos**

Vocabulario

ópera
patrimonio
   cultural
tradiciones

Estándares

Lectura

• Usar raíces y afijos

• Inferencias/
   generalizaciones

Honrar tu patrimonio cultural

¿Qué es un **patrimonio cultural**?
¿De dónde proviene? ¿Por qué es importante?
Un patrimonio cultural es el conjunto de
tradiciones que han ido pasando de generación en
generación durante mucho tiempo. Comprende
las costumbres y los valores particulares que los
niños aprenden de sus padres y abuelos.

En *Yang Segunda y sus admiradores secretos*,
uno de los personajes valora profundamente su
patrimonio cultural chino. Come *dim sum*,
escucha **ópera** china y lleva vestidos chinos.
Todo esto forma parte de su patrimonio cultural.

**En la comida china
llamada *dim sum*,
los alimentos se
sirven uno tras
otro en muchos
platitos distintos.**

Piensa en la cultura de tus abuelos, o en la de sus abuelos. ¿Qué tradiciones has heredado de ellos? Tal vez haya un plato cuya receta se ha conservado siempre en tu familia, alguna vieja canción que cantan o una danza que bailan en ciertas festividades.

A veces son muchas las culturas que pueden contribuir a tu patrimonio cultural. Piensa en los deportes que practicas, en los alimentos que comes, en la música que escuchas y en los idiomas que hablas. ¿Cuántas culturas diferentes forman parte de lo que *tú* eres?

Los caracteres chinos *chuán tuong* significan "patrimonio cultural".

传统

La ópera china representa obras que están basadas en la historia y en el folklore de la China.

Entre los instrumentos tradicionales chinos destaca el *erhu*, un instrumento de cuerdas parecido al violín.

Lensey Namioka

Yang Segunda y sus admiradores secretos

ilustrado por Kees de Kiefte

Estrategia clave

¿Quién es Yang Segunda? ¿Quién la admira en secreto? Al leer la selección, utiliza lo que descubras sobre los personajes y los sucesos para crear más **preguntas** que puedas hacerles a tus compañeros de clase.

Como hija mayor de la familia, la Hermana Segunda se aferra a su patrimonio cultural chino y se niega a hacer amigos. Pero su hermano y su hermana, menores que ella, tienen un plan que han practicado en casa de su amiga Kim O'Meara. ¿Qué pasará si la Hermana Segunda los escucha diciendo que le gusta a Paul Eng, su compañero de clase? ¿Y qué tal si Paul los escucha diciendo que a la Hermana Segunda le gusta él? ¿Quién sabe qué pueda suceder después?

*A*l día siguiente empecé a tener dudas sobre nuestra conspiración. Podría resultar muy vergonzosa para la Hermana Segunda.

A veces se veía tan desdichada que llegué a pensar que sería una maldad gastarle una broma. En una ocasión, la Hermana Segunda, la Hermana Tercera y yo estábamos en un centro comercial y entramos a un restaurante para tomar un refresco. La Hermana Tercera vio a unos amigos suyos y se dirigió a su mesa. Pronto los escuchamos conversar y reír.

La Hermana Segunda se sentó con la cabeza gacha tomando su bebida a sorbitos, y de pronto pareció muy triste y desamparada. En la China tenía muchos amigos, y estaría ahora mismo sentada con ellos, conversando y riéndose. Habría podido hacer amigos aquí también, pero prefería quedarse en casa como una cascarrabias.

Sin embargo, la Hermana Segunda no siempre es tan cascarrabias, y me vinieron a la cabeza todos aquellos momentos en que había sido muy amable conmigo, como la época en que mi familia todavía quería que yo tocara el violín, por ejemplo. Papá, Mamá y el Hermano Mayor, todos llegaron a pensar que tocaba tan mal porque no me esforzaba lo suficiente. La Hermana Segunda no se comportó como los demás. Ella pensaba que yo podía ser un buen músico, pero que había renunciado a tocar el violín para que mi amigo Matthew pudiera tocar en el cuarteto de cuerda de nuestra familia. Todos sabíamos que Matthew tenía mucho talento para la música. La Hermana Segunda pensó que por nobleza, debido a nuestra amistad, yo iba a dejar a Matthew ocupar mi lugar. Eso era exactamente lo mismo que ella habría hecho si se hubiera tratado de un amigo suyo, y simplemente se negaba a creer que un miembro de la familia Yang tuviera tan mal oído. Eso era algo que no podía estar en nuestros genes.

*Y*o quería quedarme a solas con la Hermana Tercera para discutir si debíamos seguir adelante con nuestra broma, pero no fue posible. La Hermana Tercera llegó a casa poco antes de la cena, y todos nos sentamos a la mesa. Mamá había preparado mi plato favorito: cerdo guisado con nabos amarillos. Normalmente, como tanto de este plato que me gano un buen regaño. Pero estaba demasiado absorto en mis pensamientos para comer mucho.

Mi madre me dio un sobresalto:

—¿Qué pasa, Yingtao? ¿Te sientes mal? Es tu plato favorito —me dijo.

—Estoy bien —murmuré, y rápidamente me serví una porción grande.

El Hermano Mayor empezó a preguntarle a la Hermana Segunda por su representación de ese día en la escuela. Su clase estaba estudiando distintos tipos de espectáculos de diferentes partes del mundo y ella se había ofrecido para hablar sobre la ópera china.

Para explicar un poco cómo es la música de fondo de una ópera, la Hermana Segunda llevó un *erhu*, que es una especie de violín chino de dos cuerdas, y lo tocó para sus compañeros de clase. Normalmente, ella tocaba la viola, pero no quiso dejar escapar la ocasión de mostrar el sonido de un instrumento musical chino.

Papá sonreía radiante.

—Me alegra mucho lo que has hecho, Hermana Segunda. En esta familia nos concentramos tanto en la música occidental que a veces olvidamos que China también tiene tradiciones musicales importantes.

—¿Les gustó tu presentación a tus compañeros? —preguntó el Hermano Mayor.

—Algunos chicos hicieron muecas cuando toqué las notas altas en el *erhu* —dijo la Hermana Segunda—. Pero la mayoría mostró mucho interés. Después, algunos se me acercaron y me pidieron el *erhu* para probarlo.

Luego, ella frunció el ceño.

—Por cierto, ¿conocen a ese chico, Paul Eng? ¡Pues, me dijo que jamás en la vida había visto ni escuchado un *erhu!*

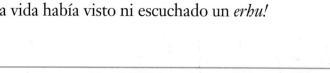

Tuve que defender a Paul.

—¿Y qué tiene eso de raro? ¡Apuesto que muy pocas personas en este país han visto uno!

Los labios de la Hermana Segunda se curvaron en una mueca burlona.

—Bueno, a lo mejor un estadounidense promedio no ha visto un *erhu*. ¡Pero uno pensaría que alguien como Paul Eng se interesaría más por su patrimonio cultural chino!

Últimamente la Hermana Segunda ha estado utilizando mucho la expresión *patrimonio cultural*. Yo no estoy muy seguro de lo que quiere decir con eso de "nuestro patrimonio cultural chino". Para ella yo creo que significa ser tan china como sea posible. Sin embargo, su propio instrumento es la viola, un instrumento occidental. ¿O se referirá a la ropa? ¿Será por eso que le gusta llevar esa chaqueta de tela con el cuello alto y con los botones al frente? Tal vez se refiere a comer comida china con palillos… Pero Paul comía comida china; recientemente toda la familia Eng había comido *dim sum* en El Barrio Chino.

*A*l escuchar el tono burlón en que la Hermana Segunda se refería a Paul, decidí que después de todo sería gracioso reunirlos, como aquella pareja de la película. Mi mirada se cruzó con la de la Hermana Tercera, y nos hicimos un gesto con la cabeza.

En nuestra familia la Hermana Tercera y yo lavamos los platos, y la Hermana Segunda y el Hermano Mayor ayudan a Mamá a cocinar. Mientras la Hermana Tercera echaba los desperdicios a la basura, yo llené una cacerola grande con agua jabonosa bien caliente y empecé a meter los platos en ella.

Para lavar los palillos, los froté unos con otros: se sostiene un montón de palillos y se frotan con ambas manos, y producen un sonido como un *birrrr*. ¡Así los palillos quedan resplandecientes!

Una vez hasta lo hice con música. El Hermano Mayor estaba ensayando una pieza, y yo le agregué la parte rítmica con los palillos. Tengo un oído terrible para la música, y distingo muy mal los tonos altos de los graves, pero tengo muy buen ritmo. Al Hermano Mayor le gustó mi acompañamiento con los palillos. Fue la única vez que dijo algo bueno sobre mi música.

—¡Shh…! No hagas tanto ruido con los palillos —murmuró la Hermana Tercera—. Creo que la Hermana Segunda ya terminó en la despensa. Empecemos cuando llegue a la escalera.

Dejé caer los palillos en la cacerola, y un minuto después la Hermana Tercera me hizo un guiño, que era la señal para comenzar nuestra actuación.

—¿No te pareció muy especial —dijo la Hermana Tercera con un murmullo bien audible—, que Paul Eng se acercara a la Hermana Segunda después de su presentación?

Esto no era precisamente lo que habíamos planeado decir al principio, pero no estaba mal. Traté de estar a la altura. —Sí, y seguramente le dolió mucho que ella no le contestara nada amable.

Hicimos una pausa y escuchamos. Los pasos de la Hermana Segunda se detuvieron al pie de la escalera. En lugar de subir a su habitación para practicar, se había quedado a escuchar.

—¿Estás seguro de que ella le gusta? —preguntó la Hermana Tercera. Ahora estábamos recitando el diálogo que habíamos ensayado. —Después de todo, ella no ha sido nada amable con él. De hecho, se pone de mal humor cada vez que alguien lo menciona.

No se oía nada de la Hermana Segunda. Debía estar escuchando con atención. Me arriesgué a hacer una pausa pequeña, y lavé unos cuantos platos. Luego dejé escapar un suspiro fuerte.

—Pobre Paul. Una vez le pregunté por su postura cuando batea. Fue muy amable conmigo y me explicó todo con mucha paciencia.

Me detuve para lavar un par de tazones de arroz y luego seguí:

—Después me miró un poco ansioso. Me preguntó si la Hermana Segunda sale con chicos alguna vez, ya sabes, que si salía de cita de vez en cuando.

—¡Lo que *demuestra* que ella le gusta! —exclamó la Hermana Tercera—. ¿Y qué le dijiste?

—Pues tuve que decirle la verdad —dije, y suspiré de nuevo—. Le dije que la Hermana Segunda ni siquiera se fija en los chicos que no hablan chino.

—¡Pobre Paul! —dijo la Hermana Tercera.

Ya estábamos empezando a repetirnos, así que cortamos la conversación y continuamos lavando platos. Además, ya habíamos dicho suficiente.

Escuchamos con mucha atención, y alcanzamos a oír a la Hermana Segunda subiendo las escaleras muy despacio. Sus pasos sonaban pensativos.

*C*oordinar que Paul escuchara a Kim y a la Hermana Tercera no resultó fácil. El problema era que ni nuestra familia ni los O'Meara frecuentaban a los Eng fuera de la escuela. Además, la Hermana Tercera, Kim y yo íbamos a la escuela primaria, mientras que Paul iba a la misma escuela secundaria que el Hermano Mayor y la Hermana Segunda. Salvo en los conciertos de la escuela o en los juegos de béisbol, casi nunca nos encontrábamos con los Eng.

Los días pasaban y, a punto de perder las esperanzas, noté que a veces la Hermana Segunda tenía una expresión peculiar. Arrugaba la cara, como si estuviera tratando de sacarse un trocito de cartílago de entre los dientes. Debía estar rumiando nuestros comentarios.

Eso significaba que la primera parte de nuestra conspiración estaba dando resultado. ¿Pero de qué servía si no podíamos llevar a cabo la segunda parte?

Finalmente llegó nuestra oportunidad. Eran las vacaciones de primavera y, para darnos un gusto, la señora O'Meara nos llevó a Kim, a la Hermana Tercera y a mí, a visitar el Centro Científico del Pacífico.

La señora O'Meara dijo que estaba hasta la coronilla de algunos de los chicos.

—Jason está comportándose de forma muy extraña —dijo—. ¡Anda por ahí pensando en las musarañas y tropezándose con todo!

Así que lo sacó de la casa diciéndole que se fuera a jugar al fútbol con sus amigos. Era la primera vez que había tenido que ordenarle que fuera al entrenamiento.

La señora O'Meara se había ofrecido para dejar a Kim y a la Hermana Tercera en el Centro Científico. Yo quería jugar con mi amigo Matthew, pero él tenía una cita con el dentista. Matthew protestó por lo injusto que le parecía tener que ir al dentista en plenas vacaciones.

—Es que la vida es una verdadera injusticia —dijo su madre llevándoselo casi a rastras.

La señora O'Meara me llevó con Kim y la Hermana Tercera, a la que no le importaba que yo la siguiera a todas partes. Al final resultó positivo que fuéramos todos juntos.

*E*l Centro Científico es un gran museo repleto de botones para oprimir. Las cosas empiezan a soltar chorros, a chirriar, a pitar y a borbotear. Por lo visto, todo esto sirve para que aprendamos muchas cosas sobre las ciencias, pero aun así resulta de lo más divertido.

Mientras Kim y la Hermana Tercera jugaban con unas máquinas que aceleraban sus voces y las hacían sonar como el Pato Donald, fui a mirar unas arañas venenosas que había en una caja. Al lado había una caja alta de cristal con un trozo de una colmena adentro. Estaba a punto de seguir, cuando vi a Paul Eng parado al otro lado de la caja, mirando las abejas.

Corrí donde la Hermana Tercera y la agarré del brazo.

—¡Acabo de ver a Paul allí! —le susurré—. ¡Vamos! ¡Es nuestra oportunidad de llevar a cabo nuestro plan!

La Hermana Tercera y yo nos apresuramos hacia la caja de las abejas, y ella empezó su discurso, pero se detuvo. Kim también tenía que participar en nuestro plan, ¡y estaba todavía en la máquina de sonido, haciendo como el Pato Donald!

Nos devolvimos a toda carrera y trajimos a Kim, pero ya Paul se había ido.

Buscando desesperadamente, alcanzamos a verlo entrando a la sala de los dinosaurios. Allí se detuvo a mirar con detenimiento un tiranosaurio que rugía amenazante.

Nos ubicamos rápidamente detrás del dinosaurio. La Hermana Tercera y Kim abrieron la boca con la intención de iniciar nuestro diálogo preparado.

AUUURRRRGGG..., rugía el dinosaurio. Los tres nos miramos y movimos la cabeza. Esto no iba a funcionar.

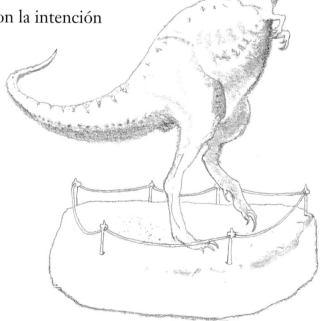

Esperé hasta que vi que Paul se acercaba a uno de los dinosaurios silenciosos, un estegosaurio con coraza. No había tiempo que perder.

—¡Vengan! —les dije entre dientes a las dos.

Volvimos a ocupar nuestras posiciones y Kim carraspeó.

—¿Y qué te hace pensar que a tu hermana le gusta Paul Eng? —preguntó.

—Bueno, quedó muy impresionada al verlo jugar en aquel partido de béisbol —dijo la Hermana Tercera—, y eso que ella no suele mostrar mucho interés en los deportes estadounidenses.

Yo intervine con mi parte del diálogo.

—¡Y yo que pensaba que no le gustaba! Creí que a ella sólo le gustaban chicos que hablaran chino.

—Eso mismo creía yo —dijo la Hermana Tercera—. Pero la Hermana Segunda me dijo que lo que la hizo cambiar de opinión es lo bueno que es Paul para las matemáticas. Están juntos en la misma clase de matemáticas, ¿sabes?

Escuchando nuestra actuación, de repente nuestro diálogo empezó a sonarme muy acartonado y forzado. ¿Cómo iba a creernos alguien, con lo falsos que sonábamos?

Tal vez Kim y la Hermana Tercera tuvieron la misma impresión. Sus voces se fueron apagando hasta detenerse por completo. Después, sin una palabra más, emprendimos la retirada. Yo no me atreví ni a mirar atrás para ver cómo reaccionaba Paul a nuestras palabras.

*F*uimos a la zona de restaurantes, donde habíamos quedado en reunirnos con la señora O'Meara. Nos sentamos a beber un refresco, y nadie abrió la boca en un buen rato. Entonces rompí el silencio sorbiendo con estrépito la última gota de mi refresco.

—¿Creen que Paul se creyó nuestra actuación?

—Ni idea —murmuró Kim—. Cuando lo ensayábamos el otro día sonaba mejor, pero la verdad es que hoy todo sonó muy falso.

La Hermana Tercera y yo asentimos con la cabeza. Ambos sabíamos perfectamente que tenía razón. Yo, la verdad, me sentía incluso medio aliviado.

De repente, la Hermana Tercera me agarró por el brazo.

—Mira, ése es Paul, ¿no? —dijo entre dientes.

Sí era. Paul estaba junto al mostrador de los pasteles comprando unos refrescos. Estaba comprando también algo para su acompañante, una muchacha que estaba con él.

Parecía que todo había sido una gran pérdida de tiempo: ¡Paul ya tenía novia!

La Hermana Tercera me dio una patadita en la espinilla. Ella también había visto a la amiga de Paul. Asentí con la cabeza y señalé a la pareja para que Kim la viera también.

Los tres suspiramos al tiempo.

—Lo siento —dije—. Antes de empezar con todo esto debí haber averiguado si Paul ya tenía novia o no.

Nos quedamos desanimados, pensando en todo el tiempo y en toda la energía que habíamos desperdiciado. Entonces sentí una pisada tras de mí y un carraspeo leve.

—Hola —dijo la voz de Paul Eng.

Me di la vuelta y lo miré. Ahí estaba Paul con su amiga.

—Hola, Paul —dije débilmente.

Entonces solté lo primero que se me ocurrió:

—¡Daría cualquier cosa por batear un jonrón!

Los modales de la Hermana Tercera eran mejores.

—Hola, no sé si me recuerdas. Soy Mary, y ésta es mi amiga Kim.

Paul parecía avergonzado, lo cual era de esperar, después de la conversación que había escuchado. En su lugar, yo le habría huido a la familia Yang como a la peste.

Pero por alguna extraña razón, Paul no se fue, sino que se quedó ahí parado. Parecieron transcurrir tres meses; todos esperando en silencio y muertos de vergüenza…

Finalmente la chica que estaba con Paul le dio un golpecito con el codo. Él carraspeó, tragó saliva y dijo:

—Ésta es mi hermana, Melanie. Ya la conocieron en el restaurante del dim sum, ¿recuerdan?

Entonces me di cuenta de que la cara de la muchacha me parecía conocida. No era ninguna novia, ¡sino su hermana! Aún había esperanzas de que funcionara nuestra treta.

Melanie le dio otro golpecito con el codo a su hermano, y de nuevo Paul carraspeó.

—Tú tienes otra hermana, ¿verdad? Se llama Yinglan, ¿no es cierto?

Su voz pareció apagarse.

La Hermana Tercera y yo asentimos solemnemente.

—Así es —reconocí—. Tengo otra hermana que se llama Yinglan.

Hubo una pausa. Los cinco volvimos a mirarnos unos a otros y pasaron otros tres meses.

A los estadounidenses les cuesta mucho recordar los nombres chinos. A diferencia de la Hermana Tercera, la Hermana Segunda se había negado a adoptar un nombre inglés. Pensé que era buena señal que Paul recordara el nombre de la Hermana Segunda, ya que eso significaba que en realidad le había prestado atención, incluso desde antes de que pusiéramos en práctica nuestro plan.

Melanie le dio otro golpecito a Paul con el codo por tercera vez, y por tercera vez Paul carraspeó para aclararse la garganta. Parecía como si toda una familia de ranas se hubiera instalado en sus amígdalas para hacer la limpieza.

—Eh… ya he visto a Yinglan en mi clase de matemáticas —empezó—. Pero ella está en décimo grado, ¿verdad?

—Es que la han colocado un año por delante del curso que le corresponde —admitió la Hermana Tercera.

Y luego agregó rápidamente:

—No es que sea un genio de las matemáticas ni nada por el estilo. Lo que pasa es que las escuelas chinas van más avanzadas en matemáticas.

—Ya veo, ya veo… —dijo Paul distraídamente.

Entonces debió darse cuenta que sonaba un poco tonto, y su voz se desvaneció. De repente respiró profundo y dijo precipitadamente:

—¿Sale tu hermana con chicos de vez en cuando?

¡Lo habíamos conseguido! Nuestro plan había funcionado. Intercepté la mirada de la Hermana Tercera, y ambos sofocamos las ganas de reír. ¡Esa frase de Paul era casi exactamente la misma que la Hermana Segunda nos había escuchado cuando lavábamos los platos!

Entonces Paul se dio cuenta de que estábamos muriéndonos de risa. Se puso rojo como un tomate. Arrastrando a Melanie, se marcharon a toda prisa de la zona de restaurantes, y casi se estrella con la señora O'Meara que había llegado a recogernos.

—¿Quiénes son? —preguntó la señora O'Meara mirando a los Eng—. ¿Son amigos suyos?

—Pues, eso espero —dijo muy despacio la Hermana Tercera.

Me miró, y luego miró a Kim. Y los tres sonreímos radiantes, felicitándonos en silencio por nuestro éxito.

CONOZCAMOS A LA AUTORA
Lensey Namioka

Patrimonio cultural chino: Namioka nació en Beijing, China, y se mudó a los Estados Unidos a los nueve años. Empezó a ir a la escuela antes de que supiera hablar inglés.

Parecido de la autora con el personaje: Namioka, como la Hermana Segunda, era excelente en matemáticas en la escuela. Más adelante llegó a dar clases de matemáticas en la Universidad de Cornell.

Pasatiempo: La música. "Prefiero tocar mal yo misma que escuchar a otros tocar maravillosamente", comenta.

Historial: Namioka inició su carrera literaria escribiendo artículos humorísticos para un periódico. Luego se dedicó a los libros infantiles. Lee sus otros libros sobre la familia Yang: *Yang the Youngest and His Terrible Ear, Yang the Third and Her Impossible Family* y *Yang the Eldest and His Odd Jobs.*

CONOZCAMOS AL ILUSTRADOR
Kees de Kiefte

Patrimonio cultural holandés: "Nací hace mucho tiempo en Holanda, en una pequeña aldea medieval junto a un río".

Consejo: "Siéntense en el centro de cualquier ciudad y observen a la gente, dibujen rápidamente unos bocetos que parezcan notas y agréguenles notas que parezcan palabras... De esta manera ustedes VERÁN, y a la vez RECORDARÁN".

Sobre sí mismo: "Soy un soñador un poco torpe que cobra vida cuando dibuja".

Para saber más acerca de Lensey Namioka y Kees de Kiefte, visita Education Place. **www.eduplace.com/kids**

Reacción

Lensey Namioka
**Yang Segunda y sus
admiradores secretos**
ilustrado por Kees de Kiefte

Piensa en la selección

1. Si te mudaras a otro país, como la Hermana Segunda, ¿qué elementos de tu patrimonio cultural te gustaría conservar? ¿Qué tradiciones echarías de menos?

2. ¿Qué consejo le darías a la Hermana Segunda para que se adaptara mejor a la vida en los Estados Unidos?

3. Compara y contrasta cómo reaccionan la Hermana Segunda y Paul Eng después de escuchar el rumor falso.

4. ¿Crees que Yingtao y su hermana hicieron bien engañando a la Hermana Segunda y a Paul? Explica por qué.

5. En la página 405, la autora escribe: "Los cinco volvimos a mirarnos unos a otros y pasaron otros tres meses". Explica este silencio.

6. ¿Cómo crees que podría continuar este cuento? ¿Por qué?

7. **Conectar/Comparar** Yingtao le gasta una broma a la Hermana Segunda. Mariah engaña a Lynn en *Mariah conserva la calma*. ¿En qué se diferencian y en qué se parecen sus dos tretas?

Resumir

Escribe una presentación personal

Tu tarea es presentarle a Paul Eng a la Hermana Segunda. Escribe una presentación de uno o dos párrafos contándole a uno de los personajes cómo es el otro.

Consejos

- **Empieza por elaborar una lista de los intereses y talentos de los personajes.**
- **Decide qué características debes enfatizar más.**
- **Asegúrate de incluir en tu presentación el nombre, el grado y la edad de cada personaje.**

Lectura | Inferencias/generalizaciones
Escritura | Crear composiciones expositivas

Estudios sociales

Aprende sobre las tradiciones

La Hermana Segunda toca un *erhu*, un violín chino de dos cuerdas. Repasa el cuento y busca otros detalles sobre las tradiciones chinas. Investiga con un compañero sobre estas tradiciones. Luego escribe e ilustra un informe compartiendo lo que han aprendido.

Escuchar y hablar

Interprétalo

Interpreta el final de la selección junto a cinco compañeros de clase, empezando por la escena en el Centro Científico. Decide quién interpretará los papeles de Yingtao, la Hermana Tercera, Kim, Paul, Melanie y la señora O'Meara. Busca en el relato pistas que te ayuden a imaginarte lo que cada personaje dice o hace.

Internet

Envía un correo electrónico

¿Recomendarías *Yang Segunda y sus admiradores secretos* a un amigo? Envía un correo electrónico a un amigo contándole lo que te gustó y lo que no te gustó de la selección.

Escritura
Escuchar/Hablar
Desarrollar el tema
Hacer presentaciones narrativas

409

Destreza: Cómo leer un artículo de revista

Antes de leer...

- Lee el título y, en caso de que los haya, la introducción, los **titulares** y los **pies de fotos**.

- Piensa en el **tema** del artículo y predice lo que aprenderás de él.

Al leer...

- Busca las ideas principales de cada sección.

- Los **titulares** pueden ayudarte a deducir cuáles son las ideas principales.

- Piensa en cómo se complementan las ideas principales.

Estándares

Lectura

- **Entender la presentación del texto**

- **Identificar ideas principales**

Manos y

Hacer esta grulla anaranjada que tiene Lauren, le toma unos quince minutos. Sin embargo, ella dice que el esfuerzo bien vale la pena. Y es que, según su abuela, ¡las grullas traen buena suerte!

corazones

Por Candace Purdom

Lee acerca de tres chicas y sus abuelas que, al igual que Yinglan, mantienen vivas ciertas destrezas que forman parte de su patrimonio cultural.

Dobleces y pliegues

¡Lauren Okada puede convertir un trozo de papel en un pato! Lo hace usando *origami*, el arte japonés de plegar papel. Hace dos años, Mary, la abuela de Lauren, empezó a enseñarle a plegar y doblar papeles de colores para hacer una caja de origami. "Al principio era bastante complicado", dice esta chica de diez años de Ohio. "¡Si los dobleces no son uniformes, sale muy mal!" Pero a Lauren le encantaba hacer aparecer aquellas formas como por arte de magia, de modo que pasaba muchas horas más con su abuela, aprendiendo a doblar estrellas, pájaros, globos y otras formas complicadas.

La abuela de Lauren aprendió el origami de su madre, que trajo este arte consigo desde Japón. Cuando era niña, Mary solía regalarles a sus amigos las figuritas de papel que hacía. ¡Ahora Lauren hace lo mismo! Para una fiesta de cumpleaños, Lauren plegó para cada invitado una caja que luego rellenó con caramelos. Ella y su abuela también elaboraron varios ornamentos de origami para colgar en su árbol de Navidad. Tienen ya una enorme colección que va aumentando año tras año. Ésta es una tradición que a Lauren y a su abuela les encanta compartir.

La Abuelita Jean, Morgan y su compañera costurera de colchas de retazos, Louise Carter, dan unas puntadas a una colcha de anillo de bodas doble, un diseño que se suele preparar para recién casadas.

Retazos y pedazos

 Hace más de un siglo, la tatarabuela de Morgan Friday cosía pedacitos de tela para hacer unas colchas de retazos de lo más coloridas. Actualmente, Morgan y su abuela, la Abuelita Jean, mantienen la tradición con sus reuniones de costureras de colchas tradicionales de retazos en su pueblo de Texas.

Cuando Morgan, de doce años, se reunió por primera vez con las integrantes del grupo de costureras, colaboró enhebrando las agujas y organizando el armario con todo el material de costura. Pero muy pronto las mujeres la invitaron a coser. Morgan estaba nerviosa. Recuerda que preguntó, "¿Y qué pasa si lo echo a perder?" Las mujeres respondieron, "¡Pues, arrancas las puntadas y empiezas de nuevo!"

En las reuniones de costureras, Morgan ayuda a unir con puntadas diminutas la capa superior, mediana e inferior de la colcha. ¡Coser todos los pedacitos de la capa superior puede tomarle al grupo de veinte a veinticuatro horas! Pero a Morgan le encanta sentarse y escuchar las historias que las mujeres comparten mientras cosen.

La abuela de Morgan tiene un dicho: "Cuando le des a alguien una colcha de retazos, dile que cuente las puntadas para saber cuánto lo amas". Morgan piensa lo mismo: "¡Tienen un gran significado, porque requieren muchísimo trabajo!"

Vueltas y lazadas

A Cynthia Burns, que tiene diez años, le encanta ir al mercado de Charleston con su abuela. Allí es donde ellas tejen y venden cestas de carrizo, una artesanía a la que su familia lleva dedicándose desde hace siglos. Los antepasados de Cynthia llegaron a Carolina del Sur como esclavos, provenientes de África. Trajeron consigo la técnica especial para el tejido de cestas que su familia utiliza actualmente.

El carrizo crece en los pantanos cercanos, y es conocido por su aroma dulce. Cynthia empezó a convertir esta hierba fragante en cestas cuando tenía siete años. Su abuela Helen empieza cada cesta anudando un montón de agujas largas de pino, agujas que ella y Cynthia recogen juntas en el bosque. Luego Cynthia retuerce los puñados de carrizo y enea para unir las lazadas de hierba retorcida, una fila sobre otra, con unas hojas de palma finas.

Cynthia tarda unas cuantas semanas en acabar la mayoría de los tipos de cesta que fabrica, y las firma por la parte de abajo. Cynthia se siente orgullosa de su talento y de su tradición familiar. "Mi abuela siempre me pide que siga transmitiendo la tradición", dice, "¡y que algún día le diga a mi hija que también la transmita!"

Cynthia aprendió a tejer cestas de carrizo observando a su abuela (derecha) y a su madre. ¡La primera canasta que Cynthia tejió se vendió nada menos que por treinta y cinco dólares!

413

Desarrollar conceptos

Querido señor Henshaw

Vocabulario

descripción
diario
experiencia
prosa

Estándares

Lectura

- Usar raíces y afijos
- Inferencias/ generalizaciones

Un mundo literario

La literatura representa un papel importante en la vida de Leigh Botts, el personaje principal de *Querido señor Henshaw*. Piensa en los tipos de literatura que escribes tú, en casa o en la escuela. Luego pregúntate qué diferencia hace la literatura en tu vida.

¿**L**levas un **diario**? Si es así, ¿qué tan valioso es para ti tu diario? Tal vez lo uses para anotar tus pensamientos y sentimientos más profundos. A lo mejor llevas en tu diario un registro de tus viajes y de alguna otra **experiencia**. Los escritores también apuntan rápidamente ideas en sus diarios y cuadernos, para desarrollarlas más adelante. ¿Haces tú algo similar?

Escribir cartas puede ser una buena manera de analizar las cosas que te suceden. Escribir una **descripción** de algo que hayas hecho o presenciado puede traerte viejos recuerdos y sentimientos. Además, la persona que reciba tu carta también disfrutará leyéndola.

¿Has escrito un relato o algún otro tipo de **prosa** creativa o poética? Leigh Botts intenta escribir distintos relatos, primero una fantasía, y luego uno de misterio, antes de dar con el tipo de literatura con la que se siente más cómodo. Piensa en los cuentos que tú podrías contar.

Todo comenzó con una carta divertida

Beverly Cleary

Querido Señor Henshaw

JOHN·NEWBERY·MEDAL

FOR THE MOST DISTINGUISHED CONTRIBUTION
AMERICAN LITERATURE FOR CHILDREN

EDICIÓN EN ESPAÑOL

Beech TREE

Estrategia clave

La autora ha decidido mostrar al protagonista solamente a través de sus anotaciones diarias y una carta. Al leer, **evalúa** si este formato funciona bien para contar el cuento de Leigh.

Lectura   Evaluar técnicas del autor

*C*eigh Botts le ha estado escribiendo a Boyd Henshaw, un autor de libros infantiles, desde que estaba en segundo grado. Leigh ha estado describiendo su vida en una casa al lado de una estación de gasolina de Pacific Grove, California, un lugar principalmente conocido por las mariposas monarca que pasan el invierno allí. Al principio contaba su vida sólo en las cartas al señor Henshaw, pero ahora también lo hace en su diario. Los padres de Leigh están divorciados y él casi nunca puede ver a su papá, porque es un camionero de larga distancia. La última vez que hablaron por teléfono, su padre estaba a punto de salir a comer pizza con una señora y su hijo. A Leigh le preocupaba que su papá se fuera a casar de nuevo. En la escuela, Leigh se ha encontrado con que un ladrón desconocido le estaba robando las cosas de su lonchera, aunque también acaba de hacer su primer amigo, Barry. Además hay un concurso de redacción en el que Leigh piensa participar: los ganadores podrán almorzar con un autor famoso de libros infantiles.

Sábado, 17 de marzo

Hoy es sábado, así que esta mañana volví a ir de paseo hasta los árboles de las mariposas. El bosque estaba tranquilo y silencioso y, como hacía sol, me quedé mucho rato mirando las mariposas de color naranja revoloteando entre las hojas verdes y grises, y escuchando el ruido del mar contra las rocas. Ya no hay tantas mariposas. Puede que estén volando hacia el norte para pasar el verano. Pensé que a lo mejor podía escribir sobre ellas en prosa en vez de en verso, pero al volver a casa empecé a pensar en mi padre, y en una vez que me llevó con él cuando transportaba uvas a una bodega, y en lo maravilloso que había sido ese día.

Martes, 20 de marzo

Ayer la señorita Neely, la bibliotecaria, me preguntó si había escrito algo para el Anuario de los Escritores Jóvenes, pues todos los escritos tenían que ser entregados al día siguiente. Cuando le dije que no, me dijo que todavía me quedaban veinticuatro horas y que por qué no me ponía a ello. Y lo hice, pues realmente me apetecía conocer a algún escritor famoso. Mi cuento sobre el hombre de cera de diez pies había ido a parar al cesto de los papeles. Luego, traté de empezar un cuento llamado *El gran misterio de la caja del almuerzo*, pero no conseguí convertir esta experiencia en un cuento, pues no sé quién es el ladrón (o los ladrones), y en realidad ya no quiero saberlo.

Finalmente, relaté a toda prisa aquella vez en que fui con mi padre, que llevaba un cargamento de uvas, por la carretera 152, cruzando el paso de Pacheco, hasta una bodega. Puse cosas como las señales de carretera que indicaban: "cuesta pronunciada", "camiones, primera velocidad", y con qué habilidad conducía un remolque largo y pesado en las curvas. Puse también algo sobre los halcones que se posan en los cables de teléfono y hablé de aquel pico alto que utilizaba el vigía del bandolero *Black Bart* para vigilar a los viajeros que pasaban por el puerto y avisar a *Black Bart* para asaltarlos, y de las hojas de los árboles, que hay a lo largo del riachuelo que va por el fondo del barranco, que se estaban tornando amarillas, y de lo bien que huelen esas grandes cantidades de uvas al sol. No puse lo de las camareras y los vídeo-juegos. Luego volví a copiarlo todo, por si contaba la buena presentación, y se lo di a la señorita Neely.

Sábado, 24 de marzo

Mi madre me dijo que tenía que invitar a Barry a casa a cenar porque yo he ido muchas veces a su casa después del colegio. Hoy estuvimos tratando de fabricar una alarma contra robos para su habitación. Finalmente, hemos conseguido hacerla funcionar con la ayuda de un libro de la biblioteca.

No estaba seguro de que a Barry le fuera a gustar el venir a nuestra casa, que es tan pequeña comparada con la suya, pero aceptó cuando lo invité. Mi madre hizo un guiso con cosas muy ricas: carne molida, chiles, tortillas, tomates y queso. Barry dijo que le había gustado mucho comer en nuestra casa, porque estaba harto de hacerlo con un montón de hermanas pequeñas que están todo el tiempo tirando las cucharas y haciendo payasadas. Me puse muy contento. Es muy agradable tener un amigo.

Barry contó que su alarma sigue funcionando. Lo malo es
que sus hermanas encuentran muy divertido abrir la puerta de
su cuarto para que suene. Luego se ponen a reír y se esconden.
Y como su madre se estaba volviendo loca con todo este lío, al
final ha tenido que desconectarla. Nos hemos reído un buen
rato. A Barry y a mí nos hace ilusión haber hecho algo que
funciona, aunque no se pueda utilizar.

Barry vio el letrero que hay en mi puerta y que dice:
NO ENTRAR. MAMÁ, ESTO VA POR TI. Me preguntó si mi madre
realmente no entra en mi cuarto, y yo le dije:

—Si tengo todo recogido, por supuesto que no. Mi madre
no es una entrometida.

Barry dijo que le gustaría tener una habitación en la que
no entrara nadie. Me alegré de que Barry no me pidiera ir al
cuarto de baño. A lo mejor, después de todo, empiezo a
quitarle el moho.

Domingo, 25 de marzo

Sigo pensando en mi padre. Me pareció que estaba muy solo, y me gustaría saber qué habrá sido del chico de la pizza. No me gusta imaginarme que mi padre está solo, pero tampoco me gusta pensar en que quien le anima es el niño de la pizza.

Esta noche a la hora de cenar (frijoles y salchichas) tuve el valor de preguntar a mi madre si creía que mi padre volvería a casarse. Se quedó pensando un rato y luego dijo: —No sé cómo. Tiene que pagar todavía los plazos del camión, que son muy altos, y el precio del gasóleo no para de subir, y si la gente no tiene dinero para construir casas o para comprar autos, no podrá transportar materiales ni automóviles.

Pensé en ello. Sé que la licencia para un camión como el suyo cuesta más de 1,000 dólares al año.

—Pero siempre manda el cheque para mi manutención —dije—, aunque a veces con retraso.

—Sí, eso sí —dijo mi madre—. Es que tu padre no es una mala persona ni mucho menos.

De repente, me puse hecho una furia.

—Entonces, ¿por qué no se vuelven a casar?

Me parece que no lo dije de una manera muy agradable.

Mi madre me miró directamente a los ojos.

—Porque tu padre no se hará mayor nunca —dijo.

Yo sabía que nunca diría nada más acerca de esto.

¡Mañana sale el Anuario de los Escritores Jóvenes! A lo mejor tengo suerte y voy a comer con un escritor famoso.

Lunes, 26 de marzo

Hoy no ha sido el mejor día de mi vida. Cuando mi clase fue a la biblioteca vi un montón de Anuarios y apenas podía esperar a que la señorita Neely nos los repartiera. Cuando finalmente me dio el mío, y lo abrí por la primera página, había un cuento de un monstruo, así que vi que no había ganado el primer premio. Seguí pasando las hojas. Tampoco había ganado el segundo, que se lo dieron a una poesía, y tampoco el tercero ni el cuarto. Luego pasé otra página y vi una Mención de Honor y debajo de ella:

Un día en el camión de mi padre

por Leigh M. Botts

Ahí estaba mi título y mi nombre impreso debajo, aunque fuese fotocopiado. No puedo decir que no me llevara una desilusión por no ganar un premio, pues me la llevé. Lo que realmente me desilusionaba era no conocer al misterioso Escritor Famoso. Sin embargo, me hacía ilusión ver mi nombre impreso. Algunos chicos estaban indignados porque no habían ganado o porque ni siquiera les habían puesto su nombre. Decían que no iban a volver a escribir, lo cual me parece una tontería. He oído decir que a algunos escritores de verdad les rechazan los libros. Me imagino que unos ganan y otros pierden.

Luego la señorita Neely anunció que el Escritor Famoso con el que los ganadores iban a comer era Angela Badger. Las niñas estaban más emocionadas que los niños, porque Angela Badger escribe casi siempre sobre niñas con problemas, como el de tener los pies muy grandes, o granos, o algo parecido. A mí, a pesar de todo, me apetecía conocerla porque es lo que se llama un escritor vivo de verdad, y nunca he conocido a ninguno. Me alegro de que el autor no sea el señor Henshaw porque entonces sí me hubiera desilusionado *de verdad* no conocerlo.

Viernes, 30 de marzo

Hoy resultó un día muy emocionante. A la mitad de la segunda clase, la señorita Neely dijo que saliera y me preguntó si me gustaría comer con Angela Badger. Yo dije:

—Por supuesto, pero, ¿cómo?

La señorita Neely me explicó que los maestros habían descubierto que la poesía que había ganado estaba copiada de un libro y que no era original, así que a la niña que la había presentado no se le permitiría ir y que si a mí me gustaría ir en su lugar. ¡Que si me gustaría!

La señorita Neely telefoneó a mi madre, que estaba en el trabajo, para pedirle permiso, y yo le regalé mi comida a Barry porque lo que yo llevo es mejor que lo suyo. Los otros ganadores estaban todos muy bien vestidos, pero a mí no me importaba. Me he dado cuenta de que hay escritores, como el señor Henshaw, que casi siempre llevan camisas viejas de cuadros en las fotos que hay en la parte de atrás de sus libros. Mi camisa es tan vieja como la suya, así que sabía que estaba bien.

La señorita Neely nos llevó en su propio auto al *Holiday Inn*, donde otras bibliotecarias y sus ganadores estaban esperando en el vestíbulo. Luego llegó Angela Badger con su marido el señor Badger, y nos llevaron a todos al comedor, que estaba muy lleno de gente. Una de las bibliotecarias, que era una especie de bibliotecaria jefe, dijo a los ganadores que se sentaran a una mesa larga en la que había un cartel que decía RESERVADO. Angela Badger se sentó en el centro y algunas de las niñas se empujaron para sentarse a su lado. Yo me senté enfrente.

La bibliotecaria jefe explicó que podíamos elegir lo que quisiéramos comer de un mostrador lleno de ensaladas. Luego, todas las bibliotecarias se fueron y se sentaron en otra mesa con el señor Badger.

Y allí estaba yo cara a cara con un escritor vivo de verdad que parecía una señora simpática, gordita, con el pelo muy rizado, y sin que se me ocurriera nada que decir porque no había leído sus libros. Algunas niñas le dijeron cuánto les gustaban sus libros, pero otros niños y niñas eran demasiado tímidos como para decir algo. No pareció suceder nada hasta que la señora Badger dijo:

—¿Por qué no vamos todos a servirnos comida al mostrador?

¡Qué lío se armó! Algunas personas no sabían lo que era servirse uno mismo en un mostrador, pero la señora Badger fue adelante y todos nos servimos lechuga y ensalada de frijoles y de papas, y todas las cosas que normalmente se ponen en esos mostradores. Algunos de los niños más pequeños eran demasiado bajitos y no llegaban más que a los platos que había en primera fila. No se las arreglaban nada bien hasta que la señora Badger los ayudó.

Servirnos la comida nos llevó bastante tiempo, bastante más que en la cafetería del colegio, y cuando volvimos a la mesa con los platos, la gente que había en otras mesas se agachaba y se empujaba como si temiera que les fuésemos a tirar la comida en la cabeza.

Había un niño que no tenía en el plato más que un pedazo de tomate porque creía que iba a poder volver a servirse carne y pollo frito. Tuvimos que explicarle que no nos iban a dar nada más que ensalada. Entonces se puso colorado y fue a servirse más ensalada.

Yo seguía pensando en algo interesante que decir a la señora Badger, mientras trataba de pescar los garbanzos que tenía en el plato con un tenedor. Un par de niñas eran las que lo hablaban todo y le decían a la señora Badger que querían escribir libros exactamente como los suyos. Las otras bibliotecarias estaban muy entretenidas charlando y riéndose con el señor Badger que debía de ser muy gracioso.

La señora Badger trató de conseguir que algunos de los más tímidos dijeran algo, pero sin grandes resultados, y yo seguía sin que se me ocurriera nada que decir a una señora que escribía libros sobre niñas con problemas de pies grandes y de granos. Finalmente, la señora Badger me miró fijamente y me preguntó:

—¿Qué escribiste tú para el Anuario?

Me di cuenta de que me ponía colorado y contesté:

—Nada más que un paseo en camión.

—¡Oh! —dijo la señora Badger—. ¿Así que tú eres el autor de *Un día en el camión de mi padre?*

Todos se callaron. Ninguno de nosotros sabía que el escritor vivo de verdad había leído lo que habíamos escrito, pero ella lo había hecho y se acordaba de mi título.

—Yo no tuve más que una Mención de Honor —dije, pero, al mismo tiempo, pensaba que me había llamado autor. *Un escritor de verdad me había llamado autor.*

—¿Qué importa eso? —preguntó la señora Badger—. Los jurados nunca piensan todos lo mismo. A mí me gustó *Un día en el camión de mi padre* porque estaba escrito por un niño que escribía con sinceridad sobre algo que sabía y que lo sentía de verdad. Tú me hiciste sentir lo que era bajar una cuesta muy pronunciada con muchas toneladas de uvas detrás.

—Pero no supe convertirlo en un cuento —dije sintiéndome mucho más valiente.

—¿Y qué importa? —dijo la señora Badger haciendo un gesto con la mano. Ella es el tipo de persona que lleva anillos en el dedo índice—. ¿Qué creías? La habilidad para escribir cuentos llega más tarde, cuando hayas vivido más tiempo y tengas más comprensión. *Un día en el camión de mi padre* es un trabajo espléndido para un niño de tu edad. Lo has escrito como *tú eres* y no has tratado de imitar a nadie. Y eso es una señal de buen escritor. Continúa así.

Me di cuenta de que un par de niñas que habían estado diciendo que querían escribir libros exactamente como los de Angela Badger intercambiaban miradas avergonzadas.

—Vaya, muchas gracias —fue todo lo que pude decir. La camarera empezó a colocar platos de helado. A todos se les había pasado la timidez y empezaron a hacer preguntas a la señora Badger: que si escribía a lápiz o a máquina, que si alguna vez le habían rechazado algún libro, que si sus personajes eran personas reales, que si había tenido granos cuando era niña como la niña de su libro, y que qué se sentía cuando se era una escritora famosa.

A mí no me parecía que las respuestas a esas preguntas eran muy importantes, pero tenía una pregunta que quería hacerle y que conseguí meter en el último momento cuando la señora Badger estaba dedicando algunos libros que la gente le había llevado.

—Señora Badger —dije—. ¿Ha conocido usted a Boyd Henshaw?

—Oh, sí —dijo mientras escribía en uno de los libros—, lo conocí en un encuentro con bibliotecarios. Los dos interveníamos en la misma sesión.

—¿Cómo es? —pregunté por encima de la cabeza de una niña que se acercaba con un libro.

—Es un joven muy simpático y con unos ojos muy pícaros —me contestó. Creo que yo ya lo sabía desde que contestó mis preguntas.

Al volver a casa todos comentaban sobre la señora Badger esto y la señora Badger lo otro. Yo no quería hablar. Sólo quería pensar. Un escritor vivo de verdad me había llamado autor, a mí. Un escritor vivo de verdad me había dicho que continuara así. Mi madre se sintió orgullosa de mí cuando se lo conté.

La estación de gasolina ha cerrado hace mucho tiempo, pero yo quería escribirlo todo para que no se me olvidara. Me alegro de que mañana sea sábado. Si tuviera que ir a la escuela, estaría todo el día bostezando. Qué pena que papá no esté aquí para poder contarle todo lo que ha pasado hoy.

31 de marzo

Querido señor Henshaw:

Esta carta va a ser muy breve para no hacerle perder tiempo leyéndola. Tenía que contarle una cosa. Tenía usted razón. Yo todavía no estoy listo para escribir un cuento inventado. ¡Pero adivine una cosa! Escribí una historia de verdad con la que gané una Mención de Honor en el Anuario. A lo mejor el año que viene escribo algo con lo que gano el primer premio o el segundo. Y a lo mejor para entonces ya soy capaz de escribir una historia inventada.

He pensado que quizá le gustaría saberlo. Muchas gracias por su ayuda. Si no hubiera sido por usted, a lo mejor hubiera entregado aquel cuento estúpido sobre el camionero de cera que se derretía.

Su amigo, el escritor
Leigh Botts

P.D. Sigo escribiendo el diario que usted me animó a empezar.

CONOZCAMOS A LA AUTORA *Beverly Cleary*

Beverly Cleary empezó a escribir porque, al igual que Mildred
Pitts Walter, no podía encontrar suficientes libros sobre
niños y niñas como los que ella conocía, "niños y niñas
sencillos, comunes y corrientes", como los llamaba.
Desde 1950 Cleary ha presentado a los lectores docenas
de personajes extraordinarios, entre ellos Henry Huggins,
Ramona Quimby y Leigh Botts. La madre de Cleary
fundó una biblioteca en Oregon, y más adelante la propia
Cleary se convirtió en bibliotecaria en Yakima, Washington.
Contar cuentos y pensar en los personajes la condujo a escribir su primer libro,
Henry Huggins.

Con *Querido señor Henshaw* Cleary pasó a escribir sobre un personaje más
serio, y recibió la aprobación de los críticos. En 1984, el libro ganó la Medalla
Newbery. Puedes leer más sobre Leigh Botts en el libro de Cleary titulado
Trotón, mi perro.

CONOZCAMOS A LA ILUSTRADORA *Nancy Carpenter*

Nancy Carpenter creció en Philadelphia, Pennsylvania. Dice
que aprendió a dibujar princesas y bailarinas antes de
aprender a hablar.

En la escuela primaria, la madre de Carpenter fue
su maestra de arte, y a menudo ella creía que impresionar a su propia mamá no era nada fácil. Resultó que a
su mamá todos los trabajos de su hija le encantaban, ¡pero
no quería que creyeran que tenía favoritos en la clase!

Para saber más acerca de Beverly Cleary y Nancy Carpenter,
visita Education Place. **www.eduplace.com/kids**

Piensa en la selección

1. ¿Por qué crees que Leigh decide escribir *Un día en el camión de mi padre*, en lugar de usar las ideas que tenía para otro relato?

2. Escribir es importante para Leigh. ¿Cómo crees que escribir lo beneficia?

3. En la página 420, Leigh dice: "Es muy agradable tener un amigo". ¿En qué ayuda tener un amigo? Describe un momento en el que tener un amigo te haya ayudado.

4. ¿Qué clase de persona es Angela Badger? Enumera algunos detalles del relato que revelen su personalidad.

5. ¿Cómo resumirías el consejo que Angela Badger le da a Leigh sobre escribir relatos?

6. ¿Qué te dice acerca de Leigh su comportamiento durante el almuerzo?

7. **Conectar/Comparar** Leigh Botts utiliza sus relatos para relacionarse con la gente. ¿Cómo se relacionan Mariah, Mamá y Yingtao con las demás personas?

Escribe una carta

Escribe una carta al autor de tu libro favorito, así como hizo Leigh. Cuenta por qué te gustó el libro y describe sobre qué te gustaría escribir.

Consejos

- Utiliza detalles del libro para explicar lo que te ha gustado.
- Empieza un párrafo nuevo por cada tema nuevo.
- Cuando escribas tu carta, no olvides utilizar un formato de carta adecuado.

Lectura — Características de los personajes
Escritura — Escribir respuestas a la literatura

Arte

Diseña la cubierta de un libro

¿Qué tal si el cuento de Leigh, *Un día en el camión de mi padre* se convirtiera en un libro? Diseña la cubierta del libro. Incluye el título, el nombre del autor e ilustraciones. Fíjate en algunas cubiertas de otros libros antes de decidir qué información incluir en la portada, la contraportada y el lomo.

Extra Escribe una descripción del libro y una biografía breve del autor para las solapas laterales.

Escuchar y hablar

Presenta un programa de radio

Imagínate a Angela Badger como presentadora de un programa de radio en el cual escritores jóvenes la llaman para pedirle consejos. Con un grupo, escriban preguntas y respuestas para la señora Badger. Escriban una presentación para el comienzo del programa y luego presenten el programa de radio.

Internet

Envía una postal electrónica

¿Qué libros has leído durante este tema? ¿Cuáles recomendarías? Envía una postal electrónica a un amigo. Encontrarás una en Education Place.
www.eduplace.com/kids

Destreza: Cómo leer un poema

Al leer...

- Haz una pausa al final de cada verso, pero presta atención a la puntuación. Pregúntate cómo se conectan los versos.

- Disfruta con el ritmo y el sonido del poema. ¿Qué "escuchas" en tu mente?

- Pregúntate: ¿De qué trata el poema? ¿Cómo me hace sentir? ¿Qué imágenes trae a mi mente? Con estas ideas, vuelve a leer el poema.

Más escritores jóvenes

Escribe con toda honestidad sobre aquello que conoces y que provoca fuertes sentimientos en ti, dice la señora Badger en *Querido señor Henshaw*. Aquí tienes a cinco estudiantes que han hecho precisamente eso.

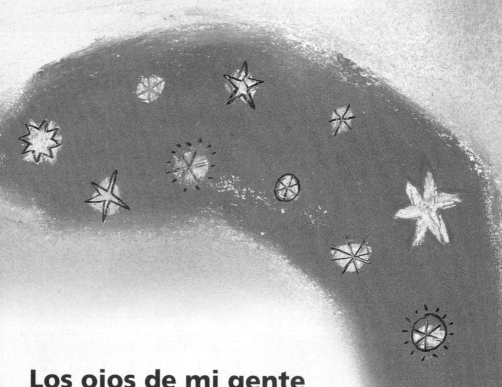

Los ojos de mi gente

Los ojos de mi gente son brillantes
Cuando están tristes o felices
Los ojos de mi gente son las estrellas
De la media noche en el firmamento

— *DaMonique Domínguez,
once años, California*

434

A mi madre

Recuerdo aquellos días en la casa vieja
la casa donde comenzó mi vida
Tú desyerbabas el jardincito
de azules y estrelladas nomeolvides y violetas
te ocupabas de las delicadas dalias
que tanto amabas
Yo retozaba en el césped y bajo el rociador
entraba y salía de entre los enebros
que ambos construíamos
yo construía fuertes y mundos imaginarios
y tú construías realidades, construías el jardín
y me construías a mí

— *Aaron Wells,*
once años, Oregon

Problemas

Cuando mi vida se topa con una montaña
la escalo
Cuando mi vida tropieza con un río
lo cruzo a nado
Cuando en mi vida surge un obstáculo
lo supero
Y cuando en mi vida encuentro una señal de alto
descanso un rato

— *Kevin A. Zuniga,*
doce años, Texas

Susurro

Mi pelota de baloncesto salta
y rebota con vida propia
en la tarde dorada por el polvo
la pelota sube y sube
y gira por el aro
como un
huracán o un tornado
que brota
la red le hace cosquillas
cuando atraviesa con un susurro la canasta
y otros tres puntos acaban de alegrarme el día

— *Chance Yellowhair, Arizona*

435

El mercado artesanal de Maputo

Es viernes por la tarde,
casi de noche.
El runrún de mi bicicleta suena reconfortante en el silencio.
Uno o dos trabajadores retrasados corren a casa.
Yo detengo mi bicicleta,
y aspiro el fresco aire nocturno.
La plaza.
Ahora es un círculo vacío de piedra
Unos cuantos parches de hierba y uno o dos árboles
son todo lo que puede ofrecer.
Pero para mí, la plaza es especial.
Mi corazón brinca esperando
la mañana del sábado
en que la plaza cobra vida.

Al principio, hay sólo un vendedor.
Después son dos,
luego ya tres.
Casi todos son muchachos y hombres
Se tienden paños sobre la acera
Manos cuidadosas desempacan minuciosas tallas
y hermosos baúles de madera,
y también juguetes pintados a mano.
Autos rojos de madera, aviones verdes y motocicletas multicolores.
Casi todos son tan pequeños que caben en la palma de la mano.
Los batiks se despliegan y se examinan con cuidado
Unos chicos se abren paso entre la multitud
exponiendo telas teñidas de vivos colores.
Los vendedores pregonan su mercancía con voces potentes y persistentes
a unos compradores que discuten en tonos igual de potentes y persistentes
tratando todos de conseguir el mejor precio.

436

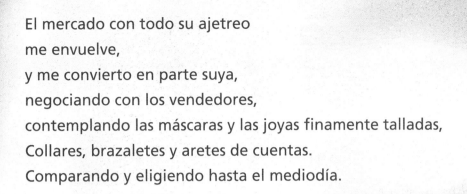

El mercado con todo su ajetreo
me envuelve,
y me convierto en parte suya,
negociando con los vendedores,
contemplando las máscaras y las joyas finamente talladas,
Collares, brazaletes y aretes de cuentas.
Comparando y eligiendo hasta el mediodía.

¡Me muero de ganas de que llegue mañana!
La plaza cobrará vida de nuevo,
conmigo inmersa en el barullo.
Pedaleo en la resplandeciente oscuridad
pensando en el sábado por la mañana
y esperando el mercado artesanal.

— *Rebecca Beatriz Chávez, once años, Virginia*
Rebecca vivía en Maputo, Mozambique,
en África, cuando escribió este poema.

✓ Palabras de vocabulario

En algunas preguntas te piden que identifiques una palabra con más de un significado y que pueda encajar en dos oraciones. Tienes entre tres y cinco respuestas para elegir. ¿Cómo escogerás la respuesta correcta? A continuación tienes un ejemplo con su respuesta correcta. Fíjate bien en los consejos para que puedas responder a este tipo de preguntas.

Consejos

- Lee las instrucciones cuidadosamente. Comprueba que entiendes bien lo que tienes que hacer.
- Lee las oraciones y todas las respuestas.
- Prueba cada una de las palabras en ambas oraciones. Fíjate en qué palabra encaja bien en las dos oraciones.

Lee las siguientes oraciones. Luego, elige la palabra que complete correctamente ambas oraciones.

1   Leigh tenía que _____ la llanta de su bicicleta antes de salir.

Se adentraron en la jungla sin _____ en los peligros que podían encontrar.

A   preparar

B   reparar

C   dejar

D   fijarse

FILA DE RESPUESTAS 1 Ⓐ ● Ⓒ Ⓓ

Lectura   **Entender sinónimos/antónimos**

Ahora observa cómo un estudiante dedujo la respuesta correcta.

Tengo que buscar la palabra que sirva para ambas oraciones. Sé que no es la **D** porque fijarse no sirve para la primera oración. Sin embargo, veo que *preparar, reparar* y *dejar*, todas sirven para la primera oración.

No escogeré ni la **A** ni la **C** porque no sirven para la segunda oración. Sólo la **B** sirve en la primera oración y en la segunda. Ahora veo por qué la **B** es la respuesta correcta.

TEATRO

Una obra de teatro puede ocurrir en un escenario o en páginas.

En el escenario, los personajes aparecen hablando y actuando en las **escenas**, o segmentos, de la obra. Así, cada vez que el lugar o época cambian en la obra, comienza una nueva escena.

En páginas, la obra es un **guión**, un plan para la representación. Cada escena está numerada con una descripción del lugar o la época. Los nombres de los personajes van seguidos por lo que les corresponde decir, o el **diálogo**. Las descripciones de la acción o de cómo se sienten los personajes van frecuentemente en *cursiva*. Ésas son las **instrucciones de escena**.

Al leer la siguiente obra, *El caso del apetito escapado*, verás que es simplemente un cuento contado de una forma nueva. Tal vez sea conveniente que compares la versión escrita con la versión del escenario, representando la obra con tus compañeros de clase.

También tendrás la oportunidad de escribir la primera escena de tu propia obra.

Y ahora… ¡arriba el telón!

Contenido

El caso del apetito escapado

UN MISTERIO DE JOE GILES

por Rob Hale

Personajes principales

Joe Giles: Director y único empleado de la agencia de detectives
Conserva lo que Encuentras, tiene once años

Verónica: Princesa del gran ducado de Isselburgo, tiene once
años

Sra. Bibby: La chaperona de Verónica, anda alrededor de los
cuarenta años

Personajes secundarios

Voz del teléfono	**Fisk, ayudante del Sheriff**
Animadora de televisión Kathy Keen	**Niño**
Reportero de televisión Mike Macintosh	**Niñera**
Leo, chofer de la limosina	**Muchacha**
Mario	**Espectador de cine 1**
Celia	**Espectador de cine 2**
Sheriff McGrew	**Apetito de Verónica**
	Reportero Periodístico

Escenario

El pueblecito Riverton, en la actualidad

ESCENA 1

(Oficina de Joe Giles, *que realmente es la cocina de la familia.* Joe *está sentado a la mesa con parte de su cuerpo en la oscuridad y se dirige al público con confianza, como si estuviese contando un cuento.)*

Joe: Me llamo Giles. Joe Giles. Tal vez ya me conocen. Tengo anuncios en las carteleras de todo el pueblo: Agencia de detectives Conserva lo que Encuentras. Si se te pierde, nosotros te lo encontramos. "Nosotros" significa yo. Nací con este talento para encontrar cosas. Calcetines perdidos. Lentes perdidos. Llaves de carro perdidas…

(Suena el teléfono.)

Joe: Disculpen… *(Levanta el teléfono.)* Conserva lo que Encuentras, habla Joe.

Voz: ¿Eres tú el tipo que encuentra cosas perdidas?

Joe *(Con cautela)*: Sí…

Voz: ¡Magnífico! Yo acabo de perder un juego de tres en línea. ¿Crees que lo puedes encontrar? *(La voz se ríe y cuelga el teléfono.)*

Joe *(Cuelga y continúa conversando con el público.)*: Siempre me llaman con lo mismo. Bueno, el hecho es que ha pasado algún tiempo desde mi último caso. Me la he pasado aquí en la oficina la mayor parte del tiempo —bueno, en realidad, es la cocina de mi papá y mi mamá—, esperando algún cliente. A veces, cuando el teléfono no ayuda, prendo el televisor y pruebo con las noticias.

(Joe prende el televisor. La escena siguiente se puede representar en video, en vivo o con marionetas y telón de fondo.)

Animadora de televisión: A continuación… ¡La realeza en Riverton! La princesa Verónica viene al pueblo. Mike Macintosh, el reportero de Noticias 4 está en vivo desde el hotel Riverton Inn…

Joe *(Interesándose en el asunto)*: Oh, es verdad, la princesa Verónica de algún gran ducado está aquí para inaugurar un museo. De hecho, es una gran cosa. Las celebridades casi nunca vienen a Riverton.

Mike Macintosh: Hola, soy Mike Macintosh desde el hotel Riverton Inn, donde acaba de llegar la princesa Verónica con su séquito. Voy a ver si le puedo hacer unas preguntas. ¡Princesa Verónica!

Verónica *(Habla con un acento leve.)*: Sí, mucho gusto.

Mike Macintosh: Princesa, ¿ha disfrutado hasta ahora de su visita a nuestra localidad? ¿Le gustan nuestras costumbres? ¿Nuestra música? ¿Nuestros centros comerciales? ¿Qué opina de la gastronomía norteamericana?

Verónica: Pues, estoy disfrutando de mi visita, pero mis obligaciones como representante de mi país me han mantenido muy ocupada.

Joe: Ella necesita salir más.

Verónica: Con respecto a la comida de los Estados Unidos, lamento decirle que, ¿cómo se dice?, "he perdido mi apetito". ¡Pero espero encontrarlo pronto, para poder disfrutar de sus deliciosos perritos calientes y pasteles de manzana! Gracias. *(Se va.)*

Mike Macintosh: Bueno, habrá perdido su apetito, pero no ha perdido su encanto. Volvemos contigo, Kathy.

Joe: Apago el televisor. *(Lo hace.)* Me levanto. Y repentinamente me doy cuenta de lo que tengo que hacer. Será el reto más grande de mi carrera. ¡Yo, Joe Giles, el detective más inteligente de Riverton, encontraré el apetito de la princesa Verónica!

(El pasillo del hotel Riverton Inn. Los reporteros están tomando fotos de Verónica.*)*

Joe: ¡Vaya si tengo suerte! En cuanto llegué al hotel Riverton Inn, allí estaba la princesa sentada en el vestíbulo, rodeada de fotógrafos. Me acerqué y le presenté mi tarjeta. Pero, por mala suerte, una señora se interpuso en mi camino.

Sra. Bibby *(Recibiendo su tarjeta)*: Yo me encargo.

Verónica: ¿Se trata de otro reportero, Sra. Bibby?

Sra. Bibby: No lo sé. *(Se dirige a* Joe.*)* ¿Qué es "Conserva lo que Encuentras"?

Joe: Exactamente lo que dice, señora. Si se le pierde, se lo encontramos. Bueno, en realidad, se lo encuentro. Mi nombre es Joe Giles, y me he enterado de que a usted se le ha perdido algo bien importante, Princesa.

Verónica: ¿A mí?

Joe: Sí, creo haberle escuchado decir que perdió su apetito. Y yo consideraría un honor, un privilegio, encontrárselo. Sin costo alguno, por supuesto.

(Hay un silencio largo. Luego Verónica *comienza a reírse a carcajadas.)*

Sra. Bibby: Jovencito, usted o no tiene modales o tiene un sentido del humor muy malo. En cualquier caso, la princesa Verónica tiene que arreglarse para una cena dentro de dos horas.

Verónica *(Poniéndose seria al pensar en el asunto)*: ¿Cena? Ay, ojalá tuviera un poquito más de hambre.

Joe: ¡Ajá! ¿Se da cuenta? ¡Esto es en serio! ¡No hay tiempo que perder! Princesa, dígame, si puede. ¿Dónde estaba el día en que perdió su apetito?

Sra. Bibby: De todas las ridiculeces…

Verónica: No, te puedo decir exactamente dónde estaba. Venía del aeropuerto en la limosina. Miré por la ventana y vi un anuncio que decía: "¿Te comiste la papilla de hoy?", y a mí nunca me ha gustado la papilla. Fue entonces cuando perdí mi apetito.

Joe: ¡Yo conozco ese anuncio! ¡Princesa, necesito su ayuda! ¿Estaría dispuesta a hacer una pequeña expedición?

Sra. Bibby: Bueno, jovencito, esto ya es demasiado. Como chaperona de la princesa Verónica, debo insistir en que…

Verónica: Sra. Bibby, en realidad me *gustaría* conocer un poco más de los Estados Unidos. Tenemos unas cuantas horas de sobra y, por supuesto, usted me acompañará.

Joe: Ahí lo tiene.

Sra. Bibby: ¡Um! *(Piensa por un rato.)* Bueno, supongo que el aire fresco le hará bien. Usted se ve un poco pálida. Muy bien. Pero, ¡dos horas, jovencito, ni un segundo más!

Verónica: Después de usted, Sr. Giles.

Joe: "Sr. Giles." *(Se complace.)* Podría acostumbrarme a esto. *(Sale primero.)*

ESCENA 3

(Dentro de la limosina de Verónica, *con* Leo el chofer de limosina *al volante)*

Joe: Bueno, aquí estamos: la princesa, la Sra. B y yo montados en la limosina de la princesa. Nunca antes había estado en una limosina. Es increíble.

Sra. Bibby: ¿A quién le dirige usted la palabra?

Joe: A nadie. Digamos que es sólo algo que hacen los detectives. Princesa, ¿tiene papel y lápiz, por casualidad?

Verónica: Sí. En el escritorio. En la primera gaveta a la derecha.

*(*Joe *abre la gaveta.)*

Joe: Ah, marcadores de oro, membrete en relieve… Aquí tiene, Princesa. *(Le pasa marcadores y papel.)* Quiero que haga un dibujo de su apetito.

Verónica: ¿Perdón?

Sra. Bibby: *(Sacude la cabeza.)* Ahora sí es verdad que está chiflado.

Joe: No lo piense. Solamente dibuje el aspecto que cree que tiene su apetito, rápidamente.

(Verónica dibuja rápido una imagen, usando marcadores de varios colores.)

Sra. Bibby *(Dirigiéndose a ambos)*: ¡Es sólo una expresión! "¡Perder el apetito!" Es una figura retórica.

Joe: Lo sé. *(Toma el dibujo completo de Verónica.)* Interesante. ¿Pelo verde?

(Verónica asiente.)

Leo, el chofer de la limosina: Jóvenes, aquí estamos. Ésta es la esquina de Washington con la Calle Catorce.

Joe: Esperemos que la pista no se haya enfriado. Leo, recógenos aquí en dos horas.

Leo: A su orden, jefe.

(Se bajan de la limosina; ésta se va.)

Joe: Ajá, aquí está la cartelera donde usted perdió su apetito, Princesa. Mejor que no la mire. Ahora, lo primero que uno se tiene que preguntar es: ¿adónde iría si fuera un apetito escapado?

Sra. Bibby *(Secamente)*: A un lugar delicioso, supongo.

Joe: ¡Exactamente! Como por ejemplo, aquel lugar que está allá. El Palacio de la Pizza Napolitana.

Verónica *(Inocentemente)*: Y, ¿la pizza es deliciosa?

Joe: ¿Estás bromeando? ¿Nunca ha comido pizza?

Verónica: No, no que recuerde.

(Joe mira a la Sra. Bibby con desaprobación.)

Sra. Bibby: No me culpen. Yo no preparo los menús.

Joe *(Sacude su cabeza y suspira.)*: Síganme.

(El Palacio de la Pizza Napolitana. Se oye música de fondo.)

Celia: ¡Oye, Mario, mira quién está de vuelta!

Mario: ¿Quién? *(Mira a Verónica.)* No puede ser, no es la misma persona.

Celia: Claro que lo es. Y, ¿entonces, querubín, te decidiste? ¿Cuál vas a querer, la de salchichón o la de aceitunas?

(Joe, Verónica y la Sra. Bibby se miran, confundidos.)

Verónica: ¿Habla usted conmigo?

Celia: Bueno, claro, querubín.

Verónica: Creo que me ha confundido con alguien.

Mario: Ya ves, te lo dije. Esta joven se ve totalmente distinta. Pelo distinto, ropa distinta.

Celia: Y te digo que yo nunca olvido una cara.

449

Joe: ¡Un momento! (Joe *toma el dibujo del apetito de* Verónica *y se lo pasa a* Mario.) ¿Es ésta la persona que ustedes vieron?

Mario: Sí, ésa es. Es increíble cómo has reproducido exactamente el pelo verde y la boina anaranjada. (*Mira a* Verónica.) Ahora que lo dices, ustedes realmente se parecen.

Celia: ¡Lo tengo! Era tu hermano gemelo, ¿verdad?

Verónica: Creo que… me debo sentar.

Joe: ¡Rápido, un vaso de agua!

(Mario *le trae un vaso de agua a* Verónica.)

Sra. Bibby: (*Abanica a* Verónica *con un plato de cartón mientras se dirige a* Joe.) Escúchame, niño maravilla. Si esto es una broma, ¡te vas a arrepentir!

Joe (*Dirigiéndose a* Mario *y* Celia.): Esta otra persona que vieron, ¿cómo se comportaba? ¿Tienen idea de adónde fue?

Mario: Bueno, la mayor parte del tiempo estuvo parada en la puerta, oliendo los aromas. Luego comenzó a voltearse todos los bolsillos al revés, buscando monedas, me imagino.

Celia: Pobre muchacho. Yo estaba a punto de *darle* un trozo de pizza. Pero se fue como gruñendo. Hacia allá. (*Señala.*) Hacia el centro comercial.

Joe: ¿El centro comercial?

Verónica (*Reviviendo un poco*): ¿Eso es malo?

Joe: No sé. Hasta ahora, se ha controlado. Pero no estoy seguro de lo que haría un apetito escapado al encontrarse rodeado por una docena de restaurantes.

Verónica: ¡Es mejor que nos apuremos! ¡Vámonos, Sra. Bibby!

Sra. Bibby: ¿Sería alguien tan amable de explicarme qué es lo que ocurre?

(*Salen.*)

Celia: Sabes que para ser un día sin clientes, hemos estado bien ocupados.

Mario: De veras que sí.

ESCENA 5

(Afuera del centro comercial Riverton)

Verónica: ¿Pero cómo pudo haber pasado esto? Nunca antes había oído hablar de un apetito que se levantara y se marchara caminando.

Joe: Bueno, usted es una princesa y yo soy un detective, ¿verdad? A la gente como nosotros le pasan cosas extrañas.

(Se escuchan sirenas y puertas que se cierran de golpe. Entran el Sheriff McGrew y Fisk, el ayudante del Sheriff.)

Sra. Bibby: ¿Y ahora qué?

McGrew: Pero miren a quien tenemos por aquí. Nada más y nada menos que el señor Conserva lo que Encuentres. ¿Cómo te va, muchacho? ¿Has hallado a algún gatito perdido últimamente?

Joe: No, señor. ¿Está usted respondiendo a alguna llamada de emergencia?

McGrew *(Riéndose entre dientes)*: Un típico aprendiz en la lucha contra el hampa, ¿no? Sí, estamos respondiendo a un Código 12: Perturbar el orden público.

Joe: Eso suena peligroso.

McGrew: Realmente no. Parece ser que alguien ha estado molestando a la gente en la sección de restaurantes.

Fisk *(Saca su libreta y lee en voz alta.)*: "Correr por todos lados, oler los platos de la gente… hacer ruidos raros como "ñam-ñam"… el ruido estomacal más fuerte que jamás he oído". Luego alguien le ofreció una papa frita y la persona salió disparada.

Verónica: ¡Ay, pobrecito!

McGrew: No se preocupe, señorita. Nosotros… *(Mira a la princesa y a la Sra. Bibby atentamente.)* Un momento, ¿no son ustedes la Princesa y su chaperona? *(Frunciendo el ceño)* Giles, no recuerdo que nadie te señalara a ti como guía turístico.

Joe *(Sin encontrar las palabras)*: Eh, bueno…

Sra. Bibby *(Sintiendo compasión por Joe)*: No se preocupe, Sheriff. Fue mi decisión. Quería encontrar a alguien que le ofreciera a la princesa una perspectiva juvenil.

McGrew *(Sonriendo de nuevo)*: Ya veo. Bueno, entonces está bien. Es un buen chico nuestro Joe, ¿no? Algún día será un detective fenomenal.

Joe: Gracias, señor.

(Salen McGrew y Fisk.)

Joe: Le debo una, Sra. B.

Sra. Bibby *(Con aspereza)*: Olvídelo. ¡Tenemos que encontrar el apetito de la princesa antes de que moleste a otra persona!

Joe: Tal vez todavía esté en el centro comercial. ¡Vamos! *(Comienza a salir del escenario por la derecha.)*

Verónica: Un momento.

(Joe se detiene y se da la vuelta.)

Verónica: Se trata de mi apetito, así que *yo* iré primero. Por *aquí*.

(Salen del escenario por la izquierda.)

(Dentro del centro comercial Riverton, al lado de una fuente)

Joe: ¿Por qué está tan segura de que se fue por aquí?

Verónica: No lo puedo explicar; simplemente lo sé.

(La niñera *y el* niño *discuten al lado de la fuente.)*

Niño: ¡Quiero nadar! ¡Quiero nadar!

Niñera: ¡Ya te lo dije: no te puedes meter en la fuente!

Niño: ¡No se vale! ¡Aquella niña se metió al agua!

Niñera: Pues no debió hacerlo. ¿Recuerdas cómo el guardia de seguridad corrió tras ella?

Joe: Parece que tu apetito estuvo aquí. Tal vez estaba intentando refrescarse un poco. Pero ahora, ¿adónde?

Sra. Bibby: Muy fácil, solamente tenemos que seguir las huellas de sus zapatos mojados.

(Verónica sale corriendo y se pone a la izquierda, sin que *Joe* se dé cuenta.)*

Joe: Oiga, usted tiene razón, ella dejó huellas. *(Mira alrededor.)* ¿Adónde se fue la princesa?

Sra. Bibby: Te lleva la delantera. *(Señala fuera del escenario.)* Ya va por la mitad de la escalera.

(Salen del escenario por la izquierda.)

ESCENA 7

(Centro comercial Riverton, segundo piso)

Joe: *(Mirando alrededor)*: Excelente, ahora se nos han perdido la princesa *y* su apetito.

Sra. Bibby: Tal vez aquella muchacha lo haya visto.

Joe *(Dirigiéndose a la muchacha)*: Perdona, ¿por casualidad viste pasar a una muchacha que parece una princesa y va persiguiendo a un muchacho de pelo verde erizado y con una boina anaranjada, que si se les mira de cerca tienen la misma cara?

(La muchacha señala con calma hacia la izquierda del escenario.)

Joe: ¡Gracias! *(Se detiene.)* Oh, no. Lo que me temía.

Sra. Bibby: ¿Qué pasa?

Joe: Hay solamente un lugar en esa dirección. El Multicine. ¡La princesa y su apetito pueden estar en cualquiera de las seis salas de cine!

Sra. Bibby: Bueno, Sr. Giles, usted es el detective. ¿A cuál película cree *usted* que entraron?

Joe: Vamos a ver. *(Lee los letreros.) En busca de las delicias, Willy Wonka y la fábrica de chocolates, Tiburón…*

Sra. Bibby: *James y el melocotón gigante, La pandilla de los almíbares de manzana* y *La criatura que se comió Filadelfia.* Todas suenan atractivas para el apetito.

(Grito fuera del escenario. La Sra. Bibby *y* Joe *se miran uno a otro.)*

Joe: ¡Creo que viene de *La criatura que se comió Filadelfia!*

(Salen del escenario por la izquierda.)

ESCENA 8

(Adentro de la sala de cine 8)

Espectador de cine 1: ¡Intentó comerse mis palomitas de maíz!

Espectador de cine 2: ¡También intentó comerse las mías! ¡Qué horror!

Espectador de cine 1: ¿Qué, las palomitas?

Espectador de cine 2: No, ¡la criatura! Es la que se come a Filadelfia, ¿verdad?

Espectador de cine 1: ¡No lo sé, pero estos efectos especiales son increíbles!

Espectador de cine 2: ¡Míra, allí está otra vez! ¡En el escenario, junto a la pantalla!

(El apetito de Verónica, *que lleva una peluca verde, una boina anaranjada y ropas coloridas, está de pie frente a la pantalla y parece desconcertado.)*

(Entran el Sheriff McGrew *y* Fisk, *el ayudante del Sheriff.)*

Sheriff McGrew *(Hablando con un megáfono)*: Atención, todo el mundo. La situación está bajo control. Repito, la situación está…

Fisk *(gritando)*: ¡BAJO CONTROL!

McGrew *(Mira a* Fisk *queriendo decir: "Yo me encargo". Luego se dirige al apetito.)*: Baja del escenario ahora mismo. Nadie va a hacerte daño.

Apetito *(Gruñe)*: ¡Hambre!

McGrew: Entiendo. Pero no puedes simplemente comerte la comida de los demás, ¿entiendes? Ahora, por favor, te pido una vez más que te bajes del escenario.

Apetito *(Gruñe más fuerte.)*: ¡Hambre!

Verónica *(Entrando por la izquierda)*: ¿No se dan cuenta de que lo están asustando? *(Lleva consigo un envase gigantesco de palomitas de maíz.)*

Sra. Bibby: ¡Verónica!

McGrew: ¡Princesa, debo pedirle que no se meta en este asunto!

Joe: Um, disculpe, Sheriff, pero la princesa y este muchacho están relacionados de alguna forma. ¿No es así, Sra. Bibby?

Sra. Bibby: ¡Sí! *Están* extremadamente relacionados, señor Sheriff. No se preocupe, estoy segura de que la princesa se las puede arreglar en esta situación.

(McGrew *la mira, duda y se retira.*)

Verónica (*Persuadiéndolo*): ¿Ves? Tengo un envase lleno de palomitas de maíz. Y lo puedo compartir contigo.

(*Se sube al escenario junto con el apetito, pero éste se aleja un poco.*)

Verónica: No tengas miedo. Están deliciosas, tienen mantequilla de verdad y están calentitas. Pruébalas.

(*Toma un puñado para sí misma y se las pasa al* Apetito. *El* Apetito *come un poco. Sonríe y dice "Hmmm". Luego* Verónica *y el* Apetito *salen juntos del escenario, compartiendo las palomitas y saboreando juntos en voz alta.*)

(Los espectadores de cine, Fisk, Joe *y la* Sra. Bibby *aplauden como al final de una película.*)

McGrew (*Conmovido, pero lo esconde con un grito áspero*): Bueno, damas y caballeros, la función ha terminado. Pueden recoger su dinero en la taquilla.

(*Salen los cinéfilos.*)

(Verónica *regresa sola, lanzando palomitas al aire y atrapándolas con la boca.*)

McGrew: Buen trabajo, Princesa. Usted sería una negociadora de primera clase. Pero, ¿dónde se encuentra su amigo?

Verónica (*Sonríe.*): Está bien. Está sano y salvo. Ya lo mandé para su casa.

McGrew (*Haciendo una pausa de duda*): ¿Ya lo *qué*? ¡Eso es interferir con los procedimientos policiales, Princesa! ¡Su primo violó los códigos 12 y 28, y probablemente también el 81! Fisk, busque por todo el centro comercial. Princesa, me temo que voy a tener que…

(Fisk *le susurra algo a* McGrew *en el oído.*)

Mcgrew (*Escuchando*): ¿Qué? Oh, está bien. Un incidente internacional, que da mucha vergüenza. El alcalde podría molestarse. (*Sonríe.*) Bueno, no deseamos arruinar la relación entre los dos países, ¿verdad? (*Se detiene.*) Sólo asegúrese de que su amigo se coma algo caliente, ¿de acuerdo, Princesa?

Verónica: Está bien, Sheriff. *(Le regala las palomitas a McGrew.)* Tome. Mejor que no espante a mi apetito, ya que lo recuperé.

McGrew: Oh, por supuesto, lo que usted diga. ¿Los puedo llevar a alguna parte?

Sra. Bibby *(Tomando el brazo de McGrew):* Tendremos una escolta policial, Sheriff McGrew.

(Salen McGrew, la Sra. Bibby y Fisk.)

Verónica: Gracias por encontrar mi apetito, Sr. Giles.

Joe: Joe para usted, Princesa. Y fue usted quien lo encontró. Yo sólo le enseñé la manera.

Verónica: Verónica para ti, Joe. Digamos que fue un trabajo de equipo. *(Se chocan las manos.)* ¿Aceptarías mi invitación a la cena del museo?

Joe: Encantado, Verónica. Sólo tengo que hacer una cosa más. *(Se mueve hacia el frente para dirigirse al público.)* Bueno, creo que eso cierra el libro del caso del apetito escapado. Tuvo un poco de todo: películas, pizza, la realeza… y para Conserva lo que Encuentras, fue un éxito doble. No sólo conseguí un apetito, también conseguí una amiga.

Verónica *(Halándolo por un brazo):* Vámonos, Joe. ¡Me muero de hambre!

Joe: ¡Está bien!

(Salen Verónica y Joe.)

TELÓN

Escribe la primera escena de una obra

Ahora que has leído *El caso del apetito escapado*, escribe la primera escena de tu propia obra. Esa escena podría incluso llevarte a escribir la obra completa. Puedes trabajar con un compañero si lo deseas.

Recuerda que una obra de teatro contiene los mismos elementos de un cuento: personajes, ambiente, un problema, una solución y sucesos. Pero en una obra de teatro, muestras los sucesos solamente a través del diálogo de los personajes y las instrucciones de interpretación.

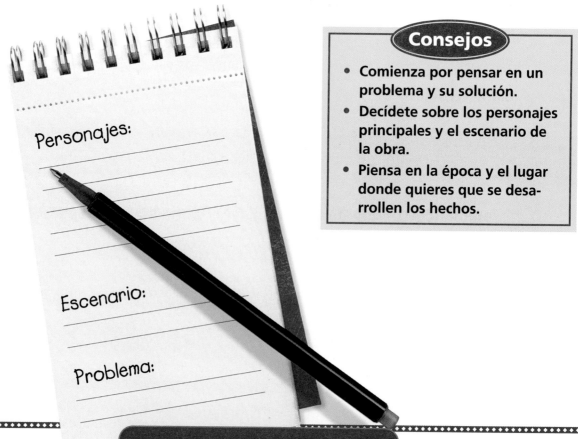

Consejos

- Comienza por pensar en un problema y su solución.
- Decídete sobre los personajes principales y el escenario de la obra.
- Piensa en la época y el lugar donde quieres que se desarrollen los hechos.

Escritura Establecer una trama
Describir el ambiente

Lectura individual

Ojos de botella de anís

por José Cañas (Everest)
Esta interesante obra de teatro presenta a un desintere-
sado espantapájaros que salvó la cosecha de trigo que
sembró un granjero.

Quico: El niño que quiso ser cómico

por Miguel Medina Vicario (Everest)
Quico, destinado a seguir los pasos de su padre adoptivo,
sueña con ser cómico. Afortunadamente, su amiga
Clotilde, un personaje muy especial que vive en el bosque,
le echa una mano.

El profesor desinflado

por Fernando Almena (Everest)
Un profesor muy malo quiere vengarse, y para ello
inventa una máquina que reduce a sus víctimas al
tamaño de una muñeca. Sin embargo, sus planes para
reducir a toda la ciudad se ven frustrados cuando una
niña muy valiente interviene.

Un territorio, muchos senderos

Tristeza dulce del campo.

La tarde viene cayendo.

De las praderas segadas,

llega un suave olor a heno.

Juan Ramón Jiménez

de "Pastoral"

Un territorio, muchos senderos

Contenido

Biblioteca del lector

- **Flor de Caracol**
- **Viaje a un pueblo libre**
- **La galopada de Zacarías**
- **Estados Unidos: Un sueño**

Libros del tema

La Declaración de Independencia
por Dennis Fradin

¡California aquí vamos!
por Pam Muñoz Ryan
ilustrado por Kay Salem

El niño que conversaba con la mar
por Enrique Pérez Díaz
ilustrado por Conxita Rodríguez

Libros relacionados

Si te gusta...

Un niño llamado Lento
por Joseph Bruchac

Un niño
llamado Lento
por Joseph Bruchac
ilustrado por Rocco Baviera

Entonces lee...

El poni de barro: Un cuento tradicional Skidi Pawnee

por Caron Lee Cohen
(Scholastic)

Leyenda indígena americana de un niño y su poni maravilloso.

La leyenda de Mexicatl

por Jo Harper
(Turtle Books)

Este libro cuenta la historia de Mexicatl, un joven que se convirtió en el líder de su pueblo.

Si te gusta...

La pequeña pionera
por Andrea Warren

La pequeña pionera
por Andrea Warren

Entonces lee...

Como los perros de la pradera

por Josephine Harper
(Turtle Books)

Mae Dean y su familia viajan hacia el estado de Texas para empezar allí una nueva vida.

Tuck para siempre

por Natalie Babbitt
(Farrar)

Una niña llega a conocer los secretos de una familia.

Si te gusta...

Vaquero negro, caballos salvajes
por Julius Lester

Entonces lee...

El signo del castor
por Elisabeth George Speare
(Noguer y Caralt)
Un niño del siglo XVIII sobrevive con lo que aprende de los indígenas.

El fascinante mundo del salvaje oeste
por Mike Stotter (B)
Únete a los pioneros en su viaje al salvaje oeste de los Estados Unidos.

Si te gusta...

Elena
por Diane Stanley

Entonces lee...

Un caballo llamado Libertad
por Pam Muñoz Ryan
(Mariposa)
En esta vívida novela histórica, la autora relata la historia real de Charlotte Darkey Parkhurst.

La batalla del 5 de Mayo: ayer y hoy
por María Cristina Urrutia
(Tecolote)
Cuenta la famosa victoria del ejército mexicano frente al ejército francés en la ciudad mexicana de Puebla en 1862.

Tecnología

Visita **www.eduplace.com/kids**

Education Place®

Desarrollar conceptos

Un niño
llamado Lento
por Joseph Bruchac
ilustrado por Rocco Baviera

Un niño llamado Lento

Vocabulario

asaltos
costumbres
determinación
reputación
respeto

Estándares

Lectura
- Inferencias/ generalizaciones

Estudios sociales
- Los indígenas se adaptan a la naturaleza

LOS PRIMEROS VIAJEROS DE LAS LLANURAS

Mucho antes de que llegaran los colonizadores europeos, en las Grandes Llanuras habitaban unas treinta tribus indígenas norteamericanas, entre ellas los sioux lakota y los crow, sobre quienes leerás en *Un niño llamado Lento*. Cada tribu tenía sus propias costumbres y su propio idioma. Todas viajaban por las llanuras, siguiendo las manadas de bisontes, practicando el trueque con otras tribus y, a veces, atacándolas inesperadamente para quitarles caballos y armas. En esos asaltos todos los guerreros trataban de adquirir la reputación de ser valientes.

Pocos jefes de los indios de las llanuras adquirieron tanto respeto por su valor y su determinación como Toro Sentado (1831–1890), de los sioux lakota.

◀ Algunos guerreros demostraban su valentía y su determinación galopando hacia el enemigo y tocándolo con una macana.

Las manadas de millones de bisontes servían de alimento, ropa y abrigo a los indios de las llanuras. Cuando se poblaron las llanuras en 1900, quedaron menos de cincuenta bisontes salvajes.

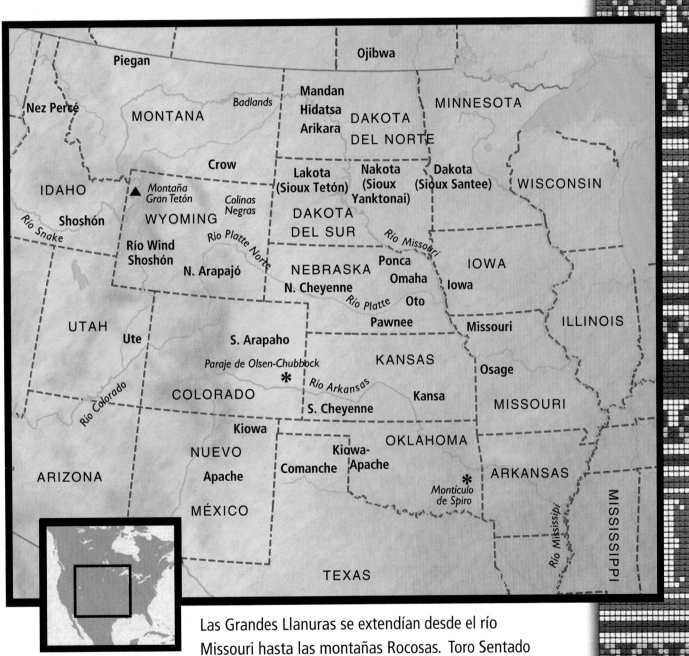

Las Grandes Llanuras se extendían desde el río Missouri hasta las montañas Rocosas. Toro Sentado creció en lo que es actualmente el estado de Dakota del Sur.

Un niño llamado Lento
por Joseph Bruchac
ilustrado por Rocco Baviera

Estrategia clave

Piensa en el título de la selección y repasa las ilustraciones. ¿Qué **infieres** sobre el personaje principal? ¿Qué **predices** sobre lo que va a suceder?

Lectura   Inferencias/generalizaciones

Hace muchos años, en el invierno de 1831, nació un niño en la familia de El que Vuelve, perteneciente a la banda hunkpapa, de la tribu sioux lakota.

Aunque El que Vuelve amaba a sus hijas, pues sabía muy bien que las mujeres son el corazón de la nación, tanto él como su mujer le dieron gracias a Wakan Tanka por haberles dado finalmente un hijo.

—Ahora —dijo El que Vuelve—, tenemos a alguien que cazará para los hunkpapa y los protegerá.

Pero su mujer sonrió.

—¡Han! —dijo—. Tenemos a alguien que seguirá los pasos de su padre.

Una de las costumbres de aquella época consistía en darle al niño un nombre sólo para la niñez. El nombre surgía de la forma en que se comportaba el niño. Así había sido con El que Vuelve y anteriormente con su padre.

Por esa razón, los padres del niño y los demás parientes en su tiyospe, su familia extensa, observaban detenidamente al primer hijo de El que Vuelve.

Si hubiera tratado de tragar todo lo que le ponían por delante, como hacía uno de sus primos, lo habrían llamado "Boca Hambrienta". Pero este niño no era así.

—Si se demorara más comiendo —decía su tío Cuatro Cuernos—, la comida lo mordería antes de que él la mordiera a ella.

Quizás, pensaba la mamá, si fuera rápido al moverse y estuviera siempre mirándolo todo, podrían llamarlo "Ratón". Pero este niño no era así. Nunca hacía las cosas rápido. El hijo de El que Vuelve era siempre lento.

—¡U we! —decía la mamá—. ¡Ven aquí rápidamente!

Pero el hijo se quedaba mirándola.

—¿Nihwa hwo? —decía El que Vuelve—. ¿Tienes sueño?

Pero no era el sueño lo que lo hacía actuar así. Simplemente era su forma de ser, y todo lo que hacía era lento.

—Slon-he —dijo el padre—. Así se llamará nuestro hijo.

La madre asintió.

—Lo llamaremos Lento.

Y de ahí vino su nombre.

Cuatro Cuernos, el tío de Lento, le contaba que los caballos no llegaron a las llanuras hasta la época de los abuelos de Lento, y que su llegada les hizo la vida más fácil de lo que había sido antiguamente. Había quien decía que los caballos los trajeron los wasicun, es decir, los hombres blancos. Pero Cuatro Cuernos le contó una historia diferente.

—Nuestro creador, Wakan Tanka, nos ama a nosotros, los lakota —le contaba su tío—. Wakan Tanka vio que teníamos sólo a los perros para ayudarnos a arrastrar nuestras cosas y a cazar bisontes. Por eso, Wakan Tanka nos envió un animal nuevo, fiel como nuestros perros, pero capaz de llevarnos con nuestras cargas tan rápido como un remolino hacia la caza, el Shoog-Ton'kah, el "Perro Espíritu".

A medida que Lento crecía, su nombre comenzó a gustarle cada vez menos. Casi ningún niño estaba satisfecho con su nombre. Nadie quería llamarse toda la vida "Boca Hambrienta", ni "Rizado", ni "Mocoso", ni "Lento". Pero hasta que los niños ganaban su nuevo nombre por medio de algún sueño impactante, o haciendo algo realmente valeroso o especial, tenían que conformarse con sus nombres de la infancia.

473

Lento esperaba ansiosamente tener esa visión de poder. Quería una visión que le permitiera demostrar su valor ante su gente.

Soñaba con tener un nombre como el de su tío Cuatro Cuernos, o como el nombre poderoso que su padre se había ganado: El que Vuelve para Atacar al Enemigo.

—Tu padre —decía la mamá de Lento—, recibió su nombre por su

valor en la batalla. Cuando los crow atacaron nuestra aldea, los demás huyeron despavoridos, pero tu padre fue el único que regresó. Gracias a su valor los enemigos fueron finalmente expulsados.

—Siempre debes ayudar y proteger a nuestra gente —continuó—. Un buen lakota debe compartir todo con su gente.

Lento escuchaba las palabras de su madre, consciente de que decía la verdad.

A menudo había visto a su padre regresar de cacería y compartir con la gente más pobre de la aldea lo que había cazado. Recordaba que dos inviernos atrás su padre había regresado de uno de sus asaltos con muchos caballos. El que Vuelve regaló todos los caballos, excepto un fuerte potro gris, que guardó para su hijo.

—La mejor manera de ganarte el respeto de tu gente es siendo valiente y prudente a la vez —le dijo El que Vuelve.

Entendió aquellas palabras. Para cuando llegó a sus siete inviernos, Lento ya tenía la reputación de ser uno de los niños más fuertes. Y cuando de montar a caballo se trataba, ningún otro niño pequeño tenía tanta soltura encima de un potro como aquel niño llamado Lento.

El que Vuelve a veces podía entender la lengua de los animales y de las aves. Lento también había heredado algo de aquel don de su padre. Sabía que su potro gris lo entendía, y cuando cabalgaba a su lomo, era como si los dos fueran uno. Lento sabía que muchos de los lakota podían hablar con las aves y con los animales, y escuchar lo que decían con la misma claridad que escucharían a un humano; y los animales los entendían también. Como escuchaba a los animales, El que Vuelve había recibido cuatro nombres más.

Un verano, El que Vuelve salió a cazar con varios amigos. Cuando acamparon en la noche junto al fuego cerca del lugar llamado Monte Humeante, oyeron un sonido aproximándose. Era un sonido bajo, como el de una voz grave. Alguien venía por el sendero que pasaba entre las colinas.

Los otros hombres se apresuraron a empuñar sus armas, pero El que Vuelve lo impidió. Por el sendero se acercaba un enorme bisonte con la cabeza baja. Aquel murmullo profundo provenía de su garganta. Los otros hombres no lograban entender lo que decía el bisonte, pero El que Vuelve lo oyó claramente. Escuchó atentamente al bisonte, pues lo que decía eran nombres:

Tatan'ka Iyota'ke,
Tatan'ka Psi'ca,
Tatan'ka Winyu'ha Najin,
Tatan'ka Wanji'la.

Ésos fueron los cuatro nombres que dijo el gran bisonte. Eran nombres poderosos. El bisonte pasó a su lado y siguió su camino montaña arriba hasta perderse de vista. El que Vuelve supo que esos nombres se los había dado a él. Desde aquel día, ya no sólo poseía el nombre El que Vuelve para Atacar el Enemigo, sino también los cuatro nombres que el viejo bisonte le había dado.

Lento estaba orgulloso de tener un padre con nombres como El que Vuelve y Tatan'ka Iyota'ke. Se prometió a sí mismo que, algún día, también él tendría un nombre así de poderoso. Pero sabía que no sería fácil, así que cada vez que luchaba con sus amigos, que cazaba con arco y flechas o que cabalgaba en su potro gris, trataba siempre de hacerlo lo mejor posible con la esperanza de algún día llegar a ser un buen guerrero.

Lento era cuidadoso y pausado en todo lo que hacía. Podía tomarle un rato decidirse, pero una vez que tomaba una decisión y se echaba adelante, nunca volvía atrás.

Cuando tenía diez años mató su primer bisonte, un ejemplar de un año. Su mamá lo despellejó, y con la ayuda de las dos hermanas de Lento, tiñó la piel e hizo una especie de abrigo con ella. Aunque todavía lo llamaban Lento, ya nadie se burlaba de él. Su nombre significaba ahora determinación y valor para todos los que lo conocían.

A medida que pasaban los inviernos Lento iba creciendo. No era tan alto como algunos de los niños de su edad, pero tenía unos hombros anchos y fornidos.

Una noche oyó en el campamento que su padre y algunos de los hombres iban a atacar a los crow, a quienes su padre llamaba sus enemigos favoritos. Lento sabía que los crow eran grandes guerreros y que tenían algunos de los mejores caballos de las planicies. Lento había visto ya catorce inviernos y era suficientemente mayor para ir con ellos.

Se puso su abrigo de piel de bisonte, y agarró su arco y su carcaj lleno de flechas de las que usaba para cazar pájaros. Peinó rápidamente la cola de su potro gris y le arrancó un pelo de la crin. —Mitakola —le dijo—, amigo mío, estamos listos para proteger a nuestra gente.

478

Decidido, cabalgó por entre los álamos hasta llegar al sendero que había tomado el grupo de guerreros de su padre. Poco después, Lento llegó al sitio que habían escogido para reunirse y planificar su ataque. Se aproximó al grupo y, antes de que su padre ni cualquiera de los otros hombres comenzara a hablar, saltó de la grupa de su potro y le pasó el brazo por el cuello al animal.

—Nosotros vamos también —dijo Lento.

El que Vuelve miró a su alrededor a los otros hombres, y luego miró a su hijo con orgullo.

—Han —dijo.

Los guerreros emprendieron camino hacia el lugar en que el río Rojo desemboca en el río Missouri.

Cuando por fin se encontraban cerca del sitio, regresó la avanzada de guerreros que habían enviado a explorar.

—Upelo —dijeron—, ¡vienen para acá!

Los hombres empezaron a prepararse. Se pusieron sus mejores ropas y sacaron las pinturas para decorarse la cara y pintar a sus caballos. Sacaron los escudos, las macanas y las lanzas. Desde el otro lado de una pequeña colina tenían una buena vista de la llanura que les permitiría ver llegar al enemigo desde lejos.

El enemigo se acercaba cada vez más, listo para atacar.

Todos aguardaban a que el padre de Lento diera la orden. Pero, mientras esperaba, el padre de Lento miró a su derecha. Allí, montado ya en su caballo, estaba Lento. Lo único que llevaba puesto eran unos mocasines y el taparrabos, y tenía en la mano su macana. Miró a su padre, y golpeó con el talón el anca de su caballo.

—¡Hiyu'wo! —gritó el muchacho. El caballo saltó hacia delante, y pasando la colina se dirigió a todo galope hacia el enemigo. Su padre y los otros guerreros trataron de alcanzarlo, pero el caballo de Lento ya estaba muy lejos.

Los guerreros crow que estaban al pie de la colina miraron hacia arriba y vieron a un montón de hombres galopando hacia ellos.

Uno de los guerreros crow puso una flecha en su arco, pero antes de que pudiera disparar, Lento ya se había abalanzado sobre él. Le dio un golpe en el brazo con la macana y le hizo perder la puntería.

—Oh-hey —gritó Lento victorioso.

Al ver a Lento y a los demás hombres, los guerreros crow huyeron.

—¡Hiyu'wo, Hiyu'wo!

El combate terminó sin que ninguno de los guerreros hunkpapa resultara herido. Los lakota regresaron con muchos caballos y armas de los crow. El asalto había sido un éxito.

Lento se había convertido en un héroe.

Cuando regresaron a la aldea, todos los hombres elogiaban a voces su actuación heroica. Pero la voz más sonora de todas era la del padre de Lento. Pintó a su hijo con pintura negra, un signo de victoria.

—Mi hijo es valiente —dijo—. Gracias a su determinación ganamos la batalla. Por eso le doy un nuevo nombre. Le doy el nombre que era mío. Mi hijo ya no es Slon-he. Ahora es Tatan'ka Iyota'ke.

Y así fue como el niño que inicialmente se llamaba "Lento", pasó a llamarse Tatan'ka Iyota'ke, un nombre muy conocido, pues quiere decir Toro Sentado, uno de los más grandes guerreros lakota.

Y ésta es su historia.

Conozcamos al autor   Joseph Bruchac

Los libros de Joseph Bruchac muestran la influencia de sus raíces indígenas norteamericanas. Su abuelo era abenaki, miembro de un grupo indígena del noreste de los Estados Unidos y Canadá.

Bruchac ha publicado numerosos cuentos, poesías y novelas, entre los que destacan *Eagle Song, The Great Ball Game: A Muskogee Story, Children of the Longhouse* y *Flying with the Eagle, Racing the Great Bear.* Algunos de sus libros tienen muchos elementos de su herencia abenaki. En otros, como *Un niño llamado Lento,* habla sobre culturas indígenas norteamericanas muy diferentes a la suya.

En su obra, Bruchac exalta la naturaleza y la importancia de ser honesto con uno mismo. "Siéntete orgulloso de lo que eres y reconoce que, como seres humanos, nos hacemos a nosotros mismos. Nuestras posibilidades no están limitadas ni por lo que nuestra familia fue en el pasado, ni por lo que otros dicen que somos", dice Bruchac.

Conozcamos al ilustrador   Rocco Baviera

Además de *Un niño llamado Lento,* Rocco Baviera colaboró con Joseph Bruchac en *The Song of the Buffalo.* Baviera también ha ilustrado dos libros infantiles más y vive con su esposa en Ontario, Canadá.

Si quieres saber más acerca de Joseph Bruchac y Rocco Baviera, visita Education Place.

www.eduplace.com/kids

Piensa en la selección

Un niño llamado Lento
por Joseph Bruchac
Ilustrado por Rocco Baviera

1. Si pudieras escoger un nombre como hacían los lakota, ¿qué nombre sería el más apropiado para ti? ¿Por qué?

2. Piensa en las metas que tenía Lento cuando era un muchacho. ¿En qué se parecen a las de un niño hoy en día? ¿En qué se diferencian?

3. ¿Estás de acuerdo con El que Vuelve sobre la mejor forma de ganarse el respeto de los demás? ¿Por qué?

4. El padre de Lento llama a los crow sus "enemigos favoritos". ¿Qué crees que quiere decir?

5. ¿Qué acciones durante su infancia y qué rasgos de su personalidad eran pistas de que Lento llegaría a ser un gran guerrero y un gran líder?

6. ¿Por qué crees que Lento utilizó una macana en el asalto? ¿Qué demuestra eso de él?

7. **Conectar/Comparar** Tanto Lento como Leigh Botts, de *Querido señor Henshaw*, reciben consejos de personas mayores. Compara los consejos y lo que significaron en la vida de cada niño.

Narrar

Escribe un cuento

Piensa en cómo pudo haber obtenido Cuatro Cuernos su nombre. Escribe un cuento sobre lo que pasó. Usa lo que aprendiste sobre los nombres lakota en la selección.

Consejos

- **Pon en orden los sucesos del cuento.**
- **Usa detalles para que el lugar y el momento en que ocurre el cuento les parezcan reales a tus lectores.**
- **Incluye diálogo adecuado para los distintos personajes y para la época del cuento.**

Lectura   Características de los personajes
Escritura   Describir eventos

Estudios sociales

Haz una prueba en tarjetas

Un niño llamado Lento contiene muchos datos sobre los sioux lakota y sobre sus tradiciones. Usa la selección para preparar una serie de tarjetas de Preguntas y Respuestas, con información sobre Lento y sobre los lakota. Invita a tus compañeros de clase a contestarlas.

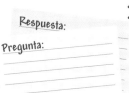

Respuesta:

Pregunta:

Extra Aprende más acerca de la historia y las tradiciones de los indios de las llanuras. Haz un informe ilustrado que muestre lo que aprendiste. Presenta tus conclusiones a la clase.

Vocabulario

Haz un cartel con una palabra

Busca en la selección palabras que describan rasgos importantes de algún personaje, como *valiente*. Escoge uno de estos rasgos y prepara un cartel de papel o de cartulina que defina e ilustre la palabra. También puedes pintar una escena de la selección, o de tu propia vida.

Internet

Búsqueda de palabras en Internet

Vuelve a descubrir algunas de las palabras que aprendiste acerca de los sioux lakota. Puedes buscarlas en un rompecabezas que se puede imprimir desde el sitio Web de Education Place.

www.eduplace.com/kids

Estudios sociales **Costumbres diversas/tradiciones**

Trazos
de la historia

Desde tiempos muy remotos los indios de las Grandes Llanuras han dejado constancia de su vida, sus visiones y su historia a través del dibujo y la pintura. Pintaban en rocas y en pieles de animales con pinturas fabricadas con pigmentos naturales y con pinceles hechos de huesos y palos. Pero hacia la década de 1860, los indios de las llanuras empezaron a usar materiales nuevos sobre una nueva superficie: el papel.

Los exploradores y mercaderes que viajaban por las Grandes Llanuras trajeron consigo libros de contabilidad y otros cuadernos de notas. Los indios de las llanuras comenzaron a practicar el trueque para conseguir estos cuadernos, así como lápices de colores, creyones y acuarelas. Muy pronto, las páginas de los libros de contabilidad que en otro tiempo estaban llenas de listas de números, se convirtieron en manos de los lakota, los kiowa y otras tribus de las llanuras en una nueva forma de arte llamada "arte de libros de contabilidad".

Si miras estos dibujos, observarás que los más antiguos, como los de Toro Sentado, tenían unos trazos más simples. Hacia la década de 1880, cuando los artistas tenían ya una mayor variedad de materiales artísticos con que trabajar, comenzaron a agregar paisajes y otros detalles. Hoy, toda la gama de estos dibujos representa un valioso registro gráfico de la vida de los indios norteamericanos de las Grandes Llanuras.

▲

Un artista kiowa anónimo pintó en 1880 este retrato titulado "Parejas kiowa", en lo que se conoce como el Libro de contabilidad de Julian Scott, con lápiz, tinta y lápices de colores.

Este boceto, obra de Toro Sentado y copiado por su tío, muestra a Lento cuando tenía catorce años, golpeando a un guerrero crow con su macana. El bisonte es la firma de Toro Sentado.

En 1877, un artista kiowa llamado Wohow representó el nuevo arte de la fotografía en "Retratos kiowa", hecho a lápiz y creyón.

El mismo artista kiowa que dibujó "Parejas kiowa" pintó también este retrato en grupo, en 1880, "Doce dignatarios kiowa", con lápiz negro, tinta y lápices de colores.

Este dibujo en lápiz y tinta fue pintado antes de 1868 por Pequeño Escudo, un miembro de los arapajó. Se titula "Pen-na-tak-er Co-manch".

Un artista cheyene, Ojos Entrecerrados, hizo este
dibujo titulado "La caza del bisonte" en 1876
con lápices negros y de colores.

El artista Halcón Negro, de los lakota sans-arc, dibujó este retrato
de grupo sin título en 1881 desde una perspectiva original,
usando tinta y lápices de colores.

491

Informe de investigación

Un informe de investigación presenta datos sobre un tema en particular. Usa la muestra de escritura de esta estudiante como modelo para escribir tu propio informe de investigación.

Pioneros

La **introducción** ayuda a captar la atención del lector.

La i**dea principal** y las **oraciones temáticas** suelen ir al comienzo del texto.

Ser pionero era una aventura fascinante que requería muchísimo esfuerzo de los hombres, las mujeres y los niños. Los pioneros llegaron al oeste de los Estados Unidos entre 1780 y 1850 en caravanas de carretas, después de completar un viaje largo y peligroso. Tenían bueyes, caballos y hasta perros atados a sus carretas. Algunos llegaban también por río, en unas balsas grandes en las que cabían dos o tres familias con todo su ganado y todas sus pertenencias. En esta época se desplazaron más de un millón de personas y animales. Muchos de estos viajeros murieron durante el viaje.

Escritura   Establecer una idea central

Durante el viaje, los pioneros siempre se ayudaban unos a otros. Al llegar a su destino conservaban esa costumbre y trabajaban en grupo. Los hombres hacían herramientas, cargaban agua y cortaban madera, mientras que las mujeres hacían velas y ropa. Los niños y las niñas molían el maíz. En general, los pioneros comían vegetales, como frijoles, calabazas, nabos, papas y repollos, pero su principal alimento era el maíz. Compartían la comida con los demás.

Los pioneros necesitaban refugio durante el viaje y al llegar a su destino. Las carretas y las balsas les servían de techo a los viajeros. Las balsas tenían una estructura grande en el centro, parecida a una caja, que servía de casa durante el viaje. Al llegar a su destino los pioneros generalmente construían cabañas de troncos, que se podían armar rápidamente.

Los **detalles secundarios** demuestran que el escritor usa hechos.

Escritura **Desarrollar el tema**

Los buenos informes presentan la información en una **secuencia lógica**.

En aquellos lugares era más difícil conseguir ropa que comida o vivienda, porque los materiales para hacerla eran caros y difíciles de conseguir. Los paños burdos, una tela basta hecha de algodón y lana, era el material favorito de las amas de casa pioneras que, además de hacerse su propia ropa, tejían también la de sus maridos y la de sus hijos.

Para labrar la tierra, los pioneros tenían que fabricar sus propias herramientas, como rastrillos, azadas y arados. También construían talleres en donde elaboraban estas herramientas y otros artículos para la casa.

Casi todos los asentamientos grandes de pioneros tenían una iglesia. Los padres enseñaban a sus hijos oraciones y canciones, y reservaban el domingo como día de descanso y de oración.

La **conclusión** debe dejar satisfecho al lector.

La vida de los pioneros era apasionante, llena de retos y muy difícil. Sólo los más fuertes y los más decididos eran capaces de superar aquel desafío de encontrar y poblar nuevos territorios.

Fuentes de consulta

"Frontier Life". <u>Encyclopedia Americana.</u> ed 1995.

"Pioneer Life in America". <u>World Book Encyclopedia</u>. ed 1992.

Youngberg, Florence C., ed. <u>Conquerors of the West: Stalwart Mormon Pioneers,</u> Vol. 1. Agreka Books. 1998.

Conozcamos a la autora

Cora L.

Grado: quinto
Estado: Massachusetts
Pasatiempos: cocinar, hacer pasteles con su papá
Qué quiere ser cuando sea mayor: actriz de cine o cantante famosa

Desarrollar conceptos

La pequeña pionera
por Andrea Warren

La pequeña pionera

Vocabulario

derecho
desanimaba
fértiles
inmigrantes
pioneros
praderas
tepe
terreno

Estándares

Lectura
- Inferencias/ generalizaciones

Estudios sociales
- Los pobladores se mudan al oeste

Los nuevos territorios

Durante muchos años, los **pioneros** europeos pensaron en las Grandes Llanuras como un lugar por donde se pasaba de camino a otras partes, pero no para vivir. Sin embargo, en 1862 se aprobó una nueva ley, la Ley de Protección de las Tierras Colonizadas (*Homestead Act*). Los colonos podían apropiarse de un **terreno** de 160 acres en las **praderas.** Si vivían en esos terrenos y cultivaban la tierra durante cinco años, el terreno pasaba entonces a pertenecerles. Miles de colonizadores, como la familia que vas a conocer en *La pequeña pionera,* se apresuraron a instalarse en los territorios de Kansas, Nebraska y Dakota. Entre ellos había **inmigrantes** que habían llegado recientemente de Suecia, Noruega, Dinamarca, Francia, Alemania y Rusia.

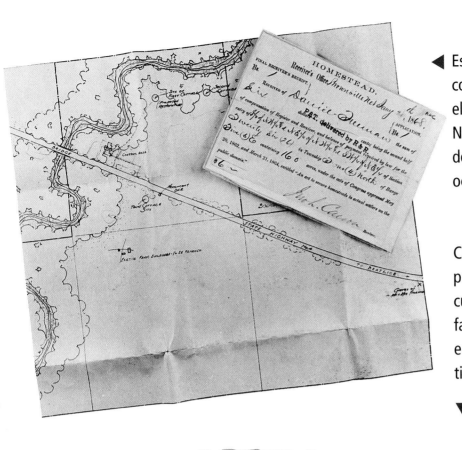

Este recibo certificaba que a un colono le pertenecía oficialmente el **derecho** a un terreno de Nebraska. Se trataba de un pedazo de tierra equivalente a unas ochenta cuadras de una ciudad.

Cuando el clima era bueno, las praderas eran **fértiles** para el cultivo. Pero con frecuencia una familia se **desanimaba** viviendo en casas de **tepe**, o ladrillos de tierra, muy lejos de sus vecinos.

Andrea Warren

Infancia: Warren creció en un pueblecito de Nebraska, en el borde de las Grandes Llanuras, donde pasaba horas y horas leyendo en la biblioteca pública. Aunque de niña le encantaba leer, nunca pensó en convertirse en escritora hasta que fue adulta.

Profesión: Antes de decidir ser escritora profesional, Warren trabajó de maestra, de editora y de periodista. "Todos esos otros empleos hicieron que me conectara de una u otra forma con las palabras y con lo maravilloso que es escribir, o enseñar a escribir", dice.

Obras: Warren ha escrito libros para gente de todas las edades, entre los que se encuentran diversas novelas para adultos y jóvenes adultos, y libros para lectores más jóvenes. *La pequeña pionera* es su segundo libro de no ficción para niños. El primero de ellos fue *Orphan Train Rider: One Boy's True Story*, galardonado con el premio *Boston Globe–Horn Book*.

Para saber más acerca de Andrea Warren, visita Education Place. **www.eduplace.com/kids**

La pequeña pionera
por Andrea Warren

Al leer sobre una familia de pioneros en la década de 1880, piensa en **preguntas** que les puedes hacer a tus compañeros de clase sobre los detalles de sus vidas.

RICH FARMING LANDS!

ON THE LINE OF THE

Union Pacific Railroad!

Located in the GREAT CENTRAL BELT of POPU-
LATION, COMMERCE and WEALTH, and
adjoining the WORLD'S HIGHWAY
from OCEAN TO OCEAN.

12,000,000 ACRES!

*3.000,000 Acres in Central and
Eastern Nebraska, in the Platte Valley, now for sale!*

We invite the attention of all parties seeking
a HOME, to the LANDS offered for sale by this Company.

The Vast Quantity of Land from which to select, enables every one to secure such a location as he desires, suitable to any branch of farming or stock raising.

The Prices are Extremely Low. The amount of land owned by the Company is so large that they are determined to sell at the cheapest possible rates, ranging from $1.50 to $8.00 per acre.

The Terms of Payment are Easy. Ten years' credit at six per cent interest. A deduction of ten per cent for cash.

The Location is Central, along the 41st parallel, the favorite latitude of America. Equally well adapted to corn or wheat; free from the long, cold winters of the Northern, and the hot, unhealthy influences of the Southern States.

The Face of the Country is diversified with hill and dale, grain land and meadow, rich bottoms, low bluffs, and undulating tables, all covered with a thick growth of sweet nutritious grasses.

The Soil is a dark loam, slightly impregnated with lime, free from stone and gravel, and eminently adapted to grass, grain and root crops; the subsoil is usually light and porous, retaining moisture with wonderful tenacity.

The Climate is mild and healthful; the atmosphere dry and pure. Epidemic diseases never prevail; Fever and Ague are unknown. The greatest amount of rain falls between March and October. The Winters are dry with but little snow.

The Productions are wheat, corn, oats, barley, rye and root crops, and vegetables generally. Flax, sweet potatoes, sorghum, etc., etc., do well and yield largely.

Fruits, both Wild and Cultivated, do remarkably well. The freedom from frosts in May and September, in connection with the dry Winters and warm soil, renders this State eminently adapted to fruit culture.

Stock Raising in all its branches, is particularly profitable on the wide ranges of rich pasturage. Cattle and sheep feed with avidity and fatten upon the nutritious grasses without grain; hogs thrive well, and wool growing is exceedingly remunerative.

Timber is found on the streams and grows rapidly.

Coal of excellent quality, exists in vast quantities on the line of the road in Wyoming, and is furnished to settlers at reduced rates.

Market Facilities are the best in the West; the great mining regions of Wyoming, Colorado, Utah and Nevada, are supplied by the farmers of Platte Valley.

The Title given the purchaser is absolute, in fee simple, and free from all incumbrances, derived directly from the United States.

Soldiers of the Late War are entitled to a Homestead of one hundred and sixy acres, within Railroad limits, which is equal to a bounty of $400.

Persons of Foreign Birth are also entitled to the benefits of the Free Homestead Law, on declaring their intentions of becoming citizens of the United States; this they may do immediately on their arrival in this country.

For Colonies, the lands on the line of the Union Pacific Railroad afford the *best locations* in the West.

TOWN LOTS FOR SALE VERY CHEAP in the most important towns on the line of the Road, affording excellent opportunities for business or investments.

Full information in regard to lands, prices, terms of sale, &c., together with pamphlets, circulars and maps, may be obtained from all the Agents of the Department, also the

"PIONEER."

A handsome ILLUSTRATED PAPER, with maps, etc., and containing the HOMESTEAD LAW. *Mailed free* to all applicants. Address

O. F. DAVIS,
Land Commissioner, U. P. R. R.

OMAHA, NEB.

---

*Carteles como éste, en el que se anuncia la venta de tierras junto a las vías
del ferrocarril, atraían a muchos pobladores hacia las praderas.*

En 1885, los integrantes de la familia McCance, de Missouri, adquirieron el derecho de ocupar 160 acres de terreno en el centro de Nebraska, se dirigieron hacia el oeste y se convirtieron en "pobladores". Poppie McCance construyó una casa de bloques de tierra, o tepe, en aquellas praderas barridas por el viento. La nueva granja les trajo aventuras y dificultades a las niñas McCance (Grace, Florry y Stella) y a sus padres trabajadores. Grace tenía una memoria prodigiosa y podía recordar detalles incluso de sus primeros años de vida. Todas las citas de Grace que aparecen en este texto provienen directamente de sus memorias.

Durante el otoño, Grace y Florry jugaban al aire libre siempre que podían. Su lugar favorito era el viejo sendero de los bisontes que serpenteaba por la pradera hasta perderse de vista de la casa. Al gato le gustaba ir con ellas. A veces encontraban pequeños caracoles en la tierra y se los llevaban a casa para dárselos a su mamá. Ella les explicaba que, hace millones de años, los glaciares cubrían toda aquella tierra. Con el agua de aquellos glaciares derretidos se formó un mar, y de ese mar procedían los caracoles.

Más tarde Grace aprendió que el Medio Oeste era seco porque las montañas Rocosas en Colorado servían de obstáculo para la humedad que soplaba tierra adentro desde el océano Pacífico. Nebraska era uno de los estados más secos del Medio Oeste. Los pocos árboles que había estaban principalmente a orillas de los ríos. La poca lluvia también afectaba el crecimiento del pasto. Los viajeros que se dirigían al oeste observaban que cuanto más se acercaban a las montañas Rocosas, más corto iba haciéndose el pasto. Aquel "pasto corto" sólo medía entre seis y doce pulgadas.

Reunión de la familia McCance en 1892; Mamá y Poppie están de pie a la derecha. Delante de ellos están las bebés Elsie y Nelie.

En la zona este del Medio Oeste, conocida como la pradera del "pasto alto", los pastos recibían lluvia suficiente para llegar a medir entre seis y doce pies de altura. En la zona del pasto corto donde vivían los McCance, Poppie plantaba varios tipos de trigo y maíz que no necesitaban mucha lluvia. Sin embargo, su cosecha necesitaba también algo de lluvia, y al igual que todos los granjeros, Poppie estaba siempre pendiente del tiempo.

El tiempo era motivo de preocupación constante. Las granizadas podían acabar con las cosechas en cuestión de minutos, y herir o matar a las aves y a otros animales. El granizo mataba incluso a las personas, si las sorprendía sin un lugar donde protegerse. Los rayos eran otro peligro. Una vez Grace vio a un caballo al que había matado un rayo. Cuando el tiempo era muy seco, un rayo, una chispa de una hoguera o un disparo de un arma de fuego podían provocar un incendio en la pradera, y el viento podía propagarlo.

Para combatir los incendios, los pobladores se ayudaban mutuamente. A veces trataban de hacer cortafuegos, quemando una franja de terreno en el camino del incendio, para que cuando las llamas llegaran allí se extinguieran o cambiaran de dirección. Al igual que todos los demás pobladores, Poppie trataba de tener su terreno siempre rodeado de cortafuegos, que son zanjas sin pasto que el fuego no puede cruzar.

Sentadas a la derecha están (de izquierda a derecha), Stella, Florry, Grace y Ethel.

Pero en ocasiones, si el fuego se desplazaba lo suficientemente rápido, podía incluso saltar los cortafuegos y no detenerse sino hasta llegar a un río o a un arroyo.

Grace nunca olvidó su primer incendio en la pradera. Tan pronto como Poppie vio el humo en las lejanas colinas, partió en su carreta con un barril de agua. Mamá, Florry y Grace contemplaron durante toda la mañana el fuego que se acercaba a sus tierras. Grace estaba aterrorizada.

Mamá les dijo a las niñas que si el fuego saltaba el cortafuegos, acudieran corriendo al centro del enorme campo pelado, donde el fuego no encontraría nada que quemar y tendría que dar un rodeo o extinguirse. Cuando las llamas llegaron a los cortafuegos, Grace estaba ya lista para echar a correr, pero entonces vio que el fuego se apagaba. Cuando Poppie llegó finalmente a casa, tenía la ropa y la piel negras por el hollín.

Unos cuantos meses después del incendio una tormenta azotó el terreno de los McCance. El aullido del viento los despertó a todos. De repente "la oscuridad, negra y gruesa como el terciopelo, se vio desgarrada por el terrible destello azul de un rayo", recuerda Grace. "Luego hubo un estruendo como de algo rompiéndose, que hizo temblar toda la casa de tepe".

El ruido provenía del techo de la cocina, que se había ido volando. Cuando la tormenta cesó finalmente, la casa "era un desastre y daba tristeza. Todo, todo había sido arrancado de las paredes, y todas las pequeñas repisas, ganchos, cositas y cuadros de Mamá se habían roto en pedazos o habían desaparecido por completo". Grace recordaba que "Mamá deambulaba de un lado para otro como aturdida, recogiendo algunas de sus cosas arrancadas y rotas de entre el revoltijo que había en el piso, y tratando de barrer todo aquel barro. El sol candente nos hacía arder la cabeza cuando Poppie, tratando de poner cara de alegría, dio gracias por aquella harina de maíz con leche y aquellos huevos fritos que por fin nos sentamos a comer".

Las niñas ayudaron a Mamá a traer agua para limpiar todo aquello. Poppie buscó los tablones del techo que habían salido volando y comenzó a reparar el techo. Grace y su mamá deambularon por los campos buscando sus pertenencias. "Encontramos la mitad del certificado de matrimonio, pero ni un solo pedazo del marco, ni el vidrio. Sólo nos quedó aquel pedazo, arrancado del resto, con sus palomas y cupidos manchados por el barro y la lluvia".

Las tormentas podían destruir las casas y las cosechas de las familias de pioneros.

504

Los molinos de viento se construían junto a los pozos para bombear el agua a la superficie. Además, los molinos indicaban a los viajeros el lugar donde estaban las casas.

A pesar de todo, Poppie no se desanimaba. Como la mayoría de los agricultores, vivía de esperanzas, siempre convencido de que el próximo año sería mejor.

Cuando a comienzos de noviembre el frío hizo imposible jugar al aire libre, Grace y Florry reunieron sus muñecas hechas de mazorcas de maíz y se refugiaron en la casa de tepe para pasar el invierno. "Aquel invierno, en un rincón de la cocina colgaban varios sacos de harina llenos de frijoles y de maíz seco, y en la bodega había pilas de cebollas, nabos, calabazas, repollos y papas".

Poco antes del Día de Acción de Gracias, Poppie regresó a casa de uno de sus viajes semanales al pueblo con tres barriles en la carreta. Los habían mandado por ferrocarril desde Missouri los abuelos Blaine, los padres de Mamá. Grace, Florry e incluso la pequeña Stella, estaban entusiasmadísimas cuando Poppie comenzó a quitar las tapas.

Una fotografía del interior atestado de una casa de tepe de un solo cuarto.

El primero contenía melaza para endulzar los cereales y las tortas de Mamá. El segundo estaba lleno de manzanas rojas del huerto que el abuelo Blaine tenía detrás de la enorme casa blanca. Grace observó la mirada melancólica de Mamá tomando una de las manzanas y mirando al horizonte.

El tercer barril era el mejor. Primero sacaron varias bolsas de nueces negras de los nogales del abuelo y batatas de la huerta. Luego pasaron a los paquetes de la abuela. Uno contenía un corte de algodón estampado nuevo con que hacer ropa para Mamá y para las niñas. El otro tenía ropa de la hermana menor de Mamá, la tía Ollie, que siempre iba a la última moda. Había mandado chaquetas, vestidos y enaguas que ya no utilizaba.

Mamá colocó todo encima de la cama y Grace y Florry contemplaron todas aquellas hermosas prendas. Mamá se encargaría de hacer los vestidos para que las niñas tuvieran ropa nueva; les prometió tener listos sus nuevos vestidos de algodón estampado para la cena de Navidad.

Aquella primera Navidad, Mamá y Poppie no podían darse el lujo de comprar regalos, pero Poppie cortó un pequeño arbusto de ciruelas silvestres, y Grace y Florry lo adornaron con cadenas de papel y sartas de palomitas de maíz. Las tres niñas estrenaron sus vestidos cuando los vecinos acudieron a cenar pavo asado con la familia. La única queja de Grace fue que la mesa no fuera lo suficientemente grande. Ella, Florry y los hijos de los vecinos tuvieron que esperar a que los adultos terminaran el "primer turno" para sentarse a comer. "Aunque teníamos el estómago hecho un nudo por el hambre, tuvimos que quedarnos sentados, oliendo aquellos deliciosos aromas y rezando que quedara suficiente de todo para nosotros", recuerda. "Los hijos de los pobladores tenían que soportar situaciones muy difíciles, pero una de las peores era esperar aquel segundo turno a la hora de comer".

La primavera regresó y la pradera se puso de un verde claro.

Grace ya tenía cuatro años y le gustaba estar al aire libre. "El primer día de poder andar descalzos era casi tan maravilloso como la Navidad, o el 4 de Julio", recuerda. "Es casi imposible describir lo delicioso que era caminar con las plantas descalzas por aquel tierno y acolchado pasto nuevo, o por el fino polvo cálido de un sendero de vacas".

En la granja había un ambiente de bullicio y de prosperidad. La yegua parió un potrillo, Pearlie, la vaca, tuvo un ternero y los polluelos perseguían a la vieja pava. Poppie sembró trigo, y luego tenía que disparar el rifle para espantar las bandadas de gansos que volaban hacia el norte y que constantemente le robaban sus valiosas semillas. Mamá plantó la huerta de nuevo, una más grande este año. "Poppie dijo como por enésima vez que nunca había visto una tierra como aquélla, tan rica y tan fértil. Pero Mamá dijo que lo único que deseaba era tener un pozo en su propio jardín algún día".

Poppie trató de contratar a los hombres que cavaban los pozos, pero tenían tanto trabajo con tantos nuevos asentamientos en la zona, que habían aumentado sus tarifas. Poppie dijo que no tenían suficiente dinero. No quedaba más remedio que seguir cargando el agua hasta que pudiera cavar el pozo por su cuenta.

El segundo año en la pradera fue muy parecido al primero. Cada vez que Poppie cargaba los barriles de agua, Grace y Florry seguían rogándole que las dejara ir con él. Si Mamá nos dejaba, "nos divertíamos, dando tumbos en aquella carreta y cantando con Poppie entre todo aquel traqueteo y el golpeteo de los

Los pioneros utilizaban el estiércol de bisonte o de vaca como combustible, porque en las praderas había pocos árboles. La niña posa con su muñeca hecha de mazorcas de maíz.

barriles vacíos... Cuando llegábamos al pozo, mientras Poppie llenaba los barriles venía a vernos nuestra vecina, la señora Totten, o a veces nos llevaba a la casa con ella".

Los Totten vivían a pocas millas de distancia, pero Mamá seguía pensando que vivía perdida en el medio de la nada. Pero eso cambió cuando los Yoder, que habían sido vecinos de los McCance en Missouri, reclamaron el derecho a una propiedad cercana. "Su llegada alegró más a Mamá que ninguna otra cosa que sucediera desde que vinimos a Nebraska", cuenta Grace.

El día de su cumpleaños en abril, Mamá decidió que la familia debía visitar a los Yoder, ya que el cumpleaños de su hijo era el mismo día, y empezó a preparar comida para llevarles. Grace y Florry hicieron sus tareas domésticas, se bañaron, se pusieron sus mejores enaguas y trataron de quedarse quietas mientras Mamá les trenzaba sus largas melenas. Luego, Mamá se cepilló bien el pelo y se hizo un elegante peinado. Apenas terminaron de vestirse todos, Mamá miró por la ventana y gritó: "¡Cielos, aquí está toda la familia Yoder! ¡Y miren cómo está esta casa!"

Los inmigrantes, como esta familia francesa que se estableció en Kansas, desempeñaron un papel muy importante en el poblamiento del Medio Oeste.

Grace y Florry miraron a su alrededor: una tina llena de agua fría y sucia, los vestidos regados por todas partes y la cocina sin recoger después del desayuno. Mientras Mamá se apresuraba a recoger, Grace y Florry sacaron afuera la tina del baño a rastras, en el preciso momento en que los visitantes llegaban a la puerta. Traían una cena de cumpleaños para Mamá y para el hijo de ellos, ya lista para comer.

Los colonos que se establecían por donde vivían los McCance eran en su mayoría inmigrantes suecos. Cuando los granjeros se reunían para ayudar a recoger las cosechas de trigo de los demás, Poppie, de ancestros escoceses e irlandeses, se perdía gran parte de la conversación, que era en sueco.

Los inmigrantes que se establecían en el Medio Oeste llegaban generalmente atraídos por las fértiles tierras de cultivo. En sus países de origen no se podían dar el lujo de comprar tierras propias, o les estaba prohibido. Algunos llegaban también en busca de libertad religiosa, para escapar el pago de impuestos injustos o para eludir el servicio militar. Tantos alemanes se establecieron en Kansas en las décadas de 1860 y 1870, que una tribu de indios kansas hablaba alemán como segunda lengua, en vez de inglés. En 1870, la mitad de la población de Nebraska estaba compuesta por inmigrantes nacidos en el extranjero y sus hijos nacidos en tierra estadounidense.

Al igual que Poppie, muchas personas nacidas en los Estados Unidos querían también ser propietarios de tierras. Algunos habían perdido sus hogares en la Guerra de Secesión, o pensaban que en el Este había demasiada gente. Los esclavos que habían sido liberados venían porque querían irse del sur, y la colonización era una forma de apropiarse de un pedazo de terreno. A veces los esclavos liberados establecían sus propias comunidades, como el pueblecito de Nicodemus, en Kansas.

La mayoría de los nuevos propietarios eran pobres. Sus hijos solían ir descalzos porque no tenían zapatos. Un niño recordaba que sus padres usaban los barriles como asientos durante las comidas, mientras los niños se quedaban de pie. Antes de conseguir aquellos barriles tenían que sentarse en unas calabazas.

Todos trabajaban seis días a la semana, incluso los niños pequeños. Con sólo tres años, los niños servían de espantapájaros humanos para asustar a los pájaros que se comían los granos de los campos, y ayudaban a recoger estiércol para el combustible. Los niños de cuatro años hacían mandados, les llevaban agua a los trabajadores en el campo y recogían los huevos. Los niños de cinco años ayudaban a romper terrones en los campos, a arrancar hierbajos, a echar leña a la estufa, a ordeñar las vacas e incluso a labrar la tierra. Un niño de seis años, a quien habían enviado a buscar unas vacas escapadas, desapareció durante varios días, hasta que su padre salió a buscarlo y lo encontró no lejos de casa, regresando con las vacas.

Grace y Florry siempre habían ayudado a sus padres. Grace tenía cinco años y Florry siete cuando les encargaron una nueva tarea: buscar nidos de pavo. Cuando las gallinas y las pavas se volvían cluecas en la primavera, dejaban de poner por varias semanas para poder empollar una tanda de huevos hasta que salieran los pollitos. Pero a menudo solían poner los huevos lejos de la casa, donde los zorrillos y las culebras amenazaban con comérselos, y donde los coyotes podían matar a las gallinas. El trabajo de las niñas consistía en encontrar los nidos y hacer que las gallinas los empollaran en el establo. Grace recuerda que "las gallinas vagaban por la pradera durante horas, como si no tuvieran adónde ir, ni nada que hacer. A veces nos sentábamos a mirar una gallina durante medio día sin parar y luego, sin saber cómo, la perdíamos de vista, y desaparecía como la sombra de una nube por algún matorral o entre el pasto alto".

En el otoño de 1887, Poppie compró una pequeña manada de vacas. Como en la familia no había niños, llamaba a la pequeña Grace, de cinco años, por el apodo de Pete, porque siempre estaba haciendo tareas que normalmente hacían los varones. Ese día le dijo: "Vas a tener que ser mi vaquera ahora, Pete. Mamá necesita que Florry la ayude en la casa, y tú tendrás que hacerlo todo sola. ¿Crees que serás capaz?" Grace estaba encantada, porque detestaba las tareas domésticas y prefería mil veces trabajar al aire libre.

Su misión consistía en llevar al ganado a los campos todas las mañanas, quedarse con él todo el día y traerlo de vuelta a la casa por la noche. Aquel oficio de vaquera no habría estado tan mal, de no ser por una vaquilla con mal genio que se empeñaba en amenazar a Grace con sus afilados cuernos. Grace tenía que llevar a cuestas una vara gruesa para protegerse. Una noche las vacas se pusieron rebeldes y quisieron quedarse dentro de la cueva que ellas mismas habían hecho en una pila de heno altísima: "Por mucho que corriera, que gritara y que repartiera palos al aire, me esquivaban y se volvían a esconder en su cueva. Finalmente logré pasar delante de ellas y empecé a golpearlas en la cabeza con mi vara. Las vacas más viejas se dieron por vencidas y retrocedieron juntas, y de pronto me vi cara a cara con aquella vaquilla de largo hocico y de tan mal genio".

Los muchachos ayudaban a recoger las cosechas.

Cuando la vaquilla la embistió, Grace se aplastó contra el heno, pero la vaquilla le hizo un corte profundo desde la cadera hasta la axila. A pesar del dolor, Grace consiguió regresar con las vacas a la casa, y con la vaquilla también. Al llegar por fin a la casa, rompió a llorar. Mamá la curó, y luego le dijo a Poppie que se deshiciera de aquella vaquilla, o Grace no podría ya cuidar el ganado. Poppie dijo que vendería la vaquilla la próxima vez que fuera al pueblo, y que, entre tanto, no la dejaría salir del corral.

Unos días más tarde, cuando Grace estaba en el establo ayudando a ordeñar, oyó un resoplido detrás de ella. Se volvió rápidamente y vio a la vaquilla, con la cabeza agachada, marchando hacia ella. Grace se tiró desesperadamente debajo de una de las vacas y rodó por debajo de la cerca de alambre de púas. No le pasó nada, pero tenía puesto su vestido favorito de algodón estampado, que se le desgarró hasta quedar totalmente inservible; eso la hizo llorar más que el susto. Poppie vendió la vaquilla en el pueblo al día siguiente.

Incluso los niños pioneros más pequeños ayudaban a alimentar a los animales, a ordeñar las vacas y a hacer otras tareas.

GRACE MCCANCE SNYDER
1882–1982

De niña, cuando vivía en Newman Grove, Nebraska, desde la ventana de mi habitación veía un maizal que me indicaba las estaciones según el tamaño de las matas y los colores que adquirían. La vista desde mi habitación de ahora es de las calles de una ciudad, y a veces me gustaría poder ver todavía aquel maizal cada día, como recuerdo de aquellas familias pioneras que se establecieron en el Medio Oeste.

Muchos niños pioneros crecieron viviendo situaciones duras en aquellas haciendas, trabajando junto a sus padres en condiciones difíciles para el crecimiento de las cosechas y del ganado. Sin embargo, al investigar sobre las vidas de los niños en las praderas, no oí muchas quejas. Las familias necesitaban a estos niños, y ellos tenían un marcado sentido de la responsabilidad. Aunque no conocían otra vida, no se sentían privados de nada. La pradera era su hogar. Su optimismo, su constancia y su esfuerzo han dejado un importante legado a todos aquellos que tienen la suerte de vivir en esta hermosa parte del mundo.

Cuando leí por primera vez las memorias de Grace McCance Snyder, *No Time on My Hands,* sentí un fuerte impulso de escribir sobre su infancia como pionera. Me gustaron su valentía y sus bríos. Grace se permitió el lujo de soñar y tuvo la suerte de ver sus sueños convertidos en realidad.

Espero que los lectores disfruten la historia de Grace tal y como aquí se cuenta, y que a través de ella aprecien mejor cómo era la vida en las praderas.

— Andrea Warren

Grace posa a caballo el día de su cumpleaños número noventa.

La pequeña pionera
por Andrea Warren

Piensa en la selección

1. Compara las tareas de Grace y Florry con las que haces tú en tu casa.

2. La autora escribe que Poppie y los otros agricultores "vivían de esperanzas". Indica ejemplos de la selección que lo demuestren.

3. ¿Qué crees que sería lo mejor y lo peor de ser un niño de una familia pionera? Explica tu respuesta.

4. Según la información que aparece en la selección, ¿crees que la familia McCance logró salir adelante? ¿Por qué?

5. ¿Crees que era justo atraer a los colonizadores a las praderas con anuncios que les prometían ricas tierras? Explica tu respuesta.

6. ¿Qué pueden aprender los estadounidenses de hoy de las experiencias de las personas comunes y corrientes del pasado, como Grace McCance Snyder?

7. Conectar/Comparar Compara la adaptación a la vida en las Grandes Llanuras de los lakota en *Un niño llamado Lento* y de la familia McCance en *La pequeña pionera*.

Explicar

Escribe instrucciones

Piensa en las tareas que tendría que hacer un niño o niña de una familia de pobladores. Si una persona se encargara de esas tareas durante varios días, necesitaría instrucciones. Escribe instrucciones para dos tareas y explica cómo realizar cada una.

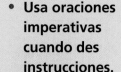

Consejos

- Usa oraciones imperativas cuando des instrucciones.

- Usa palabras como *primero, luego, después* y *por último* para que el orden de los pasos quede claro.

Lectura — Inferencias/generalizaciones
Escritura — Establecer el tema y el orden de los sucesos

MATEMÁTICAS
Haz un diagrama

Dibuja un diagrama de una casa de tepe con sus muebles. Usa la información de la selección para decidir el tamaño de la vivienda y los objetos que contiene. Incluye las medidas aproximadas de cada cuarto.

EXTRA Imagina que tienes que construir una casa de bloques de tepe de 3 pies de largo por 1 pie de ancho y 4 pulgadas de grosor. ¿Cuántos bloques necesitarías para hacer una pared de 1 pie de grosor que mida 12 pies de largo y 9 pies de alto?

ARTE
Haz una ilustración

Usa las fotografías, los sucesos y las descripciones de *La pequeña pionera* para crear tu propia ilustración del cuento. Piensa en la ropa que podrían haber llevado los personajes y en otros detalles del paisaje y del clima.

Internet

Envía una postal electrónica

Envía a un amigo una postal electrónica sobre la granja de los McCance. Puedes dar varios detalles tomados de la selección e invitar a tu amigo a leer *La pequeña pionera*. Encontrarás la postal en Education Place. **www.eduplace.com/kids**

Conexión con los estudios sociales

Destreza: Cómo leer un artículo de estudios sociales

Antes de leer...

- **Identifica** el tema. Piensa en lo que sabes y en lo que te gustaría aprender sobre ese tema.

- **Hojea** primero las fotografías, los títulos y las ilustraciones.

Al leer...

- **Busca** las palabras que indican dónde y cuándo ocurren los sucesos.

- **Compara** el tiempo y lugar en que sucede la acción del artículo con tu tiempo y tu lugar.

Estándares

Lectura

- **Entender la presentación del texto**

Estudios sociales

- **Los pobladores se mudan al Oeste**

Nicodemus reclama su lugar en la historia

Por Angela Bates-Tompkins

En 1877, 350 esclavos liberados se mudaron de Kentucky al noroeste de Kansas. El pueblo en que se establecieron recibió el nombre de Nicodemus, en honor al primer esclavo que compró su libertad en los Estados Unidos. W.R. Hill, un constructor blanco, y W.H. Smith, un poblador afroamericano, se asociaron para organizar este asentamiento negro.

Reunión de Buffalo Soldiers (los soldados afroamericanos que pelearon en la Guerra de Secesión de los Estados Unidos) en Nicodemus en 1998.

Los habitantes de Nicodemus, Kansas, reunidos en la calle Main (izquierda), en 1885, aproximadamente. Actualmente viven menos de treinta personas en el pueblo.

El 1 de octubre de 1879, S. P. Roundtree, uno de los fundadores de Nicodemus, presentó esta solicitud para reclamar el derecho a un terreno (abajo).

A Hill y a Smith se le sumaron también cinco dirigentes religiosos afroamericanos que habían estado viviendo en Topeka, Kansas. El grupo fundó la *Nicodemus Town Company* en abril de 1877, y buscó pobladores dispuestos a mudarse de Kentucky a Kansas.

Los primeros 350 voluntarios llegaron a Nicodemus en septiembre de 1877 llenos de esperanzas. Muy pronto se desanimaron al verse rodeados de un paisaje desprovisto de árboles. Algunos de los fundadores del pueblo incluso vivían en viviendas subterráneas. Por lo menos sesenta familias regresaron a Kentucky. Los que se quedaron habían llevado consigo tan solo algunas pertenencias, y sus víveres pronto se acabaron. Por suerte, unos indios osage se detuvieron en Nicodemus durante una cacería y les dieron a los colonizadores comida para sobrevivir el invierno.

Aunque el primer año fue difícil, pronto se sumaron varios grupos más de colonizadores a los que habían llegado primero. Hacia 1885, la población de Nicodemus había aumentado hasta llegar a setecientos habitantes. El pueblo llegó a tener dos periódicos, caballerizas, una oficina de correos, un almacén, un médico, hoteles, restaurantes, escuelas e iglesias. Desde finales del siglo XIX hasta la década de 1940, el número más grande de granjeros negros y la mayor cantidad de tierras pertenecientes a afroamericanos en Kansas se encontraban en el condado de Graham, cuya ciudad principal era Nicodemus.

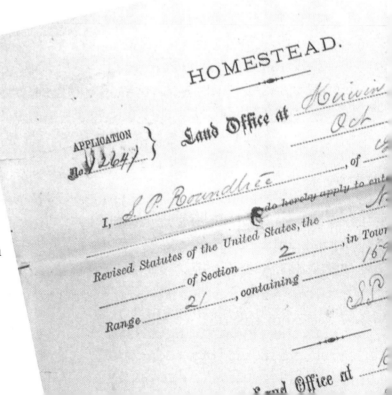

En 1887, los residentes de Nicodemus recaudaron dinero para tratar de conseguir que el ferrocarril pasara por su pueblo. Los trenes y las vías férreas significaban progreso. Los habitantes esperaban que una estación de tren atrajera gente y mercancías al pueblo. Sin embargo, sus esfuerzos fueron en vano, y el ferrocarril no llegó a Nicodemus. Muchos colonizadores se desanimaron y comenzaron a irse. Algunos comerciantes trasladaron sus negocios a Bogue, un pueblo recién fundado y con ferrocarril que quedaba a sólo seis millas al oeste.

Los años siguientes fueron difíciles, pero los residentes de Nicodemus seguían confiando en salir adelante. Luego, hubo una sequía que perjudicó mucho a las cosechas. Cuando éstas prosperaron, las langostas se las comieron.

En la década de 1930, los Estados Unidos vivió una etapa conocida como la Gran Depresión. En Nicodemus, como en todas partes del país, mucha gente perdió sus empleos, y era imposible encontrar nuevos puestos de trabajo. Los habitantes se fueron del pueblo en busca de lo que ellos confiaban sería un nuevo comienzo en otro lugar.

Aunque su población disminuyó, Nicodemus siguió siendo un centro cultural para la vida afroamericana. Y aunque mucha gente se fue del pueblo, no lo olvidó. Todavía regresan para la Celebración Anual de la Emancipación, que se lleva a cabo durante el último fin de semana de julio. Los descendientes de aquellos primeros pobladores acuden desde todos los rincones de los Estados Unidos para volverse a encontrar con familiares y amigos.

En 1976, Nicodemus fue inscrito en el Registro Nacional de Lugares Históricos como un Monumento Histórico Nacional. En 1991, gracias a los esfuerzos de la Sociedad Histórica de Nicodemus, se aprobó una propuesta para convertir a Nicodemus en Lugar y Parque Histórico Nacional.

El Congreso aprobó el proyecto de ley, que fue ratificado por el presidente Bill Clinton el 12 de noviembre de 1996. El pueblo recibe actualmente fondos del gobierno para restaurar sus cinco edificios históricos.

El Servicio Nacional de Parques ayuda a quienes quieren aprender sobre la rica herencia afroamericana del pueblo y su inigualable aporte al desarrollo económico, social y político de Kansas y del Oeste.

Nicodemus es el pueblo más antiguo integrado exclusivamente por afroamericanos, y el único que existe al oeste del río Mississippi. El 1 de agosto de 1998, durante la Celebración de los 120 años de la Emancipación, Nicodemus fue declarado Lugar y Parque Histórico Nacional.

Desarrollar conceptos

Vaquero negro,
caballos salvajes
por Julius Lester
ilustrado por Jerry Pinkney

Vaquero negro, caballos salvajes

Vocabulario

barrancos
manada
mustangs
riscos
semental
yeguas

Estándares

Lectura

- Analizar características de la literatura
- Evaluar técnicas del autor

Libertad al galope

Hace muchos, muchos años los caballos habitaban en Norteamérica. Pero con el tiempo se extinguieron, y regresaron en el siglo XVI con los exploradores españoles. Muchos de aquellos caballos se escaparon hacia las llanuras, donde vivieron libres y dejaron de ser dóciles. Se convirtieron en caballos salvajes, o **mustangs**. En poco tiempo, las manadas de mustangs pastaban por los **riscos** y los **barrancos** de las Grandes Llanuras y del suroeste, igual que la **manada** que vas a descubrir en *Vaquero negro, caballos salvajes*.

Los caballos salvajes son más pequeños que los domésticos, y tienen los cascos más duros para poder sobrevivir en la naturaleza. Cada manada tiene un macho, un **semental**, que lidera a varias hembras, o **yeguas**, y a sus pequeños, los potrillos y potrancas. A veces, otro semental puede retar al líder a una pelea. Si el contendiente gana, pasa a ser el nuevo líder.

Los caballos tenían un enorme valor para los vaqueros de las llanuras por la década de 1870. Sin caballos no podían arrear el ganado al mercado. Muchos vaqueros tenían un talento especial para rodear y domar mustangs.

Uno de los jinetes más famosos fue Bob Lemmons. En su época, especialmente en las décadas de 1870 y 1880, uno de cada tres vaqueros era afroamericano o mexicano.

Julius Lester

Lugar de nacimiento: St. Louis, Missouri

Textos para niños: Los hijos de Lester tuvieron una gran influencia en lo que escribe. "Quería que ellos tuvieran libros que a mí me habría gustado tener cuando tenía su edad", comenta.

Otras profesiones: Lester ha sido también músico profesional y cantante, además de presentador de un programa radial en Nueva York.

CONOZCAMOS AL ILUSTRADOR

Jerry Pinkney

Lugar de nacimiento: Philadelphia, Pennsylvania

Otra profesión: Pinkney trabajó como diseñador e ilustrador para una empresa de tarjetas de felicitación.

Lazos familiares: La esposa de Pinkney, Gloria Jean, y su nuera, Angela Davis Pinkney, son escritoras. Su hijo Brian es escritor e ilustrador de libros infantiles, y su hijo Myles es fotógrafo y su obra aparece también en varios libros para niños.

Colaboradores: Lester y Pinkney han trabajado juntos en *John Henry* y en cinco libros de *The Tales of Uncle Remus*.

Para saber más acerca de Julius Lester y Jerry Pinkney, visita Education Place. **www.eduplace.com/kids**

Vaquero negro, caballos salvajes

por Julius Lester
ilustrado por Jerry Pinkney

El autor narra una historia verídica usando las palabras para crear imágenes de una forma poética. Al leer, **evalúa** cómo contribuyen dichas imágenes a contar la historia.

Amanecía. Bob Lemmons cabalgaba lentamente cuesta arriba. Al llegar a la cima se detuvo al borde de los riscos. Miró hacia abajo, hacia el corral donde los otros vaqueros estaban comenzando sus tareas matutinas, y luego volvió la vista hacia la tierra, que parecía extenderse eternamente en todas las direcciones. El cielo se veía curvado, como si fuera un regazo sobre el cual la tierra se enroscaba a dormir la siesta, como un gato. En lo alto del cielo, un halcón parecía suspendido con unos hilos helados por un viento invisible. Lejos, muy lejos, en lo que parecía el fin del mundo, la tierra y el cielo se besaban.

Iba pausadamente guiando a Warrior, su semental negro, risco abajo. Al llegar al fondo, el caballo retrocedió, como ansioso por cruzar al galope aquella vasta planicie que se extendía hasta el infinito. Bob sonrió y le dio una palmadita cariñosa en el cuello.

—Tranquilo, tranquilo— le susurró—. Tendremos tiempo para eso. Pero ahora no.

Dejó al caballo trotar un rato, luego le hizo disminuir de velocidad y comenzó a mirar detenidamente hacia el suelo, como si estuviera buscando la respuesta a una pregunta que apenas alcanzaba a comprender.

Ya estaba avanzada la tarde cuando las vio; eran las huellas de los cascos de los mustangs, los caballos salvajes que vivían en las llanuras. Se detuvo, desmontó y caminó alrededor de ellas con cuidado, hasta haberlas visto todas. Luego se hincó de rodillas para examinarlas más de cerca.

Hay quien aprende a través de los libros, pero Bob había sido esclavo y nunca había aprendido a leer. Sin embargo, sabía observar la tierra y leer qué animales habían pasado, cuál era su tamaño y su peso, cuándo habían pasado por allí y en qué dirección iban. Nadie que él conociera sabía hacer que los mustangs acudieran, pero Bob sabía hacer que los caballos pensaran que él era uno de ellos, porque lo era.

Se puso de pie, y sacó de sus alforjas una manzana para dársela a Warrior, que la masticó con un entusiasmo ruidoso. Ésta era una manada compuesta por ocho yeguas, un potro y un semental. Habían pasado hacía dos días. Pronto daría con ellos, pero tenía que oler a sol, a luna, a estrellas y a viento para que los mustangs lo aceptaran como uno más de los suyos.

El sol cayó y pronto llegó el aire frío de la noche. Bob quitó la silla de montar, las alforjas y la manta del lomo de Warrior. Tenía frío, pero no podía encender una fogata, porque los mustangs olerían el humo en su ropa desde muchos kilómetros. Se envolvió bien con una manta gruesa y sacó de las alforjas una bolsa de tela con frutas secas, tasajo y nueces, y se puso a comer. Cuando terminó, apoyó la cabeza en la silla y se quedó dormido rápidamente. Entretanto Warrior comía de los pastos altos y dulces.

Tan pronto como los hombros redondos del sol aparecieron en el horizonte, Bob se despertó. Comió, llenó la cantimplora y después de ensillar a Warrior partió. Siguió el rastro sin apresurarse durante todo el día.

Casi al atardecer aparecieron las nubes, apiladas unas sobre otras como montañas hechas de miedo. En sus entrañas titilaban rayos como la llama de una vela temblando con la brisa. Bob oyó el lejano pero inconfundible estruendo de un trueno. De repente comenzaron a saltar rayos de una a otra nube en el curvado firmamento.

Warrior retrocedió, manoteando con sus cascos delanteros como si quisiera tumbar las blancas rayas de fuego del cielo nocturno. Bob lo condujo a toda prisa hasta unos barrancos cercanos mientras el cielo explotaba en haces de luz. Y allí, a lo lejos, bajo la luz fantasmagórica, Bob vio la manada de mustangs. Como si presintiera su presencia, Warrior alzó las patas delanteras una vez más, esta vez no para retar a los cielos, sino en señal de saludo. A Bob le pareció ver que el semental mustang se alzaba para responderle, mientras la tierra temblaba bajo el ruido de un trueno.

Luego llegó la lluvia, tan intensa y punzante como el remordimiento. Bob se puso el poncho rápidamente y tras colocar a Warrior de espaldas al viento y a la lluvia, esperó. La tormenta pasaría pronto. O tal vez no. No se podía hacer nada más que esperar.

Por fin la lluvia amainó y luego paró por completo. Las nubes se enrarecieron y allí, en lo alto del cielo apareció la luna, tan blanca como las penas. Bob durmió en la silla de montar mientras Warrior se quedó pastando en los prados húmedos.

El sol apareció en el cielo despejado, y Bob se despertó de inmediato. La tormenta debía haber borrado las huellas, pero parecía que se dirigían hacia el gran río, así es que allí se dirigió él también a esperar.

Hacia media tarde divisó a lo lejos por fin aquella cinta brillante que era el río. Se detuvo, pues sólo necesitaba estar lo suficientemente cerca para ver a los caballos cuando se acercaran a beber. Al anochecer vio pasar rodando una hilera de nubes de polvo.

Allá delante estaba la manada de mustangs. Al llegar al agua, el semental fue frenando hasta detenerse por completo. Miró alrededor con la cabeza erguida y con los ollares ensanchados olisqueando el aire. Giró la cabeza en dirección a Bob y volvió a olisquear el aire.

Bob se puso tenso. ¿Se habría aproximado demasiado, demasiado pronto? Si el semental olía algo raro, él y la manada se irían y Bob no los volvería a ver nunca. El semental parecía estar mirándolo directamente. Bob se encontraba demasiado lejos para ser visto, pero ni siquiera se atrevió a parpadear, por miedo a que el semental pudiera oírlo. Finalmente el semental comenzó a beber, y los otros caballos lo imitaron. Bob expulsó pausadamente la respiración que tenía contenida. Lo habían aceptado.

531

A la mañana siguiente cruzó el río y siguió el rastro de la manada. Cabalgaba con Warrior lentamente, sin ruido, sin levantar polvo. Pronto los vio pastando. Se detuvo. Los caballos no lo notaron. Al cabo de un rato avanzó un poco hacia delante, lenta, calladamente. El semental levantó la cabeza. Bob se detuvo.

El semental volvió a pastar nuevamente y Bob avanzó un poco más. Estuvo observando a la manada todo el día, moviéndose sólo cuando los mustangs se movían, pero siempre acercándose cada vez más. Los mustangs sintieron su presencia. Pensaban que era un caballo.

Y él también.

A la mañana siguiente Bob y Warrior se adentraron en la manada. El semental los miró por un momento. Luego, como para poner a prueba a aquel recién llegado, condujo a la manada al galope. Bob se acostó sobre Warrior y salió al galope junto con la manada. A simple vista resultaba imposible discernir a ningún hombre entre los caballos.

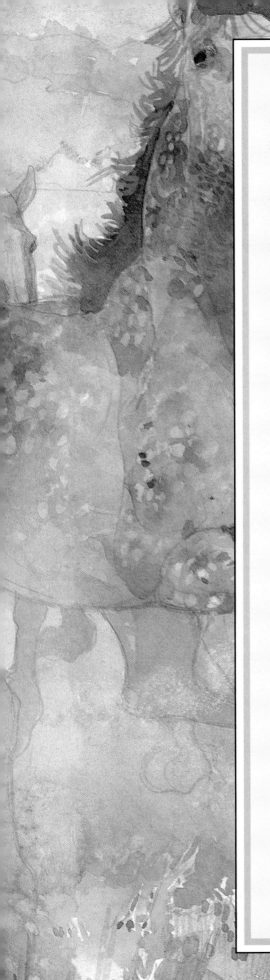

La manada emprendió camino a la mañana siguiente con paso lento. Si hubiera ido más rápido, nada habría pasado.

La potranca cayó al suelo. Parecía que había metido la pata en un hoyo y se la había roto. Bob y los caballos oyeron el escalofriante sonido de las cascabeles. Las serpientes de cascabel no siempre avisan antes de atacar. A veces, cuando alguien o algo se acerca demasiado, lo atacan con la furia del miedo.

Los caballos relinchaban y brincaban nerviosamente ante el olor de la serpiente y de la posible muerte de uno de los suyos. Bob vio a la cascabel, tan bella como un collar, deslizándose silenciosamente por entre los pastos altos. No hizo ningún intento de matarla. Todos en la naturaleza tienen derecho a protegerse, especialmente cuando tienen miedo.

El semental galopó hacia la potranca y la empujó. La potranca luchó por ponerse de pie, pero se cayó de lado temblando y pateando débilmente con sus delgadas patitas. Poco después murió.

Ya los buitres sobrevolaban describiendo círculos en el cielo. Los mustangs daban vueltas de un lado para otro inquietamente. La madre de la potranca relinchó, rehusándose a alejarse de ella. El semental quería retirar a la manada de allí, y empujó a la yegua con la cabeza. La yegua no quería moverse, y el semental la mordió en la grupa. Se resistió, y antes de que pudiera acercarse de nuevo a la potranca, el semental la mordió de nuevo, esta vez más duro. Finalmente se marchó corriendo hacia la manada. Él la mordió por tercera vez y la manada partió. Alejándose al galope, Bob miró hacia atrás. Los buitres ya descendían del cielo, gráciles como el crepúsculo.

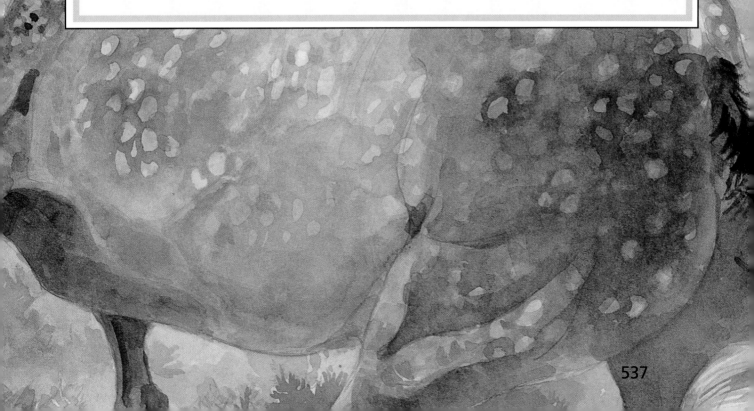

Había llegado el momento de apoderarse de la manada. El semental no tendría ánimo de pelear muy fieramente tan poco tiempo después de la muerte de la potranca. Bob hizo galopar a Warrior al frente y le dio la vuelta bruscamente, forzando al semental a detenerse en seco. La manada, confundida, fue deteniendo la marcha hasta frenar por completo también.

Bob hizo levantar las patas delanteras a Warrior, manoteando y lanzando coces al aire. Los ojos del semental se agrandaron. Bufó y pateó el suelo, sorprendido y confundido. Bob cargó contra él.

Ambos caballos se pusieron a dos patas, mostrando los dientes y pateándose. Cuando volvieron a posar las patas en el suelo, Bob cargó contra el semental una vez más, obligándolo a retroceder. Bob reaccionó con rapidez.

El semental relinchó con estruendo y mordisqueó a Warrior en el cuello. Warrior relinchó con rabia, retrocedió y dio una coz con las patas delanteras, golpeando al semental en la nariz. Manteniendo el equilibrio, Warrior atacó una y otra vez. El semental mustang comenzó a relinchar de dolor. Warrior cargó más duro contra el semental, que perdió pie y cayó a tierra. Warrior se levantó y relinchó triunfante, agitando las patas delanteras como si buscara los travesaños de una escalera para ascender al cielo.

Derrotado, el mustang a duras penas logró levantarse. Relinchó débilmente. Cuando Warrior hizo un intento de atacar de nuevo, el semental se retiró, relinchó con debilidad y se alejó al trote.

537

Bob era ahora el líder de la manada pero, ¿lo seguirían los demás caballos? Comenzó galopando despacio al principio, y fue acelerando el paso. Los mustangs lo siguieron como si los estuviera llevando de cabestro.

Condujo a los caballos todo aquel día y el día siguiente. Para Bob lo único que existía eran aquellos oscuros y prominentes ojos de los caballos, el temblar de sus carnes, la tensión de sus músculos y el movimiento de aquellos huesos en esos cuerpos. Ahora él era cielo y llanuras y pasto y río y caballo.

Cuando su comida estaba por terminarse, Bob condujo a los caballos en una última galopada, como una descarga de carne relampagueando por las llanuras cual rayo negro. Al anochecer condujo a la manada cuesta arriba en los riscos, y pendiente abajo hasta el gran corral. Los vaqueros lo oyeron llegar y abrieron el portón del corral. Bob condujo la manada, pero en el último momento hizo virar bruscamente a Warrior hacia un lado y los mustangs entraron al cercado. Los vaqueros saltaban y gritaban cerrando el portón apresuradamente.

A lomos de Warrior, Bob se alejó y regresó a los riscos. Se detuvo y miró hacia las llanuras. Warrior retrocedió y relinchó fuerte.

—Ya sé —susurró Bob—. Ya sé. Tal vez algún día.

Tal vez algún día cabalgarían con los mustangs, galopando hasta aquel lugar eterno donde la tierra y el cielo se besan, y luego seguirían cabalgando más y más… Tal vez algún día.

Reacción

Vaquero negro, caballos salvajes
por Julius Lester
ilustrado por Jerry Pinkney

Piensa en la selección

1. Entre las descripciones que hace el autor sobre la naturaleza, escoge la que te guste más. Explica qué te ayuda a imaginar esa descripción.

2. ¿Cómo crees que "leyó" Bob las huellas de cascos de los caballos? ¿Qué pistas le dieron sobre la manada?

3. ¿Estás de acuerdo con la decisión de Bob de dejar escapar la serpiente de cascabel que había matado a la potranca? ¿Por qué?

4. ¿Crees que debe estar permitido atrapar caballos salvajes, o que deberíamos dejarlos en paz? Explica tu respuesta.

5. ¿Qué te parece más difícil de lo que hace Bob para ganarse la vida? ¿Qué te parece que es más satisfactorio?

6. ¿Qué crees que quiso decir el autor con "Bob sabía hacer que los caballos pensaran que él era uno de ellos, porque lo era"?

7. **Conectar/Comparar** ¿En qué se parecen Bob Lemmons y El que Vuelve en su forma de entender a los animales? Compara y contrasta sus experiencias con los animales.

Escribe una descripción

El autor utiliza símiles y metáforas para crear descripciones gráficas. Escribe una descripción colorida de una escena o de un detalle de la selección. Enriquece también tu descripción con símiles y metáforas.

Consejos

- Recuerda que un símil utiliza *como*, *tal como* y *tanto como* para comparar dos cosas. La metáfora las compara afirmando que una cosa es la otra.
- Utiliza palabras gráficas y precisas.

Lectura   Describir elementos literarios
Escritura   Usar detalles, frases de transición

Ciencias

Explica cómo funciona un ecosistema

Los seres vivos y los entornos en los que habitan componen los ecosistemas. Fijándote en las ilustraciones y en el texto, escribe una descripción del ecosistema de *Vaquero negro, caballos salvajes*. ¿Qué animales, plantas y características del medio ambiente aparecen en la narración? ¿Cómo dependen los caballos de estos elementos?

Extra **Dibuja un diagrama para ilustrar tu explicación.**

Ecosistema de caballos salvajes

Animales

Plantas

Características del ecosistema

Observar

Revisa las ilustraciones

Junto con un compañero, presenta una exposición oral de las ilustraciones de *Vaquero negro, caballos salvajes*. Escoge las que te gusten particularmente y di qué te gusta de ellas. ¿Cómo contribuyen a relatar la historia de Bob Lemmons?

Internet

Participa en una encuesta en Internet

Piensa en la siguiente afirmación: *Capturar y domar caballos salvajes está mal.* ¿Estás de acuerdo? Descubre lo que piensan otros estudiantes de tu edad. Visita Education Place y agrega tu opinión a la encuesta. **www.eduplace.com/kids**

Conexión con las carreras

Destreza: Examinar, preguntar, predecir, leer, recitar y repasar

Esta estrategia puede ayudarte a organizar y a recordar datos en los artículos de no ficción.

Al leer...

- **Examina** bien el artículo. Lee el título. Fíjate en las fotos. Anota las palabras clave.

- Lee el primer título. Conviértelo en una **pregunta**.

- **Predice** cuál va a ser la respuesta.

- **Lee** la sección que sigue al título y encontrarás la respuesta.

- **Recita** de memoria la respuesta.

- **Repasa** cada título y recuerda las respuestas.

Estándares

Lectura

- **Identificar ideas principales**

Una hacienda

La tecnología ha cambiado el estilo de vida en este gigantesco rancho tejano de 145 años. Pero no mucho.

por Johnny D. Boggs

Los terneros mugen asustados mientras un grupo de vaqueros los obliga a pasar por los callejones estrechos de madera con el fin de separarlos para marcarlos al día siguiente.

En el ambiente se respira un polvo espeso y sofocante, y el sol de la tarde quema a hombres y bestias por igual. El cuero de la silla de montar cruje, las espuelas tintinan, los caballos resoplan y los vaqueros empapados de sudor le gritan en español y en inglés al ganado para que no se detenga.

De repente, como salido de la nada, resuena un *bip-bip* agudo. Es el radioteléfono de un vaquero que suena en una camioneta.

No faltaba más… ¡Estamos en el siglo XXI, no en 1870!

por hogar

Una historia corta sobre un sitio bien GRANDE

Bienvenido al Rancho King en el sur de Texas. Con sus 825,000 acres, es la hacienda privada más grande del mundo. ¿Qué tan grandes son todos esos acres? Pues son como 1,300 millas cuadradas, es decir, más que todo el estado de Rhode Island. En línea recta, las cercas de alambre que definen el contorno de la hacienda llegarían desde Denver, Colorado, hasta Boston, Massachusetts.

Richard King, un capitán de barco fluvial, fundó la hacienda en 1853. Compró ganado en México y convenció a todo un pueblo para que se trasladara a Texas para trabajar con él. Estos trabajadores se empezaron a conocer como *kiñenos,* que es una adaptación al español de "King's Men".

Actualmente, los herederos del capitán King manejan el Rancho King, en el que siguen trabajando todavía muchos *kiñenos.* Faustino Montalvo, de la cuarta generación de *kiñenos,* nació en la hacienda. "Sin hospital y sin médico", en las palabras de este señor de cincuenta y cinco años de edad.

Sin embargo, los tiempos han cambiado. Dentro del perímetro de la hacienda se encuentra un distrito escolar público entero, y el pueblo de Kingsville, fundado en 1904 y construido parcialmente en terrenos donados por la señora King, cuenta con una universidad estatal con instalaciones modernas. Las actividades de la hacienda también se han diversificado, y ahora se extrae de ella petróleo, se ha impulsado su fauna y su flora y se utiliza con fines agrícolas.

Sin embargo, el ganado sigue siendo el eje principal de la hacienda, y está claro que para cuidar 60,000 cabezas de ganado se necesitan vaqueros de carne y hueso.

Con este símbolo llamado "Running W" se marca el ganado Santa Cruz del Rancho King.

Photographs © 1998 by David Nance

545

Al estilo vaquero

Hoy, cerca de cincuenta vaqueros trabajan en el Rancho King, y ciertas cosas no han cambiado desde el siglo XIX. Muchos de los ayudantes siguen viviendo en la hacienda. Responden a apodos como "Chito", "Gallo" y "León".

Los vaqueros llevan todavía unos zamarros de cuero encima de los pantalones, espuelas en las botas y sombreros de vaquero bien gastados. Algunos optan por las gorras de béisbol y, en ocasiones, por zapatos deportivos.

Los terneros se marcan con el mismo símbolo de "Running W" que el capitán King usó por primera vez en 1869, con unos hierros viejos y pesados. En ocasiones se vacuna y se marca al ganado en los callejones, pero generalmente se hace a la antigua usanza. Los terneros se enlazan y se mantienen tumbados (de ahí procede precisamente el concurso de enlazar terneros que hacen en los rodeos) mientras un vaquero le aplica un hierro caliente al anca del animal. El humo y el polvo queman la nariz. Es un trabajo sucio, tal como lo era en el siglo XIX.

"No es un trabajo al que llegue uno atraído por el dinero", dice el vaquero Steve Shermer. Ciertamente. De hecho, los vaqueros no reciben paga por horas extra y su jornada puede empezar antes del amanecer y terminar cuando ya está oscuro. "Uno trabaja hasta que termine lo que está haciendo", dice Shermer.

Y generalmente hay mucho que hacer, ya sea controlar el ganado, remendar las cercas o trabajar con los caballos.

Vaqueros con tecnología de punta

La tecnología ha cambiado la forma en que funciona la hacienda. Aunque los vaqueros siguen conduciendo a las reses al corral con sus caballos, también colabora en la tarea una camioneta (con aire acondicionado, por supuesto).

Jonathan Hawkins, de diecinueve años, ayuda a reunir el ganado.

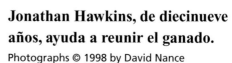

Photographs © 1998 by David Nance

Aunque la tecnología puede ayudar con algunas tareas, los vaqueros todavía confían en la ayuda de los perros para arrear al ganado (izquierda). Los vaqueros (derecha) meten al ganado en callejones de madera cuando tienen que administrarles medicamentos.

Y aunque no conectan los hierros de marcas al ganado en los enchufes de la electricidad, los tanques de propano facilitan la tarea de encender las hogueras y calentar los hierros.

"Antes tardábamos entre siete y diez días en marcar el ganado", dice "Chito" Mendietta. "Ahora lo hacemos en sólo dos días".

Las computadoras mantienen actualizado el inventario de los animales. Hal Hawkins, el veterinario del Rancho King, analiza las investigaciones y el desarrollo del hato con su computadora portátil.

Limitaciones de la tecnología

Shermer compara el trabajo del vaquero moderno con el de un trabajador de una fábrica. "La tierra es la fábrica y las reses son nuestro producto", dice. "En una fábrica uno trata de sacar el mayor partido de su producto, y eso precisamente es lo que hacemos nosotros con la hacienda".

Pero la tecnología no lo puede resolver todo. Las computadoras no pueden hacer que llueva. Las sequías eran malas para los vaqueros y para el ganado en el siglo XIX, y siguen siendo igual de malas actualmente.

"Es muy difícil" dice el gerente Robert Silguero. "Éste es un oficio que puede desanimar a cualquiera".

Pero no es para tanto. Si el clima es duro, los vaqueros lo son más aún.

Los urbanitos son bienvenidos

¿Así que quieres convertirte en vaquero? Silguero, Mendietta y Montalvo han pasado toda la vida en el Rancho King. Otros, como Hawkins, Shermer y Knudsen provienen de zonas rurales.

"De todas maneras, bastantes de nuestros ayudantes proceden de la ciudad", dice Shermer. "Lo importante es que tengan ganas de aprender. Yo aprendo algo nuevo casi todos los días".

También debes estar dispuesto a pasar días enteros bajo el sol, trabajando con el ganado; claro, no todo es tan divertido.

A Mendietta, por ejemplo, no le hizo ninguna gracia que un caballo le cayera en la pierna y lo enviara al hospital por diez días. "En realidad, éste es un trabajo que uno tiene que querer", comenta Shermer.

Desarrollar conceptos

Una revolución en México

Elena
por Diane Stanley
ilustrado por Raúl Colón

Elena

Vocabulario

bandido
desesperados
dictador
notorio
refugiados
transformó

Estándares

Lectura

- Usar orígenes de palabras
- Analizar características de la literatura
- Problema o conflicto principal

Estudios sociales

- Migración mexicana

El líder rebelde Pancho Villa fue aclamado y al mismo tiempo temido en todo México.

Corría el año 1910. Durante más de treinta años, la nación mexicana había sufrido bajo las órdenes de un **dictador** cruel, el presidente Porfirio Díaz, quien había arrebatado las tierras a los campesinos para repartirlas entre sus amigos adinerados, dejando a la mayoría de los mexicanos empobrecidos y hambrientos.

Finalmente la gente se cansó. Los líderes rebeldes de todo México, incluido el **notorio** ex **bandido** Pancho Villa, se alzaron en armas para deponer al presidente Díaz. Y así comenzó la Revolución Mexicana, la cual tardaría mucho en terminar.

Durante los diez años siguientes, México se **transformó** en un país en guerra. Diversos grupos de mexicanos lucharon enfurecidamente unos contra otros. Ninguno estuvo mucho tiempo en el poder. Muchos inocentes perdieron sus hogares y sus vidas.

Gran parte de los habitantes estaban **desesperados** y huyeron a los Estados Unidos con sus pocas posesiones. Entre ellos estaba la familia protagonista de *Elena,* que es una historia verídica de esa época tan peligrosa.

Muchos refugiados huyeron de México a California por la misma ruta que tomó la familia de Elena. ▶

Un grupo de revolucionarios reunidos en México, D.F. en 1915. ▼

Estados   Unidos

California

Río Colorado

Los Ángeles

Río Gila

Ciudad Juárez

Río Grande

México

Guadalajara

Elena

por Diane Stanley
ilustrado por Raúl Colón

Estrategia clave

Al leer, piensa en los personajes, en sus problemas y en cómo los resolvieron para **resumir** los sucesos del cuento.

Aunque creció en una familia adinerada del México rural, Elena insistió en aprender a leer y a contar, habilidades que hace cien años se les negaban a la mayoría de las niñas. Además obtuvo el permiso de sus padres para casarse con el hombre que amaba, Pablo, un famoso fabricante de sombreros mexicanos. Pero poco antes de la Revolución Mexicana, su apacible vida se vio alterada. La verdadera historia de Elena nos la cuenta Rosa, una de los cuatro hijos que tuvieron Pablo y Elena.

En el año 1910, cuando yo tenía unos cinco años, mi padre tuvo que ir a Guadalajara en plan de negocios, como solía hacer una o dos veces al año. No era nada fuera de lo común; él montaba en su caballo cuando mi madre salió a despedirlo.

—Ten cuidado —le dijo.

Estaba preocupada por lo que pudiera encontrar por el camino. Había oído hablar de una revolución. Se decía que por aquella zona había soldados violentos y campesinos armados. Era gente peligrosa, pero mi padre le apretó la mano y sonrió.

—Tendré cuidado —le respondió.

Varias personas del pueblo iban a acompañar a mi padre en su viaje. Desde lejos nos saludaron con la mano y desaparecieron por entre los terrenos escarpados, pues en realidad no había caminos. Era hacia el final de la estación de lluvias, y el sendero estaba húmedo. Como a una hora de camino, el terreno cedió bajo los cascos del caballo de mi padre y se produjo un deslizamiento. Ambos cayeron hasta el fondo de un barranco.

Los viajeros que eran del pueblo se devolvieron a buscar ayuda, y un grupo grande de hombres acudió presuroso para subir a mi padre a terreno seguro con unas cuerdas.

Lo trajeron a la casa y lo acostaron en la cama. El médico vino y le vendó las heridas. Cuando se iba le preguntamos:

—¿Vivirá?

Él se encogió de hombros y dijo:

—¿Quién sabe? Tal vez Pablo lo sepa.

Mi mamá se puso de pie y se quedó mirando al médico salir de la casa.

—Tiene razón —pensó para sí—. Pablo lo sabe.

Así que regresó al cuarto oscuro y se arrodilló junto a la cama. Tomó la mano grande de mi padre y la acarició suavemente.

—Esposo mío —susurró—. ¿Qué dices? ¿Crees que te recuperarás?

Mi padre se quedó en silencio sin mirarla durante un rato. Finalmente volvió la cabeza y dijo: —No.

Con una voz débil pero firme le dijo lo que sabía. Mencionó exactamente el día y la hora en que moriría, le dijo que se avecinaba una guerra y que ella y los niños debían marcharse de la casa.

—Siempre estarán en mi corazón —dijo.

Y nunca más volvió a hablar.

Tres días más tarde, a la hora exacta que había predicho, mi padre falleció.

Mi madre se volvió loca de tristeza. Salió corriendo y gimoteando al patio, y con un palo grande empezó a derribar a golpes todas sus flores hermosas. Luego abrió todas las jaulas y soltó a todos los pájaros.

Después de aquello mi madre se volvió más callada. Aunque siguió cuidándonos como antes, aquella chispa que siempre había tenido se había apagado. La ausencia de Papá sumió a nuestra casa en un profundo vacío. Como yo era tan pequeña, no podía entender muy bien lo que había pasado. Me parecía que Papá se había ido simplemente a un lugar en que yo no podía verlo; quizás estaba en el otro cuarto. Yo seguía esperando que cualquier día entrara por la puerta y todo volviera a estar bien de nuevo. Pero nunca regresó, por supuesto, y con el tiempo entendí que nunca lo haría.

Recuerdo que por aquella época el clima estaba plácido y templado, y todos los días los cielos se cubrían de un azul brillante y sin nubes. Era como si la naturaleza se estuviera burlando de nosotros.

Un día en que mi hermano Luis y yo estábamos jugando en el piso de arriba, oí un retumbar sonoro de cascos de caballos acercándose por el camino empedrado; no era uno, sino muchos caballos. Corrí a mirar por la ventana, y vi cómo nuestra calle se transformó en un río de sombreros. La revolución había llegado a nuestro pequeño pueblo: ¡era el mismísimo ejército de Pancho Villa! Asustada, mi madre me retiró de la ventana, porque Pancho Villa era un hombre notorio por su mala reputación. Cierto era, sin embargo, que estaba luchando por liberar a México del dictador Porfirio Díaz, y que quería devolverles a los campesinos la tierra que el gobierno les había robado. De hecho, estaba a punto de convertirse en un verdadero héroe popular, en el Robin Hood de México. Pero también era bien sabido que en otra época Pancho Villa era un forajido y que sus hombres eran tan malos como los soldados del gobierno. Ningún ejército respetaba la ley. Donde quiera que iban robaban a la gente, mataban a cualquiera que se les enfrentara y dejaban a su paso pueblos arrasados por las llamas. ¿Qué iba a ser de nosotros?

Mi madre se arrodilló y nos estrechó en sus brazos. Ella entendió en un segundo que todo lo que le había pasado anteriormente tenía una razón de ser. Los libros que había leído, los complicados números que tan bien dominaba, las batallas que había peleado para poder hacer realidad su matrimonio; todo eso la había hecho fuerte. Ahora no tenía ni padre ni esposo que la ayudaran, pero sí tenía mucha valentía y determinación. ¿Acaso no había habido guerras siempre? En todos los países y en todas las épocas, hombres y mujeres habían tenido que enfrentarse al peligro. Ella también podía hacerlo. Vimos aquella convicción reflejarse en su cara como un rayo de luz.

—Niños —dijo con premura—, tenemos que encontrar a Esteban.

Sabía que los soldados solían buscar a los niños mayores y los obligaban a alistarse en el ejército. Mi hermano tenía dieciséis años.

Nadie lo había visto hacía horas. Lo buscamos por toda la casa, pero no estaba. En su cama había un libro abierto. Lo había puesto a un lado y se había ido a alguna parte. Tal vez había salido a la calle, con todos aquellos hombres. Quizás ya se lo habían llevado. Por fin, María lo encontró, arriba, en el techo, mirando a los soldados. ¡Es que los chicos a veces son tan tontos!

Le hicimos un escondite en un armario de la cocina, detrás de las ollas de barro grandes. Luego mi madre pensó en otra cosa: los caballos. Seguro que se robarían los caballos. Pero tal vez si encontraban el establo vacío pensarían que ya los habían confiscado. Con toda seguridad no pensarían en buscarlos en la cocina, así que allí metió también a los caballos.

Antes de que mi madre pudiera esconder nada más, alguien llamó a la puerta violentamente. Afuera se oían voces graves riendo y charloteando. Por un momento, mi madre no supo qué hacer. Entonces nos mandó al cuarto de atrás. Hicimos lo que nos ordenó, pero dejamos la puerta entreabierta para poder ver lo que pasaba. Mi madre respiró profundo y abrió la puerta.

Eran cuatro o cinco soldados, rudos y oliendo a sudor y a caballo. El primero de ellos era robusto, tenía un enorme bigote y unas bandoleras cruzándole el pecho. Aquella cara nos parecía familiar, quizás de un cartel del gobierno… ¡Era el mismísimo Pancho Villa!

—Señora —dijo—, ¿es ésta la casa de Pablo, el famoso fabricante de sombreros? —Nunca se imaginó que podría oír tal cosa.

—Ésta es —respondió ella—. Yo soy su viuda.

—En ese caso, le ruego acepte mi más sentido pésame —dijo el líder del ejército rebelde inclinándose ligeramente. Hizo una corta pausa y luego agregó, casi tímidamente: —¿Y los sombreros? ¿Qué fue de aquellos sombreros tan finos? ¿Le queda alguno?

Mi madre sonrió.

—Perdóneme un momento —dijo.

Fue a un armario en su alcoba y regresó con un bello sombrero bordado en plata que era de mi padre.

—Éste es el último —dijo.

Pancho Villa quedó encantado. Se lo puso inmediatamente y hasta le pagó a mi madre. Y no sólo eso, sino que hasta colocó un guardia afuera de la casa. Durante la estadía del ejército de Pancho Villa, no nos pasó nada.

—Aquel día Pablo nos cuidó desde arriba —nos dijo mi madre más tarde—. Pero puede que no siempre tengamos esa suerte. Antes de morir, su padre me dijo que vendrían soldados. También me dijo que debíamos irnos de la casa. No sé cómo se me pudo olvidar.

—Es que estabas muy triste, Mamacita —dijo María.

Cuando los Villistas se marcharon, mi madre fue a la plaza y abrió la tienda para la gente del pueblo. Desocupó todo lo que había en ella y le dio unos rollos de tela de manta grandes a la gente que no tenía nada. Sólo tomamos nuestro dinero, algo de ropa y comida para el viaje. Nos íbamos dejando atrás a tías y tíos, nuestra pequeña casa, los muebles, los cuadros, las ollas, las sartenes y los platos. Dijimos adiós a nuestros amigos de toda la vida.

Todos nos suplicaron que no nos fuéramos.

—No está bien que una mujer viaje así de desprotegida —nos dijeron—. No es seguro.

—El mundo está cambiando, y nosotros tenemos que cambiar también.

Partimos del pueblo temprano en la mañana. Al llegar a la estación del tren vimos que estaba llena de gente desesperada y agresiva. Parecía como si todo México estuviera tratando de subirse a aquel tren. Mi madre y María consiguieron entrar. Luego, antes de subirse, Esteban nos pasó a Luis y a mí por la ventanilla, junto con la canasta de la comida.

Tuvimos la suerte de encontrar asientos. La mayoría de la gente iba en los vagones de carga o apiñada por los pasillos.

Durante cuatro días el tren resopló y traqueteó de camino hacia el norte.
Por las ventanillas abiertas entraban el hollín, el polvo y las moscas. Yo me
había puesto un precioso vestido blanco de encajes para el viaje, pero pronto
estaba empapado de sudor y cubierto de mugre.

Al llegar a Ciudad Juárez nos encontramos ante un problema nuevo. ¿Qué
íbamos a hacer con Esteban? Él era alto, casi un hombre ya. Los soldados del
puesto fronterizo no lo iban a tratar como a un niño. Lo podían detener allí
durante días, junto con todos aquellos hombres tan rudos que iban en el tren.
O se lo podían llevar al ejército.

—Creo que se me ocurrirá algo pronto —nos dijo mi madre—. Debemos
tener paciencia.

Así que esperamos mientras ella pensaba, pero aquel lugar no era el más
idóneo para quedarnos. El pueblo era peligroso y anárquico. Con miles de
refugiados llegando a montones, desesperados por escapar de unos hogares que
ya no eran seguros, las calles estaban infestadas de ladrones y de rateros. Los
hoteles y las tiendas cobraban precios abusivos que la gente no tenía más
remedio que pagar, porque no había otra alternativa sino pasar hambre o
dormir en las calles. Durante varios días no comimos más que frutas.

Mi madre se hizo amiga de un vendedor chino de frutas que era honrado y amable. Un día le contó nuestro problema. Él sonrió, porque sabía exactamente cómo ayudarnos. Todos los días cruzaba la frontera con su carro de frutas. Podíamos vestir a Esteban con la ropa y el sombrero de paja del hombre. Debería simular que era el ayudante del vendedor de frutas.

Esa tarde cruzamos juntos el puente hacia El Paso. Mi madre y nosotros tres íbamos a pie junto al carro de frutas. Pagamos un centavo de dólar por cada uno. Por fin estábamos a salvo en los Estados Unidos.

Nos dirigimos hacia California porque teníamos un primo, Trinidad, que vivía allí. Pero no sabíamos su dirección; de hecho, ni siquiera sabíamos en qué ciudad vivía. Así que fuimos a San Francisco, que era una ciudad famosa. Nos dirigimos al *barrio*, donde vivían muchos mexicanos, preguntando a todo el que encontrábamos por el camino:

—¿Conoce a nuestro primo Trinidad?

Nadie lo conocía, y además no nos gustaba San Francisco, porque era una ciudad húmeda y fría. En Los Ángeles nadie había oído hablar tampoco de Trinidad, pero allá nos sentíamos más a gusto, porque el clima era más cálido. Sin embargo, la ciudad era demasiado grande, no como nuestro pequeño pueblo de México. Oímos hablar de un sitio llamado Santa Ana. Allá había limones, naranjas y nogales, y buenas escuelas para los niños. Así que para allá nos fuimos, y allá nos quedamos. A Trinidad nunca lo encontramos.

Habíamos gastado ya casi todo nuestro dinero, de manera que Esteban encontró trabajo como recolector de frutas. A veces se iba durante semanas enteras, y vivía en los campamentos que había junto a los terrenos de cultivo.

Cuando volvía a casa estaba adolorido y cansado. Ya no reía ni jugaba conmigo de la misma forma que antes.

Mi madre estaba a cargo de una casa de huéspedes, lo cual era un trabajo pesado. Limpiaba y hacía las camas, trapeaba el piso y fregaba la tina del baño. Además lavaba y planchaba la ropa de los huéspedes. Después de todo eso se iba a la cocina y preparaba montañas de arroz, frijoles, tortillas y enchiladas para la comida. A la hora de la cena nos sentábamos todos juntos alrededor de una mesa larga de madera de pino. A veces los huéspedes eran simpáticos y nos hacíamos amigos de ellos. Algunos incluso venían de la misma parte de México que nuestra familia. Aquello me hacía sentir un poco más cerca de casa.

María y yo hacíamos lo que podíamos; colgábamos la ropa recién lavada en el tendedero y la devolvíamos adentro cuando llovía. Ayudábamos a lavar los platos y cambiábamos las sábanas una vez a la semana. Además también cuidábamos del pequeño Luis.

Pero mi madre decía que nuestra misión principal era estudiar. La escuela y las tareas escolares siempre estaban primero. Cuando las termináramos, nos decía, podíamos ayudar. A veces me sentía mal de estar sentada en una silla con un libro en las rodillas, mientras mi madre no se quedaba quieta y andaba siempre alborotando de un lado para otro con sus quehaceres. De todas formas siempre hacía todo de buena gana. Si yo le decía "Mamacita, tú trabajas demasiado", ella movía la cabeza y sonreía.

—¿Y qué tiene de malo trabajar? —decía—. Gracias al trabajo es que puedo cuidar de mi familia. El trabajo es lo que me mantiene ocupada. Trabajando me siento útil, así que no es tan terrible.

En la escuela aprendimos a hablar inglés y escuchamos todo acerca de George Washington cruzando el río Delaware, y de Thomas Jefferson, que escribió la Declaración de la Independencia. Escribimos ensayos sobre la Revolución Estadounidense y sobre la Guerra de Secesión, y un día entendí claramente que los estadounidenses también habían sufrido tanto en las guerras como nosotros. Y no mucho después de eso, me di cuenta de que los estadounidenses habían dejado de ser "ellos". Después de todo, nosotros llevábamos prendas estadounidenses, leíamos libros estadounidenses, sabíamos canciones estadounidenses y comíamos caramelos estadounidenses. Todos nos habíamos convertido en estadounidenses *de verdad*, mejor dicho, todos menos Mamá.

Ella nunca llegó a entender muy bien a qué lugar pertenecía. Parte de ella se había quedado atrás en México y parte de ella estaba con nosotros en California. A veces en las noches, después de lavar los platos, salíamos todos a sentarnos en el porche y a respirar el aire fresco de la noche. A mi madre le gustaba entonces hablar de los viejos tiempos. Nos contaba cómo había sido su infancia en la casa grande de su padre, en aquellas hermosas montañas de México. Hablaba de sus delicadas hermanas que cantaban tan lindo al son de la guitarra, y recordaba su pequeña casa propia, llena de flores y de pájaros. Pero le gustaba especialmente hablar de ella y mi padre, de cómo primero se habían enamorado y luego habían llegado a conocerse, de que él era un artista que hacía unos sombreros preciosos, y de que sabía cosas que eran imposibles de saber, que sólo él las sabía. Yo era tan pequeña cuando mi padre murió que apenas lo recordaba, y los relatos de mi madre me lo hacían revivir.

En todos aquellos años, mi madre sólo hablaba de tiempos felices. Fue mucho más adelante que supimos lo que había pasado en nuestro pequeño pueblo. Sólo cuando crecimos, fuertes y llenos de esperanza, vinimos a descubrir que los soldados lo habían quemado por completo. Y cuando supimos de toda la gente que había muerto, gente que conocíamos, entendimos bien lo que nuestra madre había hecho. Con su valor y su fortaleza nos había salvado a todos.

Conozcamos a la autora Diane Stanley

Diane Stanley es conocida sobre todo como escritora e ilustradora de biografías de personajes históricos. Nació en Abilene, Texas, y pasó su infancia allí, en la ciudad de Nueva York y en el sur de California. Aunque cada vez que su familia se trasladaba de lugar sentía que era un reto para ella, Stanley considera que eso la ayudó a convertirse en escritora, al enfrentarse a nuevas situaciones y tener una perspectiva diferente de las cosas. *Elena*, el primer trabajo de ficción histórica de Stanley, se basa en la historia de la familia de una amiga de su abuela durante la Revolución Mexicana.

Entre las otras obras de Stanley destacan *Shaka: King of the Zulus*, *Cleopatra* y *Leonardo Da Vinci*.

Conozcamos al ilustrador Raúl Colón

Antes de empezar a ilustrar libros para niños, Raúl Colón trabajó en animación, diseñó marionetas e hizo carteles de teatro y cubiertas para discos compactos. Gran parte del atractivo de las ilustraciones de Colón proviene del uso de una herramienta llamada "rascador", con la que graba líneas y diseños en sus pinturas y dibujos. Colón vive en la ciudad de Nueva York con su esposa y sus dos hijos.

Para saber más acerca de Diane Stanley y Raúl Colón, visita Education Place.

www.eduplace.com/kids

Piensa en la selección

Elena
por Diane Stanley
ilustrado por Raúl Colón

1. Compara la forma en que esperabas que se comportara el forajido Pancho Villa con la forma en que actuó en *Elena*. ¿Por qué crees que se comportó así?

2. ¿Qué parte de los problemas de la familia de *Elena* te habrían resultado más difíciles de enfrentar a ti? ¿Por qué?

3. Rosa dice que ella y sus hermanos se volvieron "estadounidenses *de verdad*" en Santa Ana. ¿Qué crees que quiso decir con eso?

4. Mamá dice: "El mundo está cambiando, y nosotros tenemos que cambiar también". ¿Estás de acuerdo con ella? ¿Por qué?

5. ¿Por qué piensas que Mamá considera tan importante la educación? ¿Qué tan importante es la educación para ti?

6. ¿Qué crees que aprendió Rosa de sus experiencias en *Elena*?

7. Conectar/Comparar Todos los personajes principales del tema *Un territorio, muchos senderos* demuestran tener mucho valor y determinación. Compara el valor de Elena con el de Lento, el de Grace McCance o el de Bob Lemmons.

Reflexionar

Escribe una anotación de diario

Piensa en una escena de *Elena* en la cual los personajes tengan que tomar una decisión importante. Luego, escribe una anotación de diario, describiendo un momento de tu vida en el que hayas tenido que tomar una decisión igual de importante.

Consejos

- Recuerda que llevar un diario es una buena forma de registrar sucesos, datos, sentimientos e ideas.
- Cuando escribas una anotación de diario, hazlo siempre en primera persona.

Lectura — Inferencias/generalizaciones
Escritura — Crear composiciones expositivas

Estudios sociales

Prepara un cartel de "Se busca"

Piensa en las descripciones sobre Porfirio Díaz y Pancho Villa de la página 554. Utilízalas para crear un cartel de "Se busca" para Díaz o para Villa. Ponle una foto que te parezca adecuada y enumera las razones por las cuales crees que deben ser entregados a la justicia.

Extra Investiga con un compañero acerca de Pancho Villa o Porfirio Díaz. Presenta un informe oral a la clase sobre lo que hayas leído.

Escuchar y hablar

Representa una conversación telefónica

Supón que Mamá y los niños finalmente encontraron a su primo Trinidad. Junto con un compañero, simula la primera conversación telefónica entre Trinidad y Mamá, Rosa o Esteban. Incluye sus historias y sus sentimientos.

Consejos

- Habla de forma clara y no demasiado rápido.
- Ten cuidado de no interrumpir a los demás.
- Presta atención a lo que se dice o pregunta.

Internet

Toma una prueba por Internet

En este tema has leído sobre algunas de las personas que han forjado la historia de los Estados Unidos, y sobre algunos de los viajes que marcaron sus vidas. Comprueba cuánto has aprendido tomando una prueba por Internet en Education Place.

www.eduplace.com/kids

Destreza: Cómo comparar poemas

Al leer...

- Escribe el **tema** o el título.

- Fíjate en las **ideas** más importantes.

- Escribe las **palabras clave** y las frases clave como encabezamientos. Utiliza una tarjeta de notas diferente para cada encabezamiento, o deja varias líneas entre los encabezamientos de tus anotaciones.

- Escribe **detalles** sobre cada palabra o frase clave debajo del encabezamiento.

- Anota la **fuente** de donde procede la información.

EL VIAJE A LA MONTAÑA DORADA

No todos los caminos hacia California partían del este de los Estados Unidos o de México. Otra ruta de los emigrantes partía nada menos que de China.

¡Oro! En 1848, se propagó el rumor del descubrimiento de oro cerca de Sutter's Mill, California. Con la esperanza de hacerse rica, mucha gente de todo el mundo puso rumbo al territorio de California, que había sido adquirido recientemente de México pero que todavía no era un estado.

El atractivo del oro resultó especialmente tentador para los chinos.

A mediados del siglo XIX millones de chinos vivían en la pobreza. Los agricultores chinos tenían problemas para producir suficiente comida para toda la población china. Además, entre 1850 y 1864, China fue devastada por una guerra civil que cobró la vida de más de veinte millones de personas.

Un barco cargado de trabajadores chinos llega a los Estados Unidos.

Como la vida en China era tan difícil, la idea de hacer fortuna en América sonaba muy atractiva. Muchos chinos se vieron atraídos por avisos de periódico que anunciaban con gran confianza que "En América el dinero abunda, y hasta sobra". Hasta el nombre popular con que vino a conocerse a California en chino, *Gum Shan* o "Montaña Dorada", hacía pensar que hacerse rico era algo al alcance de la mano de cualquiera.

El costo del pasaje en barco desde puertos como Guangzhou a San Francisco era muy elevado para el nivel de vida de la mayoría de los chinos. Algunos conseguían ahorrar lo suficiente para pagar el viaje; otros pedían prestado a los bancos o a los miembros más pudientes de la familia. Más adelante los emigrantes de China tuvieron la opción de trabajar para pagarse sus pasajes una vez que ya habían llegado a América.

Los primeros buscadores de oro provenientes de la China llegaron a California en 1848, el mismo año de la fiebre del oro. En 1852 ya había cerca de 25,000 chinos viviendo en el estado. Casi todos eran hombres. Muchos habían dejado a sus esposas e hijos en China y esperaban regresar algún día a sus hogares con suficiente dinero para vivir cómodamente.

Al principio a los chinos les fue bien con la extracción de oro. La mayor parte de ellos trabajaba para compañías mineras chinas o estadounidenses, mientras que unos pocos trabajaban por su propia cuenta. Algunos se ganaron la reputación de

Mineros chinos buscan oro en California.

567

mineros expertos, capaces de extraer oro de explotaciones mineras que otros habían abandonado por considerarlas agotadas.

Una historia cuenta que un chino compró la barraca de un minero por $25, y luego recogió polvo de oro por valor de $300 que sus ocupantes anteriores habían regado en el suelo.

Pero muchos mineros estadounidenses miraban con recelo el éxito de los chinos. Se valían de amenazas y los intimidaban para obligarlos a dedicarse a otros tipos de trabajos. Algunos chinos se convirtieron en comerciantes. Otros consiguieron trabajo cocinando o lavando ropa en los campamentos mineros.

En 1864, muchos chinos empezaron a trabajar para terminar la línea de ferrocarril transcontinental que conectaría las costas este y oeste de los Estados Unidos. Era un trabajo muy duro y peligroso. En las montañas especialmente, el clima podía ser muy severo y muchos trabajadores tuvieron que sufrir en el frío. Además, los chinos solían ser asignados a cuadrillas especializadas en explosivos, cuyo trabajo era quitar las rocas de la vía del ferrocarril. Las explosiones accidentales

10 MILES OF TRACK, LAID IN ONE DAY. APRIL 28TH 1869

cobraron cientos de vidas y dejaron muchos heridos entre los trabajadores chinos.

Nadie dio tanto a la construcción del ferrocarril, ni recibió a cambio tan poco reconocimiento en aquel momento como los chinos.

Pero la Montaña Dorada traería todavía más desencantos.

Una serie de nuevas leyes federales dificultaba que los chinos obtuvieran la ciudadanía estadounidense. Otro paquete de medidas posterior prohibió por completo la inmigración china. Estas leyes no fueron anuladas sino hasta 1943. Por otra parte, las hostilidades que los chinos tuvieron que soportar en el campo hicieron que muchos se establecieran en "barrios chinos" en las ciudades grandes, como San Francisco y Los Ángeles.

A pesar de la vida tan difícil en la Montaña Dorada, la mayoría de los chinos se quedó; muchos de ellos dependían de sus pequeños negocios para ganarse la vida. Se ayudaban unos a otros como lo hacían en China. Las asociaciones familiares o clanes adquirieron importancia a la hora de ayudar a los recién llegados a encontrar un hogar y un trabajo. Los chinos lograron conservar su patrimonio cultural a través del teatro, de las artes, de las celebraciones de días feriados y de muchas otras tradiciones.

Y los chinos estadounidenses que se quedaron, junto con los ciudadanos de muchos otros países que acudieron con motivo de la fiebre del oro, convirtieron a California en un estado de una enorme riqueza y diversidad cultural.

Algunos niños de San Francisco le dan la bienvenida al nuevo año chino.

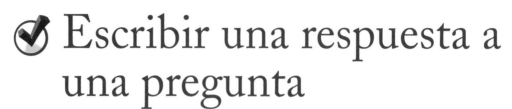 # Escribir una respuesta a una pregunta

En muchas pruebas te piden que escribas una respuesta a una pregunta sobre algo que hayas leído. Normalmente puedes contestar estas preguntas con unas cuantas frases. Aquí tienes una pregunta de ejemplo para *Elena*. Usa los consejos para responder a este tipo de preguntas.

Consejos

- Lee las instrucciones y la pregunta atentamente.
- Piensa en tu respuesta antes de escribirla.
- Consulta de nuevo la selección en caso de que necesites ayuda.
- Escribe sólo lo necesario para contestar la pregunta de manera directa.
- Si tienes tiempo, comprueba tu respuesta.

Escribe tu respuesta a esta pregunta.

1   En el cuento *Elena,* ¿puedes nombrar tres ejemplos que muestren lo valiente que era la mamá de Rosa?

Ahora lee la respuesta de un estudiante y observa cómo la planificó.

La madre de Rosa demuestra que es muy valiente cuando habla con Pancho Villa, cuando se lleva a la familia del pueblo y cuando los hace cruzar la frontera en el carro de frutas.

Ésta es una buena respuesta, porque da tres ejemplos claros de la selección que muestran lo valiente que era la madre de Rosa.

Recuerdo que la madre de Rosa demostró valentía cuando Pancho Villa vino a su casa. Necesito dos ejemplos más. Si no se me ocurre ningún otro, puedo consultar la selección de nuevo.

Recuerdo cuando la madre de Rosa escondió los caballos en la cocina, pero eso demuestra más astucia que valentía. Seguramente puedo encontrar otro ejemplo más adecuado.

571

De cerca

Autobiografía

Una autobiografía es el relato de la vida de una persona, narrado por esa misma persona. El escritor comparte sus memorias y frecuentemente agrega comentarios acerca de los sucesos originales.

Las autobiografías generalmente comienzan con la infancia del autor y se desarrollan hasta llegar a la actualidad. El relato de una vida puede contener sucesos, personas, animales y lugares de importancia para el escritor. En las selecciones que vas a leer encontrarás algunos ejemplos. Pero la pieza autobiográfica final será tuya. Tendrás la oportunidad de escribir sobre un suceso importante de tu vida.

Contenido

Lectura | Analizar características de la literatura
Describir elementos literarios

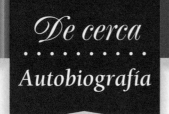

En esta selección de su autobiografía, la poeta y autora Eloise Greenfield describe un lugar que ha representado mucho en su vida: el vecindario donde creció.

Langston Terrace
por Eloise Greenfield

Me enamoré del vecindario Langston Terrace la primera vez que lo vi. Vivíamos en dos cuartos de una casa de tres pisos cuando Mamá y Papá leyeron el artículo de periódico que decía que lo estaban construyendo. Sería un proyecto de alquiler económico en el noreste de Washington, cuyo nombre le haría honor a John Mercer Langston, el famoso abogado, educador y congresista afroamericano.

Muchísima gente necesitaba un lugar donde vivir, mucha más de la que cabía en el espacio planeado. Todo el mundo llenaba solicitudes, esperando ser una de las 274 familias escogidas. Mis padres llenaron una también.

No me quería mudar. Aunque sabía que nuestra casa estaba llena —éramos once, seis adultos y cinco niños—, no quería abandonar a mis amigos, no quería irme a un lugar extraño y ser nueva en un vecindario donde la mayoría de los otros niños ya se conocía. Yo tenía ocho años y ya me había cambiado de escuela tres veces. Nos habíamos mudado cinco veces desde que estábamos en Washington, siempre buscando más espacio y un mejor lugar para vivir. Pero el alquiler era caro y siempre habíamos vivido con familiares y amigos para ayudarnos con el alquiler.

Una de las personas en nuestra gran casa era Lillie, la prima de Papá y la mejor amiga de Mamá. Ella y su esposo también llenaron una solicitud para un lugar en el nuevo proyecto. Durante los meses de la construcción, a veces ella y Mamá caminaban hasta quince cuadras solamente para ver a los obreros abriendo huecos y pegando ladrillos. Simplemente se

Eloise con su hermano y su padre en Langston Terrace, en 1938.

paraban allí, miraban y pensaban en el hogar de sus sueños. Y eso era lo único de que hablaban cuando estaban en casa. "Cuando tengamos la casa nueva…" "Si conseguimos la casa nueva…"

Lillie recibió sus buenas noticias primero. Todavía la puedo recordar parada junto a Mamá, al lado de las escaleras. Se abrazaban, saltaban, lloraban y se reían felices por Lillie. Luego se sentaron en los escalones bajos, preocupadas y deseando que Mamá también tuviera suerte.

Por fin, una noche vino una mujer a la casa con buenas noticias para nosotros. Mamá y Papá fueron hasta el lugar y escogieron la casa que querían. Nos mudamos cuando cumplí nueve años. Esa mañana, Wilbur, Gerald y yo salimos a la escuela de una casa y, cuando Papá nos fue a buscar, nos llevó a otra. Habían mudado todos los muebles mientras estábamos en la escuela.

Vera, la hermana de Eloise (izquierda) y Vedie Little, en Langston Terrace, en 1949.

Langston Terrace fue un regalo de cumpleaños muy lindo. Estaba construido en una colina y comprendía un grupo de casas y apartamentos de ladrillo oscuro con un patio de recreo en el centro. El barro rojo alrededor de los caminos de concreto todavía no estaba cubierto de tierra y semillas de césped. Y los hoyos que pronto se convertirían en el hogar de arbolitos, estaban llenos de agua. Pero aun así, yo todo lo veía hermoso.

Teníamos una casa completa para nosotros, con un primer y un segundo piso. Había dos habitaciones, y la sala se convertiría en mi habitación por la noche. Pero lo mejor de todo era que yo no sería la única persona nueva. Todo el mundo era nuevo en esta nueva comunidad y, para el momento en que comenzó la escuela en el otoño, ya todos nos conocíamos y habíamos hecho otros amigos en el vecindario.

Creo que la mayoría de los padres pensaba que este lugar era un espacio intermedio. Estaban contentos de estar allí, pero su sueño era ahorrar suficiente dinero como para comprar una casa propia. Sin embargo, ahorrar dinero era una tarea lenta y difícil, porque cada vez que le aumentaban el sueldo a alguien en la casa, había que informárselo al gerente del proyecto para que él aumentara el alquiler. La mayoría de las personas se quedó varios años más de lo que había planeado, pero eso no le impidió disfrutar sus vidas.

Formaron una junta de condominio para resolver los posibles problemas del vecindario. Iniciaron un grupo coral e hicieron presentaciones musicales y programas de poesía los domingos por la noche, en la sala de reuniones o en el patio de recreo. Durante los fines de semana, jugaban al sóftbol o al juego de la herradura. Tenían un círculo de lectura que se reunía todas las semanas en el espacio Langston de la biblioteca pública, después de que la inauguraron en el sótano de uno de los edificios.

Eloise con su futuro esposo, Bobby Greenfield, en 1948.

La biblioteca estaba muy cerca de mi casa. Yo podía salir por la puerta trasera y llegar allí en dos minutos. El patio de recreo estaba justo enfrente de mi casa y, después de que nació mi hermana Vedie y nos mudamos unas cuantas puertas más allá, a una casa de tres dormitorios, sólo tenía que asomarme por la ventana de mi dormitorio para ver si algunos de mis amigos estaban jugando.

Había muchos juegos que jugar y cosas que hacer. Jugábamos al escondite en el poste del farol, tenis de paleta, rayuela, esquiva la bola y cantillos. Bailábamos bajo el agua de los hidrantes, saltábamos la cuerda cantando, jugábamos a la pelota saltona, y también jugábamos béisbol en un terreno cercano. Celebrábamos fiestas en la sala de reuniones y hacíamos viajes a la playa. Jugábamos ping-pong y billar en el patio de recreo, aprendimos a tejer, bordar y hacer ganchillo.

Para nosotros, Langston Terrace no era un lugar de transición. Era un buen lugar para crecer. Allí estaban nuestros queridos vecinos, nuestras familias, amigos y diversiones. La vida era maravillosa. No perfecta, pero buena. Conocíamos nuestros problemas, oíamos de ellos, los veíamos, e incluso vivimos algunos por nuestra cuenta, pero nuestra comunidad nos envolvía, se interponía a nuestro alrededor para amortiguar los golpes.

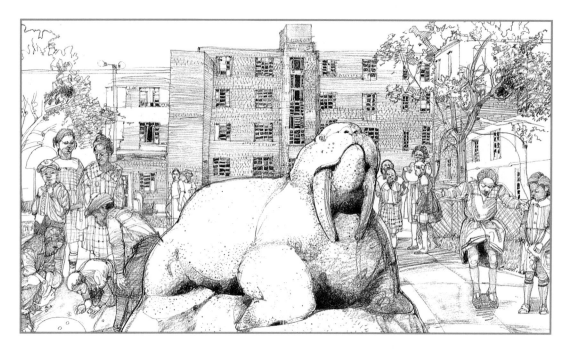

Hace muchos años que me mudé de allí. Pero regreso esporádica-
mente, sólo para ver las cosas y recordar. Los grandes animales de piedra
que decoraban el lugar todavía están allí, aunque ya se han comenzado a
agrietar. Una morsa, un hipopótamo, una rana y dos caballos. Recuerdo
el día en que los trajeron a vivir con nosotros. Eran nuestros amigos para
montarnos, para recostarnos o para reunirnos alrededor en la noche.
Cualquiera se podía sentar en la cabeza de la rana y mirar hacia la ciudad,
los árboles y los techos.

Hoy en día, cada vez que me encuentro con viejos amigos, generalmente en un funeral o en una boda, después de hablar de cómo estamos,
cómo nos ha ido y cómo están los niños, siempre terminamos hablando de
nuestra infancia en el vecindario. Y siempre alguien dice: "Uno de estos
días vamos a tener que hacer un reencuentro de Langston". Así fue como
siempre lo llamamos: "Langston", sin "Terrace". Me imagino que porque
sonaba más hogareño. Porque eso era Langston. Era nuestro hogar.

En esta autobiografía breve, Jane Goodall, una de las más destacadas expertas del mundo en chimpancés, nos dice cómo su interés juvenil por los animales la llevó a hacer investigaciones en África.

Jane Goodall

Siempre me han interesado los animales. Desde que era muy pequeña me fascinaban las criaturas rastreras, espeluznantes, peludas, voladoras. Cuando era muy pequeña, mi madre me encontró jugando con un puñado de lombrices en la cama, viendo cómo todas se movían. Pero ella no se espantó, ni las lanzó por la ventana. Simplemente me dijo: "Jane, si las tienes aquí adentro se van a morir; necesitan aire". Entonces las dejé en libertad.

De hecho, mi madre es la razón fundamental de lo que he hecho, de lo que soy y de quien he sido. Cuando tenía cuatro años, me quedé en una granja, donde ayudaba a recolectar huevos de gallina. Algo me intrigaba y les pregunté a los que estaban a mi alrededor: "¿Dónde hay un orificio lo suficientemente grande para que salga el huevo?" Como nadie respondió satisfactoriamente, me escondí en un gallinero durante cuatro horas para averiguarlo. Mientras esperaba y observaba, mi madre me estaba buscando desesperadamente por toda la casa y el jardín. Incluso llamó a la policía para que la ayudara a encontrarme. Pero cuando mi madre me vio corriendo hacia la casa con tanta emoción, no me regañó por haber desaparecido por tanto tiempo. Se sentó a oírme contar el maravilloso cuento de cómo una gallina pone un huevo.

Dos chimpancés huérfanos se hacen amigos en el Santuario Tchimpounga del Congo.

El estudio de Goodall de los chimpancés, que comenzó en los años 60, ya va por la quinta década.

Incluso mis primeros libros fueron sobre animales. Leí *La vida del Dr. Doolittle, El libro de la selva* y *Tarzán*. Al recordarlo ahora, me doy cuenta de que el Tarzán original era terriblemente duro con los animales. Pero entonces no lo sabía. Los libros son una fuente increíble de inspiración. Hacen que tu mente sea imaginativa. Cuando tenía ocho o nueve años, ya soñaba con irme a África. Y mi madre, una persona muy especial, decía: "Jane, si realmente quieres lograr algo, trabaja duro, aprovecha las oportunidades y nunca te des por vencida, y así de alguna forma encontrarás cómo hacerlo".

En aquellos días, uno tenía que aprender un idioma extranjero para conseguir una beca para una universidad. Pero yo no podía; no podía hablar francés, alemán ni latín. Entonces mi mamá me dijo: "¿Por qué no haces un curso de secretaria? De esa manera podrías conseguir trabajo en cualquier lugar del mundo", y así lo hice.

Pero eso no me llevó directamente a África. Después de terminar mis clases de secretariado, comencé a trabajar para una compañía que hacía películas documentales, una maravilla de trabajo, pero con poca paga. Cuando una compañera de la escuela me invitó a visitar a su familia en Kenia, acepté inmediatamente. Renuncié a mi trabajo con la compañía cinematográfica y comencé a trabajar como mesonera para ahorrar dinero. Finalmente, a los 23 años, sólo con el dinero suficiente para viajar a África en barco (era la manera más barata de viajar en aquellos días), me fui por mi cuenta a un continente desconocido. Después de dos meses en África, conocí al hombre que hizo que mis sueños se convirtieran en realidad. Louis Leakey era un antropólogo y paleontólogo que se interesaba por los animales y los primeros seres humanos. Hice una cita con él. Y como yo había estudiado animales durante mi niñez, fui capaz de responder a muchas de sus preguntas sobre el mundo natural. Luego comencé a trabajar como su asistente. Viajé con Louis y su esposa, Mary, en una de sus expediciones de cacería de fósiles en Olduvai Gorge. Después de algún tiempo, Louis decidió que yo era la persona que él había estado buscando para estudiar los chimpancés que viven cerca de la costa del lago Tanganyika, en lo que ahora se llama Tanzania. Y cuando las autoridades británicas se negaron a dejar a una joven, sin entrenamiento, adentrarse en partes salvajes de África, ¿quién, sino mi increíble madre, se ofreció para acompañarme durante los primeros tres meses?

Y así comenzó mi trabajo.

Después de varios años en África, regresé a Inglaterra para estudiar un doctorado sobre el comportamiento animal en la Universidad de Cambridge. Luego, regresé al paraíso de Gombe Stream, en Tanzania, para continuar con mi investigación.

Louis Leakey (1903-1972)

Goodall le da la mano a un pequeño chimpancé llamado Flint.

Antes de convertirse en autor e ilustrador de libros infantiles, Bill Peet trabajó como animador en los estudios Walt Disney. En este pasaje, Peet acaba de llegar a Los Ángeles, mientras que su prometida, Margaret, está en Indiana. La única esperanza de Peet de conseguir trabajo se encuentra en una carta en la que Walt Disney lo invita a participar en una prueba.

BILL PEET:
UNA AUTOBIOGRAFÍA

Los estudios Disney estaban resguardados por una pared alta de cemento y sólo se podía ver a través de la puerta principal de hierro forjado.   Lo que yo podía ver del complejo era muy acogedor. Había un camino de piedra a lo largo del patio hasta el arco de entrada de lo que parecía ser el edificio principal: una apariencia pintoresca, agradable y apropiada para una compañía encargada de fantasía y entretenimiento.

Encontré una pensión a sólo una cuadra de los estudios, un lugar parecido a un establo, con el segundo piso y el ático separados en compartimentos y un pequeño catre en cada uno. La casera era como una ratoncita, y me explicó disculpándose que los dos dólares de alquiler a la semana no los tenía que pagar sino hasta que pudiera.

Casi todos los inquilinos eran principiantes de Disney o recién llegados como yo, que no tenían ninguna garantía de trabajo. Nuestra querida señora Benson sabía muy bien en qué situación nos encontrábamos, porque sin duda ya había visto a muchos ir y venir sin poder pagar nunca el alquiler.

A la mañana siguiente, yo estaba en la puerta principal a las nueve en punto. Pero no era allí, y me dijeron que me registrara al otro lado de la calle en un edificio de estuco de un solo nivel llamado el Annex de Disney. El grupo de prueba ya se había formado en una fila frente a la puerta para registrarse, y yo fui el último en llegar de los quince aspirantes.

La mayoría de ellos se acababa de graduar de una escuela de arte como yo, y había venido de casi cualquier lugar del país respondiendo a la misma carta expreso, sin saber qué le esperaba.

El jefe del Annex, George Drake, era un tipo alto y flaco con una melena roja y orejas extremadamente largas.

Comenzó por darnos un sermón para que supiéramos que el mes de prueba no iba a ser nada fácil. Y más de una vez nos recordó la suerte que teníamos por esa oportunidad de trabajar para Disney. Su última advertencia fue: "Hay mucha gente en la calle esperando tener la oportunidad de conseguir un trabajo aquí".

Después del sermón, nos dieron hojas de papel y guías para dibujar a Mickey, a Donald y a Goofy con el estilo redondeado de Disney. Durante ese período de un mes, Drake nos mantuvo trabajando continuamente, haciendo observaciones de nuestro trabajo en momentos inesperados. Después de algunos días, a uno o dos miembros del grupo se les decía que debían partir. Cuando llegamos a la última semana, todos nos preguntábamos si Drake nos iba a despedir a todos. A mí me dijo varias veces que no dejara de dibujar los botones de los pantalones de Mickey. Sin embargo, yo era uno de los tres sobrevivientes al final del mes.

Nos pusieron a hacer el trabajo intermedio. Tuvimos que encargarnos de la meticulosa tarea de agregar cientos de dibujos entre cientos de otros dibujos para hacer mover a Donald o a Mickey de aquí hasta allí.

Era cuestión de soportar el ritmo de trabajo para lograr cruzar la calle y llegar a la tierra prometida

en donde ocurrían las cosas grandes y emocionantes. Estaban haciendo *Blancanieves y los siete enanitos*, el primer largometraje de dibujos animados.

Le escribí a Margaret inmediatamente para contarle que había pasado la prueba del primer mes y que estaba trabajando. Y aunque sólo era un trabajo en la cadena de montaje, habría montones de oportunidades si *Blancanieves* era un éxito.

No mencioné todas las predicciones alarmantes que venían de los peces gordos y los periodistas de Hollywood. Llamaban a *Blancanieves* la locura de Disney. ¡La película sería un fracaso de taquilla! ¡La gente nunca vería una película completa de dibujos animados! ¡Disney estaba exagerando! Y así sucesivamente.

Esas predicciones terribles me hicieron preguntar si había llegado sólo para abordar el *Titanic* de Disney. Y estoy seguro de que esas voces de condena persiguieron a todos los que trabajaban desenfrenadamente para completar *Blancanieves* a tiempo para el gran estreno antes de Navidad. Incluso yo comencé a trabajar en un intento de último minuto; me trasnochaba dibujando enanos en una cosa que se llamaba máquina de rotoscopio.

Margaret llegó en el tren la última semana de noviembre y nos casamos el día treinta. Luego nos mudamos a un apartamento pequeño y sombrío, como a media hora a pie del estudio. Unas semanas después, fuimos al estreno de *Blancanieves*. Todos los empleados de Disney y sus esposas o esposos fueron invitados, junto con cientos de invitados especiales y periodistas. Mientras avanzábamos entre la gente hacia la puerta del Cathay Circle Theater, por primera vez logré echarle una ojeada a Walt Disney. Se estaba dirigiendo al público desde un podio, pero su voz se perdía entre el alboroto.

Muy poca de la gente que trabajó en la película la había visto completa en una pieza, así que fue una experiencia nueva para casi todo el público. Por supuesto, el éxito avasallante de *Blancanieves* ya es historia del cine y, mientras escribo acerca de esto, se está proyectando la película por vez número siete, después de haber celebrado su cincuenta aniversario en 1987.

Creo que cualquiera del público de *Blancanieves* hubiera predicho el inmenso éxito de la película. Todos se dejaron llevar por la película desde el comienzo y, mientras la proyectaban, todo el mundo estaba que no cabía del entusiasmo y frecuentemente aplaudía de pura espontaneidad. Al final, el público explotó con una ovación atronadora, y las voces de condena se silenciaron para siempre.

En esta selección, el atleta Álex Rodríguez nos cuenta sobre un período importante de su carrera: sus primeros dos años como jugador profesional con los Marineros de Seattle.

¡Conecta un cuadrangular!

por Álex Rodríguez

Mi primer entrenamiento de primavera me hizo descubrir lo fuerte que entrenan los atletas profesionales. La hora de llegada para la práctica era las diez en punto de la mañana. Yo llegaba todos los días a las 9:30; lo hice durante un mes con la idea de que llegar temprano demostraría mi dedicación. Incluso un día decidí llegar a las 7:00 a.m. Al entrar al centro de práctica, me di cuenta de que ya había algunos muchachos en el lugar.

Me volteé hacia una esquina y vi al segunda base Joey Cora levantando pesas. Luego fui hasta el cajón de bateo y vi a Edgar Martínez, que ha sido campeón de bateo dos veces, bateando una pelota contra una red.

—Edgar, ¿qué haces aquí tan temprano?

—Tengo que batear. ¡Debo trabajar!

La mayoría de los muchachos se iba para su casa como a las dos de la tarde. Un día, a mí se me olvidó mi buscapersonas. Entonces regresé al centro de práctica y me encontré con Edgar en el cajón de bateo a las 6:00 p.m. Esos veteranos me enseñaron que el triunfo en cualquier cosa se logra con dedicación y trabajo duro. Hace poco conocí a Pat Riley, un entrenador de la NBA (Asociación Nacional de Básquetbol), y me dijo que la clave del éxito se encuentra en disfrutar de tu sudor. Es decir, que debes aprender a disfrutar la práctica y los entrenamientos para sacar el máximo de tu potencial atlético.

Yo comencé mi carrera desde abajo en el circuito de los Marineros de Seattle, jugando con Los Zorros de Appleton, el equipo clase A de Wisconsin. Los jugadores siempre tienen cuentos terribles sobre las ligas menores, pero yo tengo buenos recuerdos de Appleton.

588

El pueblo me envolvió con un abrazo de bienvenida.

En dos meses, me mandaron a la clase AA en Jacksonville. Tres semanas después, me llamaron para que me uniera al equipo de las grandes ligas, que esa semana jugaba en Boston.

Me quedé despierto hasta tarde, hablando por teléfono con mi familia, mis amigos y mis antiguos entrenadores: "¡Estaré en el espectáculo!"

A los 18 años me convertí en el jugador de las grandes ligas más joven de la década. Las luces, los reporteros y el público eran increíbles.

Recuerdo cuando estaba en el círculo de bateo, preparándome para mi primer turno. Ken Griffey, Jr. me pasó por el lado y dijo: "Llegó la hora del espectáculo".

Mi cuerpo temblaba y me fallaban las rodillas. Difícilmente me podía mantener de pie. Me fui sin conectar ningún imparable en mis tres oportunidades, pero hice un trabajo sólido como jardinero.

La noche siguiente estallé con dos imparables. Pero aún así, estuve nervioso durante días. No me quería equivocar. Llegaba temprano al estadio, para no llamar la atención.

Después de 26 días, los Marineros me enviaron a su equipo de clase AAA, en Calgary, Canadá. Y así pude sentir la extraña sensación de jugar en los cuatro niveles profesionales en una sola temporada.

Luego comencé la temporada de 1995 con los Rainiers de Tacoma, el nuevo equipo filial de los Marineros en la clase AAA. El viaje de 31 millas entre Tacoma y Seattle se convirtió en una rutina. El 6 de mayo me mandaron a Seattle y me quedé por 21 días, aguantando la presión de ser novato.

589

Los Marineros tienen una tradición especial con los novatos en la primera serie del equipo en Kansas City. Cuando salí de la ducha después del último juego, toda mi ropa había desaparecido; tenía que firmar 30 autógrafos mientras llevaba un vestido plateado y me balanceaba sobre tacones altos. Y, como si fuera poco, tenía que vestir de la misma forma durante el viaje por avión a casa y escuchar los chistes de los demás. Yo me reí de todo.

Pero la mayor parte de esa temporada no fue un chiste para mí. Me convertí en un yo-yo humano entre Seattle y Tacoma. Los Marineros me mandaron a Tacoma tres veces. Cada descenso de categoría me desmoralizaba. La última vez, a mediados de agosto, me senté cabizbajo frente a mi armario y lloré. Me sentía cansado, derrotado.

Mis compañeros me decían: "Tranquilo, cálmate, esto lo vas a superar".

Herido y enojado, pensé seriamente en regresar a Miami, así que llamé a mi mamá.

"Olvídalos. Los odio a todos. Ya no quiero estar aquí, así que voy a regresar a casa", dije.

"No, tú no te vas a regresar", respondió mi mamá. "Aquí no tienes un hogar si regresas. Tienes que quedarte porque ¡LO VAS A LOGRAR!"

Querer renunciar en las épocas difíciles es algo normal. Hay ocasiones en las que debes renunciar e intentar algo nuevo. Pero renunciar por frustración casi nunca es conveniente. Le agradezco a mi mamá haberme hablado de esa forma para sacarme de la situación. Ahora sé que la adversidad redobló mi determinación.

Si hubiera renunciado, me hubiera perdido la inolvidable competencia de los Marineros durante las semifinales, recordada como "Negados a perder". En agosto, Seattle estaba detrás de California por 13 juegos. Pero una serie mágica de victorias los había acercado para el momento en que me reincorporé al equipo el 31 de agosto.

Las semifinales me emocionaban tanto como el juego de mis compañeros.

Lo tomé como una experiencia de aprendizaje. Cada día me preparaba para jugar. Prestaba atención a cada detalle como si fuera de vida o muerte.

Terminamos la temporada empatados con California. Ganamos un juego crucial de forma dramática y logramos que los Marineros fueran a las semifinales por primera vez en la historia.

Conecté tres imparables en la serie semifinal contra Nueva York. ¡Qué emoción! Nunca voy a olvidar el momento en que esperaba mi turno al bate, el estadio Kingdome rugía y Edgar impulsó a Junior en la entrada número 11, para ganarle a Nueva York 6 a 5 en el juego decisivo de la serie semifinal de nuestra división. Nunca me he sentido mejor jugando al béisbol. No hay nada como ganar. Aunque creo que se puede decir lo mismo de perder.

Cleveland destruyó nuestras ambiciones de conquistar la Serie Mundial, al ganar 4 a 2 en la serie final de la Liga Americana.

Después de perder el último juego de la temporada, los fanáticos de Seattle nos dieron una ovación atronadora en el estadio Kingdome, para demostrarnos su aprecio por la increíble temporada que tuvimos.

Narrar

Escribe un capítulo de tu autobiografía

Ya has leído unos cuantos ejemplos de autobiografía. Ahora escribe un capítulo de tu propia autobiografía. Acércate a una época o suceso que haya sido muy importante en tu vida. Escoge algo que creas que sea interesante para otras personas.

Consejos

- Antes de comenzar, trata de recordar todo lo que puedas sobre el tema. Escribe sobre cosas que puedan interesar al lector.

- Trata de ser específico al escoger el tema. Piensa en cómo vas a comenzar y a terminar tu capítulo.

- Proporciona detalles para tus lectores. La gente y los lugares familiares para ti pueden ser desconocidos para los lectores.

Escritura   **Escribir narraciones**
Describir eventos

Lectura individual

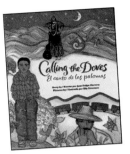

El canto de las palomas/Calling the Doves

por Juan Felipe Herrera (Children's Book Press)

Este libro, escrito por el famoso poeta mexicano-americano, describe las experiencias y los recuerdos de su niñez.

Ana Frank: Diario

por Ana Frank (Ave Fénix)

El diario personal de Ana Frank relata sus vivencias durante la ocupación nazi en Holanda.

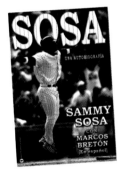

Sosa: Una autobiografía

por Sammy Sosa (Warner Books)

Presentada como una historia oral, Sosa deja oír su propia voz y también la de su familia, amigos y algunos entrenadores importantes.

Diario de Zlata

por Zlata Filipovic (Aguilar)

En septiembre de 1991, poco antes de que estallara la guerra en las calles de Sarajevo, Zlata Filipovic, un niño de once años, empezó a escribir acerca de la guerra.

Vida
salvaje

Lo que la naturaleza pinta

nunca se despinta.

—dicho tradicional

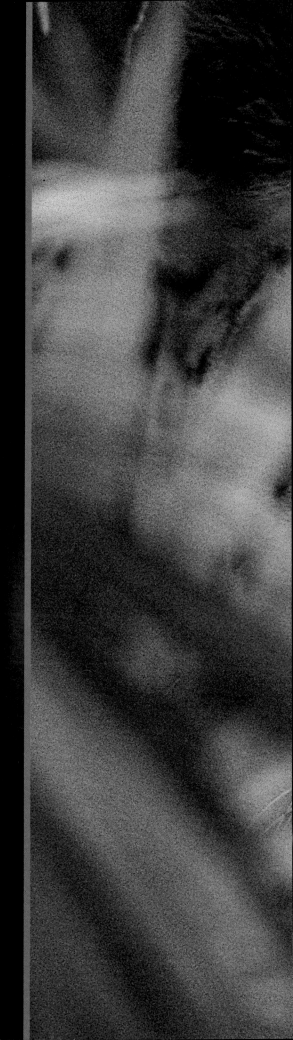

Vida
salvaje

Contenido

Biblioteca del lector

- **El damán de la isla Top-Knot**
- **Salvar a las tortugas marinas**
- **Kat la curiosa**

Libros del tema

Goig

por Alfredo Bryce Echenique y Ana María Dueñas
ilustrado por Charlotte Roederer

Gata García

por Pilar Mateos
ilustrado por Petra Steinmeyer

Las ballenas cautivas

por Carlos Villanes Cairo
ilustrado por Esperanza León

Libros relacionados

Si te gusta...

El álbum familiar de los osos pardos
por Michio Hoshino

Si te gusta...

El tamarino león dorado vuelve a casa
por George Ancona

Entonces lee...

Entonces lee...

El bisonte americano
por Ruth Berman

(Carolrhoda)

Se explora el ciclo de vida y las características del bisonte.

Las sabanas y las praderas
por Michael Chinery

(Everest)

Se observan de cerca los hábitats y las técnicas de supervivencia de los animales de África.

Las selvas
por Michael Chinery

(Everest)

El autor describe los hábitats y las técnicas de supervivencia de los animales de la selva.

La pregunta del cuco
por Paco Abril

(Everest)

El autor relata los sentimientos, las dudas y los asombros de un cuco.

Si te gusta...

Mi rincón en la montaña
por Jean Craighead George

Entonces lee...

La niña que amaba los caballos salvajes

por Paul Goble (Econo-Clad Books)

Una niña indígena americana se dedica con pasión al cuidado de los caballos de su tribu.

La Expedición botánica

por Elisa Mújica (Panamericana Editorial)

Este cuento explora el mundo de la botánica a través de los ojos del protagonista, José Celestino Mutis.

Tecnología

En Education Place

Añade tus informes de estos libros o lee los informes de otros estudiantes.

Education Place®

Visita www.eduplace.com/kids

Desarrollar conceptos

La Alaska salvaje

El álbum familiar
de los osos pardos
Michio Hoshino

El álbum familiar de los osos pardos

Vocabulario

abundante
caribúes
naturaleza
recelo
territorio
tundra

Estándares

Lectura

- Usar raíces y afijos
- Identificar ideas principales
- Inferencias/ generalizaciones
- Hechos, inferencias, opiniones

Dos grandes cordilleras surcan el estado de Alaska, escenario en el que se desarrolla *El álbum familiar de los osos pardos*. Son extensiones enormes de naturaleza.

La cordillera de Brooks, en el norte, se encuentra en el círculo polar ártico, mientras que la cordillera de Alaska, en el sur, describe un arco y abarca el monte McKinley, también llamado Denali. Éste es el pico más alto de Norteamérica, y se encuentra en el Parque Nacional Denali, cuya extensión, de más de 7,300 millas cuadradas, es mayor que la de Connecticut y Rhode Island juntos.

El paisaje del parque está repleto de montañas, de glaciares y de tundra ártica, cubierta de abundante hierba y sin árboles, donde habita una gran cantidad de fauna salvaje. En el viven más de treinta especies de mamíferos de tamaños muy diversos, desde pequeñas musarañas y ratones de campo, hasta osos pardos acerca de los cuales vas a leer en la selección. Entre los otros animales de mayor tamaño del parque, se destacan los carneros de Dall, los alces y los caribúes, también conocidos como renos.

Cualquiera que visite los hábitats naturales de Alaska no debe olvidar que se adentra en un territorio de animales salvajes. Es muy probable que las criaturas que tienen allí sus casas muestren recelo hacia los humanos, quienes, por su parte, deberían mostrar respeto hacia ellas.

Caribú

Cordillera de Brooks

Alaska

Parque Nacional
Denali

Cordillera de Alaska

600

Carneros de Dall

Osos pardos

601

El álbum familiar de los osos pardos

Michio Hoshino

¿Te imaginas cómo sería encontrarte con un oso pardo en su hábitat natural? No se trata de verlo en el zoológico, ni en un libro, sino de experimentar en plena naturaleza un encuentro fortuito con un oso de verdad, solamente tú y él, cara a cara.

Eso me ocurrió a mí en una ocasión, mientras acampaba cerca del monte McKinley, en Alaska. Durante más de la mitad de cada año, me dedico a caminar por las montañas y llanuras de Alaska, la Gran Tierra, con mi tienda de campaña a cuestas, y a tomar fotos de la tierra que tanto me atrajo desde que era adolescente.

Una mañana, alrededor de las cuatro de la madrugada, me desperté al sentir que algo rozaba contra mi tienda. Preguntándome qué podía ser, me froté los ojos y abrí la portezuela. Allí, delante de mí, había una cara de oso. Yo me asusté, pero el oso debió llevarse una sorpresa aún mayor que la mía, ya que me miró y se marchó a toda prisa.

Yo jamás había estado tan cerca de un oso, y en aquel instante decidí grabar con mi cámara un año de la vida de los osos pardos de Alaska.

En invierno, la temperatura aquí puede descender hasta los cincuenta grados bajo cero. Cuando hace este tiempo tan frío, los osos pardos duermen en cómodas y acogedoras madrigueras subterráneas, cuyas entradas están cubiertas por un manto de nieve.

Mientras la mamá osa duerme, nacen sus pequeños oseznos, que se abrigan y acurrucan junto a ella hasta que los días más largos y las temperaturas más cálidas auguran la llegada de la primavera.

Un día de abril, subiendo por las montañas de la cordillera de Alaska observé unas huellas recientes de oso en la nieve y, al seguirlas con mis largavistas, descubrí a una osa caminando con su cachorro.

Ya el viento frío y cortante daba paso a las brisas primaverales. La salida de los osos de sus madrigueras es una señal clara de que el largo invierno ha terminado.

A medida que la nieve se derrite y se ve reducida a parches de hielo, las flores silvestres asoman sus rostros hacia el cielo. En la zona más al norte las flores son muy pequeñas, pero todas ellas tienen una gran fuerza. Siempre me conmuevo cuando me encuentro con esas florecitas tan diminutas, que viven sus vidas en toda su extensión.

A principios de la primavera, también los osos pardos disfrutan de la vida al máximo. En una ocasión vi a una osa y a su osezno jugando a perseguirse en una ladera frente a mí. La madre perseguía al cachorro por la hierba y, cuando lo alcanzaba, lo tomaba en sus brazos, lo abrazaba con dulzura y ambos rodaban juntos ladera abajo. Parecían estar pasándola tan bien, que no pude evitar echarme a reír.

Las osas que amamantan suelen yacer de espaldas para ofrecerles la leche a sus cachorros. Si tienen dos, sostienen a uno en cada brazo. No estoy seguro de si amamantar las cansa pero, después de hacerlo, las madres suelen quedarse en el suelo con las piernas y los brazos abiertos, profundamente dormidas.

En general, la gente ve a los osos como animales muy feroces. Pero, me pregunto si el cariño y el cuidado de las madres humanas por sus hijos son tan diferentes del amor y la ternura que las madres osas muestran hacia sus cachorros.

Cuando salen de sus madrigueras después del largo invierno,
los osos pardos están más delgados que en todo el resto del año.
No han comido durante meses y, en el paisaje cubierto por la nieve,
su primera comida puede ser el cuerpo sin vida de algún alce o de
algún caribú que no haya sobrevivido al invierno. Cerca del mar, los
osos pueden encontrar ballenas arrojadas en la arena por las aguas del
mar, o morsas o leones marinos muertos.

Una vez que la nieve se ha derretido y que la tierra se ha vuelto
verde, los osos pardos comienzan a comer raíces y pastos. Las juncias,
pastos que crecen en pantanos, son especialmente importantes en su
dieta, ya que crecen con rapidez a principios de la primavera y son
ricas en proteínas.

Las ardillas árticas de tierra son una comida popular entre los osos, pero cazarlas supone mucho trabajo. Ver a un oso de 850 libras de peso perseguir a una ardilla de 2 es de lo más cómico. Cuando la ardilla se mete en su madriguera, el oso comienza a escarbar furiosamente con las patas delanteras. Pero puede haber muchas madrigueras,

y todas pueden estar conectadas unas con otras. Algunas veces, la ardilla sale por una madriguera por detrás del oso y se queda mirándolo escarbar.

Por supuesto que muchas de ellas acaban en la boca de los osos. Los científicos del Parque Nacional Denali en Alaska descubrieron que cada oso pardo come unas cuatrocientas ardillas de tierra al año.

Los caribúes, los lobos, los carneros de Dall, los alces y muchos otros animales tienen sus crías en primavera, y deben vigilar constantemente a sus recién nacidos para protegerlos del peligro.

Una tarde de junio estaba sentado en una ladera observando a una hembra de alce con sus dos crías pequeñas. Por algún motivo, el alce estaba inquieto y tenía las orejas bien estiradas. De repente, un oso salió de entre los arbustos y echó a correr hacia las crías.

El alce se giró para hacer frente al poderoso animal. Éste se detuvo y ambos animales quedaron frente a frente, mirándose fijamente el uno al otro. Al momento, el alce atacó. El perplejo oso se dio a la fuga, y el alce salió tras él.

El alce había arriesgado su vida por proteger a sus crías y el oso, por su parte, prefirió retirarse antes que ser víctima de las pezuñas afiladas de la resuelta hembra.

El oso volverá a intentarlo, por supuesto, y quizás la próxima vez lo consiga. Pero he llegado a entender que el hecho de que un oso cace a una cría de alce no debe ser motivo de tristeza para nadie. El oso puede tener también sus propios cachorros, a quienes debe alimentar. Habrá nuevos oseznos y crías de alce el próximo año, y la vida en la naturaleza continuará. Y es que todos los seres vivos (los humanos también) dependemos de otras vidas para subsistir.

A medida que se aproxima el verano, las horas de luz aumentan poco a poco, hasta que las noches desaparecen por completo.

¿Te imaginas los días sin noches? El sol se mueve por el cielo describiendo un círculo enorme que permanece siempre por encima del horizonte. Sin un reloj, es difícil saber cuándo termina un día y empieza otro. Uno llega a olvidar qué día de la semana es, e incluso qué mes. Y durante todo el tiempo, la energía del sol alimenta a los árboles, a los pastos y a los arbustos de Alaska.

En junio, los salmones remontan los ríos y arroyos de este estado, y los osos comienzan a buscar partes del río en dónde pescar. Los osos pardos evitan el contacto con los de su especie durante la mayor parte del año, pero la estación de pesca los reúne a todos a orillas de los ríos. Ahora que hay abundante comida, parecen tolerarse más unos a otros, pero primero tienen que establecer su propia jerarquía, es decir, deben decidir quién manda a quién dentro del grupo.

Los osos más fuertes y más agresivos, que suelen ser generalmente machos, se adueñan de los mejores lugares para pescar. Cuando se une al grupo algún oso recién llegado, suele producirse una lucha breve. Los osos evitan las peleas en la medida de lo posible, pero dos osos de fuerza similar pueden librar una batalla de lo más feroz. Cuando dos osos que ya han luchado se encuentran de nuevo, el perdedor cede automáticamente su lugar al vencedor, eludiendo así enfrentarse con él otra vez.

Los osos utilizan el lenguaje corporal para expresar supremacía o sumisión dentro de la comunidad provisional congregada junto al río. Observando pescar a los osos aprendí algunas pistas útiles sobre la forma más segura de comportarse con ellos cuando están en su hábitat natural.

En una ocasión vi a una osa con un osezno y a otra con dos cachorros acercarse al río. Mientras las madres pescaban salmón en el río, los cachorros esperaban en la ribera. La curiosidad hizo que los tres cachorros se reunieran. De repente, la madre de los dos cachorros se apresuró a la orilla. En aquel momento me dio la impresión de que iba a matar al extraño. Pero la madre osa se limitó a olisquear al cachorro que no era suyo. Entonces, la madre de éste se dio cuenta de lo que pasaba y salió del agua para defender a su pequeño. De nuevo parecía que iba a haber algún conflicto. Los cachorros observaban nerviosos y sin apenas separarse de sus madres. Al final, ambas familias se fueron pacíficamente cada una por su lado. Las osas madres suelen ser bastante tolerantes con los cachorros de otras, e incluso a veces adoptan a otros osos extraviados o huérfanos.

La primera vez que vi a un oso atrapar un salmón, sostenerlo brevemente como si lo examinase y soltarlo al río, me quedé sorprendido. Cuando los salmones escasean, los osos pardos devoran ávidamente todos los que atrapan. Pero en el punto álgido de la temporada del salmón, un oso puede capturar hasta diez ejemplares por hora, y entonces sí que puede permitirse ser más selectivo. En ocasiones, sólo se comen la cabeza y las huevas, y desechan el resto. Pero la parte que no se come no se desperdicia, ya que siempre hay gaviotas revoloteando al acecho, dispuestas a comerse los restos.

Cuando un oso captura un salmón con las patas y con la boca, es probable que sea capaz de distinguir por el olfato si se trata de un macho o de una hembra. El oso que vi atrapando el salmón y soltándolo luego, seguramente estaba seleccionando sólo a las hembras, por sus deliciosas huevas.

Los oseznos menores de un año esperan junto a los ríos a que sus madres les traigan el salmón fresco. Al año siguiente, ya se meten a pescar ellos solos. Aunque al principio no suelen tener mucha suerte pescando, aprenden observando e imitando a sus madres.

Con el final de la carrera del salmón, la comunidad provisional de osos se deshace, y cada oso regresa a su propio territorio en la montaña, donde las reservas de comida del otoño están ya madurando.

El canto de las grullas canadienses, que se dirigen al sur formadas en grandes uves irregulares, anuncia la llegada del otoño a lo largo y ancho de Alaska. Los animales del Ártico se cubren de un hermoso y espeso pelaje invernal. La cornamenta de los alces y caribúes es ahora enorme. Los bosques de álamos y abedules se vuelven dorados, y la tundra roja.

Los arbustos de bayas silvestres cubren el suelo, ofreciendo una rica cosecha para los osos.

"¡Cuando estés recogiendo bayas, ve con cuidado, no vayas a chocarte de cabeza con un oso!" Este consejo tantas veces repetido no es ninguna broma en Alaska. Humanos y osos disfrutan tanto recogiendo bayas que apenas dedican un momento a levantar la cabeza y echar un vistazo alrededor. Aunque en realidad no es muy probable que uno se choque de cabeza con un oso, siempre es prudente comprobar que no haya ninguno alrededor.

A los osos les gustan sobre todo unas bayas que se llaman jaboncillos. Como no conocía su sabor, agarré una roja y madura y me la llevé a la boca. No me supo demasiado bien, pero tampoco es que me gusten las cabezas de pescado.

Resulta fascinante observar a un oso tan enorme agarrar una ramita tan delgada de jaboncillos y despojarla de sus frutas delicadas.

A medida que los días se hacen más cortos, los osos deben acumular una gran reserva de grasa corporal para pasar todo el invierno. Las bayas son ricas en azúcar, y el festín otoñal puede ser decisivo para la supervivencia de un oso. Con sus abrigos lustrosos meciéndose por la tundra al son de su caminar, los osos pardos consumen una gran cantidad de bayas.

¿Cuántas bayas dirías que puede comerse un oso pardo en un día? Los osos del Parque Nacional Denali comen bayas durante veinte horas al día a finales del verano, parando apenas para dormir. ¡Un oso puede llegar a consumir unas 200,000 bayas en un solo día! Los excrementos de oso en esta época del año están compuestos principalmente de bayas a medio digerir. De las semillas que contienen estos excrementos crecerán nuevos arbustos, que servirán de alimento para una generación nueva de osos.

Un día de otoño, mientras subía por la cordillera de Brooks, cerca del círculo polar ártico, me di cuenta de repente de que dos osos corrían hacia mí procedentes de una ribera. ¿Se dirigían hacia mí a propósito o no se habían percatado de que yo estaba allí? Parecían hermanos, con edad de abandonar ya el cuidado de su madre, pero parecían muy fuertes. Cada vez se acercaban más, trotando grácilmente. Mi corazón latía como un tambor. Cuando estaban a unas veinte yardas, alcé la mano y grité: "¡Alto!"

Los dos osos frenaron bruscamente; estaban totalmente asombrados. Se alzaron sobre sus patas traseras y empezaron a mover la cabeza de lado a lado, husmeando el aire. Yo estaba tan asustado que creía que el corazón me iba a explotar.

Entonces, como si finalmente se hubiesen percatado de mi presencia, dieron media vuelta y echaron a correr en la misma dirección por la que habían venido. Había sido una experiencia bastante aterradora para mí, pero también debió serla para los osos.

Aquella noche no me podía dormir. Los dos osos pardos podían estar cerca. A muy pocos osos les interesa perseguir a la gente, pero aún así me sentía algo inquieto. Incapaz de conciliar el sueño, comencé a pensar en los osos, en la gente y en Alaska.

Si no hubiera un solo oso en toda Alaska, podría caminar por las montañas con total tranquilidad, y podría acampar sin preocupaciones. ¡Pero qué lugar tan aburrido sería Alaska entonces!

Aquí, los seres humanos comparten el territorio con los osos. Existe cierto recelo entre ambos, y ese recelo provoca entre nosotros un valioso sentimiento de humildad.

El humano continúa dominando y subyugando a la naturaleza. Pero cuando visitamos los pocos espacios naturales que quedan, donde los osos vagan en libertad, todavía podemos sentir un miedo instintivo. ¡Qué hermoso es ese sentimiento! ¡Y qué hermosos son también esos osos y esos parajes!

Muchos cazadores de trofeos del sur de los Estados Unidos y de Europa acuden a Alaska a cazar osos pardos. Sonríen ante la cámara y posan, pistola en mano, sobre el cuerpo de un oso muerto. Luego cuelgan su trofeo en la pared: la cabeza de un oso mostrando los colmillos, como si lo hubieran matado mientras atacaba al cazador heroico, cuando en realidad, el animal murió comiendo bayas plácidamente, abatido por un rifle de largo alcance.

Imagínate a ti mismo solo y desarmado en la llanura ártica con un oso. Tanto tú como él sienten la misma brisa en la cara. Tú, un ser humano, estás en igualdad de condiciones con el oso.

¡Qué maravilloso sería! No importa cuántos libros leas ni cuánta televisión veas, nada puede compararse con sentir la naturaleza en carne propia. Si no puedes encontrar un oso en la naturaleza, entonces debes tratar de imaginártelo, ya que, incluso tan sólo imaginándolo, la sensación puede llegar a ser real. Y esa sensación es lo que importa.

La nevada de hoy anuncia la llegada del invierno. Ahora hay menos horas de luz diurna. La aurora danza por el despejado cielo nocturno. Una osa y sus oseznos van dejando huellas en la nueva nieve al subir por la montaña camino de su madriguera. Los cachorros pasarán todo el invierno con su madre, plácidamente bajo la nieve.

La nieve sigue cayendo hasta borrar, finalmente, las huellas. Alaska, esa Gran Tierra, se prepara para un plácido sueño invernal.

Conozcamos al autor/fotógrafo

Michio Hoshino

Michio Hoshino se crió en Tokio, Japón. Cuando era joven, vio una foto de una aldea inuit en un libro y le envió una carta a su alcalde. Éste lo invitó a Alaska a pasar el verano con una familia en la aldea y él aceptó.

Hoshino quedó fascinado por la naturaleza salvaje de Alaska, y sus fotografías de la fauna de este estado se publicaron en multitud de libros y revistas, entre las que destacan *National Geographic* y *Smithsonian*. Además, Hoshino escribió varios libros, entre ellos *Grizzly*, un libro de fotografías de osos que fue galardonado.

Tras una carrera profesional de casi veinte años como fotógrafo de fauna salvaje, su vida se vio interrumpida repentinamente. En la mañana del 8 de agosto de 1996, un oso pardo lo arrastró afuera de su tienda y lo mató en un campamento de una reserva de Siberia. Según testigos, el oso había comenzado a comportarse de forma agresiva con las personas debido a que algunos visitantes de la reserva le habían dado de comer.

Para saber más acerca de Michio Hoshino, visita Education Place. **www.eduplace.com/kids**

Piensa en la selección

El álbum familiar de los osos pardos
Michio Hoshino

1. Un sorpresivo encuentro con un oso pardo despertó en el autor el deseo de aprender más sobre estos animales. ¿Crees que tú habrías tenido la misma reacción? Explica tu respuesta.

2. ¿Por qué crees que el autor compara a las madres osas con las humanas en la página 605?

3. ¿Por qué crees que el autor proporciona tanta información sobre el hábitat de los osos pardos?

4. En la página 607, el autor escribe: "…el hecho de que un oso cace a una cría de alce no debe ser motivo de tristeza para nadie". ¿Estás de acuerdo? ¿Por qué?

5. Basándote en la selección, ¿qué generalizaciones puedes hacer sobre los osos? Piensa en su vida familiar, su crecimiento y sus hábitos alimentarios.

6. ¿Han cambiado tus impresiones sobre los osos después de leer esta selección? ¿Por qué?

7. **Conectar/Comparar** Compara la relación de Michio Hoshino y los osos que fotografía con la de Bob Lemmons y los caballos que rodea en *Vaquero negro, caballos salvajes*.

Escribe sobre los osos

Elige dos fotografías de osos pardos de la selección y escribe un párrafo sobre cada una de ellas. Describe el entorno y la estación, la etapa de crecimiento en la que se encuentran los osos y lo que hacen.

Consejos

- **Incluye una oración que defina el tema en cada párrafo.**
- **Haz los párrafos más interesantes utilizando oraciones de distintos tipos y longitudes.**

Escritura   **Inferencias/generalizaciones**
Lenguaje   **Establecer el tema y el orden de los sucesos**

Matemáticas

Haz una gráfica

Haz una lista de todos los animales mencionados en la selección. A continuación, realiza una encuesta en tu clase o escuela y averigua cuántas personas han visto alguna vez cada tipo de animal que el autor menciona. Elabora una gráfica con los resultados.

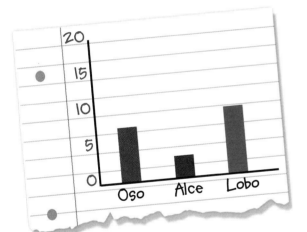

Salud y seguridad

Haz un cartel de seguridad

Las personas que se encuentran en territorio de osos deben informarse bien sobre los osos pardos, tanto por su propia protección como por la de estos animales. Utiliza la información de la selección sobre el comportamiento de los osos para preparar un cartel de seguridad dirigido especialmente a la gente que recoge bayas silvestres o pesca salmón.

Excursión en Internet

Conéctate a Education Place y explora alguna parte del mundo en la que haya osos pardos. **www.eduplace.com/kids**

Matemáticas **Mostrar datos en gráficas**
Lectura **Demostrar comprensión**

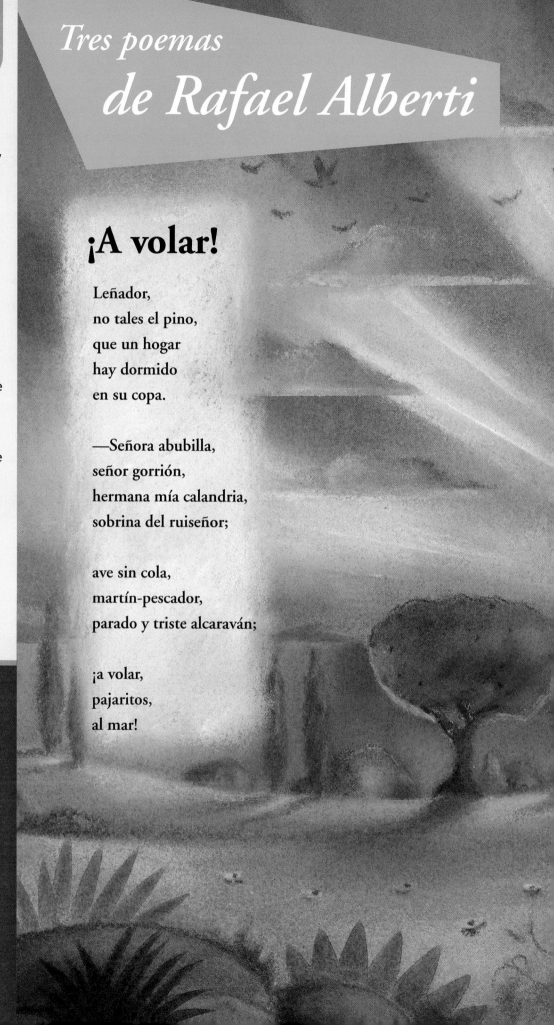

Destreza: Cómo comparar poemas

Al leer dos o más poemas, haz estas preguntas:

- ¿Cuál es el **tema** de cada poema? ¿En qué se parecen o en qué se diferencian los temas o las imágenes?

- ¿Cuál es el **tono** de cada poema? ¿Divertido y gracioso? ¿Misterioso y serio? ¿En qué se parecen o se diferencian los tonos de los poemas?

- ¿En qué se parecen o se diferencian los **sonidos** y los **ritmos**?

- Si los poemas son del mismo poeta, ¿qué **elementos** (tema, sonido, imágenes, tono) te dicen que el mismo poeta los escribió?

Estándares

Lectura

- **Describir elementos literarios**

Tres poemas
de Rafael Alberti

¡A volar!

Leñador,
no tales el pino,
que un hogar
hay dormido
en su copa.

—Señora abubilla,
señor gorrión,
hermana mía calandria,
sobrina del ruiseñor;

ave sin cola,
martín-pescador,
parado y triste alcaraván;

¡a volar,
pajaritos,
al mar!

Pregón

¡Vendo nubes de colores:
las redondas, coloradas,
para endulzar los calores!

¡Vendo los cirros morados
y rosas, las alboradas,
los crepúsculos dorados!

¡El amarillo lucero,
cogido a la verde rama
del celeste duraznero!

¡Vendo la nieve, la llama
y el canto del pregonero!

622

Se equivocó la paloma

Se equivocó la paloma.
Se equivocaba.
Por ir al norte, fue al sur.
Creyó que el trigo era agua.
Se equivocaba.

Creyó que el mar era el cielo;
que la noche, la mañana.
Se equivocaba.

Que las estrellas, rocío;
que la calor, la nevada.
Se equivocaba.

Que tu falda era tu blusa;
que tu corazón, su casa.
Se equivocaba.

(Ella se durmió en la orilla.
Tú, en la cumbre de una rama.)

Ensayo persuasivo

El propósito de un ensayo persuasivo es convencer al lector para que piense o actúe de una forma determinada. Usa la muestra de escritura de esta estudiante como modelo cuando escribas tu propio ensayo persuasivo.

Por qué todo el mundo debería tener un perro

Creo que todos deberíamos tener perros porque son buenos compañeros. También opino que las mascotas, y en especial los perros, te ayudan y mejoran tu vida. Algunas personas dicen que sus perros les cambiaron la vida porque cuando se cuida a un perro es necesario aprender a ser generoso. La gente también dice que los perros ayudan a comunicarse mejor. Cuando se tiene un perro, hay que intentar averiguar qué es lo que quiere, y eso puede ayudar a averiguar cómo hablar con otras personas.

Al escoger un perro es importante encontrar al más adecuado para ti. Cuando yo tenía a mi perro Simba, él era mi mejor amigo. Era el mamífero con el que prefería estar, además de mi mamá. Siempre nos hacía reír a mi familia y a mí. Algunas veces se desorientaba y se golpeaba contra la pared, y cuando poníamos música, intentaba cantar. Yo lo quería mucho y podía contarle cualquier cosa, como si fuese mi mejor amigo.

> Un buen ensayo persuasivo suele exponer su **objetivo** en la **introducción**.

> El objetivo persuasivo debe estar respaldado por **razones de peso**.

Escritura   **Establecer una posición clara**

624

Los perros ayudan a las personas porque la personalidad es una de las muchas partes importantes de la vida, y ellos ayudan a mejorarla. Mi perro me ayudó a mejorar mi personalidad, porque me convirtió en una persona más abierta al hacerme comprender que no siempre tenía que pensar sólo en mí. También mejoró mis conocimientos, porque yo no sabía que los perros necesitaban tantas cosas para satisfacer sus necesidades. Tuve que aprender cuáles debían ser mis reacciones hacia él, y averiguar cuándo ponerle la comida y qué le gustaba comer.

Algunas personas dicen que los perros necesitan demasiados cuidados, porque hay que darles de comer y sacarlos a pasear. Pero por mi perro Simba, todo ese trabajo valía la pena, porque era mi amigo.

Creo que todo el mundo debería tener un perro porque los perros pueden mejorar nuestras vidas. Simba y las demás mascotas que he tenido me han dado una lección valiosa que me será muy útil en el futuro. Si tienes un perro, también tú aprenderás una lección valiosa.

> Es importante exponer los **hechos** y dar **ejemplos**.

> Un buen ensayo persuasivo **responde a las objeciones**.

> La **conclusión** debe cerrar el ensayo de manera satisfactoria.

Conozcamos a la autora

Michiala L.

Grado: quinto
Estado: Massachusetts
Pasatiempos: jugar softball, hacer pulseras de amistad, escuchar música y montar en bicicleta
Qué quiere ser cuando sea mayor: veterinaria

Desarrollar conceptos

El tamarino león
dorado vuelve a casa
por George Ancona

**El tamarino león
dorado vuelve a casa**

Vocabulario

cautiverio
dilema
extinción
hábitat
reinserción

Estándares

Lectura

- Identificar ideas
  principales
- Inferencias/
  generalizaciones

Rescate en el bosque tropical

La "casa" a la que regresa el tamarino león dorado es el bosque tropical de la costa de Brasil. Esta región es el hábitat natural de una gran variedad de animales, aunque, como puede verse en el mapa de la derecha, el bosque tropical ha quedado reducido a una parte minúscula de su extensión original. ¿Cómo se llegó a esta situación?

Cuando los seres humanos se instalan en un lugar, sus necesidades de comida y refugio pueden entrar en conflicto con las necesidades de los animales que viven allí. A medida que los animales van perdiendo territorio de su hábitat a expensas de los seres humanos, ciertas especies, como el tamarino león dorado, pueden incluso correr peligro de extinción. Esto crea un dilema: ¿cómo es posible continuar con el desarrollo sin que la fauna y la flora se vean amenazadas?

Hay esperanzas. La reinserción a la vida silvestre de los tamarinos en cautiverio puede contribuir a que aumente su número en lo que queda del bosque tropical. ¿Quién se está dedicando a hacer ese trabajo? ¿Dónde empieza y dónde termina este proceso? Encontrarás todas las respuestas en *El tamarino león dorado vuelve a casa*.

América del Sur

Brasil

El bosque tropical de la costa de Brasil

Antes de la llegada de los europeos

Hoy

Conozcamos al autor/fotógrafo

George Ancona

Los primeros pasos de un futuro viajero: Cuando niño, Ancona iba con su padre a ver los muelles del río East en la ciudad de Nueva York. Ver aquellos barcos de carga de todas partes del mundo despertó su interés en otros países.

Estudios en el extranjero: Mientras estudiaba en una escuela de arte, Ancona viajó al sur de México y visitó por primera vez a las familias de sus padres.

Primeros empleos: Antes de convertirse en fotógrafo, Ancona trabajó como carpintero, mecánico y empleado de un parque de diversiones.

En sus propias palabras: "Creo que la gente es fascinante, y me encanta estar en lugares poco comunes, encontrarme con personas, conocerlas y aprender cosas sobre ellas. Esto me ayuda a conocerme a mí mismo".

Otros títulos: Los libros de Ancona reflejan su pasión por los viajes y por otras culturas. *Turtle Watch* y *Carnaval* también contienen imágenes de Brasil, y las fotografías de *Pablo recuerda* fueron tomadas en México.

Si quieres saber más acerca de George Ancona, visita Education Place. **www.eduplace.com/kids**

El tamarino león dorado vuelve a casa

por George Ancona

Estrategia clave

Al leer, **revisa** qué tal vas entendiendo lo que hacen algunas personas para ayudar al tamarino león dorado. Si es necesario, relee o lee párrafos con antelación para **aclarar** tus ideas.

629

Silbando suavemente, observando el follaje más alto de los árboles, Andreia Martins marcha por el bosque tropical con su hermana Carolina y su hermano Renato. Hace calor y hay mucha humedad. El pequeño grupo está rodeado por la frondosa vegetación del bosque tropical.

Los pájaros cantan, los insectos zumban y las cigarras chirrían. No muy lejos se oyen el motor de un tractor, el mugido de unas vacas, un gallo y los trabajadores de una *fazenda*, o "hacienda". Caminan pisando con mucho cuidado para evitar las espinas agudas de las hojas y la maraña de enredaderas a sus pies.

Andreia levanta la mano y el grupo se detiene. En lo alto de los árboles crujen unas hojas, las ramas se balancean, y de pronto un centelleo dorado y anaranjado interrumpe los rayos del sol. "*Micos*", les susurra a los niños, y señala al grupo de tamarinos león dorados que los mira desde las ramas de los árboles. Sus agudos silbidos y chillidos penetran el aire.

"Mico" es una manera abreviada de decir *mico leão dourado*, que en portugués significa tamarino león dorado de Brasil. De un tamaño similar al de las ardillas, estos monos reciben su nombre por su color y por su melena, que se parece a la de los leones.

El tamarino león dorado habita únicamente en el bosque tropical de la costa sureste de Brasil. Bordeado al oeste por una cadena montañosa, y con el océano Atlántico al este, este bosque abarca una extensión de unas 1,500 millas.

A su llegada los primeros colonos europeos talaron los árboles para construir sus casas y pueblos. Quemaron el resto del bosque para limpiar la tierra y ocuparla con sus poblados, sus plantaciones de café y azúcar, y sus campos para que pastara el ganado. La ciudad de Río de Janeiro fue creciendo y extendiéndose. Hoy apenas queda el dos por ciento de la superficie original de bosque tropical, dispersa como pequeñas islas en un mar de granjas y pueblos.

A medida que iba desapareciendo su hábitat, también desaparecía el tamarino león dorado. Hacia 1960 quedaban ya tan pocos que el Dr. A. Coimbra-Filho, un biólogo brasileño, advirtió sobre su extinción inminente. Exhortó al gobierno brasileño a establecer un refugio para la fauna y flora en el resto del bosque. Así fue que en 1973 se fundó la Reserva Biológica Poço das Antas, un hábitat protegido.

Los árboles altos del bosque tropical suministran a los tamarinos alimento, protección frente a sus predadores, y una red de rutas que les cruza su territorio. Los núcleos en forma de copa de las bromelias, unas plantas parásitas de los árboles, contienen agua que los monos beben y atraen insectos que éstos comen. Los tamarinos son omnívoros. No sólo comen frutas, granos y nueces sino también huevos de aves, insectos, ranas y serpientes, de donde obtienen proteínas.

La vida silvestre palpita en el bosque tropical, tanto de día como de noche, con una gran diversidad de fauna y flora. En los árboles hay perezosos y monos de otras especies.

Los tamarinos siempre deben estar en guardia frente a sus predadores. Por el cielo tienen que vigilar a los búhos, mientras que en el suelo los acosan los ocelotes, los perros salvajes y también los humanos, sus predadores más peligrosos. Los cazadores furtivos capturan a los tamarinos y los venden en el mercado ilegal de animales a precios muy altos. Si son descubiertos, se les confiscan las mascotas y se reintroducen en la reserva.

Hoy en día los tamarinos león dorados se crían en zoológicos de todo el mundo. Estos animales han perdido la capacidad para subsistir en la naturaleza. Los tamarinos en cautiverio viven en un espacio reducido, trepan por palos rígidos que no se mueven, y les da la comida en un tazón un cuidador conocido a la misma hora todos los días. Nunca han saltado de una enredadera a una delicada rama de árbol que se bambolee con su peso. No saben buscar comida. No han experimentado los cambios del clima, como el frío, la lluvia, los rayos y los truenos. Los predadores los matarían o se perderían y morirían de hambre. Necesitan de la ayuda de los seres humanos y de otros tamarinos nacidos en la naturaleza para aprender a sobrevivir en su hábitat natural.

Desde 1983, el Dr. Benjamin Beck y su grupo del Jardín Zoológico Nacional en Washington, D.C., han buscado maneras de preparar a los tamarinos nacidos en cautiverio para su regreso al bosque tropical. El Dr. Beck coordina la reinserción de los tamarinos a su hábitat natural para el Programa de Conservación del Tamarino León Dorado.

Los tamarinos que van a regresar a la naturaleza a menudo provienen de otros zoológicos y son examinados cuidadosamente al llegar al Zoológico Nacional. A cada animal se le tatúa en la pierna con un número distinto que queda anotado en una base de datos en la que constan todos los tamarinos nacidos en cautiverio.

A los tamarinos se les deja en libertad en el sector boscoso del zoológico para ver cómo se desempeñan. Como son territoriales permanecen cerca de sus nidos, que están sujetos con alambres a las copas de los árboles. El "nido" es una neverita para comidas campestres modificada, con dos recámaras en su interior, una encima de la otra. En la recámara superior hay un agujero por el cual los tamarinos entran y salen. Si los ataca algún predador, los tamarinos se refugian en la recámara inferior, donde no puede llegar ningún zarpazo hostil.

Los tamarinos marcan su territorio frotando su cuerpo contra los troncos de los árboles para impregnarlos con un olor peculiar. Los que van a ser reintroducidos a la vida salvaje van provistos de un dispositivo que emite un pitido constante y así indica a los cuidadores en qué lugar del bosque están. Los tamarinos reciben su comida en unas bandejas que les suben mecánicamente a sus nidos.

Los cuidadores han colgado unas sogas de los árboles para simular las lianas con que los monos se desplazan por el bosque. Las sogas y los nidos se cambian de vez en cuando mientras los tamarinos duermen para acostumbrarlos a tener que superar situaciones imprevistas.

El dilema del zoológico consiste en proteger a los animales y a la vez exponerlos a situaciones y peligros como los que van a enfrentar cuando vivan en la naturaleza.

Los observadores vigilan y registran todo lo que hacen los monos. Para distinguir un tamarino de otro, les tiñen el pelo de la cola con tintura de cabello. Cada miembro de la familia de tamarinos tiene su propia marca en la cola.

Cuando llega el momento oportuno, los monos se envían por avión desde Washington, D.C., a Río de Janeiro.

Andreia Martins es una de las muchas personas que trabajan en Brasil y en otros países para salvar al tamarino león dorado. Ella coordina un

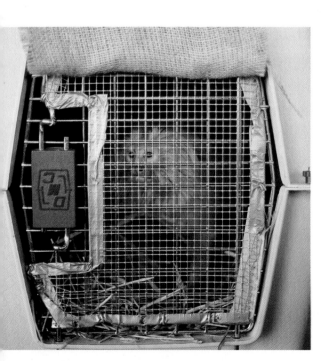

grupo de observadores que van por el bosque tropical siguiéndoles el rastro a los tamarinos y observando su comportamiento. Las notas del equipo se envían al Zoológico Nacional, para que los científicos que trabajan en el programa de conservación aprendan a preparar mejor a los tamarinos nacidos en cautiverio para su reinserción en el bosque tropical.

En Río de Janeiro, Andreia y Dionizio Moraes Pessamilio, director de la reserva, llevan bolsas con frutas para recibir a siete tamarinos que llegan de Washington, D.C.

Después de un vuelo que dura toda la noche, los monos están hambrientos, chillan y se tragan ávidamente los pedazos de fruta que Andreia y Dionizio les ponen en las jaulas. Luego las ruidosas jaulas se montan en la camioneta para el viaje de dos horas que las llevará hasta la reserva.

Los tamarinos león dorados suelen ser monógamos, lo que significa que el macho y la hembra viven juntos y solamente se aparean entre sí. En este envío va una familia de cuatro: la madre, el padre y un par de mellizos de un año de edad, uno macho y la otra hembra, provenientes todos de un mismo zoológico. Los otros tres tamarinos vienen de tres zoológicos diferentes y serán utilizados para formar nuevas familias.

Como quedan tan pocos tamarinos en estado salvaje, los pocos que hay se reproducen entre sí. Introducir animales nacidos en zoológicos distantes ayuda a fortalecer el poco variado caudal genético de los tamarinos nativos. Los genes se encargan de pasar la información sobre las características de la especie de generación en generación.

La camioneta y el equipo de observación se encuentran en un camino angosto en el bosque. Allí se descargan a los tamarinos y los transportan al bosque, donde se dejan a los inmigrantes recién llegados en unas jaulas grandes. En estas jaulas se irán acostumbrando a su nuevo entorno.

Todo es diferente: el calor, los árboles altísimos, los ruidos… Los tamarinos irán conociendo poco a poco a sus presas potenciales: insectos y reptiles pequeños y mamíferos que corretean por sus jaulas. Detrás de los barrotes de la jaula los acosan sus predadores, a quienes deben aprender a evitar.

La reserva está ubicada a unos cuantos kilómetros del pueblo de Silva Jardim, donde Andreia vive con su madre y con sus diez hermanos y hermanas. Cada mañana Andreia y su hermana Arleia, que también es una observadora, cortan frutas y comida enlatada para mono tití. La comida enlatada, que les aporta proteínas esenciales, es exactamente la misma que los tamarinos comían en el zoológico.

Los trozos de frutas se colocan en unos alimentadores hechos de tubos de plástico agujereados y atados con alambre conformando un cuadrado. Andreia mete pedazos de comida por los agujeros. Esto incentiva a los tamarinos a sacar la comida con sus largos dedos y uñas, tal como tendrán que hacer para hurgar en los árboles y ramas podridas de su nuevo hábitat.

Mientras tanto, Arleia llena de agua las cantimploras. A las 7:30 a.m. la camioneta se carga con alimentadores y cantimploras. Las hermanas se meten los pantalones de camuflaje por las botas, para evitar que se les introduzcan insectos, y suben a la camioneta.

El Programa de Conservación del Tamarino León Dorado ha dado empleo a mucha gente de Silva Jardim. Este pequeño pueblo está ubicado cerca de una de las carreteras principales hacia Río de Janeiro. La *praça*, o "plaza", con sus altos y tupidos árboles, su quiosco de música y su patio de juegos para niños, está en el centro del pueblo.

Andreia se detiene en la plaza para que suban más compañeros del equipo de observación. Mientras espera que lleguen, prepara la lista de tareas que cada uno deberá cumplir. Todos los días, se le asigna un grupo de tamarinos diferente a cada observador.

El equipo de observación se divide en dos grupos. Uno de ellos se dirige a la reserva y el otro a las *fazendas* (haciendas), donde ya se han reintroducido tamarinos. Inicialmente los *fazenderos*, o "granjeros", no sabían si debían aceptar o no a los monos en su bosque. Pero ahora cuando se refieren a ellos los llaman "mis micos".

Andreia recorre el bosque en su camioneta, parando de vez en cuando para que se baje algún observador. Cada uno lleva una cantimplora y un machete colgando del cinturón, y una mochila con comida, indumentaria para la lluvia, un equipo de primeros auxilios para mordeduras de serpientes y repelente contra mosquitos. Además, llevan una brújula, un reloj digital, un cuaderno, una antena y un receptor de radio para seguir el rastro a los tamarinos. El equipo que llevan al bosque incluye también un alimentador para tamarinos repleto, que cargan a hombros.

Hoy la familia de cuatro tamarinos recién llegados volverá a la naturaleza. Han pasado bastante tiempo en la enorme jaula y ya se acostumbraron al clima del bosque tropical. A cada tamarino se lo reconoce no sólo por una marca característica en la cola, sino por otra en el cuerpo que lo identifica como miembro de una familia determinada. Unos de los tamarinos del grupo lleva un collar nuevo que emite señales de radio.

Andreia y Paulo Caesar, otro observador, llevan al bosque el nido artificial. Han elegido un árbol ubicado en un área que la familia de tamarinos considerará territorio propio. Paulo Caesar trepa ágilmente por un árbol cargando una soga y un alambre al hombro. Cuando llega a una rama a unos veinte pies de altura, deja caer un extremo de la soga para que lo tome Andreia. Ella lo ata al nido artificial, y Paulo Caesar lo eleva y lo ata en su lugar con alambres. Luego pasa la soga por una rama y deja caer ambos extremos para que Andreia eleve el alimentador hasta el nido. Por último, Paulo Caesar retira la tapa que cubre el nido con los tamarinos y baja del árbol. Y entonces ambos se sientan a esperar.

638

Un tamarino joven se asoma desde el nido, mira a su alrededor y chilla. Luego aparece la cabeza de otro, con ganas de curiosear. Después de unos movimientos algo tentativos, el pequeño sale disparado hacia el alimentador, hurga en su interior y se llena la boca de comida.

Abajo, Andreia consulta su reloj y anota en su cuaderno. Durante la primera hora, describe lo que hace todo el grupo: la manera en que comen, se relacionan, descansan y gritan. Luego toma nota de lo que hace cada miembro de la familia.

Para no dar a los tamarinos características propias de los humanos, los observadores no les ponen ningún nombre. Los identifican, en cambio, según el zoológico del que provienen y con unos números que representan el lugar que ocupan en el grupo. Por ejemplo, KO1 es la hembra adulta del zoológico de Colonia, Alemania, KO2 es el macho adulto, y KO3 y KO4 son sus crías.

Al principio los recién llegados apenas se alejan de su nido. Si se apartaran demasiado de su nueva casa, se sentirían desorientados y se podrían perder. A solas, un tamarino que acaba de volver a la naturaleza puede morir de hambre, lastimarse o ser víctima de un depredador.

Éste es el momento en que los tamarinos necesitan más ayuda. Se les proporciona abundante agua y comida, y se les cuelgan naranjas y bananas en las ramas más próximas para que coman. Debido a que hasta ahora los tamarinos han comido fruta cortada, no saben pelarlas. Para ayudarlos, las bananas están ya medio peladas, y las naranjas tienen cortadas unas "ventanas" en la cáscara.

Con el correr de los meses, el alimentador se va colocando cada vez más lejos del nido. Las frutas se van ubicando en árboles pequeños que se bambolean cuando los tamarinos saltan a ellos.

Cuando los tamarinos empiezan a buscar su propia comida y a comer alimentos de su entorno, los observadores comienzan a visitarlos menos. Acuden a observarlos tres veces por semana, luego una vez por semana y por último una vez por mes. Cuando los tamarinos se vuelven independientes, dejan de llevarles alimentos.

Poco a poco la familia se acostumbra al bosque tropical; a los más pequeños les cuesta menos adaptarse que a los adultos. Pero sólo un treinta por ciento de todos los tamarinos reinsertados en un entorno silvestre sobrevive más de dos años. Algunos mueren víctimas de frutas venenosas o de serpientes. Otros mueren por los ataques de abejas africanizadas conocidas como "asesinas", que a veces incluso utilizan los nidos de los tamarinos para construir sus panales. Los tamarinos nacidos en su hábitat natural tienen muchas más probabilidades de sobrevivir que los que vivieron en cautiverio. Son más acrobáticos y tienen más confianza para saltar de rama en rama. Les resulta más fácil enfrentar situaciones imprevistas. Además, no tienen que esforzarse por abandonar las costumbres que aprendieron cuando vivían en el zoológico y que ahora ya no necesitan para nada.

El objetivo del Programa de Conservación del Tamarino León Dorado es que para el año 2025 haya dos mil tamarinos viviendo en su hábitat natural. Para que esto se cumpla, las personas que viven dentro o cerca del bosque tropical deben ayudar a proteger a los tamarinos y su bosque tropical. De esta manera los seres humanos y los tamarinos podrán finalmente compartir el hermoso paisaje brasileño.

Piensa en la selección

El tamarino león
dorado vuelve a casa
por George Ancona

1. ¿Crees que los colonos tenían buenas razones para talar el bosque tropical? ¿Por qué?

2. ¿Por qué crees que los tamarinos nacidos en su hábitat natural tienen más posibilidades de sobrevivir que los que regresan al bosque tropical después de vivir en cautiverio?

3. Encuentra evidencia que sustente esta idea: los tamarinos necesitan más ayuda que nunca inmediatamente después de regresar al bosque tropical.

4. ¿Estás de acuerdo con la decisión de los observadores, en la página 639, de no ponerles nombre a los tamarinos? ¿Por qué?

5. ¿Te gustaría trabajar para un programa de conservación? De ser así, ¿qué querrías hacer? Si no te gustaría, ¿por qué no?

6. ¿Crees que los esfuerzos para reintroducir a los tamarinos al bosque tropical valen la pena, a pesar de que sólo el 30% de ellos logre sobrevivir? Explica tu respuesta.

7. Conectar/Comparar En tu opinión, ¿qué animal tiene más probabilidades de sobrevivir, el oso pardo o el tamarino león dorado? ¿Por qué?

Informar

Escribe un fax

Un coordinador de un equipo de conservación tiene que enviar un fax a los observadores de tamarinos. Escribe un fax que les diga qué deberán hacer, qué equipo deberán llevar y cómo y dónde los pasarán a buscar.

Consejos

- El mensaje debe ser breve y claro.
- Prepara una página inicial para el fax con tu nombre y el nombre de la persona a quien va dirigido.

Lectura Inferencias/generalizaciones
Escritura Establecer el tema y el orden de los sucesos

Haz un diagrama informativo

Utiliza la información de esta selección para preparar un diagrama con información sobre el tamarino león dorado. Divide el diagrama en filas con títulos de categorías como, por ejemplo, *Tamaño, Color, Hábitat, Comida, Predadores* y *Familia*. Luego completa las filas para mostrar lo que has aprendido.

Extra Haz un diagrama informativo similar para otro tipo de mono, y luego compara los dos animales.

Tamarino león dorado

Tamaño	
Comida	
Color	

Da una charla

¿Te preocupa el destino del tamarino león dorado? ¿Estás de acuerdo en que debe regresar al bosque tropical? Con lo que has aprendido en la selección, prepara una charla sobre el Programa de Conservación del Tamarino León Dorado y preséntala en clase.

Consejos

- **Utiliza tarjetas con anotaciones en lugar de escribir toda tu charla. Practica con las tarjetas antes de dar la charla.**
- **Habla a un ritmo constante. Asegúrate de que todo tu público pueda oírte.**

Internet

Envía un correo electrónico

¿Qué cosas aprendiste al leer *El tamarino león dorado vuelve a casa*? ¿Qué piensas sobre lo que aprendiste? Envía un correo electrónico a un amigo hablándole sobre la selección.

Escuchar/Hablar **Hacer presentaciones informativas**
Escritura **Usar medios electrónicos**

Conexión con la tecnología

Destreza: Cómo leer un artículo sobre la tecnología

Antes de leer...

- Identifica el **tema** del artículo.

- Busca **diagramas** o **ilustraciones** que ayuden a explicar el funcionamiento de la tecnología.

Al leer...

- Si encuentras un **término** que desconoces, relee o adelántate en la lectura para buscar su definición.

- Si encuentras una **abreviatura** que desconoces, busca la frase en la que aparecen las palabras que forman la abreviatura.

Estándares

Lectura

- **Entender la presentación del texto**

- **Analizar características de la literatura**

En sintonía con los animales

El tamarino león dorado no es la única especie a la que los científicos escuchan. Los nuevos adelantos tecnológicos han cambiado nuestra manera de comunicarnos y de escuchar a los animales, y nos han enseñado cosas asombrosas sobre su comportamiento.

En el otoño de 1994, un manatí de la Florida, miembro de una especie de mamíferos marinos en peligro de extinción, fue avistado en la costa de Maryland. Los científicos saben que los manatíes migran hacia el norte en el verano, pero les llamó la atención que este manatí todavía no hubiera regresado al sur. Obviamente, todavía tenían mucho que aprender sobre los manatíes. Atraparon al animal, pero, antes de llevarlo de regreso a las aguas de la Florida, le colocaron en la cola un collar especial que emite señales de radio. Con este collar los científicos pudieron rastrear los movimientos y la ubicación del manatí y aprendieron más sobre la migración de estos animales.

Rastrear un animal significa seguir su ubicación allá por donde camina, corre, nada o vuela. Rastreando a muchos ejemplares de una especie durante un período, los científicos pueden averiguar cómo migra dicha especie con el paso de las estaciones. También aprenden detalles sobre el comportamiento animal que pueden ayudarlos a proteger a las especies en peligro de extinción.

Etiquetas y telemetría

La manera más sencilla de rastrear animales es siguiendo a uno en particular y observándolo permanentemente. Pero rastrear a un animal no es siempre físicamente posible. (Piensa, por ejemplo, en lo rápido que podemos perder de vista a un ave en vuelo.) Hace casi doscientos años, unos investigadores comenzaron a atrapar animales, a colocarles unas etiquetas y a soltarlos. Este método era algo mejor, pero aún tenía problemas: si los científicos querían saber algo sobre el animal tenían que atraparlo nuevamente más tarde.

El siguiente procedimiento que se desarrolló fue la *telemetría*, es decir, el uso de señales de radio para rastrear animales.

Veamos un ejemplo de cómo funciona: A un animal en particular, digamos un lince, se le coloca un pequeño dispositivo que transmite señales de radio. Con la ayuda de un radiorreceptor, los científicos detectan las señales a distancia desde tierra o desde un avión. Durante varios días o semanas, toman nota de adónde va el lince. Este método todavía se usa en la actualidad, pero tiene sus limitaciones. El receptor detecta las señales sólo si está a unos cientos de metros del transmisor. Además la telemetría no funciona en todas partes. Las señales de radio no pueden penetrar la espesa vegetación de la selva, ni funcionan bien bajo la superficie del océano.

Una vez que se le coloca un transmisor de radio (izquierda), el lince puede ser rastreado con una antena de radio portátil y un receptor (arriba).

Señales por satélite

Actualmente, el método de rastrear animales más preciso y potente es probablemente el Sistema de Posicionamiento Global (GPS, por sus siglas en inglés). Este sistema rastrea a los animales utilizando veintiséis satélites en órbita a 11,000 millas de altura.

En lugar de llevar un transmisor, el animal, por ejemplo un albatros ondulado, lleva un receptor. A intervalos regulares el receptor selecciona automáticamente los cuatro satélites que están más cerca del albatros. El receptor recoge las señales de los satélites y las registra en una computadora. La computadora entonces calcula la posición del albatros, procesando la información que recoge de los cuatro satélites. El punto que calcula el sistema GPS es de tal precisión que su margen de error es de sólo 30 metros (33 yardas).

El rastreo por satélite ha revelado información fascinante y muy importante sobre muchos tipos de animales. Los científicos aprendieron que los albatros recorren miles de millas en busca de comida para su único pichón.

Los albatros observan el océano en busca de peces para alimentar a sus pichones. Los rastreadores a su vez observan a los albatros.

Descubrieron que las tortugas laúd recorren más de mil millas en mar abierto, siguiendo las mismas rutas una y otra vez. Y una serie de estudios indicó que los grandes tiburones blancos cazan continuamente todo el día, no solamente durante las horas de luz como creían los científicos en un principio.

Los científicos intentan perfeccionar el rastreo de animales constantemente. Un grupo de investigadores les coloca a los tiburones unas etiquetas especiales que envían información a unos receptores ubicados en unas boyas flotantes. Los transmisores ultralivianos que pesan siete décimos de onza pueden colocarse en las alas de las aves pequeñas, y los científicos están tratando de hacerlos aún más livianos.

Tal vez el aspecto más interesante del rastreo de animales actual sea que, con Internet, cualquiera puede encontrar la información más actualizada que reciben los científicos. Al visitar sitios Web de rastreadores de animales, puedes averiguar hacia dónde va un animal cada mes o cada semana, o incluso cada día. Tal vez la próxima vez que aparezca un manatí en un lugar inesperado, tú seas el primero en enterarte.

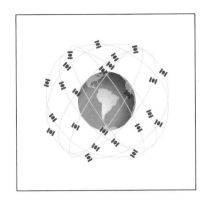

Para el rastreo por GPS, veintiséis satélites con transmisores orbitan la Tierra (izquierda). A intervalos regulares, los cuatro satélites más cercanos al albatros ondulado (abajo) envían señales al receptor del ave, que les indica su posición.

Utilizando estos datos, los biólogos del Proyecto Albatros pueden rastrear con gran precisión los vuelos de los albatros ondulados, que parten del lugar donde se reproducen en la diminuta isla Española, una de las Islas Galápagos, cerca de la costa de Ecuador.

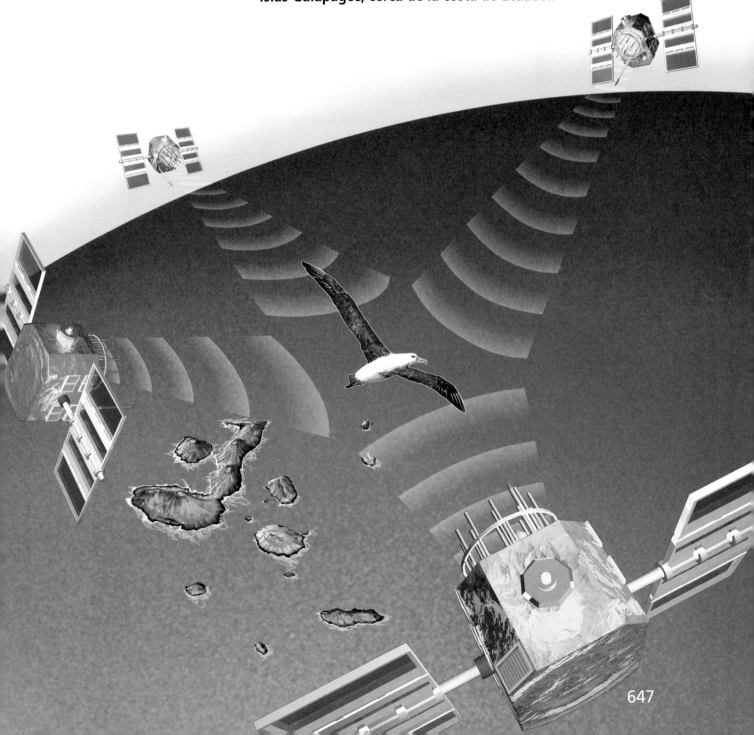

**Mi rincón en
la montaña**

Vocabulario

almacén
cosecha
difíciles
fabricaría
provisiones
supervivencia

Estándares

Lectura
- Inferencias/
  generalizaciones

Vivir de la tierra

En *Mi rincón en la montaña*, un niño decide "vivir de la tierra" en un bosque. Su **supervivencia** depende de su capacidad para aprovechar aquello que encuentra en la naturaleza para cubrir sus necesidades.

Piensa un poco en qué necesidades podría tener.

Una persona que vive de la tierra debe prestar mucha atención a la comida, al vestido y al refugio. ¿Cómo podría alguien aprovechar la **cosecha** de las plantas comestibles de la zona en que se encuentra para comer? ¿Cuánto trabajo le llevaría acumular **provisiones** de comida para pasar todo el invierno? ¿Y cómo se las arreglaría para crear un **almacén** donde los alimentos no se estropearan ni se los comieran los animales salvajes?

Naturalmente, un habitante del bosque también necesita un lugar para vivir. ¿Qué tipo de refugio **fabricaría** una persona sólo con los materiales que encuentre en el bosque? ¿Qué cualidades debería tener un refugio para protegerlo de inviernos **difíciles**? ¿Cuáles podrían ser sus ropas más abrigadas?

Hay que tener en cuenta otra cosa. Una vez cubiertas sus necesidades de comida, refugio y ropa, la persona debe evitar la soledad. ¿Qué tipo de amistades pueden entablarse en el bosque?

Jean Craighead George

La familia de Jean Craighead George vivía en Washington, D.C., y su padre a menudo la llevaba junto a sus hermanos al campo en las afueras de la ciudad para enseñarles cosas sobre las plantas y los animales. También aprendió algunas tácticas de supervivencia que utiliza Sam Gribley, entre ellas cómo construir un refugio, y cómo preparar un anzuelo y un sedal de pescar a partir de madera y de fibra de madera. Sobre sus libros, George comenta: "Escribo para los niños. Los niños siguen adorando las maravillas de la naturaleza, y yo también".

Además de unos setenta libros que tratan de la naturaleza, George ha continuado con el relato de *Mi rincón en la montaña* escribiendo una saga de otros dos libros: *On the Far Side of the Mountain* y *Frightful's Mountain*.

Gary Aagaard

Gary Aagaard creció en Seattle, Washington. Se recuerda a sí mismo como un niño muy activo y muy curioso. Para ilustrar *Mi rincón en la montaña*, Aagaard viajó al norte del estado de Nueva York, donde tiene lugar la historia. Allí tomó fotografías de los paisajes, utilizando al hijo de un amigo como modelo para Sam. Aagaard vive en la actualidad en la ciudad de Nueva York.

Internet

Para saber más acerca de Jean Craighead George y Gary Aagaard, visita Education Place. **www.eduplace.com/kids**

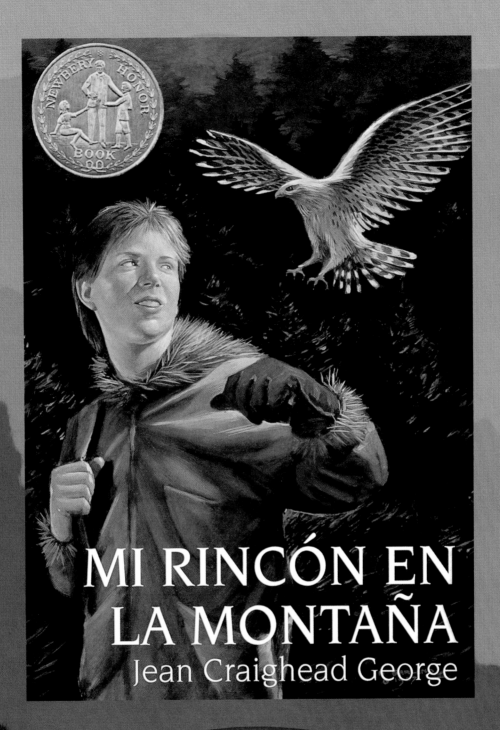

MI RINCÓN EN LA MONTAÑA
Jean Craighead George

Estrategia clave

Sam Gribley está viviendo solo en el bosque de una montaña. Al leer, **resume** cómo Sam resuelve sus problemas e interactúa con los animales.

Sam Gribley está viviendo solo en la montaña boscosa donde una vez vivió su abuelo. Por su parte, Bando, el maestro de quien se hizo amigo durante el verano, se ha ido. Ahora Sam tiene solamente su diario y a los animales salvajes de compañía: Retador, un halcón que ha criado; Barón, la comadreja, y Jessie Mapache James, un mapache.

El otoño nos trae comida y soledad

Septiembre se fue abriendo paso entre las montañas. Primero quemó la hierba, y las plantas dejaron caer sus semillas, que fueron recogidas por los ratones y esparcidas por los vientos.

Después mandó a las ardillas que corrieran con audacia por el bosque para recoger y almacenar las nueces.

También glaseó las hojas de los álamos y los pintó de un amarillo dorado.

Más tarde reunió los pájaros en sus bandadas, y la montaña se llenó de cantos, gorjeos y alas que brillaban. Los pájaros estaban preparados para irse al sur.

Y yo, Sam Gribley, me sentía bien, muy bien.

Empujé la balsa río abajo y fui a recolectar bulbos de diente de perro, tubérculos de espadaña, raíces de junco y cebollas de juncia, que saben a nueces.

Y entonces apareció el ejército de grillos, y Retador daba saltitos por toda la cañada para cogerlos entre sus garras y comérselos. Yo los probé, porque había oído decir que saben bien. Creo que hablaban de otra especie de grillo, es más, pienso que el grillo común tendría un sabor excelente sólo si uno estuviera muriéndose de hambre. Ése no era mi caso, así que preferí escucharlos. Dejé a los grillos y volví a la abundancia de la tierra.

Ahumé pescado y conejo, extraje gran cantidad de cebollas silvestres y recogí todo lo que septiembre me ofrecía, en una carrera contra el tiempo.

"15 de octubre

"Hoy Barón tiene un aspecto mohoso. No me pude acercar lo suficiente para ver lo que le pasaba, pero me parece que está cambiando su pelo de verano por su blanco manto de invierno. Si es cierto, debe molestarle bastante, porque se rasca mucho".

Al ver a Barón cambiar su pelo, despertaron en mí los primeros temores. Escribí esta nota en mi trocito de corteza de abedul. Estaba acurrucado en mi cama y tiritaba.

"La nieve, el frío y los largos meses sin vida me esperan", pensé. El viento era helado y soplaba fuerte entre las montañas. Encendí mi lámpara de grasa, saqué las pieles de conejo y ardilla que había estado almacenando, y empecé a frotarlas y manosearlas para ponerlas blandas.

Barón iba a tener un nuevo traje para el invierno y yo también debía hacerme uno. Me harían falta unas manoplas, ropa interior y unos calcetines, todo de piel.

Retador, que estaba sentado al pie de la cama, bostezó, erizó las plumas y metió la cabeza entre las plumas grisáceas de su espalda. Se durmió. Yo seguí trabajando durante varias horas.

Aquí tengo que decir que empezaba a preguntarme si no sería mejor irme a casa durante el invierno y volver otra vez al bosque en primavera. Todo a mi alrededor se preparaba para los meses difíciles. Jessie Mapache James estaba tan gordo como un tonel; bajaba del árbol lentamente y se le formaba un rollo de grasa sobre los hombros. Las ardillas trabajaban y almacenaban comida. También se hacían nidos de hojas secas. Las mofetas tenían preparadas sus madrigueras y al amanecer las tapaban con manojos de hojas. Así, ninguna corriente podría alcanzarlas. Mientras pensaba en las mofetas y en todos los animales que se preparaban para el invierno, de repente me di cuenta de que mi árbol estaría tan frío como el aire si no se me ocurría alguna manera de calentarlo.

"notas:

"Hoy fui en la balsa hasta la parte más profunda del riachuelo para pescar. Era un perezoso día de otoño, el cielo despejado, las hojas que comienzan a enrojecerse y el aire cálido.

"Me tumbé boca arriba, porque los peces no picaban, y me puse a canturrear.

"La cuerda se estiró con fuerza, y me incorporé para tirar de ella, pero era demasiado tarde. No obstante, no era demasiado tarde para darme cuenta de que había llegado a la orilla, la misma orilla de la cual Bando había cogido la arcilla para los botes de mermelada.

"En este mismo momento supe lo que iba a hacer. Construiría un hogar de arcilla y también fabricaría con este material una chimenea. Sería pequeña, pero me bastaría para calentar el árbol durante el largo invierno".

"Al día siguiente

"Arrastré la arcilla montaña arriba hacia el árbol metida en mis segundos mejores pantalones de ciudad. Até las perneras, las llené hasta arriba y cuando miré mi extraña carga, pensé en el espantapájaros y la noche de Halloween. Me acordé de los chicos que volcaban basureros en la Tercera Avenida y pintaban las ventanas con jabón. Entonces me sentí muy solo. El aire olía a hojas y el viento fresco del arroyo me acariciaba. Las currucas que estaban en los árboles, sobre mi cabeza, parecían alegres por la cercanía de su viaje hacia el sur. Me paré en mitad del camino y agaché la cabeza. Estaba triste y a punto de llorar. De repente brilló un relámpago. Sentí una punzada en la pierna y miré justo a tiempo para ver cómo Barón saltaba desde mi pantalón hacia la cubierta de helechos.

"Eso alejó de mí la soledad. Me fui tras él y subimos la montaña a gran velocidad. De vez en cuando le perdía entre los helechos y las patas de gallo. Entramos en la parcela como furias; Barón brincaba y chillaba delante de mí, y yo arrastraba el "espantapájaros de arcilla".

"Retador miró sólo una vez y voló hasta el final de su correa. A él no le gusta Barón y le mira, bueno, como un halcón. No me gusta dejarle solo. Aquí termino mis notas; tengo que hacer el hogar".

Me llevó tres días hacer bien el hogar para que no me echara fuera del árbol con su humo, como a una avispa. Era un enorme problema. En primer lugar la chimenea se venía abajo porque la arcilla era demasiado pesada para mantenerse en pie por sí misma, así que tuve que conseguir algunas hierbas secas y mezclarlas con la arcilla para que aguantase su propio peso.

Abrí uno de los viejos agujeros de nudo para dejar escapar el humo y construí la chimenea desde ahí hasta abajo. Por supuesto, cuando se secó la arcilla, se separó un poco del árbol, y todo el humo volvió a entrar en mi vivienda, así que intenté sellar el escape con resina de pino. Eso dio buen resultado, pero entonces se agrietó el humero, y tuve que colocarle debajo unos soportes de madera.

Estos soportes servirían. Entonces decidí bajar hasta los alrededores de la vieja granja Gribley para ver si encontraba algunos clavos de acero o de cualquier otro metal.

Llevé conmigo la pala de madera que había sacado del tablón, y cavé en lo que creía que había sido la puerta de atrás y el cobertizo.

Encontré una bisagra, viejos clavos hechos a mano, que me vendrían bien, y por último, el tesoro de los tesoros —el eje de una vagoneta— que era demasiado grande. No poseía una sierra para cortar metales y no tenía fuerza suficiente como para calentarlo y partirlo a martillazos. Es más, sólo tenía un pequeño mazo de madera que me había fabricado.

Llevé mis trofeos a casa y me senté delante de mi árbol para hacer la cena y dar de comer a Retador. La tarde prometía una noche de escarcha. Miré las plumas de Retador y pensé que yo no poseía ni siquiera una piel de ciervo que me sirviera de manta. Había utilizado las dos que tenía para hacer una puerta y un pantalón. Ojalá me crecieran plumas.

Lancé a Retador y voló entre los árboles para cruzar después la cañada. Se marchó con una extraña determinación.

—¡Se va a ir! —grité—. Nunca le he visto volar de esa forma tan salvaje.

Aparté el pescado ahumado y corrí hacia la cañada. Silbé y silbé hasta que se me secó la boca y no me salieron más silbidos.

Me subí a la gran roca, pero no le vi por ninguna parte. Agité frenéticamente el señuelo, me mojé los labios y volví a silbar. El sol tenía un color frío, como de acero, y se estaba poniendo por detrás de la montaña. El aire ahora era helado y Retador se había marchado. Estaba seguro de que había escapado con la migración; mi corazón

se contrajo de dolor y latía con fuerza. Tenía bastante comida, desde luego, y Retador no era absolutamente necesario para mi supervivencia, pero ahora le tenía tanto cariño que era más que un pájaro para mí. Yo sabía que debía tenerle conmigo para hablar y jugar con él, si lograba superar el invierno.

Silbé de nuevo. Entonces oí un chillido entre las hierbas, cerca de los álamos blancos.

En la incipiente oscuridad, distinguí un movimiento. Creo que fui volando al sitio. Y allí estaba él; había atrapado un pájaro por sí mismo. Me lancé a su lado y le agarré de las pihuelas. Él no pensaba marcharse, pero yo iba a asegurarme de que no lo hiciera. Le agarré tan deprisa que mi mano chocó contra una piedra y me lesioné los nudillos.

Aquella piedra era plana, estrecha y larga; era la solución para mi hogar. Cogí a Retador en una mano y la piedra en la otra y me reí del gris y frío sol mientras me deslizaba detrás de la montaña, porque yo sabía que no iba a pasar frío. Esa piedra plana era lo que hacía falta para sujetar el humero y terminar mi chimenea.

Y eso fue precisamente lo que hice con ella. La rompí en dos. Puse una parte a cada lado del humero, encendí el fuego, cerré la puerta y escuché al viento que nos traía la primera escarcha. Mi casa estaba caliente.

Entonces vi algo horrible. Retador estaba sentado en el poste de la cama, con su cabeza debajo del ala. Se caía. Sacó la cabeza, sus ojos estaban vidriosos.

—Está enfermo —me dije.

Lo cogí y lo acaricié, y puede que nos hubiésemos muerto allí mismo si no hubiera abierto la puerta para darle agua. El aire frío de la noche le reanimó.

—¡Aire! —exclamé—, la chimenea ha utilizado todo el oxígeno; tengo que ventilar este sitio.

Nos quedamos fuera, en el frío, durante un largo rato, porque estaba muy asustado, pensando en lo que nos podía haber pasado.

Aparté el fuego, me envolví en la piel de la puerta y me introduje en el árbol. Retador y yo dormimos con la escarcha en la cara.

"notas:

"He hecho algunos agujeros más en el tronco para permitir que entre y salga el aire. Hoy lo he probado. Tengo a Retador encima de mi puño y le estoy mirando. Han pasado unas dos horas y ni él se ha desmayado, ni yo he perdido la sensibilidad en las manos y los pies. Todavía puedo leer y ver con claridad.

Prueba: el aspecto saludable de Retador".

Lecciones de Halloween

"28 de octubre

"He caminado la montaña de arriba abajo durante toda una semana, intentando encontrar nueces maduras de roble y de nogal. Hoy encontré ardillas por todos los árboles, comiéndose las nueces con furia, y entonces decidí que, maduras o no, las debía recoger. O me apresuraba o me ganaban las ardillas.

"Amarré a Retador a un árbol de nogal mientras iba hasta un roble para recoger bellotas. Retador protegía las nueces de nogal. Mantenía a las ardillas tan ocupadas chirriándole que no les daba tiempo de agarrar las nueces. Le tienen terror. Es un buen plan. Yo recojo mientras grito y golpeo el árbol para mantenerlas alejadas.

"Nunca había visto tantas ardillas. Se cuelgan de las ramas delgadas y rebotan entre ellas; parecen venir de todo el bosque. Seguro que se pasan mensajes las unas a las otras, diciendo qué tipo de nueces y dónde están los árboles".

Días más tarde, con mi depósito repleto de nueces, comencé a competir por las manzanas. En la competencia participaban ardillas, mapaches y un zorrillo grandote a quien parecía no caberle más. Estaba listo para dormir sin levantarse durante todo el invierno, y me molestaba, porque ya él no necesitaba de mis manzanas. Sin embargo, no me metí con él.

Recogí las manzanas que pude, corté algunas en rebanadas y las sequé sobre una piedra bajo el sol. Algunas las guardé en un árbol para comérmelas muy pronto. Algunas tenían gusanos, pero era genial poder comer una manzana otra vez.

Un día terminó todo, la cosecha estaba recogida. Y entonces, cuando me senté a escribir algunas notas, apareció Barón corriendo.

Barón me saltó encima y lamió los bordes de mi tazón de caparazón de tortuga, le saltó a Retador y bajó hasta mis pies.

—Barón Comadreja —dije—. Ya casi es Halloween. ¿Planeas pedir dulces o hacer trucos? Le acerqué los sobrados que había en mi tazón de caparazón de tortuga y, fascinado, la vi devorándose todo.

"notas:

"Barón mastica con sus muelas traseras, mastica con una fiereza que jamás le había visto. Sus ojos brillan, sus labios se curvean desde sus blancos y puntiagudos dientes frontales y frunce el ceño como un hombre bravo. Si me le acerco, le sale un murmullo desde el pecho que me mantiene alejado. Me lanza miradas. Es realmente raro que un animal salvaje te mire a los ojos. Encuentro algo humano en su mirada atenta. Tal vez porque esa mirada me dice algo. Me dice que sabe quién soy y que no quiere que me le acerque".

La comadreja Barón se fue después de la comilona. Retador, que estaba tan erguido y flaco como un palo, se tranquilizó y sacudió sus alas. Yo le dije:

—Te das cuenta, consiguió sus dulces, sin trucos.

Entonces recordé algo. Busqué detrás de la puerta y alcancé mi calendario de palo. Conté 28, 29, 30, 31.

—Retador, la vieja comadreja lo sabe. Es Halloween. Vamos a hacer una fiesta de Halloween.

Inmediatamente formé pilas de nueces partidas, conejo ahumado y cangrejos. Incluso puse dos de mis manzanas. Era una invitación para que las ardillas, zorros, mapaches, zarigüeyas e incluso los pájaros que había alrededor vinieran a una fiesta.

Cuando Retador estaba amarrado a su cepa, algunos de los animales sólo se acercaban a pegarle chillidos. Entonces me metí al árbol con el pájaro, abrimos la portezuela y esperamos.

No pasó mucho esa noche. Me di cuenta de que los mensajes toman tiempo en propagarse por el bosque. Pero se propagan. Antes de la fiesta yo había tenido mucho cuidado de no dejar nada de comida afuera porque necesitaba cada bocado. Tomé la precaución de trancar con una piedra la entrada del árbol de almacén. Se alzó la luna llena y yo me fui a dormir con Retador.

Al amanecer, nos fuimos de la fiesta dejando los dulces afuera. Sin embargo, como era uno de esos días frescos y dorados del otoño, nos dimos a la tarea de buscar pieles de conejo para terminar mi ropa interior de invierno.

Almorzamos cerca del arroyo, guiso de mejillones y papas silvestres. No regresamos hasta el anochecer porque descubrí arroz silvestre en un recodo del río. No había más que un puñado.

Al llegar a casa esa noche, todo parecía lo suficientemente calmado. Faltaban algunas nueces, por culpa de las ardillas, pensé. Cociné un pescado sobre hojas, y me comí la pequeña y preciada cantidad de arroz que tenía. ¡Fue increíble! Me puse cómodo para comenzar a raspar las pieles de conejo del día. Mi vecino, el zorrillo, se metió dentro del campamento y se empezó a comer el conejo ahumado. Escribí algunas notas de Halloween:

"La luna está cayendo por detrás de los álamos. Está tan grande y anaranjada como una calabaza. La brisa es fría, las estrellas parecen bombillas eléctricas. Estoy justo al lado de la entrada, con mi lámpara de caparazón de tortuga encendida para poder escribir esto.

"Algo se mueve más allá de la segunda cicuta. Retador está bien atento, como si hubiera cosas a nuestro alrededor. Halloween se había terminado ayer a medianoche, pero para nosotros es sólo el comienzo. Bueno, eso es lo que siento, aunque puede que sea sólo mi imaginación.

"Me gustaría que Retador dejara de apretarse las plumas y levantarse como un resorte. Siempre pienso que presiente las cosas.

"Aquí viene Jesse Mapache James. Él va a querer la carne de venado.

"No pudo alcanzarla. Se oyó un gruñido, y un mapache inmenso que yo nunca había visto pasó de largo por su lado gruñendo; parecía feroz. Jessie Mapache James se quedó pasmado, yo diría que muerto de miedo. Torció la cabeza y lo dejó comer. Si Jesse pestañeaba, el viejo mapache le hubiera gruñido salpicándolo de comida".

Se hizo de noche, y no podía ver mucho. Entonces, oí un aullido espeluznante detrás de la roca, anunciando la llegada del zorro rojo del prado. Se me puso la piel de gallina. El zorro se quedó justo detrás de mi árbol de almacén, serpenteando en silencio. De vez en cuando el zorro lloraba, como un búho. Yo escribí un poco más.

"La luz de mi lámpara de caparazón de tortuga hacía temblar las sombras. Un pequeño animal gris se acercó al hayuco. No sé qué es. Ahora puedo ver que es una ardilla voladora. Qué raro, nunca había visto una ardilla voladora por aquí, aunque, es verdad que casi nunca me había quedado despierto mucho después del atardecer".

Cuando ya no podía ver en la oscuridad, encendí una fogata, esperando que no se acabara la fiesta. No se acabó, y mientras más observaba más me daba cuenta de que todos los animales se sentían como en su casa. Un ratón de patas blancas se subió a mi montón de leña como si fuera suyo.

Apagué mi lámpara y me quedé dormido cuando el fuego de la fogata se convirtió en cenizas. Mucho más tarde me despertaron unos gritos. Levanté mi cabeza y miré a través del bosque bañado con luz de luna. Unos cuantos invitados que tardaban en irse de la fiesta me vieron mover, y se escondieron inmediatamente bajo tierra. Uno era grande y esbelto, y pensé que tal vez era un visón. Mientras me levantaba, me di cuenta de que los gritos venían desde atrás. Había algo en mi casa. Salté y pegué un grito, y dos mapaches me pasaron rozando los pies. Traté de alcanzar mi lámpara, resbalé sobre un montón de nueces y me caí. Cuando por fin alcancé a encender la luz y miré a mi alrededor, me quedé consternado al ver el desorden que habían dejado los invitados en mi casa del árbol. Habían encontrado un alijo de bellotas y nueces y lo habían regado por toda la cama y el piso. La fiesta se había desatado.

Perseguí a los mapaches en la oscuridad, tropecé con un tercer animal y sentí que me rociaban con un líquido que ardía. ¡Era un zorrillo! Estaba empapado. Mientras lograba acostumbrarme a la humillación y al olor, vi a los mapaches retozar a mi alrededor esquivándome. Volvieron a mi árbol antes de que pudiera alcanzarlos.

Un murciélago pasó aleteando desde la oscuridad y dio vueltas alrededor de la luz. Era Halloween y habían salido los duendes.

Ahora tenía que deshacerme de todos estos vecinos a quienes había invitado. Los mapaches se sentían tan en su casa que jugaban con las nueces, y los pedazos de pescado seco y de carne de venado. Lanzaban todo por los aires. Ya no podían comer más, no les cabía nada más, pero se divertían usando mi preciada comida como juguetes.

Logré espantar a los mapaches fuera del árbol y bloqueé la puerta. Ya estaba respirando "tranquilidad" cuando sentí que alguien me miraba y volteé hacia la izquierda. Allí, bajo la luz de la luna, con las grandes orejas paradas, estaba el zorro rojo. Sonreía, lo sé. Le grité: —¡Deja de reírte! Y se esfumó como pañuelo de mago.

Todo esto hizo que Retador se despertara y comenzara a aletear en el árbol, en plena oscuridad. Alcancé a tocarle para calmarlo. Inmediatamente sentí que me apretaba el brazo con tal fuerza que grité, y los visitantes se salieron del campamento al oírme.

Respirando hacia el cielo, sangrando por la mano y habiendo perdido la comida que me había costado tanto ganar, le puse leña al fuego, lanzando un enorme destello de luz hacia la noche. Entonces grité. El zorrillo se alejó aún más. Los mapaches corrieron alejándose, pero después regresaron. Les gruñí. Se fueron hasta la orilla de la oscuridad y se sentaron a observarme. Había aprendido algo esa noche del mapache que mandaba a Jesse Mapache James; a los animales hay que tratarlos con fuerza. Yo era el mayor y el más grande, y así se los haría saber. Comencé a gruñir, bramar y silbar. Funcionó. Entendieron y se fueron. Algunos volvían la mirada con los ojos brillantes. Ver esos ojos rojos me asustaba. Nunca había pasado una noche de Halloween más real. El último murciélago del otoño atravesó la luz de la luna. Me metí en la cama y cerré la puerta. Ya no había más nada que decir en mis notas sobre Halloween.

Piensa en la selección

1. ¿Qué conclusión puedes sacar sobre Sam a partir de la solución que encuentra para protegerse del frío durante el invierno?

2. Piensa en la soledad de Sam que se menciona en la página 655. ¿Cómo puede influir una época determinada del año en el estado de ánimo de una persona?

3. En la página 665, Sam dice que nunca vivió una noche de Halloween "más real". ¿En tu opinión, a qué se refiere?

4. ¿Cómo crees que se siente Sam con respecto a las criaturas salvajes del bosque que viven a su alrededor? Utiliza detalles de la selección para fundamentar tu respuesta.

5. Si hubieras tenido la oportunidad, ¿habrías tratado de convencer a Sam para que dejara de vivir en la naturaleza? ¿Por qué?

6. ¿Crees que te gustaría vivir una experiencia en la naturaleza similar a la de Sam? ¿Por qué?

7. **Conectar/Comparar** Compara las aventuras imaginarias de Sam en el bosque con las experiencias de la vida real vividas por Michio Hoshino y Andreia Martins. ¿En qué se diferencian? ¿En qué se parecen?

Explicar

Escribe instrucciones

Una persona que depende de los alimentos del bosque necesita saber qué comida puede comer y cómo prepararla. Utiliza la información de la selección y escribe recetas para preparar una comida en medio de la naturaleza. Incluye varias alternativas para un plato principal, un plato adicional y un postre.

Consejos

- Haz una lista de los ingredientes necesarios para cada plato (principal, adicional y postre) de la comida.
- Utiliza una secuencia de pasos para explicar cómo recoger y preparar la comida.

Lectura	Características de los personajes
Escritura	Demostrar comprensión

Estudios sociales

Haz un mapa ilustrado

Junto con un compañero, toma notas sobre el campamento de Sam, y sobre los árboles, los animales y el terreno que describe. Luego haz un mapa utilizando pequeños dibujos para indicar dónde están su campamento y los alrededores. Incluye una leyenda que explique lo que representa cada dibujo.

Extra En una presentación compara tu dibujo con otro tipo de mapas, como un plano de carreteras o un mapa topográfico. Explica en qué situación sería más útil un mapa que otro.

Observar

Actualiza una ilustración

Elige una ilustración de la selección. Estúdiala con detenimiento. Luego muestra en un dibujo o describe en un párrafo cómo la escena de la ilustración podría verse con el paso de unas horas, un mes o un año.

Consejos

- Pregúntate cómo se vería la ilustración en una estación del año diferente.
- Si la ilustración muestra una imagen de día, piensa en cómo se vería de noche, o viceversa.

Internet

Busca palabras en una página de Internet

Has aprendido bastante vocabulario relacionado con la experiencia de Sam en la naturaleza. Intenta encontrar esas palabras en un acertijo de Education Place que puedes imprimir. **www.eduplace.com/kids**

Escuchar/Hablar | **Reacciones orales a la literatura**

Destreza:
Cómo separar información en categorías

Separar información en categorías organiza las ideas al clasificar elementos que tienen algo en común.

Al leer...

- Si te encuentras con un grupo de elementos o ideas, identifica una **categoría** que tengan en común. Utiliza **encabezamientos** para cada categoría, tal como Heridas de los animales o Instrumental médico.

- Divide una categoría amplia en **categorías más específicas**. Por ejemplo, la categoría Animales puede subdividirse en Animales salvajes y Animales domésticos.

Estándares

Lectura

- **Entender la presentación del texto**

Robin Hughes: Doctora de animales salvajes

La Dra. Robin Hughes podría darle unos consejos a Sam Gribley, ya que trabajó como veterinaria de animales salvajes en el Museo de Seres Vivos de Virginia, en Newport News, Virginia.

por Susan Yoder Ackerman

Cuando entré a su oficina, Robin estaba al teléfono. "Sí", decía, "los colibríes necesitan más que agua azucarada. Necesitan proteínas. ¡Las moscas de fruta son perfectas para ellos!"

No es sorprendente que Robin sepa tanto de aves pequeñas. Mientras sus amigos vendían Kool Aid en los días de calor, la pequeña Robin atendía su puesto improvisado de veterinaria. Su instrumental era un estetoscopio, unos palos largos para utilizar de tablillas para inmovilizar patas, y mucha gasa. Las mascotas del vecindario empezaron a visitarla con sus patas doloridas o con sus orejas lastimadas.

A veces el trabajo de la Dra. Hughes la aleja de su oficina y la lleva al bosque. Luego de tranquilizar a este venado para limarle una pezuña que ha crecido en exceso, la doctora Hughes (centro) le administra medicamentos para despertarlo.

Ya de mayor, Robin decidió ir a una escuela de veterinaria para aprender todo lo posible sobre los perros, los gatos y los caballos. Pero no se conformó con eso. Como le interesaban los animales salvajes, se dedicó a cuidar gacelas en el Zoológico de Kansas City. Conoció a los ibis blancos, que se alimentan de cangrejos de mar en la isla Pumpkin Seed, en Carolina del Sur. Se preocupó por un bulto que le había salido en la lengua a un monstruo de Gila en el Desierto Viviente de California.

Así que, cuando finalmente Robin se convirtió en la Dra. Robin Hughes, no se conformó con atender en su consultorio privado, donde había curado casi siempre a perros y a gatos. En cambio, fue al Museo Viviente de Virginia, para encargarse de las exhibiciones de animales vivos, que reflejan la vida salvaje de Virginia en su hábitat original. Y aunque le haya venido muy bien haber estudiado tanto, a veces le parece que está escribiendo su propio libro de medicina.

¿Cuánto medicamento debe darse a un castor enfermo? Pues la misma cantidad que le daríamos a un conejillo de Indias enorme. ¿Y a una nutria? Probablemente lo mismo que funcione con los hurones. ¿Qué hacer con un zorrillo con problemas cardíacos? Tal vez el tratamiento para un perro chico sea lo más adecuado. Robin estudia las dietas, el comportamiento, la estructura dental y la anatomía de cada animal para hallar la mejor manera de tratar a sus pacientes. ¿Alguna vez trató a un animal salvaje para el que no pudo encontrar un equivalente entre los animales domésticos?

"¡Sí, la zarigüeya!", respondió dando una risotada. "¡Las zarigüeyas son sin duda una clase aparte! Todavía nadie ha escrito un libro con el título *El cuidado y la atención médica de las zarigüeyas*".

Además de cuidar mapaches y de dar consejos sobre la dieta más adecuada para los colibríes, ¿qué otras cosas hace Robin en el transcurso de un día? Afortunadamente para ella, todos los días son diferentes. Como encargada de las exhibiciones de animales y como veterinaria, puede terminar en un bote pesquero en el río York, atrapando un pez para el acuario con una red barredera. O puede rescatar un ave acuática herida para llevarla al aviario pantanoso a cielo abierto. Puede también tener que viajar a un lejano lago en medio de un bosque para dejar en su hábitat natural a unos jóvenes castores. Otros días prepara las dietas para todos los animales del museo.

Y también hay días en los que Robin debe hacer uso de todos sus conocimientos. Como el día en que tuvo que operar a una serpiente de cascabel para extirparle un tumor de debajo de un ojo. Una infección causada por un hongo había dado lugar al crecimiento de tejido inflamatorio, que estaba produciendo un granuloma. Robin dijo que las serpientes que viven en estado salvaje a menudo padecen abscesos y tumores, pero no quería que una serpiente a su cargo terminara arrinconándose para morir. Así es que se lavó bien las manos y comenzó la operación.

Robin introdujo un gas anestésico por un pequeño agujero en el acuario sellado donde estaba la serpiente. (Como una serpiente dormida no es muy distinta de una despierta, esta parte fue complicada.) Luego tomó a la serpiente del acuario y le metió un tubo por la tráquea para controlar la cantidad de anestesia necesaria hasta el final de la operación. Cortar la piel ubicada tan cerca de los dientes venenosos también fue peligroso. Para evitar percances, Robin le puso unos trozos de corcho en los dientes. Y para ahorrarse problemas en el futuro, cerró las incisiones con suturas que se disuelven solas. Las serpientes de cascabel no suelen tener paciencia para que les saquen los puntos.

A veces Robin siente que tiene a su cargo una sala de maternidad. Durante meses, dos nutrias bebé fueron el centro de atención del museo, y unas zumayas de corona negra rompieron el cascarón en el aviario a cielo abierto. Un año Robin y todos los demás tuvieron que caminar de puntillas junto al reducto de águilas calvas durante treinta y ocho días, esperando que los huevos protegidos con recelo por dos aves adultas produjeran pichones. Eso nunca sucedió, pero Robin espera que las aves, heridas en su hábitat natural por unos cazadores, algún día produzcan unos pichones de águila calva hermosísimos que puedan volar adonde quieran.

También se producen auténticos dramas al aire libre cada vez que hay que vacunar a los animales más grandes. A los ciervos, a los zorros y a las nutrias las inyecciones les gustan tan poco como a las personas, y Robin tiene que estar preparada. A veces tiene que disparar la vacuna con unos dardos, y otras veces tiene que arrojarle una red al animal para inmovilizarlo. Pero siempre puede haber alguna sorpresa, ¡como la vez que un gato montés de treinta libras se abalanzó sobre la espalda de Robin mientras le preparaba la vacuna! No sufrió heridas, pero ese incidente le hizo recordar que aunque el gato montés huérfano había sido criado por seres humanos en cautiverio, aún era un animal salvaje. Ahora nunca le da la espalda cuando entra a su reducto.

Sea un gato montés, una serpiente de cascabel, un colibrí o un mapache, la Dra. Robin está allí para asistirlos. Y a ella también le interesa el medio millón de personas que cada año visita el Museo Viviente de Virginia. Robin quiere que los visitantes se vayan apreciando mejor y valorando más la fauna de Virginia.

Profesiones

Veterinario

¿Te gusta cuidar a los animales? Si es así, podrías ser veterinario. Como veterinario, tendrás ocasión de ayudar a las mascotas domésticas, y a los animales salvajes, animales de granja o de un zoológico...

- cuidándolos cuando están enfermos o se lastiman.
- asegurándote de que comen cosas buenas para ellos.
- dándoles los medicamentos o vitaminas que necesiten.
- estudiando las enfermedades que puedan padecer.

Después de la universidad, necesitarás graduarte de una escuela de veterinaria, cosa que te llevará cuatro años. También deberás pasar un examen estatal en el estado en el que quieras trabajar. Pero hasta que llegue ese momento, puedes aprender más sobre lo que hace un veterinario trabajando de voluntario en algún hospital de animales de tu zona, en alguna asociación humanitaria, en un zoológico o en una granja.

Escribir un ensayo de opinión

Puedes tomar una prueba que te pide que escribas un ensayo diciendo tu opinión a partir de una *consigna*, o un tema específico. Lee la siguiente consigna de un examen. Luego utiliza los consejos para escribir un ensayo de opinión.

> Escribe un ensayo en el que des tu opinión sobre por qué la gente debería o no debería tener como mascotas a animales salvajes.

Éste es un diagrama que preparó una estudiante.

Los animales salvajes <u>no</u> deberían tenerse como mascotas.

Razones para sustentarlo	Detalles
1. Pueden ser peligrosos.	1. la rabia, otras enfermedades peligrosas.
2. Serían más felices en su hábitat natural.	2. Pueden enojarse y atacar.
3. No van a recibir el tratamiento adecuado.	3. Si les dan comida de humanos, luego no sabrán cómo obtener su propia comida, y pueden morirse de hambre.

Lee el ensayo de opinión que escribió la misma estudiante. Busca en él características que te indiquen que es un buen ensayo.

Los animales salvajes como mascotas

No creo que deban tenerse animales salvajes como mascotas. Creo que los animales salvajes deben estar en la naturaleza. Pienso esto por muchas razones.

Primero, los animales salvajes pueden ser peligrosos. Por ejemplo, muchos animales salvajes tienen rabia y otras enfermedades. Si tienes un animal de estos como mascota te puede contagiar alguna enfermedad.

Además, los animales salvajes son más felices en sus propios hábitats. Si los tienes como mascotas, pueden enojarse y atacarte.

Por último, la mayoría de la gente no sabe cómo tratar a los animales salvajes, y los consiente demasiado. Por lo tanto, si el animal vuelve a la naturaleza algún día, no va a recordar las cosas que sabía hacer al nacer, como encontrar o cazar comida.

El final del ensayo debe resumir los puntos importantes.

Cada párrafo contiene una oración que dice el tema que trata.

Las razones son contundentes, y están fundamentadas en detalles.

El escrito suena como si la autora estuviera hablando.

Hay muy pocos errores en el uso de mayúsculas, en la puntuación, la gramática o la ortografía.

Escritura **Usar una estructura organizada**

Glosario

En este glosario encontrarás el significado de algunas palabras que aparecen en este libro. Las definiciones que leerás a continuación describen las palabras como se usan en las selecciones. En algunos casos se presenta más de una definición.

A

aficionado
"Aficionado" es sinónimo de *amateur*. *Amateur* viene de la palabra latina *amare*, que significa "amar". Un *amateur* participa en una actividad por amor a ella.

aprendiz
"Aprendiz" viene de la palabra latina *apprehendere*, que significa "captar". Un aprendiz es alguien que está aprendiendo y que debe captar la forma de hacer las cosas en un oficio.

a·bo·li·cio·nis·ta *adj.* Persona que piensa que la esclavitud no debe estar permitida por la ley. *Los cuáqueros y otros **abolicionistas** pensaban que era incorrecto poseer esclavos.*

a·bun·dan·te *adj.* Más de lo suficiente. *La pesca siempre es **abundante** en esa costa.*

a·chi·cha·rran·te *adj.* Que tuesta o quema. *El sol estaba **achicharrante** en la playa.*

a·com·pa·ña·mien·to *sust.* Parte musical, normalmente tocada con un instrumento, que se une a la actuación de un cantante o músico. *Victoria cantó con el **acompañamiento** de una guitarra.*

a·dies·tra·mien·to *sust.* Entrenamiento que se da a los animales para que aprendan a obedecer y seguir órdenes. *El **adiestramiento** de los perros guía lleva tiempo y mucha dedicación.*

a·fi·cio·na·do *adj.* Persona que realiza un deporte u otra actividad sin que le paguen. *Debes ser un **aficionado** para competir en los deportes de la escuela secundaria.*

a·gre·si·vo/a·gre·si·va *adj.* Listo para pelear. *Los osos bebé pueden ser **agresivos** cuando juegan.*

a·len·tar *v.* Apoyar, animar. *El padre de Hal lo **alentó** a convertirse en patinador.*

a·li·jo *sust.* Lugar donde se esconde algo. *El oso desenterró el **alijo** de comida de los campistas.*

al·ma·cén *sust.* Lugar o edificio donde se guardan cosas para usarlas en el futuro. *En el **almacén** de los colonos había frutas secas y jamones.*

a·plau·so *sust.* Señal de aprobación que consiste en juntar repetidamente las palmas de las manos para que resuenen. *El discurso de Adam fue acogido con un gran **aplauso**.*

a·pren·diz *sust.* Persona que trabaja para otra para aprender un oficio. *El herrero enseñó al **aprendiz** a usar las herramientas.*

ar·mar *v.* Equipar con armas. *Los robeldes se tuvieron que **armar** para enfrentarse a las tropas británicas se acercaron a la ciudad.*

B

ar·tís·ti·co/ar·tís·ti·ca *adj.* Que muestra imaginación y habilidad para crear algo bello. *Los bailarines realizaron un baile **artístico**.*

a·sal·to *sust.* Ataque repentino, a menudo con la intención de robar. *Los hombres trajeron consigo caballos después de sus **asaltos** en el pueblo vecino.*

a·sis·tir *v.* Ayudar. *El bombero **asistía** a los aprendices durante su entrenamiento.*

as·tro·nau·ta *sust.* Persona entrenada para volar en una nave espacial. *Neil Armstrong fue el primer **astronauta** que caminó sobre la superficie de la Luna.*

a·ta·car *v.* Combatir o lanzarse contra algo con violencia. *Los piratas **atacaban** los barcos que pasaban por su zona.*

a·te·rro·ri·zar *v.* Llenar de un miedo enorme. *El oso enfadado **aterrorizaba** a los campistas.*

a·ver·gon·za·do/a·ver·gon·za·da *adj.* Que algo le produce un sentimiento de timidez o incomodidad en determinadas situaciones. *John se sintió **avergonzado** cuando se dio cuenta de que había llamado a su amiga por el nombre equivocado.*

ba·rran·co *sust.* Depresión profunda del terreno. *Una corriente de agua recorría el fondo de varios **barrancos**.*

brai·lle *sust.* Sistema de escritura para ciegos que usa combinaciones de puntos en relieve. *Ángela pasó los dedos por encima de las letras en **braille** en la cubierta del libro.*

C

car·bón *sust.* Materia sólida que se obtiene al quemar madera de forma incompleta. *Había una pila de **carbones** en el fondo de la chimenea.*

car·ga·men·to *sust.* Conjunto de mercancías transportadas por un barco u otro vehículo. *En el **cargamento** del barco había melaza de las Antillas.*

ca·ri·bú *sust.* Ciervo grande de Norteamérica, parecido al reno. *La manada de **caribúes** cruzó el río a nado.*

cau·te·lo·so/cau·te·lo·sa *adj.* Prudente, que no corre riesgos. *Es bueno ser **cauteloso** al cruzar una calle concurrida.*

cau·ti·ve·rio *sust.* Privación de libertad. *Esos animales no se reproducen cuando están en **cautiverio**.*

astronauta
Esta palabra se creó en 1929 combinando dos partes de palabras del griego antiguo: *astro-* y *nautes*, que significan "navegante de las estrellas".

braille
Louis Braille (1809–1852) era un inventor francés que perdió la vista a los tres años. Luego, cuando era un estudiante de quince, creó el excepcional sistema de escritura que lleva su nombre.

caribú
Caribú es la versión del francés canadiense de una palabra de origen indígena norteamericano: el khalibu de la tribu micmac, que significa "raspador de nieve".

cráter

cau·ti·vo/cau·ti·va *sust.*
Prisionero. *Los soldados
trajeron* **cautivos** *al fuerte.*

ce·le·bra·ción *sust.* Actividad
especial que honra a una persona,
acontecimiento o idea. *Invité a
diez amigos a la* **celebración** *de
mi cumpleaños.*

cen·ti·ne·la sust. Guardia situa-
do en un lugar para vigilar. *Dos*
centinelas *guardaban las puertas
de la ciudad.*

cho·car *v.* Acercarse de golpe y
hacer un impacto. *Cuando las
masas de aire caliente y de aire
frío* **chocan**, *se puede formar
una tormenta.*

ci·ma *sust.* La parte más alta o
copa de los árboles o el pico de
las montañas. *Es muy difícil ver
la* **cima** *de las secoyas porque
pueden medir más de cien metros.*

co·lo·nia *sust.* Territorio
gobernado por otro país o
perteneciente a él. *Las trece*
colonias *ya no querían pagarle
más impuestos a Inglaterra.*

com·pe·tir *v.* Participar en un
concurso. *Los corredores
querían* **competir** *en el maratón
de Boston.*

com·pren·sión *sust.* Entender
el significado de algo. *Las explicaciones que dio la maestra
mejoraron la* **comprensión** *de
Guille.*

con·cen·trar·(se) *v.* Prestar
plena atención a algo. *Apaga
la televisión y* **concéntrate** *en
el libro.*

con·flic·to *sust.* Lucha; guerra.
Estados Unidos tuvo un segundo
conflicto *con Inglaterra en 1812.*

con·ven·ci·do/con·ven·ci·da
adj. Persuadido, seguro de algo.
Estaba **convencido** *de que el
puente era lo suficientemente
fuerte para soportar el peso.*

cor·sa·rio *sust.* Barco privado al
que el gobierno le encarga atacar
a los enemigos durante la guerra.
Los **corsarios** *capturaron a
varios barcos mercantes sin
disparar una sola vez.*

cor·te·za *sust.* Capa dura y
externa de la Tierra. *Las grietas
de la* **corteza** *ayudan a la
creación de volcanes.*

co·se·cha *sust.* Productos de un
cultivo. *Los granjeros salieron a
recoger la* **cosecha** *de manzanas.*

cos·tum·bre *sust.* Algo que
hacen a menudo los miembros
de un grupo. *Una de las*
costumbres *de la gente del
desierto es ofrecer refrigerios y
sombra a los visitantes.*

crá·ter *sust.* Hueco en forma de
cúpula invertida en la boca de un
volcán. *Los escaladores dieron
un vistazo hacia el interior del*
cráter *rocoso y profundo.*

cuer·po sin vi·da *sust.* El cuerpo de un animal muerto. *Los lobos comieron el **cuerpo sin vida** de un venado.*

D

dar vuel·tas *v.* Arremolinarse de forma confusa. *Las personas impacientes **daban vueltas** frente a la entrada del teatro.*

de·co·rar *v.* Hacer festivo o bonito. *Estaban pensando en **decorar** la habitación con flores y serpentinas.*

de·re·cho *sust.* Privilegio que se tiene sobre algo. *Los colonizadores reclamaron el **derecho** a establecerse en unas tierras cerca del río.*

de·sa·ni·mar *v.* Desalentar; quitar el ánimo de hacer algo. *Sam se **desanimaba** cada vez que le decían que no había ganado el premio. María se **desanimó** cuando supo que había perdido el autobús.*

de·si·lu·sio·nar *v.* Hacer perder la esperanza o la ilusión. *Tanya se **desilusionaba** cuando su equipo perdía el partido.*

de·ter·mi·na·ción *sust.* Seguridad a la hora de tomar una decisión. *La **determinación** del equipo de hacerlo mejor se mostró en lo bien que jugaron.*

de·vas·ta·dor/de·vas·ta·do·ra *adj.* Que destruye o arrasa. *Los huracanes y los terremotos son **devastadores**.*

dia·rio *sust.* Relato de las experiencias o pensamientos diarios de una persona. *Todas las noches, Marta escribía algo sobre su vida en su **diario**.*

dic·ta·dor *sust.* Gobernante que tiene poder absoluto sobre un país. *El **dictador** no permitía que nadie viajara fuera del país.*

di·fí·cil *adj.* Que sólo es posible con gran dificultad o después de mucho trabajo. *Perder una mascota es una de las cosas más **difíciles** de la vida.*

di·le·ma *sust.* Situación en la cual se tiene que escoger entre dos o más opciones difíciles. *Sara se encontró ante el **dilema** de si debía despertar a su padre o resolver el problema sola.*

dis·co de 45 re·vo·lu·cio·nes *sust.* Pequeño disco de vinilo que se toca a cuarenta y cinco revoluciones por minuto. *El **disco de 45 revoluciones** tiene una canción en cada lado.*

dis·tri·bu·ción *sust.* Manera en la que algo está dispuesto. *La **distribución** de ese edificio de oficinas despista a los visitantes.*

do·mi·nar *v.* Hacerse experto en una técnica o arte. *Ramón llegó a **dominar** el violín después de años de práctica.*

677

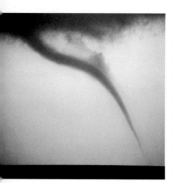

embudo

erupción

dú·o *sust.* Dos personas que actúan juntas. *Las dos hermanas participaron en el espectáculo con una canción a **dúo**.*

E

e·le·men·to *sust.* Parte básica de un todo. *Las espirales, los giros y los saltos son **elementos** de un programa de patinaje artístico.*

em·bu·do *sust.* Utensilio hueco en forma cónica terminado en un tubo. *Cada vez que los colonos veían nubes en forma de **embudo**, corrían a refugiarse de la tormenta.*

e·mo·ción *sust.* Agitación del ánimo. *Sintió una gran **emoción** cuando vio a su padre después de tanto tiempo.*

e·ner·gí·a *sust.* Fuerza necesaria para hacer algo. *Un niño pequeño no tiene la **energía** necesaria para una caminata de diez millas.*

en·sa·yo *sust.* Sesión de práctica para una actuación en público. *El reparto hizo un **ensayo** final antes de estrenar la obra.*

en·tre·nar *v.* Realizar ejercicios de preparación. *Los soldados **entrenaban** todas las mañanas.*

en·tre·te·ner *v.* Retrasar; detener. *Deja de **entretenerla** o perderá el autobús.*

en·tro·me·ti·da/en·tro·me·ti·do *adj.* Que intenta averiguar a escondidas los asuntos de otra persona. *La hermana de María es una **entrometida**, por lo que María tiene que esconder su diario.*

e·rup·ción *sust.* Explosión volcánica o corriente caudalosa de lava. *Los periódicos mostraron fotos de la **erupción** de un volcán en Nicaragua.*

es·ca·ra·mu·za *sust.* Pelea corta y pequeña; combate de poca importancia. *Los soldados se fueron galopando después de una corta **escaramuza** con los rebeldes.*

es·car·pa·do/es·car·pa·da *adj.* Que tiene una superficie desigual y desnivelada. *Desde la caretera veía los paisajes **escarpados** que rodeaban el pueblo.*

es·cla·vo/es·cla·va *adj.* Persona considerada propiedad de otra. *Los **esclavos** fueron liberados después de años de injusticias.*

es·com·bro *sust.* Resto de algo roto o destruido. *La excavadora llevó los **escombros** a una esquina del terreno.*

es·pe·cia·lis·ta *sust.* Experto en un campo determinado del saber. *Un pediatra es un **especialista** en la medicina que atiende sólo a niños.*

es·plén·di·do/es·plén·di·da
adj. Excelente. *Marcos es un actor **espléndido**.*

es·tre·me·cer *v.* Agitarse, vibrar o temblar de repente. *La casa se **estremeció** cuando pasó el camión.*

ex·pe·rien·cia *sust.* Suceso que vive o en que participa una persona. *La acampada era una de las nuevas **experiencias** para los niños.*

ex·pre·so *adj.* Rápido, directo y, a menudo, sin paradas. *El servicio **expreso** garantiza las entregas durante toda la noche.*

ex·ten·so/ex·ten·sa *adj.* Que abarca mucho; amplia. *Tu familia **extensa** abarca a tus tíos, tías, primos y primas.*

ex·tin·ción *sust.* Condición de desaparecer por completo por causa de muerte. *Nadie sabe con certeza lo que causó la **extinción** de los dinosaurios.*

F

fa·bri·car *v.* Darle forma a algo o construirlo; hacer algo. *Rafael **fabricaría** su propio tren de madera, si sus amigos lo ayudaran.*

fa·lla *sust.* Grieta en la roca causada por un corrimiento de la corteza terrestre. *Una **falla** activa recorre el centro de nuestra ciudad.*

fal·ta de gra·ve·dad *sust.* Condición de no sentir la fuerza de la gravedad o sentir muy poca. *Los astronautas experimentan la **falta de gravedad** cuando están en el espacio.*

fa·mo·so/fa·mo·sa *adj.* Muy conocido. *Llegó a convertirse en un actor muy **famoso**, y era conocido en todo el país.*

fér·til *adj.* Rico en sustancias necesarias para que crezcan bien las plantas. *El trigo y el maíz crecen bien en los suelos **fértiles** de la llanura.*

fie·ro/fie·ra *adj.* Feroz; brutal. *La leona dio **fieros** rugidos cuando la separaron de sus cachorros.*

fies·ta *sust.* Celebración alegre. *Se reunieron para organizar una **fiesta** de cumpleaños.*

fun·di·do/fun·di·da *adj.* Derretido, o convertido en líquido por la acción del calor. *La lava **fundida** resplandecía y era de color rojo anaranjado.*

G

gen *sust.* Parte muy pequeña de la célula de una planta o animal que determina las características que se pasan de generación en generación. *Lucía tiene los ojos azules como su padre porque heredó sus **genes**.*

fiero
La palabra latina *ferus* ("salvaje") da origen a "feroz" y "fiero".

679

gi·rar *v.* Rotar en torno a un centro o eje. *La Tierra tarda veinticuatro horas en* **girar** *sobre sí misma y completar una vuelta.*

H

há·bi·tat *sust.* Tipo de ambiente natural en donde vive y crece un animal o una planta. *La selva tropical es el* **hábitat** *de los perezosos y los jaguares.*

he·re·dar *v.* Recibir algo de un pariente o antepasado. *Han* **heredado** *de su madre el talento para la música.*

he·ri·da *sust.* Lesión en la que se rompe o se corta la piel. *Las* **heridas** *del soldado no eran graves.*

hu·me·dad *sust.* Cantidad de vapor de agua que se encuentra en la atmósfera o el aire. *Es común que haya mucha* **humedad** *antes de una tormenta.*

I

im·pac·to *sust.* Golpe de un objeto al chocar contra otro. *El* **impacto** *de la bicicleta contra la valla tiró las macetas.*

im·pre·sio·na·do/im·pre·sio·na·da *adj.* Que algo le ha producido un efecto muy positivo. *La audiencia quedó* **impresionada** *con su interpretación en el piano.*

im·pues·to *sust.* Dinero que debe pagar la gente para financiar el gobierno. *Inglaterra insistió en que los colonos tenían que pagar* **impuestos** *sobre el té, los sellos y muchos otros artículos.*

in·co·mo·di·dad *sust.* Sensación de ligera angustia. *Noel siente cierta* **incomodidad** *cuando la gente le pregunta sobre su famoso hermano.*

in·cre·í·ble·men·te *adv.* Que causa sorpresa o asombro. *Las preguntas de la prueba eran* **increíblemente** *fáciles.*

in·flu·yen·te *adj.* Que tiene el poder de afectar los sucesos o las opiniones. *La* **influyente** *Liga de las Mujeres llevó el problema a la atención del alcalde.*

in·mi·gran·te *sust.* Persona que se muda a un nuevo país. *Muchos* **inmigrantes** *de Noruega construyeron sus casas en las grandes llanuras.*

in·mó·vil *adj.* Fijo en un lugar; que no se puede mover. *Se quedó* **inmóvil** *contra la pared del precipicio cuando pasaron los excursionistas.*

ins·tin·to *sust.* Sentimiento interno o manera de actuar que es automática, y no aprendida. *Las tortugas marinas recién nacidas se dirigen al agua por* **instinto.**

J

je·rar·quí·a *sust.* Persona que toma decisiones y controla a un grupo. *Los jugadores compiten para obtener jerarquía dentro de sus equipos*

juez *sust.* Persona que decide quién gana una competencia. *Los jueces le dieron el primer premio al pastel de calabaza de mi abuelo.*

jus·to *adj.* Honrado. *No es justo que ella se coma toda la torta.*

L

lan·zar *v.* Arrojar hacia arriba con fuerza. *Una fuerte explosión lanza el cohete al cielo.*

la·va *sust.* Roca caliente y fundida que expulsa un volcán. *A medida que caía la lava por la montaña, prendía los árboles que encontraba en su camino.*

la·zo a·fec·ti·vo *sust.* Relación cercana de afecto con una persona. *Los primos pueden tener lazos afectivos fuertes.*

li·ber·tad *sust.* Derecho de actuar sin el control de otros; independencia. *Los colonos consiguieron la libertad, y ya no eran controlados por Inglaterra.*

lu·cir·se *v.* Ser el centro de atención del público y actuar muy bien. *Ana consiguió lucirse en la obra.*

M

ma·du·ro/ma·du·ra *adj.* Que ya ha crecido o se ha desarrollado mentalmente. *Los perros maduros son más dóciles que los cachorros.*

mag·ma *sust.* Roca fundida que se encuentra por debajo de la superficie de la Tierra. *El magma surgió a través de las grietas por lo más profundo de la montaña.*

ma·na·da *sust.* Grupo de animales de una misma especie. *Las manadas de caballos salvajes galopaban por la llanura.*

me·mo·ri·zar *v.* Aprenderse algo. *Los excursionistas tienen que memorizar las marcas del suelo a lo largo de la ruta.*

mi·gra·ción *sust.* Movimiento de animales a un hábitat diferente, especialmente como respuesta al cambio de las estaciones. *Los científicos han registrado la migración de primavera de las ballenas.*

mí·mi·ca *sust.* Uso de los movimientos y de las expresiones faciales en vez de las palabras para transmitir ideas. *Juan usó la mímica para mostrarnos cómo había atrapado el pez.*

mi·rar *v.* Fijar la vista en algo con atención. *Mamá miró sospechosamente a Pablo mientras contaba su historia.*

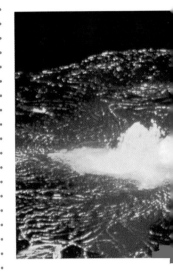

lava
La gente de Nápoles (Italia) que vivía cerca del monte Vesubio usaba la palabra italiana *lava* ("arroyo causado repentinamente por la lluvia") para referirse a la roca fundida que salía del volcán.

mustang
Esta palabra para denominar a un caballo salvaje viene del español de México, de la palabra *mustango*, que significa "animal salvaje".

naturaleza

ondulante
La palabra latina *unda* aporta a la sensación de subida y bajada de *ondulante*.

mi·sión *sust.* Operación con la que se intenta alcanzar ciertas metas o se llevan a cabo tareas específicas. *Parte de la **misión** de los astronautas era traer muestras de las rocas de la Luna.*

mus·tang *sust.* Caballo salvaje de las llanuras del Oeste norteamericano. *Javi no pudo galopar tan rápido como la manada de **mustangs**.*

N

na·die que·ría *v.* Ninguna persona estaba dispuesta a hacer algo. *Como se divertían mucho **nadie quería** salir de la piscina.*

na·tu·ra·le·za *sust.* Todas las cosas que están en su estado natural, sin la intervención del ser humano. *Los osos pardos forman parte de la **naturaleza** de Alaska.*

na·ve es·pa·cial *sust.* Vehículo para navegar por el espacio. *La **nave espacial** aterrizó sin problemas después de siete días de vuelo.*

ner·vio·so/ner·vio·sa *adj.* Inquieto e irritable. *La gata se puso **nerviosa** durante la tormenta eléctrica.*

no·ble·za *sust.* Desinterés personal digno de admiración. *Karen tuvo un gesto de **nobleza** al compartir el premio con el resto de sus compañeros de equipo.*

O

ob·ser·va·ción *sust.* Acción de prestar mucha atención a algo. *Puedes aprender mucho sobre la naturaleza a través de la **observación**.*

obs·tá·cu·lo *sust.* Algo que se interpone en el camino de alguien o algo. *El caballo tuvo que saltar por encima de **obstáculos** como arbustos y vallas.*

on·du·lan·te *adj.* Que se mueve formando pequeñas olas con un movimiento suave y oscilante. *El agua **ondulante** rodeaba el bote de remos.*

ó·pe·ra *sust.* Obra teatral en la que el diálogo se canta con un acompañamiento musical. *Los cantantes de la **ópera** llevaban trajes preciosos.*

o·po·ner·se *v.* Estar en contra de algo o de alguien. *Los vecinos piensan **oponerse** al proyecto para construir un edificio de oficinas en donde está el parque.*

or·bi·tar *v.* Girar alrededor de un planeta. *La nave espacial Mir tardó seis meses en **orbitar** la Tierra.*

P

pa·rien·te *sust.* Miembro de la familia de una persona. *Los primos de tu padre son tus* **parientes***.*

pa·sa·je *sust.* Paso estrecho y largo entre paredes. *En mi pueblo hay un* **pasaje** *que conduce a un parque muy bonito.*

pa·tri·mo·nio cul·tu·ral *sust.* Tradiciones, prácticas y creencias transmitidas por las generaciones anteriores. *Yinglan muestra su* **patrimonio cultural** *chino en sus gustos musicales, su vestimenta y en los alimentos que come.*

pa·trio·ta *sust.* Colono que estaba en contra del gobierno británico durante la Revolución Norteamericana. *Patrick Henry se ganó el apoyo de los* **patriotas** *cuando dijo "¡Denme libertad o denme muerte!"*

pe·rro guí·a *sust.* Perro entrenado para indicarles el camino a personas ciegas. *El* **perro guía** *de May esperó hasta que se pudiera cruzar la calle.*

pé·sa·me *sust.* Expresión de compasión por una muerte. *Todos le dieron el* **pésame** *a la señora cuando su mascota murió.*

pra·de·ra *sust.* Zona grande de terreno ondulado o llano y con hierba. *Las* **praderas** *enormes sin árboles se extendían en todas direcciones.*

pre·da·dor *sust.* Animal que caza otros animales para comer. *Los lagartos pequeños deben estar muy atentos a los* **predadores** *hambrientos.*

pre·mu·ra *sust.* Prisa; urgencia. *El equipo necesita sustituir a Kate con* **premura***.*

pre·sen·ta·ción *sust.* Actuación. *Aunque el actor se sabía el guión, su* **presentación** *resultó muy aburrida.*

pre·sen·tar *v.* Ofrecer el trabajo de alguien a otra persona para que lo juzgue. *Ha* **presentado** *su artículo al periódico estudiantil.*

pre·sión *sust.* Influencia o fuerza potente. *Sandra sintió la* **presión** *de tener que terminar el libro ese fin de semana.*

pri·mer a·ño *sust.* Primera presentación de una obra o película; primera aparición de un actor en público. *La serie de televisión se convirtió en un éxito en su* **primer año** *en el aire.*

pro·sa *sust.* Lengua oral o escrita corriente; lo contrario a la poesía. *Casi todos los libros de ficción y de no ficción están escritos en* **prosa***.*

pú·bli·co *sust.* Conjunto de personas que presencian un acontecimiento o espectáculo. *El* **público** *dio gritos de alegría cuando Sofía anotó una carrera para su equipo.*

R

ra·yo *sust.* Luz producida por una descarga eléctrica en las nubes durante una tormenta. *Los **rayos** iluminaron el cielo nocturno.*

re·bel·de *sust.* Persona que se opone o desafía al gobierno en el poder. *Los **rebeldes** se negaron a cumplir las leyes del rey Jorge.*

re·ce·lo *sust.* Extrema precaución. *Los animales muestran **recelo** hacia las personas que no conocen.*

re·cha·za·do/re·cha·za·da *adj.* Que no es aceptado. *Su poema resultó **rechazado** por los directores de la revista.*

re·in·ser·ción *sust.* Proceso de devolver a los animales a sus hábitats naturales. *Los tamarinos se han adaptado a su **reinserción** en la selva.*

re·mor·di·mien·to *sust.* Sentimiento de culpa por haber hecho algo mal. *Jennie sintió **remordimiento** por los problemas que le había causado a su hermana.*

re·pre·sen·ta·ción *sust.* Demostración y explicación de cómo funciona algo. *El profesor hizo una **representación** de cómo manejar una cámara.*

re·pu·ta·ción *sust.* Opinión que la gente tiene sobre la personalidad, el comportamiento y las destrezas de alguien. *Alex tenía muy buena **reputación** entre sus compañeros.*

re·qui·si·tos *sust.* Circunstancias o condiciones necesarias para algo. *Kyala cumplía todos los **requisitos** necesarios para ese trabajo.*

re·sen·tir *v.* 1. Sentir dolor o molestia. *Pam se **resintió** cuando usó la raqueta con el brazo lesionado.* 2. Estar ofendido o enojado por algo: *María se **resintió** cuando su hermana le gritó frente a sus amigos.*

res·pe·tar *v.* Mostrar consideración o aceptación. *Su madre les comunicó su deseo de que se vistieran bien para la cena, y no tuvieron más remedio que **respetarlo**.*

res·pe·to *sust.* Sentimiento de admiración y aprobación. *El señor García se ganó el **respeto** de todos sus estudiantes.*

reu·ti·li·za·ble *adj.* Que se puede usar de nuevo. *La familia de Ana nunca tira a la basura ninguna bolsa de papel **reutilizable**.*

re·vo·lu·ción *sust.* Cambio rápido y profundo. *Los colonos estadounidenses lucharon por su independencia de Inglaterra durante la **Revolución** Norteamericana.*

ris·co *sust.* Peñasco o acantilado muy alto. *Desde la cima de los **riscos** veíamos todo el valle.*

rít·mi·co/rít·mi·ca *adj.* Que tiene ritmo, es decir, una serie armoniosa y determinada de sonidos. *Es fácil bailar al compás de la música rítmica.*

S

sa·cu·di·da *sust.* Tirón o golpe repentino. *Cuando el carro pasó por el bache, los pasajeros sufrieron una pequeña sacudida.*

sa·té·li·te *sust.* Aparato construido por el hombre que orbita un planeta. *El satélite atmosférico envía a la Tierra fotos del estado del tiempo.*

se·men·tal *sust.* Caballo macho adulto. *Lizzie montó en un semental negro durante el espectáculo.*

sin sa·ber *v.* Desconocer; no estar seguro. *Salió de casa sin saber si debía llevar o no el paraguas.*

som·bre·ro *sust.* Prenda de vestir que cubre la cabeza para protegerla del sol y del viento. *Me gusta coleccionar sombreros de diferentes países.*

sos·pe·char *v.* Creer algo sin estar seguro; imaginar. *Scott sospecha que estamos planeando una fiesta sorpresa para él.*

su·mi·sión *sust.* Rendimiento ante otra persona o animal. *Los lobos bajan la cola como señal de sumisión ante otros lobos.*

su·per·vi·ven·cia *sust.* Conservación o continuación de la vida propia. *Hay que estar muy bien preparado para lograr la supervivencia en la naturaleza.*

T

ta·len·to *sust.* Habilidad natural para hacer algo bien. *Tiene muchos talentos, entre los que se encuentra el de tocar bien el violín.*

téc·ni·co/téc·ni·ca *adj.* Que tiene o muestra conocimientos sobre alguna tarea compleja. *El acróbata realizó su salto con muy buena técnica.*

tem·blor *sust.* Vibración o agitación de la corteza terrestre. *La cadena montañosa fue creada por un violento temblor.*

te·mor *sust.* Miedo. *El rugido de la pantera llenó de temor a los aldeanos.*

ten·der *v.* Ser propenso a hacer algo. *Admiro el arte que tiende a mezclar lo moderno y lo colonial.*

te·pe *sust.* Pedazo de tierra cubierto de hierba y sólido a causa de las raíces. *Los colonos construyeron sus casas con bloques de tepe porque la madera era escasa.*

sombrero
La palabra sombrero se deriva de la palabra sombra, porque actúa como una sombra que protege los ojos de quien lo usa.

satélite
En la Edad Media los franceses usaban la palabra *satellite* para referirse al sirviente de una persona importante. Esta misma idea se refleja en el significado moderno: un aparato pequeño que da vueltas alrededor de un planeta.

tornado

Los tornados no se conocían en Gran Bretaña, por lo que no tenían nombre. Los estadounidenses tuvieron que tomar prestada la palabra española "tronada" (tormenta eléctrica) y adaptarla.

tradición

La palabra que significa el conjunto de costumbres y creencias heredadas de generación en generación viene del verbo latino *tradere*, que significa "entregarles a otros".

te·rre·mo·to *sust.* Agitación o temblor del suelo causado por movimientos bruscos de las rocas que se encuentran por debajo de la superficie de la tierra. *El terremoto hizo que se derrumbaran los edificios.*

te·rre·no *sust.* Parcela de tierra otorgada a los colonos para trabajarla y construir sus casas. *El terreno de los Andersen quedaba cerca del arroyo Blackberry.*

te·rri·to·rio *sust.* Zona habitada por un animal o un grupo de animales que lo defienden de los intrusos. *El puma cazaba dentro de su propio territorio.*

tor·na·do *sust.* Viento giratorio muy fuerte en forma de embudo que puede ocasionar grandes daños. *En Kansas y Oklahoma se forman muchos tornados.*

tra·di·ción *sust.* Traspaso de las costumbres y creencias heredadas de una generación a otra. *En nuestra familia hay muchas tradiciones, como la de ayudar a los demás.*

trans·for·mar *v.* Cambiar mucho en apariencia o forma. *El maquillaje transformó al actor en un hombre viejo.*

tun·dra *sust.* Región sin árboles en donde crecen muy pocas plantas. *Las plantas grandes no pueden echar raíces en el subsuelo congelado de la tundra.*

V

va·qui·lla *sust.* Vaca joven que no ha tenido todavía ningún ternero. *La vaca de Sally ha ganado varias cintas azules desde que era vaquilla.*

vol·tio *sust.* Unidad para medir la electricidad. *Las baterías de mis carritos son de tres voltios.*

vo·lun·ta·rio/vo·lun·ta·ria *adj.* Persona que se ofrece a hacer algo por voluntad propia y normalmente sin recibir dinero a cambio. *Se ofreció como voluntario para hacer los carteles del espectáculo.*

Y

ye·gua *sust.* Hembra del caballo. *A algunas de las yeguas las seguían sus potros.*

Z

zig·za·gue·an·te *adj.* Que tiene un perfil o borde irregular o cortado. *José se cortó la mano con el borde zigzagueante de una lata.*

Acknowledgments

"*A las cuatro de la tarde escribo de sopetón*," from *Laughing Out Loud, I Fly: Poems in English and Spanish*, by Juan Felipe Herrera. Copyright © 1998 by Juan Felipe Herrera. Used by permission of HarperCollins Publishers.

"*A mi madre*," originally published as "*To Mother*," by Aaron Wells, age 11, Eugene, Oregon. Copyright © 1999 by Aaron Wells. Reprinted by permission of Skipping Stones Magazine, March/April 1999.

"*¡A volar!*," by Rafael Alberti, from *Mi primer libro de poemas*. Text copyright © 1924, 1926, 1941, 1944, 1954, 1964 by Rafael Alberti. Reprinted by permission of Grupo Anaya, S.A.

"*Árbol de limón/Lemon Tree*," by Jennifer Clement, translated by Consuelo de Aerenlund. Copyright © Jennifer Clement. Translation copyright © Consuelo de Aerenlund. Reprinted by permission of the author and translator.

Selection from *Bill Peet: An Autobiography.* Copyright © 1998 by William Peet. Translated and reprinted by permission of Houghton Mifflin Company. All rights reserved.

"*Caminante*," by Antonio Machado. Copyright © Antonio Machado. Every effort has been made to locate the rights holder of this selection. If the rights holder should see this notice, please contact School Permissions at Houghton Mifflin Company.

"*Canción del tren*," by Germán Berdiales from *El mundo de los niños: Poesías y canciones.* Copyright © Germán Berdiales. Reprinted by permission.

"*Ciego a las limitaciones*," originally published as "*Blind to Limitations*," by Brent H. Weber from *Highlights for Children* magazine, August 1997 issue. Copyright © 1997 by Highlights for Children, Inc., Columbus, Ohio. Translated and reprinted by permission of Highlights for Children.

"*¡Conecta un cuadrangular!*," a selection from *Álex Rodríguez: Hit a Grand Slam*, by Álex Rodríguez, with Greg Brown. Copyright © 1998 by Álex Rodríguez and Greg Brown. Used by permission of Taylor Publishing Company.

"*Cucubanos volanderos*," from *La niña y el cucubano (Poemas para los niños de Puerto Rico)*, by Josemilio González Díaz. Copyright © 1985 by José Emilio González. Every effort has been made to locate the rights holder of this selection. If the rights holder should see this notice, please contact School Permissions at Houghton Mifflin Company.

Quote from *Dogs & Dragons, Trees & Dreams*, by Karla Kuskin, published by HarperCollins Children's Books, New York, 1980.

El álbum familiar de los osos pardos, originally published as *The Grizzly Bear Family Book*, by Michio Hoshino. Text and photographs copyright © 1992 by Michio Hoshino. Translated and reprinted by permission of North-South Books Inc., New York. All rights reserved.

El baúl de Katie, originally published as *Katie's Trunk*, by Ann Turner, illustrated by Ron Himler. Text copyright © 1992 by Ann Turner. Illustrations copyright © 1992 by Ron Himler. Text translated and reprinted by permission of Curtis Brown, Ltd. Illustrations reprinted by permission of Simon & Schuster Books for Young Readers, Simon & Schuster Children's Publishing Division.

El caso del apetito escapado: Un misterio de Joe Giles, by Rob Hale, is based upon a work by Hal Ober. Copyright © Hal Ober. Adaptation and use is by permission of the author.

"*El elefante*," by Ernesto Galarza. Copyright © Ernesto Galarza. Reprinted by permission.

"*El juego de la luna*," by Julia González. Copyright © Julia González. Reprinted by permission of Jorge L. Suarez-Argudin on behalf of the author's estate.

"*El Mercado artesanal de Maputo*," originally published as "*Maputo Saturday Craft Market*," by Rebecca Beatriz Chavez, age 11, Arlington, Virginia. Copyright © 1998 by the Children's Art Foundation. Reprinted with permission from *Stone Soup: the magazine by young writers and artists*.

"*El Niño*," by Fred Pearce. Copyright © 1998 by Fred Pearce. Translated and reprinted by permission of the author. Cover of *Muse* magazine, October 1998 issue, Vol. 2, No. 5 is reprinted by permission of the publisher. Cover copyright © 1998 by Carus Publishing Company.

El ojo de la tormenta: A la caza de tormentas con Warren Faidley, originally published as *Eye of the Storm: Chasing Storms with Warren Faidley*, by Stephen Kramer, photographs by Warren Faidley. Text copyright © 1997 by Stephen Kramer. Illustrations copyright © 1997 by Warren Faidley. Translated and reprinted by permission of G.P. Putnam's Sons, a division of Penguin Putnam Inc.

El Paso del Miedo, a selection from *The Fear Place*, by Phyllis Reynolds Naylor. Copyright © 1994 by Phyllis Reynolds Naylor. Translated and reprinted

permission of Skipping Stones Magazine, November/December 1998.

"*Robin Hughes: Doctora de animales salvajes*," originally published as "*Robin Hughes: Wildlife Doctor*," by Susan Yoder Ackerman from *Cricket* magazine, March 1997 issue, Vol. 24, No. 7. Text copyright © 1997 by Susan Yoder Ackerman. Translated and reprinted by permission of the author. Cover copyright © 1997 by Carus Publishing Company. Cover reprinted by permission of *Cricket* Magazine.

Querido señor Henshaw, a selection from *Dear Mr. Henshaw*, by Beverly Cleary, illustrated by Paul Zelinsky. Text copyright © 1983 by Beverly Cleary. Illustrations copyright © 1983 by Paul Zelinsky. Translated and used by permission of HarperCollins Publishers.

"*Sally Ann Tormenta-Tornado-Torbellino*," originally published as "*Sally Ann Thunder Ann Whirlwind*," from *American Tall Tales*, by Mary Pope Osborne, illustrated by Michael McCurdy. Text copyright © 1991 by Mary Pope Osborne. Illustrations copyright © 1991 by Michael McCurdy. Text translated and reprinted by permission of Brandt & Hochman Literary Agents, Inc. Illustrations reprinted by permission of Alfred A. Knopf, a division of Random House, Inc.

"*Se equivocó la paloma*," by Rafael Alberti from *Mi primer libro de poemas*. Text copyright © 1924, 1926, 1941, 1944, 1954, 1964 by Rafael Alberti. Reprinted by permission of Grupo Anaya, S.A.

"*Susurro*," originally published as "*Swish*," by Chance Yellowhair. Copyright © 1998 by Chance Yellowhair. Reprinted by permission of Skipping Stones Magazine, September/October 1998.

Terremoto aterrador, a selection from *Earthquake Terror*, by Peg Kehret, originally published by Cobblehill Books. Text copyright © 1996 by Peg Kehret. Translated and reprinted by permission of Curtis Brown, Ltd.

Un niño llamado Lento, originally published as *A Boy Called Slow: The True Story of Sitting Bull*, by Joseph Bruchac, illustrated by Rocco Baviera. Text copyright © 1994 by Joseph Bruchac. Illustrations copyright © 1994 by Rocco Baviera. Translated and used by permission of The Putnam & Grossett Group, a division of Penguin Putnam Inc.

"*Un par de zapatos ¡y un montón de almas caritativas!*," originally published as "*One Pair of Shoes and a lot of good souls!*," by Ms. Ginsberg's fifth grade class at the Ramaz School from *Zuzu* magazine, Winter 1995 issue. Copyright © 1995 by Zuzu Magazine. Reprinted by permission of Restless Youth Press.

"*Una hacienda por hogar*," originally published as "*Home on the Range*," by Johnny D. Boggs. Copyright © 1998 by Johnny D. Boggs. Translated and reprinted by permission of Johnny D. Boggs and *Boy's Life* magazine, June 1998, published by the Boy Scouts of America.

Vaquero negro, caballos salvajes, originally published as *Black Cowboy, Wild Horses: A True Story*, by Julius Lester, illustrated by Jerry Pinkney. Text copyright © 1998 by Julius Lester. Illustrations copyright © 1998 by Jerry Pinkney. Text translated and published by arrangement with Dial Books for Young Readers, a division of Penguin Putnam Inc. Illustrations reprinted by permission of Sheldon Fogelman Agency.

"*Verano*," from *Gabriela Mistral para niños*, by Aurora Diaz Plaja. Copyright © Ediciones de la Torre. Reprinted by permission of Ediciones de la Torre.

Volcanes, by Seymour Simon. Copyright © 1988 by Seymour Simon. Translated and used by permission of HarperCollins Publishers.

¿Y entonces qué pasó, Paul Revere?, originally published as *And Then What Happened, Paul Revere?*, by Jean Fritz, pictures by Margot Tomes. Text copyright © 1973 by Jean Fritz. Illustrations copyright © 1973 by Margot Tomes. Translated and reprinted by permission of The Putnam & Grossett Group, a division of Penguin Putnam Inc.

Yang Segunda y sus admiradores secretos, a selection from *Yang the Second and Her Secret Admirers*, by Lensey Namioka. Copyright © 1998 by Lensey Namioka. Translated and reprinted by permission of Ruth Cohen Literary Agency.

"*Yankee Doodle*," from *Songs and Stories from the Revolution*, by Jerry Silverman. Copyright © 1995 by Jerry Silverman. Translated and reprinted by permission of The Millbrook Press, Inc.

Special thanks to the following teachers whose students' compositions appear as Student Writing Models: Cindy Cheatwood, Florida; Diana Davis, North Carolina; Kathy Driscoll, Massachusetts; Linda Evers, Florida; Heidi Harrison, Michigan; Eileen Hoffman, Massachusetts; Julia Kraftsow, Florida; Bonnie Lewison, Florida; Kanetha McCord, Michigan.

Photography

7 NASA. **10** Independence National Historical Park Collection, Philadelphia. **17** Jeff Greenberg/RAINBOW/PictureQuest. **18** Claus Meyer/Black Star/PictureQuest. **20** (inset) NOAA, Colored by John Wells/SPL/Photo Researchers, Inc. **20-1** Keith Kent/SPL/Photo Researchers, Inc.. **27** © Kevin Schafer/Allstock/PictureQuest. **45** (t) Jeff